용기를 내어 당신이 생각하는 대로 살아야 합니다.
그렇지 않으면 머지않아 당신은 사는 대로 생각하게 될 것입니다.
– 폴 부르제(프랑스의 시인, 철학자)

Il faut vivre comme on pense,
sans quoi l'on finira par penser comme on a vècu.
-Paul Bourget

터닝포인트는 삶에 긍정적 변화를 일으키는 좋은 책을 만들기 위해 최선을 다합니다.

친절한
DIY
교과서
No 015

DVD 동영상 강의로 쉽게 배우는

친절한 머신퀼트
DIY

최은령 지음

터닝
포인트

DVD 동영상 강의로 쉽게 배우는

친절한 머신퀼트 DIY

동영상 강의로 쉽게 배우는 친절한 머신퀼트 DIY

Copyright ⓒ 2013 by 최은령 & 터닝포인트

All rights reserved. First edition Printed 2013, Printed in Korea.

2013년 3월 10일 초판 1쇄 인쇄
2012년 3월 20일 초판 1쇄 발행

지은이	최은령
펴낸이	정상석
펴낸 곳	터닝포인트(www.diytp.com)
등록번호	2005. 2. 17 제6-738호
주소	서울시 마포구 연남동 480-1 3층
대표전화	(02)332-7646
팩스	(02)3142-7646
내용 문의	네이버 행복한취미생활 DIY 카페(http://cafe.naver.com/diytp)
ISBN	978-89-94158-38-9 18630
정가	35,000원

기획 편집	정상석, 김은숙
편집 디자인	장지윤
표지 디자인	우선영
일러스트레이터	홍수정
작품 사진 촬영	이성우(G1 스튜디오)
과정 사진 촬영	김현진
스타일링	진은영
동영상 촬영 및 편집	어린이TV
촬영 협찬	버니나 코리아
원고 집필 문의	diamat@naver.com

(터닝포인트는 삶에 긍정적 변화를 가져오는 좋은 원고를 환영합니다)

머리말

이 책의 처음 기획 의도는 머신퀼트를 처음 접하는 분들이 책만 보고서도 쉽게 따라할 수 있는 DIY 교재를 만들자는 것이었습니다. 어떻게 하면 머신퀼트를 쉽고 친근하게 접하게 도움을 드릴까 많이 고민하였습니다. 단순히 생활용품을 만들어 사용하고 선물하는 것도 큰 기쁨이지만 이왕 배우는 거라면 퀼트가 어떠한 것인지, 퀼트의 역사가 어떠하며 퀼트가 가지고 있는 고유한 패턴들이 가지고 있는 이야기 거리들이 어떠한지 알면 더 좋겠다고 욕심을 내기 시작했지요.

퀼트는 먼 옛날부터 생활과 밀접한 연관성을 가지고 시작되었습니다. 작은 조각들을 연결하는 가운데 정형화된 모양이 생겨나서 패턴이라는 것이 생겨났고, 사람들은 각 패턴마다 고유한 이름을 하나씩 붙이게 되는데 그 이름이야말로 주변에서 흔히 보는 사물의 모양, 사람들의 생활 모습, 동물 등에서 생겨난 재미있는 것이었습니다. 패턴의 이름만 들어도 옛날이나 지금이나 인간사의 희로애락은 똑같다는 철학적인 생각을 하게도 만들지요.

그래서 이 책에서는 퀼트의 패턴들을 소개하고, 그 패턴을 이용한 소품을 하나씩 만들어 보았습니다. 퀼트에 처음 입문하는 사람들도 쉽고 재미있게 볼 수 있고 퀼트를 많이 해본 분들도 지루하지 않게 볼 수 있도록 난이도가 높은 패턴도 함께 수록하였습니다. 왜냐하면, 오늘의 초보자가 늘 초보자는 아니거든요!

개인적으로 퀼트는 저에게 늘 힐링을 주는 동반자였습니다. 자투리 시간을 남김없이 잘 활용하게 해준 인생의 도우미였고요. 틈틈이 퀼트를 하며 완성되는 작품들은 작은 조각들을 모아 아름다운 작품을 이뤄내는 퀼트처럼 내 인생의 조각시간들이 하나도 버려지지 않고 모아졌다는 뿌듯한 기쁨을 느끼게 합니다. 제가 누린 기쁨을 여러분들과 함께 공유하고 싶습니다.

외람되지만, 진심을 다해 책으로 전해 드릴 수 있는 모든 아이템들을 담고자 노력했습니다. 책의 제작에 도움을 준 김선영, 박경수, 위영주씨 감사해요. 지루한 작업시간이 내내 즐거울 수 있어서 너무너무 행복했답니다. 얼떨결에 저 때문에 평생을 퀼트지기로 동승하게 된 가족들과 부모님, 항상 응원해 주셔서 고맙습니다.

"책 작업을 도와준 김선영,
박경수, 위영주 제자들과 함께..."

2013년 1월 최 은령 드림

목차

PART 01 ●
머신퀼트 알아보기

PART 02 ●
퀼트용 머신의 기본 사용법

PART 03 •
기본 패턴으로 배우는 머신퀼트 작품 만들기

PART 04 · 머신퀼트 100배 즐기기

PART 05 ·
한눈에 보는 머신퀼트 제작 기법 총정리

IMAGE
CONTENTS

 Part 03

09 플라잉 기스 기법의
베이직 쇼퍼백

10 입체 보타이 기법의
초코 앤 민트 22조각 가방

11 아플리케 I 기법과 아플리케 IV
기법의 미니 볼티모어 파우치

12 아플리케 II 기법의
리틀 프린세스 케이프

13 아플리케 II 기법의
리틀 프린세스 캡

14 아플리케 III 기법의
봉봉 펜슬 케이스

15 삼각형 기법의
실버 믹스 화이트 파우치백

16 사다리꼴 기법의
실버 믹스 브라운 클러치백

17 프렌드쉽 스타 기법의
리사이클 데님백

18 직선 마름모 기법의
스퀘어 티슈 케이스

19 술주정뱅이 길 기법과
다이아몬드 기법의 벨벳상자

20 스파이럴 기법의
양면 스트링 베스트

268

32 직사각형 성당창문 기법의
레이스 테이블 러너

272

33 페이퍼 파운데이션 피싱 기법의
패브릭 카드

276

34 원형 성당 창문 기법의
컵코스터와 쿠키 트레이

282

35 원형 성당 창문 기법의
라운드 벌룬 백

286

36 리버스 아플리케 기법의
오리엔탈 백

292

37 사선 슬래시 기법의 테디 베어

300

38 X자형 슬래쉬 기법의
라운드 빅 토트백

306

39 도트 앤 바이어스 기법의
블랙 앤 블루 쿠션

312

40 지그재그 패치워크 기법의
패더 레오파드백

318

41 기본 겹보자기 기법의
모시 차받침

322

42 쌈솔 홑겹 보자기 기법의 모시조각보

330

43 감침질 겹보자기 기법의
옥사조각보

친절한 머신퀼트 DIY
DVD 동영상 강의 **200%** 활용하기

DVD 동영상 강의 사용 방법

이 책에는 8시간 분량의 생생한 저자 직강 동영상 강의가 두 장의 DVD에 담겨있습니다.

첫 장에는 머신퀼트 기본기 익히기 & 패턴 제작 기법 Ⅰ, 실전 작품 만들기 강의가 담겨있고, 두 번째 장에는 머신퀼트 패턴 제작 기법 Ⅱ와 실전 작품 만들기 강의가 담겨있습니다. 이 강의를 잘 활용하면 어렵게 느껴졌던 머신퀼트의 기본기를 과외 선생님에게 일대일로 특별한 지도를 받는 것처럼 쉽고 재미있게 배울 수 있습니다.

DVD 01 머신퀼트의 기본 & 패턴 제작 기법 & 작품 만들기

1 머신퀼트 이야기
머신퀼트에 대한 소개와 머신퀼트의 기본 개념을 소개합니다.

2 머신퀼트 기본기 익히기
머신퀼트의 기본이 되는 머신(재봉틀)에 대한 설명과 머신으로 만드는 퀼트 작품 제작의 기본기를 소개합니다. 원하는 강의를 골라서 볼 수 있어요.

3 머신퀼트 패턴 제작 기법 Ⅰ
레일 펜스, 나인 패치, 로그 캐빈, 정방형사등분, 플라잉 기스, 머신아플리케 Ⅰ 새틴 스티치, 머신아플리케 Ⅱ 버튼홀 스티치, 머신아플리케 Ⅲ 블라인드 햄 스티치, 머신아플리케 Ⅳ 퓨저블 웹을 이용한 스티치, 삼각 패턴, 사다리꼴, 프랜드쉽 스타, 직선마름모 패턴 등 다양한 패턴 제작 방법을 골라서 볼 수 있어요.

4 레일 펜스 팬 리프터
레일 펜스 기법의 팬 리프터의 제작 방법을 알려주는 동영상 강의입니다.

5 드레스덴 플레이트 핸디 파우치
드레스덴 플레이트 패턴으로 만든 핸디 파우치의 제작 방법을 알려주는 강의입니다.

DVD 02 패턴 제작 기법 & 작품 만들기

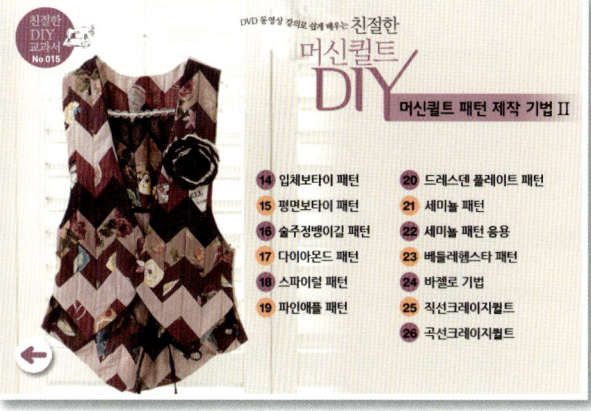

1 머신퀼트 패턴 제작 기법 Ⅱ
입체 보타이, 평면 보타이, 술주정뱅이 길, 다이아몬드, 스파이럴, 파인애플, 드레스덴 플레이트, 세미뇰, 세미뇰 패턴 응용, 베들레헴스타, 바젤로 기법, 직선크레이지퀼트, 곡선크레이지퀼트 등 다양한 패턴의 제작 방법을 알려줍니다.

2 나인 패치(Nine Patch) 소잉케이스
나인 패치 기법을 이용한 소잉케이스의 제작 방법을 소개합니다.

3 플라잉 기스 베이직 쇼퍼백
플라잉 기스 패턴을 이용한 베이직 쇼퍼백의 제작 방법을 알려드려요.

TV에서 부록 DVD 사용하는 방법

컴퓨터에서는 마우스를 이용하지만 TV에서는 리모컨을 이용해 메뉴를 선택할 수 있습니다.

부록 DVD를 TV용 DVD플레이어에 넣으면 왼쪽과 같은 창이 나타납니다.

리모컨의 방향 단추를 눌러 ENTER(또는 확인) 버튼을 누르면 서브 메뉴로 이동합니다.

① 메뉴에서 동영상 선택 : ←→↑↓로 원하는 영상을 선택하고 ENTER (또는 확인 버튼)를 누름
② 동영상을 보다가 메뉴로 이동하려면 : 메뉴 버튼을 누름
③ 서브 메뉴에서 메인 메뉴로 가려면 : 서브 메뉴의 ← 버튼을 선택한 후 ENTER (또는 확인)
④ DVD 실행 종료 : STOP 버튼을 누름

DVD 사용 시 주의사항

1. PC에 DVD 플레이어가 설치되어 있지 않으면 부록으로 제공되는 DVD가 작동하지 않을 수도 있습니다. PC에서 DVD 플레이어가 정상적으로 실행되지 않을 경우에는 컴퓨터에 DVD 플레이어 소프트웨어가 설치되어 있는지 확인합니다. 만약 DVD 플레이어가 설치되어 있지 않다면 컴퓨터 구입 시 제공되는 설치 CD나 DVD로 PC용 DVD 플레이어를 설치해주세요.
2. TV에서 사용하는 DVD 플레이어의 기종에 따라 DVD가 정상적으로 작동하지 않을 수 있습니다.
3. DVD 플레이어 프로그램으로도 DVD를 전혀 읽지 못하거나, 부록 DVD를 사용하는 데 있어 문제가 있을 경우에는 '행복한 취미생활 DIY 카페(http://cafe.naver.com/diytp)'로 문의주시면 해결 방법을 알려드립니다.

친절한 머신퀼트 DIY 200% 활용하기

① **만들 퀼트 작품** : 이번 섹션에서 만들 퀼트 작품의 완성 사진입니다.

② **DVD 동영상 강의** : 부록으로 제공되는 2장의 DVD에는 머신퀼트의 기본 기법과 실전 작품 만들기 강의가 담겨있습니다. 부록 DVD는 컴퓨터의 DVD 플레이어를 이용해서 볼 수도 있고, TV에 연결된 DVD 플레이어를 통해서도 볼 수 있습니다.

③ **준비물** : 독자 분들이 작품을 만들 때 필요한 준비물을 한눈에 보기 쉽게 알 수 있도록 소개합니다.

④ **완성 크기, 패턴 모양과 크기, 난이도**

• 완성 크기 : 부록으로 제공된 실물본을 활용하여 완성하게 될 작품의 완성 크기입니다.

• 난이도 : 작품의 난이도를 별의 개수로 표시했습니다. 별의 개수가 많을수록 난이도가 높아집니다. 별 4개(★★★★)가 최고의 난이도입니다.

• 패턴 모양과 크기 : 작품에 사용된 패턴의 모양과 패턴 제작에 필요한 사이즈를 소개합니다.

실물본 활용법

1면 : 11. 미니 볼티모어 파우치(시접 포함), 14. 봉봉 펜슬케이스(시접 포함)를 제외하고 모두 시접이 포함되지 않은 실물본입니다.

2면 : 모두 시접을 포함되지 않은 실물본입니다.

3면 : 23. 리넨 티코지 중 마름모꼴의 본 1개만(맨 오른쪽, 상단에 있음) 시접을 포함하였고 나머지는 모두 시접이 포함되지 않은 실물본입니다.

4면 : 15. 실버 믹스 화이트 파우치백(아래 것, 위의 것 모두 시접 포함 표시), 22. 핸디파우치 앞뒷면(시접 포함), 바닥면(시접 포함), 패턴 본(맨 오른쪽 마름모, 시접 포함), 33. 레이스 테이블 러너 중 제일 큰 것, 글자가 새겨져 있는 곳 하나만 시접을 포함하고 나머지는 모두 시접이 포함되지 않은 실물본입니다.

❺ **재단** : 퀼트 작품을 만들기 전에 원단의 재단을 어떻게 할지 한눈에 볼 수 있도록 정리하였습니다. 안내를 참고하여 실물본을 만들고 원단을 재단하면 좀 더 쉽고 편하게 작품을 만들 수 있습니다. 실물본을 쉽고 편리하게 만들 수 있도록 부록에 실물본을 제공하였으니 참고하여 활용하면 됩니다.

❻ **제작 단계 살펴보기** : 현재 작품의 제작 과정에서 어떤 단계를 진행하고 있는지 보여줍니다.

❼ **작품에 사용한 패턴 소개** : 이번 작품에 사용된 패턴의 유래와 활용 방법을 소개합니다.

❽ 💡**와 팁** : 작품 제작 과정에서 참고와 주의사항, 작가만의 노하우를 소개합니다.

❾ **Application** : 본문에서 만든 작품을 응용하여 만들 수 있는 다양한 작품의 활용 방법을 소개합니다.

인터넷을 통한 지속적인 서비스 제공

이 책과 관련하여 궁금한 내용은 터닝포인트의 홈페이지(www.diytp.com)이나 네이버의 행복한 취미생활 DIY(http://cafe.naver.com/diytp)로 문의주시면 최선을 다해 답변해드리겠습니다.

내가 만든 작품 자랑하기

터닝포인트의 "행복한 취미생활 DIY(http://cafe.naver.com/diytp)" 카페의 게시판에 책을 보고 만든 작품이나 제작 과정의 에피소드, 또는 나만의 창작품 등을 올려주세요. 다른 독자 분들과 함께 정보도 공유하고 우수 회원을 뽑아 시상도 한답니다.

머신퀼트 알아보기

1 머신퀼트
쉽고, 빠르고, 재미있다!

퀼트를 떠올리면 한 땀 한 땀 손과 바늘을 이용하여 바느질하는 여인네의 모습이 그려집니다.
아름답고 정교하지만 작업의 과정이 길고 고통스러워 옆에서 지켜보는 이들의
만류와 염려를 동시에 받는 것도 퀼트이지요.

핸드퀼트의 길고 힘든 제작 과정의 고통과 시간의 제약을 해결해 준 것이 머신퀼트입니다.
혹자는 퀼트를 머신으로 제작하였을 때 퀼트의 아름다움이 손상되지 않을까 염려합니다.
정교함이 없어지고 속도감만 더하여져서 대충대충 만들어져 품위를 저버린 작품이
대량생산될 것을 걱정하기도 합니다.

이런 걱정과 달리 머신을 사용하는 머신퀼트는 퀼트를 쉽고 빠르고 재미있게 만들어줍니다.
정확하고 정교한 작업에 정성스러운 머신퀼팅을 더하면 핸드퀼트 못지않은 아름다운 작품을
만들 수 있답니다. 현재 회자되고 있는 대부분의 퀼트 패턴들은 대부분 머신으로 작업이 가능하며,
머신의 기본 기능과 간단한 몇 가지 노루발을 응용하면 수작업으로 한 것인지 머신으로 한 작업인지
거의 구별이 안갈 정도로 작업이 가능하답니다.

또한 머신으로 퀼트를 했을 때의 가장 큰 장점은 재료의 구애를 받지 않는다는 점이랍니다.
뭐든지 척척 잘 박아내는 착한 친구 머신은 대부분의 섬유, 심지어 가죽이나 털 등의 부자재로도
퀼트를 해낼 수 있을 뿐 아니라 다양한 종류의 실을 사용할 수 있어 핸드퀼트의 단점을
커버하기도 하지요. 오히려 머신이 아니면 도저히 불가능한 퀼트의 기법이 더 많은 것이 현실입니다.

제도 방법부터 천을 자르는 방법, 시접 정리하는 방법 등 모든 것이 핸드퀼트와는
차별화되는 머신퀼트는 일단 시작하면 너무나 쉽고 빨라서 정말 재미있게
퀼트 작업을 할 수 있답니다. 하지만 머신퀼트를 제대로 하려면 핸드퀼트의 기초를
반드시 알아야만 합니다. 그래야 제대로 멋진 머신퀼트 작품을 만들 수 있다는 점을
반드시 명심해야 합니다.

DVD 머신퀼트 이야기 동영상 강의

2 머신퀼트의 역사

머신퀼트는 알고 보면 꽤 긴 역사를 가지고 있어 깜짝 놀라게 됩니다. 우리가 현재 사용하고 있는 소잉머신의 발명자는 1846년(혹은 1844년) 미국의 엘리아스 호우Elias Howe로 알려져 있습니다. 이전에도 비슷한 장치가 있었으나 호우의 기계가 가장 근대적인 형태의 재봉틀의 시초였다고 합니다. 몸이 불편하여 아내에게 생계를 의지하였던 그는 아내를 위하여 기계를 연구하였다고 합니다. 발명은 하였으나 사업수완이 없었던 그는 여러 번의 실패를 한 뒤에 아이작 싱거를 만나게 되고 사업 수완이 좋은 싱거는 리스제를 도입하여 적극적으로 가정판매를 성공시킵니다. 이전에는 기계를 거의 공장에 판매하는 형식이었다면 싱거는 쇼룸에 젊은 여성이 기계를 이용하여 바느질하는 모습을 시연케 하여 이 광경을 본 부인들이 나도 기계를 다룰 수 있겠다는 생각을 가지게 만들었던 것입니다.

당시엔 기계 값이 현재의 세단 차 한 대 값이어서 부유층만이 기계를 살 수 있었고 기계를 가진 사람은 자신이 가진 기계를 자랑하고 싶어 손으로만 제작되던 퀼트를 피싱(Piecing)과 퀼팅(Quilting)은 물론이고 아플리케(Applique)까지도 머신으로 시도하였다고 합니다. 그래서 놀랍게도 19세기 엔틱퀼트 중 10%가 머신퀼트로 제작되었답니다. 하지만 20세기가 되어 경제력이 좋아지고 여가시간이 늘면서 머신은 더 이상 신분의 상징이 되지 못했고, 수작업이 각광받기 시작합니다.

기계로 만든 작품은 천시를 받았고 합리적인 편리성을 추구하는 미국인들조차 퀼트를 머신으로 제작할 생각을 하지 못하다가 1970년대 말경에야 새로운 의식의 변화가 일어납니다.

머신퀼트의 대모라고 할 수 있는 'Harriet Hargrave'는 1976년 이래 전통적인 퀼트 패턴을 머신을 이용하여 가르쳐오다 1987년 〈Heirloom Machine Quilt〉라는 책을 출간하게 됩니다. 그전에 1980년에는 로비Robbie와 토니 펜Tony Fann의 〈The Complete Book of Machine Quilting〉, 바바라 요한나Barbara Johanna의 〈Continuous Curve Quilting〉 등의 저서가 더 출판되기도 하였습니다.

하지만 뭐니 뭐니 해도 머신 퀼트에 대한 일반인의 인식을 돌려놓은 계기는 1989년 칼 브라이어 팔레트Caryl Bryer Fallert의 작품 "Corona II, Solar Eclipse"가 미국의 켄터키주 파두카(Paducah)에서 열리는 AQS(American Quilter's Society) 대회에서 대상을 타면서 부터입니다. 그녀가 머신을 이용하여 만든 아름답고 정교한 작품의 대상 수상은 그동안의 머신퀼트의 예술성에 대한 논란을 잠재우는데 1995년 〈Migration #2〉로 다시 한 번 그녀가 대상을 받음으로 논란에 대한 종지부를 찍게 됩니다.

이후 핸드퀼트냐 머신퀼트냐에 상관없이 작품성이 우수하면 제작 방법은 문제가 되지 않으며, 오히려 다양한 소재와 테크닉을 사용할 수 있고 작품 제작의 고통과 시간을 단축시켜 줄 수 있는 머신퀼트의 장점이 부각되고 있답니다.

3 머신(재봉틀) 선택 하기

머신퀼트를 하기 위해서는 당연히 머신이 있어야 합니다. 머신 퀼트에 입문하는 분들이 늘 저에게 "어느 정도 가격대와 어떠한 기능을 가진 머신을 사야하나요?"라고 질문을 합니다. 퀼트는 패치워크(Patchwork)와 3중 구조의 퀼팅(Quilting) 작업으로 이루어집니다. 박음질이 가능한 어떠한 머신도 패치워크는 가능하므로 어떤 기종이라도 집에 사용하던 머신(일반적으로 사용하는 재봉틀)이 있다면, 우선 머신퀼트가 가능해집니다. 하지만 머신으로 퀼팅을 하려면 프리 모션 퀼팅(Free Motion Quilting) 기능이 있는 머신을 구입해야 합니다. 가격이 높아질수록 다양한 기능이 추가되는데 스티치의 수가 많이 있는 머신을 선호하기보다는 기능적으로 편리한 장치(자동 실꿰기 장치, 매듭 기능, 스티치 상태의 화면 표시 정도, 자동 절사장치 등)가 얼마나 내장되어 있는지 확인하는 것이 중요합니다. 또 두꺼운 천의 박음질 상태보다는 얇은 천이 주글거리지 않고 반듯하게 잘 박음질되는지 반드시 확인합니다.

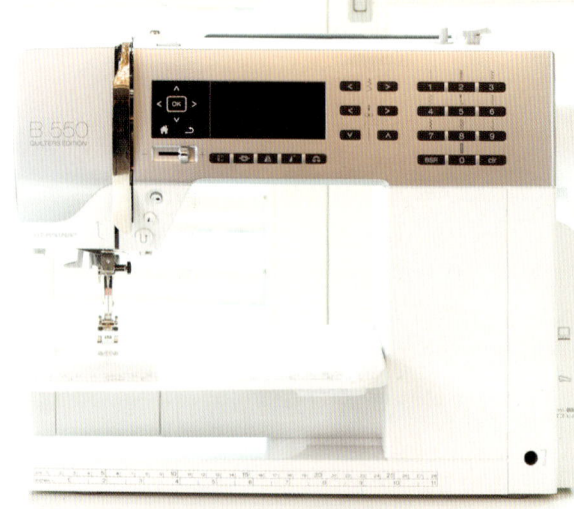

4 바늘 선택 하기

대부분의 머신이 제품을 만든 회사의 보빈과 노루발을 사용하도록 설계가 되어 있습니다. 그렇지만 머신에 사용하는 바늘은 머신 제조사에 상관없이 공통적으로 사용할 수 있는 유일한 부품입니다. 재봉바늘은 재봉틀의 기능을 제대로 발휘하기 위해 필수적인 것으로 8~10시간 작업을 한 후에는 교체하는 것이 좋습니다. 머신퀼트로 작업을 하다보면 바늘땀이 뛴다거나 장력이 고르지 않은 경우도 있고, 과도하게 큰소리가 나는 경우가 있는데 이 경우 원인을 보면 대부분 바늘 끝이 휘거나 무디어진 경우가 상당히 많습니다. 이때는 바늘을 교체해주어야 합니다.

바늘은 굵기나 바늘구멍의 크기에 따라 번호를 매기는데, 보통 70/10, 80/12, 90/14 등으로 표기됩니다. 번호가 클수록 굵은 바늘이며 앞 번호는 유럽식이며 뒷번호는 미국식 표기법입니다. 80/12 바늘이 표준이며 천의 상태에 맞는 바늘을 바꾸어 사용하는 것이 중요합니다.

진이나 두꺼운 천을 박음질한 경우에는 90번 바늘을 사용하고 얇은 면천이나 실크 등을 사용할 때는 70번 바늘로 교체해 사용합니다. 얇고 고운 천에 굵은 바늘을 사용하면 바늘구멍 자국이 흉하게 보이기도 하고 주글거릴 수도 있습니다. 또한 가죽을 재료로 사용할 경우 가죽용 바늘을 사용하면 작업이 훨씬 쉬워지지요. 실의 상태에 따라 바늘을 바꾸기도 하는데 메탈사 등이 그 예입니다.

이외에도 퀼팅바늘, 자수바늘, 데님바늘 등 용도에 따라 다양한 바늘이 있으나 일반적으로는 유니버설(universal)이라고 표기된 바늘을 사용하면 됩니다.

유럽식 표기법 ——→ •80/12•←—— 미국식 표기법

5 퀼트 원단 선택 하기

핸드퀼트를 할 때 사용하는 퀼트 원단은 30수 혹은 40수 정도의 평직으로 짜인 면을 일반적으로 사용합니다. 그래야 핸드로 작업할 때 바느질이 용이하기 때문이지요. 하지만 머신퀼트로 작업을 할 때는 굳이 퀼트용으로 상품화된 천이 아니더라도 박음질이 가능하다면 거의 모든 천을 사용할 수 있습니다.

퀼트 원단은 작업을 하기 전 반드시 물세탁을 하길 권장합니다. 이는 염색물감이 이염되는 것을 방지하고 세탁 후 천이 줄어드는 것을 미리 방지하기 위해서입니다. 특히 몸에 닿는 이불을 제작할 때는 천이 생산될 때 묻어있는 화학약품을 제거하기 위해서 반드시 물세탁 할 것을 권합니다. 하지만 세탁을 염두에 두지 않고 제작할 경우에는 굳이 물세탁을 하지 않아도 됩니다.

퀼트 천의 무늬와 색상을 고를 때는 전체적인 색상과 느낌을 기준으로 천을 선택해야 합니다. 여러 개의 조각으로 잘라서 사용하므로 특정 문양의 형태가 사라질 수 있기 때문입니다.

특별한 작품 콘셉트가 있다면 예외이겠으나 대부분의 작품을 제작할 때 밝은색, 중간색, 어두운색을 섞어서 사용하면 작품이 역동적으로 보입니다.

리넨 원단

40수 원단

바틱 염색 원단

마 원단

벨벳 원단

인조가죽 원단

6 머신퀼트용 실 선택하기

국내산 머신용 실

국내에서 제작된 머신용 실입니다.

레이온실

레이온실은 아플리케를 할 때 많이 사용하며 실크실의 느낌을 줍니다.

투명실

흰색과 검정색 2가지가 있고 원단의 색상에 맞추어 골라서 사용합니다. 반드시 머신용 실을 사용합니다.

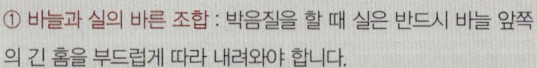

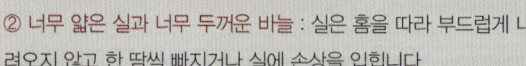

머신을 사용할 때는 반드시 머신용 실을 사용해야 합니다. 간혹 핸드퀼트를 할 때 사용하던 실을 그냥 사용하는 분들이 있는데 이렇게 하다보면 실의 굵기가 맞지 않아 머신에 무리를 주게 됩니다. 질이 나쁜 실이나 굵기가 맞지 않는 실을 사용하면 작업을 하다가 실이 자주 끊어지고 장력이 맞지 않고, 스티치가 뜨기도 합니다. 면실이 가장 좋은 실이라고 여기고 일반 면실을 사용하다보면 탄력이 있어야 하는 머신용 실의 특성을 만족시키지 못해 실이 자꾸 끊어져 작업이 어려워집니다. 그러므로 면실을 사용할 때는 반드시 머신용으로 강화시킨 면실(mercerized cotton)인지 확인하고 구입해야 합니다. 품질이 좋은 폴리에스테르 100% 실이나 면으로 감싼 폴리에스테르실 등을 사용하면 무난합니다.

실의 굵기는 50번사가 표준입니다. 번호가 커질수록 실은 가늘어집니다. 주로 40~60번사를 윗실로 사용하여 퀼팅 시 밑실은 윗실을 돋보이게 좀 더 가는 실(60~70번)을 사용하면 좋습니다. 레이온사나 투명실 등 매끄러운 실을 사용할 때는 보조장치를 이용하는 것이 좋습니다.

일반 머신용 실 : 왼쪽 가장 밑의 사진에 있는 실이 일반적으로 사용하는 머신용 실입니다. 질이 좋은 폴리에스테르실이나 강화된 면실을 사용합니다.
레이온실 : 레이온실은 아플리케를 할 때 많이 사용하며 실크실의 느낌을 줍니다.

바늘과 실의 조합   **TIP**

① 바늘과 실의 바른 조합 : 박음질을 할 때 실은 반드시 바늘 앞쪽의 긴 홈을 부드럽게 따라 내려와야 합니다.

② 너무 얇은 실과 너무 두꺼운 바늘 : 실은 홈을 따라 부드럽게 내려오지 않고 한 땀씩 빠지거나 실에 손상을 입힙니다.

③ 너무 두꺼운 실과 너무 얇은 바늘 : 실이 홈의 가장자리와 마찰이 생겨 박혀버릴 수 있습니다. 또한, 실이 끊겨 버릴 수도 있으니 주의합니다.

①   ②   ③

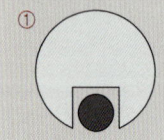 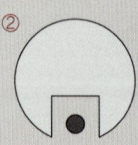 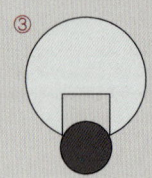

7 머신퀼트에 필요한 준비물

1 커팅매트 매트는 한번 구입하면 거의 평생을 사용할 수 있으므로 좋은 품질의 로터리 컷팅용 매트를 구입해야 합니다. 45 도와 60도선이 반드시 표시되어 있어야 하고 사방으로 격자무늬 눈금과 인치 혹은 센티가 표시되어 있어야 합니다. 공간이 확보된다면 조금 크다싶은 매트를 구입하는 것이 작업하기 편리하며 용도에 따라 작은 매트도 다양하게 생산되고 있습니다.

2 로터리 커터 머신퀼트에서 천을 자를 때는 거의 로터리 커터를 사용합니다. 로터리 커터는 2가지 형태의 모양이 있습니다. 어떤 것을 사용해도 무방하나 왼손잡이의 경우 손잡이형을 사용하면 칼의 방향을 반대 방향으로 갈아 끼워 사용할 수 있어 편리합니다.(왼손잡이용 로터리 커터도 생산되기는 하지만 국내에 잘 수입되지는 않습니다) 45mm 사이즈의 커터가 기본이며 60mm 사이즈나 28mm 사이즈의 커터도 있으므로 용도에 맞게 사용하면 되며 칼날은 교체가 가능합니다.

로터리 커터로 천을 자를 때 천은 구김이 없도록 잘 편 후 식서 방향으로 4겹 정도 접어 사용하는 것이 가장 좋습니다.

TIP 로터리 커터를 처음 사용하는 분들은 속도감과 편리함에 놀라고 많이 애용하는데, 종이용과 섬유용을 구별하여 사용하고 특히 손을 다치지 않도록 늘 조심해야 합니다. 그래서 저는 개인적으로 사용하지 않을 때는 칼이 자동으로 숨겨지는 손잡이형을 권합니다.

1

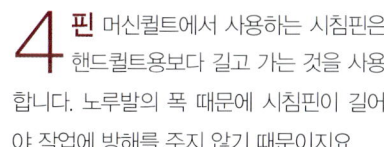
2

3

3 자 로터리 커터를 사용할 때 사용하는 자는 반드시 커팅용자를 사용해야 합니다. 로터리 칼은 상당히 날카로워서 아무리 두꺼운 자라도 일반 플라스틱자는 모두 잘리고 맙니다. 가격이 비싸지만 역시 한번 구입하면 평생 사용이 가능하답니다.

사용하는 도량형에 따라 인치자나 센티자를 구입하면 됩니다. 24인치 혹은 60센티 자부터 아주 작은 자까지 다양하게 생산되는데 자에도 45도 라인과 60도 라인이 있는지 확인해야 하며 인치, 혹은 센티 표시가 세밀하게 가로와 세로로 모두 격자 모양으로 표시된 것을 구입합니다.

4 핀 머신퀼트에서 사용하는 시침핀은 핸드퀼트용보다 길고 가는 것을 사용합니다. 노루발의 폭 때문에 시침핀이 길어야 작업에 방해를 주지 않기 때문이지요.

5 리퍼(ripper) 바느질을 풀 때 사용하는 실 따개입니다.

요즘은 가격이 저렴하면서도 기능적으로 우수한 리퍼가 시중에 많이 나와 있습니다.

4

5

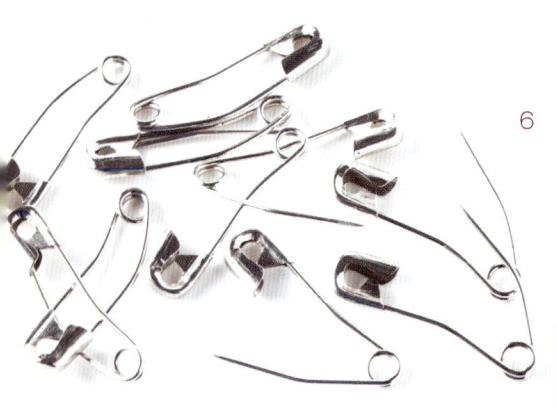

6

9 가위
다양한 크기의 가위를 종이용 가위와 분리하여 사용합니다. 가위는 반드시 원단용 가위와 종이를 자르는 가위를 구분해서 사용하는 것이 좋습니다. 전체적으로 휜 모양의 자수용 가위는 실을 끊을 때나 세밀한 부분을 자를 때 능률적이며 볼록한 날이 붙어있는 펠리컨 가위는 아플리케 시 뒷부분의 천을 제거할 때 실수로 겉면의 천이 손상되는 것을 방지해줍니다.

6 시침용 안전핀
머신퀼트 시 시침질을 할 때는 시침용 안전핀을 사용합니다. 일자형 안전핀보다는 커브핀을 사용하는 것이 훨씬 효율적입니다.

7 퀼팅용 장갑
프리 모션 퀼팅 시 끈끈이가 달려있는 작업용 장갑을 사용하면 손이 미끄러지지 않아 작업을 훨씬 효율적으로 할 수 있습니다. 간혹 퀼팅용 장갑이라 하여 값비싼 수입 장갑을 팔기도 하는데 국내산 작업용 장갑의 손가락 끝 부분과 손목 부분의 고무줄은 가위로 잘라서 사용하는 것이 가장 좋습니다. 손끝을 제거하는 이유는 퀼팅을 할 때 실을 꿰거나 가위질할 때 손으로 하는 작업에 방해를 주지 않게 하기 위해서입니다. 손목 부분의 고무줄을 제거하는 이유는 장시간 착용할 경우 손목을 조이는 것을 방지하기 위해서입니다.

10 다리미
천의 구김을 펼 때 외에는 될 수 있으면 스팀다리미를 사용하지 않습니다. 지나친 수분은 천을 늘려 원단의 사이즈가 변형되기 때문이지요.

11 작업대
머신을 놓는 작업대와 의자. 다리미판이 일자 혹은 r자를 이루는 형태가 효율적입니다. 큰 작품을 퀼팅할 때는 보조책상을 두고 퀼팅 작업을 해야 합니다.

12 수성펜 열펜
본을 뜨거나 치수를 표시할 때 사용합니다. 물에 지워지므로 얼룩을 남기지 않습니다.

7

8

8 송곳
두꺼운 시접 부분을 연결할 때 송곳으로 살짝 눌러주면 바느질이 수월하게 됩니다. 간혹 조각이 아주 작아 손이 닿기 힘든 경우에도 사용하면 편리합니다.

11

일반원단 가위 (대)

자수용 가위

9

일반원단 가위 (소)

펠리컨 가위

10

12

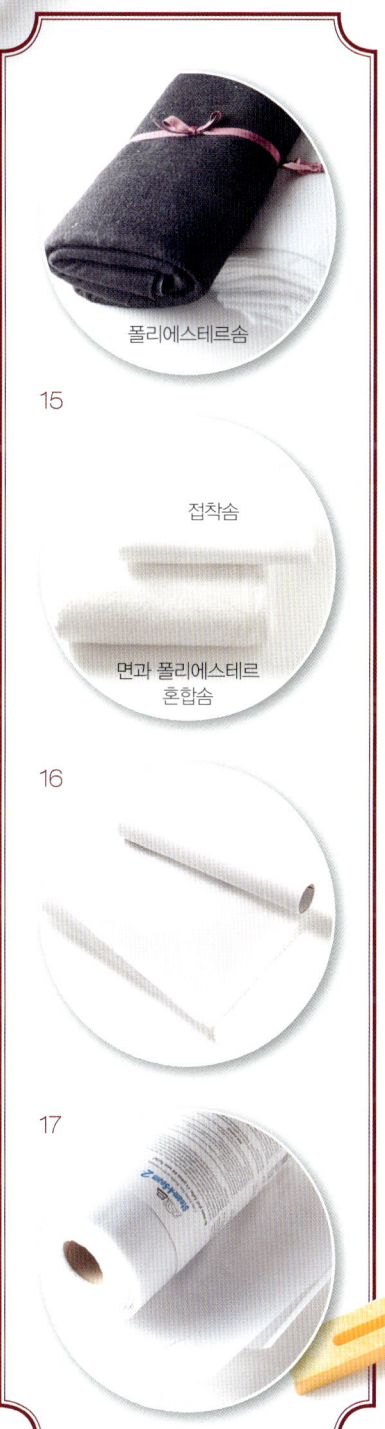

시접용 헤라

18

시접단용 헤라

16 스테블라이저 종이와 비슷하게 생겼지만 섬유로 만들어져서 바늘에 손상을 주지 않는 종이입니다. 새틴 스디치와 여러 가지 모양의 장식 스티치를 할 때 섬유의 뒷면에 대고 박음질하면 아름다운 스티치가 됩니다. 작업 후 찢어버리는 스테블라이저가 대부분이나 찢어지지 않는 스테블라이저, 접착이 가능한 스테블라이저, 니트 등 편성물에 쓰는 스테블라이저 등이 있습니다.

17 퓨저블 웹(양면접착심지) 천을 오려 바탕천에 붙여 다양한 스티치로 아플리케를 할 수 있도록 도와주는 부자재입니다. 스트롱(strong), 미디움(medium), 라이트(light) 등 3종류의 퓨저블 웹이 있는데 바느질을 할 때는 미디움이나 라이트를 사용하고 스트롱은 가급적 피하는 것이 좋습니다. 점성이 강해 바늘에 올라붙어 박음질을 힘들게 할 수도 있기 때문입니다.

18 헤라(시접용 헤라, 시접단용 헤라) 머신으로 조각보를 만들 때 시접을 긋고 접어줄 때 유용한 도구입니다.

13

13 시침핀 보조장치 시침핀으로 시침질을 할 때 날카로운 핀에 손이 찔리거나 피부가 상하지 않도록 도움을 주는 도구입니다. 송곳의 날과 비슷한 뭉툭한 날 중간에 홈이 파여 있어 시침핀을 쉽게 꽂을 수 있도록 도와줍니다. 수입품이라 국내에서 구하기 어려울 수 있는데 그런 경우에는 사진과 같이 나무소독저를 깎아 사용해도 됩니다.

14 컴퍼스 로터리 칼 컴퍼스처럼 길이를 정한 다음 중심을 잡고 한 바퀴 빙 돌리면 원단이 둥글게 잘라집니다.

15 솜 머신퀼트를 할 때는 아주 두꺼운 솜은 피하는 것이 좋습니다. 면과 폴리에스테르가 적당히 섞인 솜이 가장 좋지만 품질이 우수한 머신퀼트용 100% 폴리에스테르솜도 있으니 무조건 폴리에스테르솜이 나쁜 것은 아닙니다. 100% 면솜은 입체감이 떨어져서 별로 권하지 않습니다. 흰색솜과 검정솜 두 가지 색이 있어 원단의 색에 따라 골라 사용하고 접착솜, 가방솜 등 기능에 따라 다양한 종류의 솜이 있으므로 필요에 따라 선택해 사용하면 됩니다.

폴리에스테르솜

15

접착솜

면과 폴리에스테르 혼합솜

16

17

14

8 머신퀼트에서 사용하는 퀼트 용어 알아보기

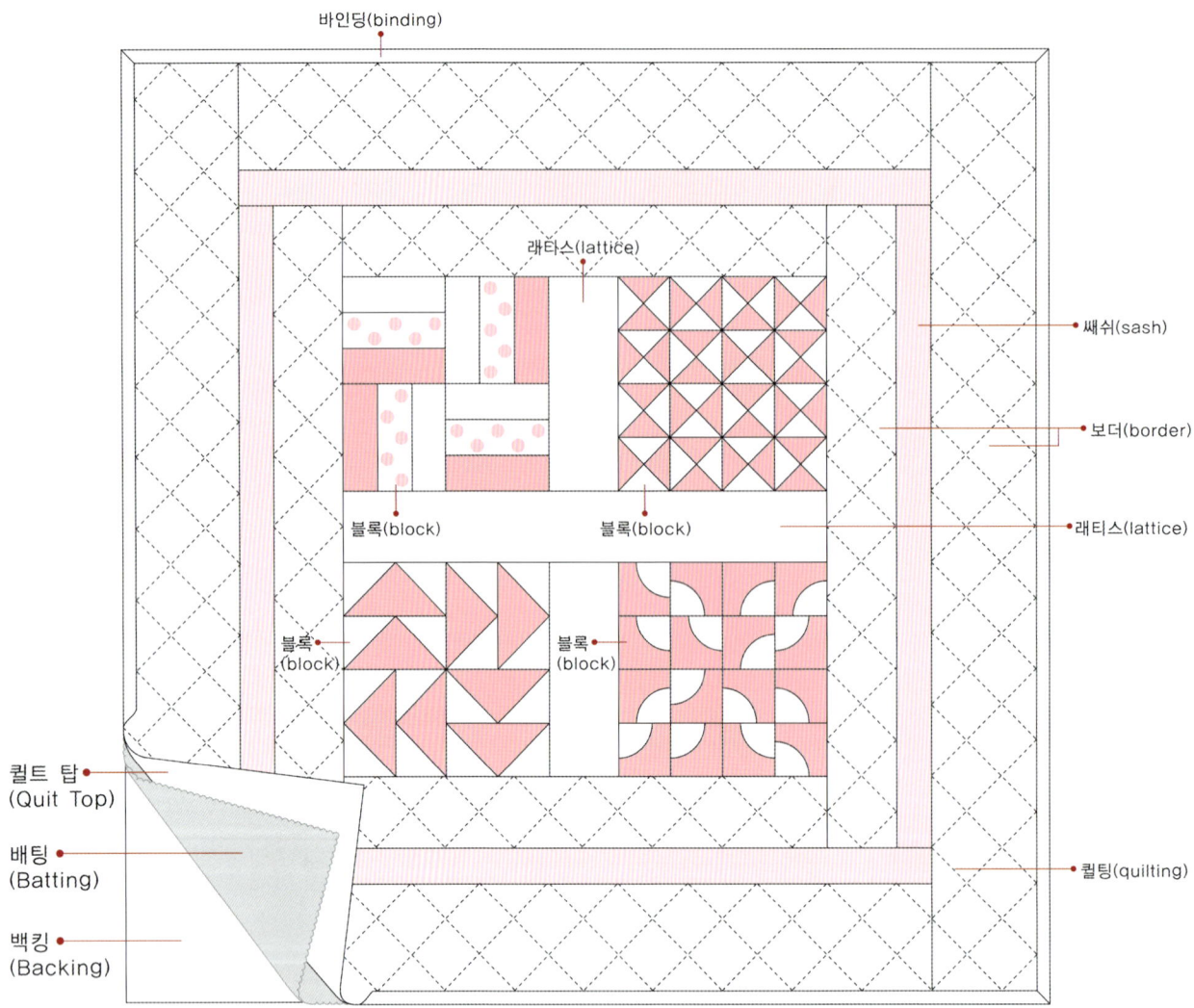

바인딩(binding)

래티스(lattice)

쌔쉬(sash)

보더(border)

래티스(lattice)

블록(block) 블록(block)

블록
(block) 블록
(block)

퀼트 탑
(Quit Top)

배팅
(Batting)

백킹
(Backing)

퀼팅(quilting)

1 피스 Piece 블록을 구성하는 작은 조각을 피스라고 합니다.

2 스트립 Strip 띠처럼 길게 자른 천을 스트립이라고 합니다. 머신퀼트에서는 대부분 식서로 스트립을 자릅니다.

3 피싱 Piecing 조각(piece)을 잇는 작업을 피싱이라고 합니다. 머신퀼트에서 시접은 ¼인치(혹은 0.7cm)입니다.

4 체인 피싱 Chain peicing 작은 조각들을 연달아 박음질할 때 노루발을 살짝 들어 장력을 풀어준 후 실을 당겨 다음 조각을 연결하는 방식으로 실을 끊지 않고 연결하여 피싱하는 방법입니다. 이 경우 작업속도를 높여주고 실도 절약되는 장점이 있답니다.

5 패치워크 Patchwork 피싱과 비슷한 뜻으로 조각과 조각을 연결하는 작업입니다.

6 쎄쉬 Sash, **래티스**Lattice, **보더**Border
쎄쉬Sash 블록과 블록을 잇는 가늘고 긴 천을 말합니다.
래티스Lattice 쎄쉬와 같거나 비슷한 용도로 쓰이는 가늘고 긴 천입니다. 차이점은 래티스는 블록과 블록이 격자 모양으로 배열되어 있을 때 블록 사이를 연결하는 천입니다.
보더Border 블록의 가장자리를 액자처럼 둘러 마무리한 부분을 보더라고 합니다.

7 시접 Seam 머신퀼트에서 직선 시접은 항상 ¼인치 혹은 0.7cm입니다. 꼭짓점 부분의 시접은 ⅝인치 혹은 1.7cm이며, 이 두 가지 시접만 알고 있으면 대부분의 도형의 완성 사이즈를 계산할 수 있습니다.(다음 장에 상세한 그림이 있으니 참고하세요.)
시접을 처리할 때는 두 시접을 모아 한쪽 방향으로 넘깁니다. 퀼트에서는 특별한 패턴이나 아주 두꺼운 천을 사용하였을 때를 제외하고 가름솔은 거의 하지 않습니다.

8 퀼트 탑 Quilt Top 완성된 퀼트의 겉면을 퀼트 탑이라고 합니다.

9 배팅 Batting 퀼트 탑과 뒷감 사이에 퀼팅솜을 대는 것을 배팅이라고 합니다. 퀼팅솜은 면과 폴리에스테르가 섞인 것이 가장 좋으며 100% 면은 오히려 입체감이 떨어져 그다지 좋지 않습니다. 머신퀼트에서는 너무 두꺼운 솜을 사용하면 퀼팅을 할 때 무겁고 부피감이 커서 그다지 좋지 않으므로 약간 얇은 솜을 쓰는 것이 좋습니다.

10 백킹 Backing 뒷감 대는 것을 백킹이라고 합니다. 퀼트 탑의 색상과 비슷한 색상을 선택하는 것이 좋습니다.

11 베이스팅 Basting 시침질하는 작업을 베이스팅이라고 합니다. 핸드퀼트에서는 무명실을 사용하여 시침질하는데 머신퀼트를 할 때는 시침용 안전핀을 사용하여 베이스팅을 합니다.

❶ 이때 시침용 안전핀은 긴 일자형보다는 작은 커브핀을 사용하는 것이 훨씬 효율적입니다.
❷ 실로 시침질을 할 때처럼 중심 부분부터 가장자리를 향해 시침핀을 꽂으면 되는데, 많은 양의 시침핀을 꽂을 때는 손이 아플 수가 있으므로 시침핀 보조장치나 길고 가느다란 막대기를 사용하여 시침핀을 꽂습니다. 간격은 한 뼘 크기로 하면 적당합니다.

12 퀼팅 Quilting 퀼트탑과 솜, 뒷감으로 이루어진 3중 구조를 눌러주는 작업입니다. 직선 퀼팅 시엔 워킹풋 노루발을, 곡선 퀼팅 시엔 프리 모션 퀼팅풋을 주로 사용하나 프리 모션 퀼팅풋으로 모든 작업이 동시에 가능합니다.

13 바인딩 Binding 퀼팅이 끝나면 가장자리를 깨끗이 커팅한 후 가장자리를 마무리하는 작업입니다. 직선 형태의 가장자리는 직선으로 재단한 바인딩테이프를 곡선 가장자리는 바이어스테이프를 사용합니다.

14 퀼트 Quilt 3중 구조물을 퀼팅하여 완성한 것을 퀼트라고 합니다.

15 슬리브 Sleeve 작품을 완성한 후 뒷면에 작품을 걸 수 있는 봉을 걸 수 있도록 만드는 것입니다. 슬리브는 평면으로 납작하게 만들지 않고 전시용 막대기가 들어갈 수 있도록 볼륨을 주어 만듭니다. 별것 아닌 작업 같지만 전시장의 환경에 따라 슬리브가 없으면 전시 자체가 불가한 경우가 있으니 유의합니다.

9 머신퀼트의 작업 순서와 기본 기법

머신퀼트로 하나의 작품을 제작할 때 거치는 순서는 다음과 같습니다. 이런 순서를 이해하고 체계적으로 작업을 하면 과다한
천의 사용과 다양한 시행착오를 최소화할 수 있습니다.

1 철저한 밑그림 그리기 Decision ▶ **2** 재단하기 Calculate the size ▶ **3** 자르기 Rotary cutting ▶ **4** 핀 작업 Pinning ▶
5. 박음질 Stitching ▶ **6** 실따기 Seam ripping ▶ **7** 연결하기 Setting ▶ **8** 다림질 Pressing ▶ **9** 보더대기 Bordering ▶
10 퀼팅선 그리기 Planning of Quilting ▶ **11** 뒷감대기 Backing ▶ **12** 솜대기 Batting ▶ **13** 시침질 Basting ▶
14 퀼팅 Quiting ▶ **15** 가장자리 마무리 Binding

1 철저한 밑그림 그리기

퀼트는 원하는 작업을 축소하여 종이에 그려 전체적인 밑그림
을 잡고 시작하는 것이 좋습니다. 5mm 눈금이 그려진 방안지
를 사용하면 일일이 사이즈를 재야하는 번거로움을 덜 수 있고
직각을 맞추어 그리기도 쉽습니다. 자칫 주먹구구식으로 패턴
을 만들다 생각했던 것보다 더 크거나 더 작은 작품이 만들어
지는 것을 예방할 수 있습니다.

무엇보다 가장 중요한 이유는 밑그림 작업이 끝난 후 여러 가

지 칼라로 색칠해 봄으로써 가장 아름다운 배색을 찾아낼 수
있다는 점입니다. 퀼트는 여러 가지 패턴을 이리저리 조합하여
새로운 구조를 만들어 내고 배색을 달리함으로써 새로운 효과
를 찾아내는 것이 매력이며 이 작업을 가장 잘 해내는 사람이
퀼트를 정말 잘하는 사람이랍니다. 미리 크기와 색채를 정해두
면 천의 과도한 구입이나 사용을 억제할 수 있다는 장점도 있
답니다.

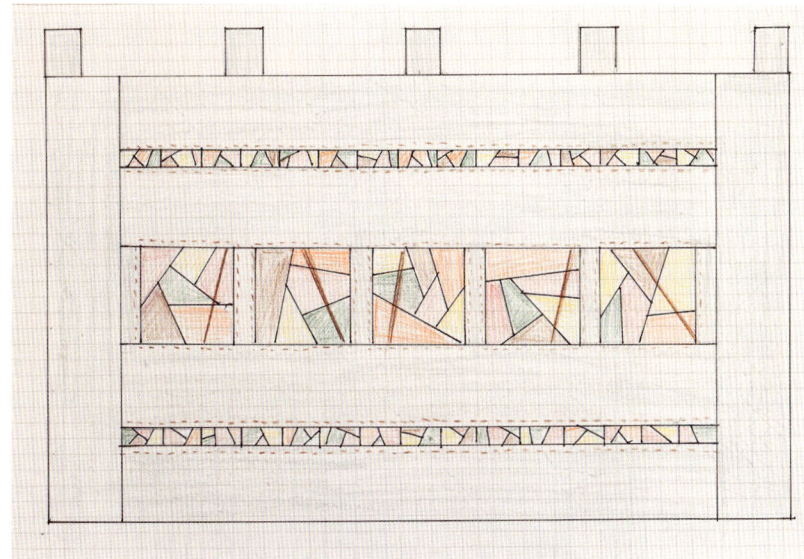

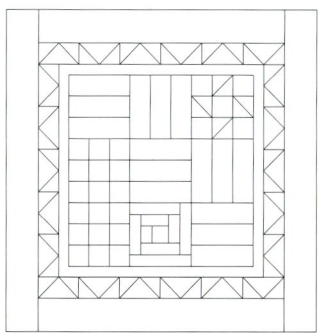

레일 펜스 기본형

나인 패치 기본형

 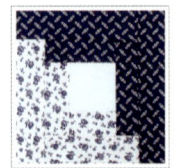

로그 캐빈 기본형

레일 펜스 베리에이션

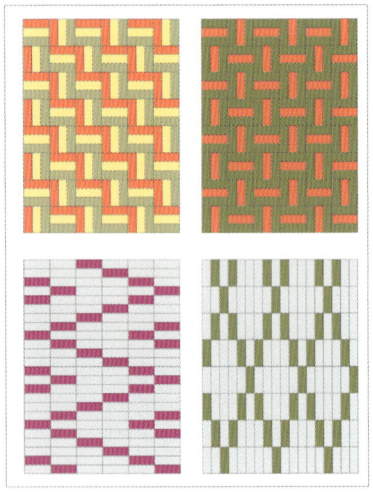

나인 패치 베리에이션

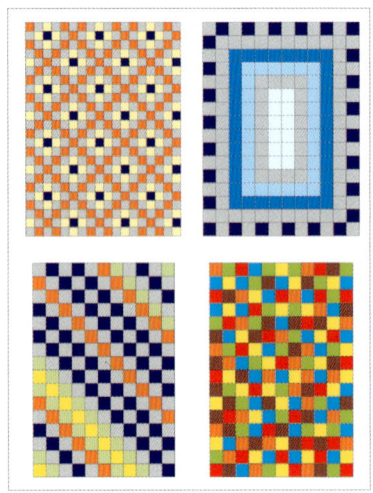

로그 캐빈 베리에이션

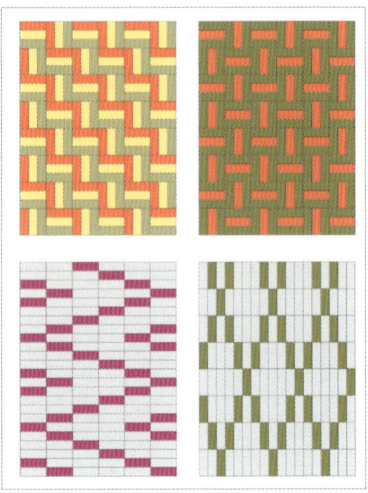

술주정뱅이 기본형

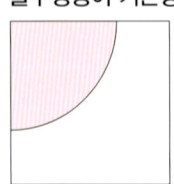 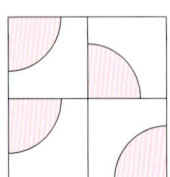

술주정뱅이 베리에이션

2 재단하기 Calculate the size

밑그림의 디자인에 따라 때로는 스트립으로 때로는 도형의 형태로 자르려는 천의 사이즈를 정해야 합니다. 직선 시접 ¼인치(0.7Cm) 와 삼각형 꼭짓점 부분의 시접 ⅝인치(약 1.7Cm) 를 이용하여 천을 재단합니다. 이 두 가지 시접만 알면 대부분의 도형 계산이 가능합니다. 다양한 도형에 따른 완성 치수 계산법은 다음과 같습니다.

다양한 도형에 따른 시접 계산법

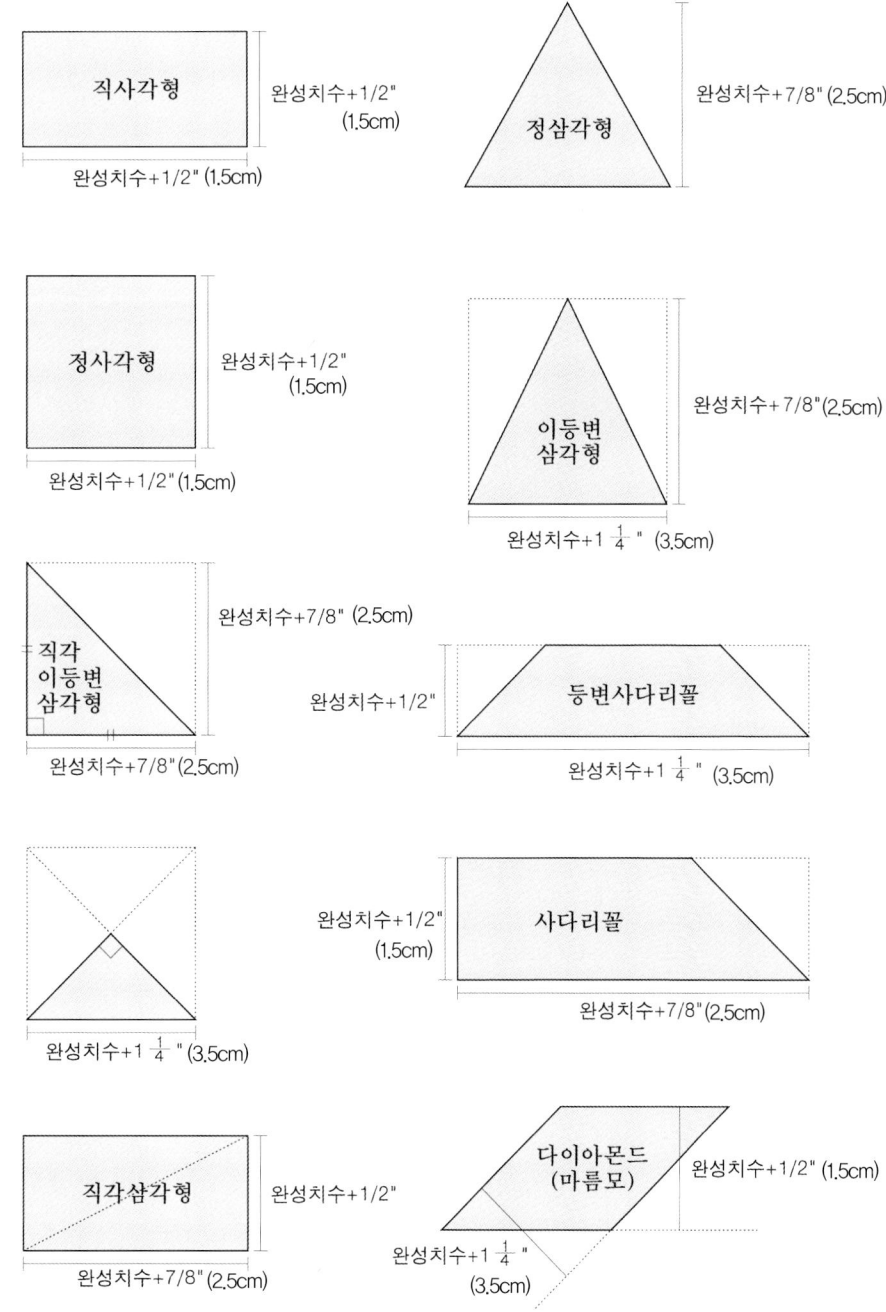

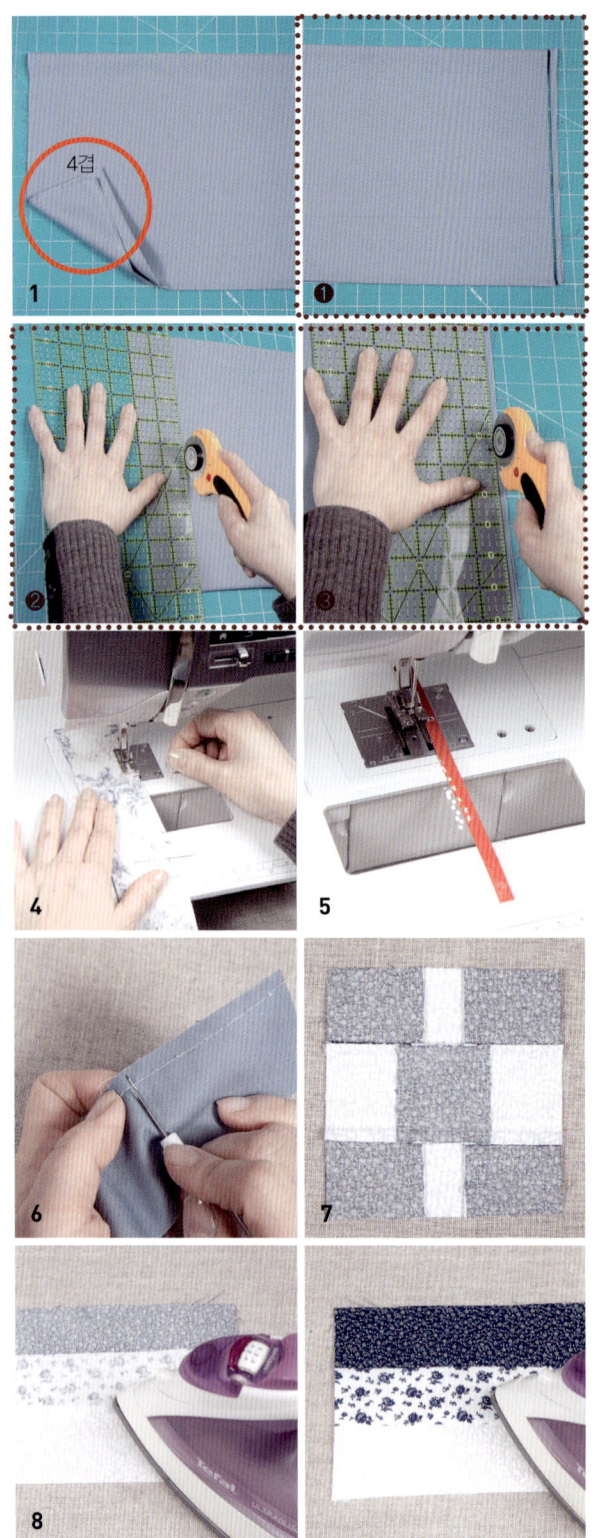

3 자르기Rotary cutting

머신퀼트에서 대부분의 제도는 시접(1/4인치, 0.7Cm)을 포함한 사이즈가 완성선이 됩니다. 구김 없이 평평하게 천을 편 후 식서 방향으로 4겹 정도 접어 로터리 커터를 이용하여 절단합니다. 천은 4겹 정도로 접어 자르는 것이 좋아요.
동그란 칼날이 있는 로터리 커터는 천을 움직이지 않고 정확하게 절단해 주는데 직선 칼을 쓴다면 천이 움직여 정확하게 자르기 어렵습니다.

❶천을 제도할 때 반드시 처음 시작 부분은 잘라서 시작 부분을 정확한 직선으로 만들어줍니다.
❷커터용 자를 이용하여 잘라서 사용할 부분(정확한 사이즈로 자르는 천)을 덮어줍니다. 이렇게 하면 혹시라도 커팅을 잘못해도 천의 손실을 줄여줄 수 있습니다.
❸로터리 커터를 잡고 둘째 손가락을 커터의 머리 부분에 올려 커터는 똑바로 앞을 향해 나갑니다. 반드시 아래에서 위로 향하도록 커팅하며 혹 잘려지지 않은 부분이 있으면 위쪽에서 아래로 칼을 당기지 말고 다시 한 번 아래에서 위를 향해 커팅합니다.

4 핀 작업Pinning

직선박음질을 할 때는 굳이 시침핀을 사용하지 않아도 됩니다. 천끼리 겹치면 서로 잘 달라붙어 있기 때문에 정확한 박음질이 가능합니다. 하지만 시접선끼리 정확히 맞추어야 하는 경우엔 반드시 시침핀으로 고정하며, 박음질 직전에 핀을 제거해 주어야 바늘의 손상을 막아줍니다.

5 박음질Stitching

머신퀼트에서는 1/4인치 노루발을 이용합니다. 대부분의 머신 회사에서 1/4인치 노루발이 생산되어 나오므로 구입하여 사용하면 됩니다. 혹 cm로 작업하거나 노루발의 구입이 여의치 않으면 침판 부분에 0.7cm 시접 길이를 정확히 재어 그림처럼 표시하여 사용해도 됩니다.
스티치 간격은 2~2.5mm가 기본 직선 스티치로 내장되어 있으니 그냥 사용하면 되고 윗실의 장력은 3~4 사이에 두는 것이 표준입니다. 박음질을 해 장력이 맞지 않으면 윗실과 아랫실의 장력을 조절해 정확하고 예쁜 스티치가 나오도록 해야 합니다. 일반적인 면천에 50번사와 80번 바늘을 쓰는 것이 표준이며 천이 두꺼워지면 실과 바늘도 더 굵은 것을 사용하여 균형을 맞추어야 하며, 과도하게 속력을 내다가 멈추다 하는 것을 반복하는 것 보다 물 흐르듯이 자연스러운 속도를 유지해야 기계의 손상을 막아줍니다.
스트립을 연결하여 박음질할 때 시작과 끝부분의 매듭짓기는 생략합니다. 매듭을 지어도 어차피 잘려나가기 때문입니다. 조각과 조각을 연결하는 퀼트의 특성상 특수한 경우를 제외하고는 매듭을 짓지 않아도 무방합니다.

●와 ▲의 길이가 비슷해지도록 보더를 대는 것이 좋습니다.

(X) (O)

6 실따기 Seam ripping 박음질을 잘못한 경우 천을 양쪽으로 잡아당겨 뜯지 말고 반드시 4~5땀 간격으로 리퍼로 뜯어낸 후 실을 곱게 제거합니다. 시접선이 곧 완성선인 머신퀼트에서 무리하게 실을 잡아당기면 시접선이 늘어나 사이즈가 변형될 수 있습니다. 특히 삼각형의 빗변 등 바이어스 부분을 조심합니다.

7 연결 Setting 블록과 블록을 연결했을 때 시접은 한쪽 방향으로 꺾어줍니다. 4개의 시접이 만나는 부분에서도 굳이 바람개비 형태로 시접을 만들지 말고 편안한 한쪽 방향으로 꺾어주면 됩니다. 이렇게 해주는 이유는 퀼트 탑을 완성하여 퀼팅할 때 완성선을 따라 퀼팅하는 퀼팅 인 더 디치(quilting-in-the-ditch) 작업 시 바늘 방향을 자주 바꾸지 않아도 되기 때문입니다.

8 다림질 Pressing 연결이 끝난 완성물은 뒷부분의 시접을 정확한 방향으로 넘겨 다린 후 앞부분으로 넘겨 시접 사이에 겹친 부분이 없도록 아래에서 위를 향하여 밀면서 다림질합니다.

9 보더대기 Bordering 중앙 부분의 작업이 끝난 후 보더를 대는데, 작품에 보더를 대면 액자처럼 작품을 정리해주는 효과가 있습니다. 정사각형인 경우는 문제가 없지만 길쭉한 직사각형인 경우 가로 보더와 세로 보더의 치수를 비슷하게 맞추어 주는 것이 중요합니다.

10 퀼팅선 그리기 Planning of Quilting 머신퀼팅 시에도 작품에 어울리는 정확한 퀼팅선을 그려 선을 따라 곱게 퀼팅 해주어야 아름다운 작품이 됩니다. 경우에 따라 면을 채워주는 스티플 퀼팅(Stiple Quilting)이나 이와 유사한 임의의 모양으로 퀼팅을 하기도 하지만 자칫하면 지저분하게 보일 수 있습니다.

11 뒷감대기 Backing 퀼트 탑의 색상에 따라 뒷감을 고르도록 합니다. 왜냐하면 뒷면의 퀼팅선의 모습도 중시하는 퀼트의 특성상 탑의 색상이 어두운 색이라 어두운 실을 사용했는데 뒷감은 화사하고 고운 색상이라면 보기가 과히 좋지 않기 때문입니다. 초보 머신퀼터일수록 뒷감은 무늬가 많고 중간 톤의 색상을 선택하는 것이 초보임을 덜 드러낼 수 있답니다. 뒷감은 솜이나 퀼트 탑보다 약간 크게 재단하는 것이 좋습니다.

12 솜대기 Batting 머신퀼트에서 솜은 면과 폴리에스테르가 80:20의 비율로 섞인 것이 가장 좋다고 합니다. 비율의 차이는 회사마다 조금씩 다르며 반드시 위의 비율이 아니어도 상관없습니다. 솜이 너무 두꺼우면 부피감이 커서 퀼트가 노루발 아래에서 움직이기 불편할 수도 있습니다.

① 100% 폴리에스테르솜도 품질이 좋은 솜이면 문제가 되지 않으며 오히려 100% 면솜은 입체감을 드러내기 힘들므로 별로 권하지 않습니다. 이외에도 실크솜이나 울솜 등이 있으므로 용도에 따라 골라 사용하면 됩니다. 또, 퀼트 탑의 색상이 어두울 때는 검은솜을 사용하는 것이 좋습니다. 간혹 솜이 올라와서 보일 때가 있기 때문입니다.
② 초보 퀼터들은 접착솜을 사용하면 3중 구조가 덜 움직여 작업에 도움을 주기도 합니다.

13 시침질basting 퀼트 탑이 완성되면 뒷감과 솜을 깔고 시침질을 합니다.

① 뒷감은 구김 없이 다림질을 해준 후 퀼트 탑보다 더 큰 크기로 준비하여 책상이나 바닥에 판판히 잘 펴고 압핀이나 접착테이프를 이용하여 고정시킵니다.
② 솜 역시 퀼트 탑보다 크게 잘라 뒷감 위에 판판히 잘 펴서 압핀이나 접착테이프를 이용하여 잘 고정시킵니다.
③ 마지막으로 퀼트 탑을 구김 없이 잘 다림질한 후 솜 위에 판판하게 펴서 올린 후 압핀이나 접착테이프로 고정합니다.
④ 위의 작업이 끝나면 시침용 안전핀을 이용하여 시침질하는데 중앙에서 시작하여 사방으로 약 한 뼘 정도의 간격으로 핀을 꽂아줍니다. 이때 시침용 안전핀은 큰 사이즈의 것도 좋지만 오히려 작지만 구부러진 커브핀이 훨씬 효율적입니다.
⑤ 큰 작품을 시침질하려면 핀에 손끝이 상하기도 하므로 나무 젓가락 등을 조금 더 가늘게 깎아서 사포로 잘 문지른 후 사진처럼 사용하면 손을 보호할 수 있습니다.
퀼팅을 할 때 시침용 안전핀은 반드시 제거하여 바늘을 보호해줍니다. 접착솜을 사용하더라도 뒷감을 고정해야 하므로 시침질 과정을 생략해선 안 됩니다.

14 퀼팅 Quilting 머신으로 퀼팅을 할 때는 먼저 프리 모션 노루발로 교체한 후 톱니 제거 버튼을 눌러 머신의 톱니를 내려줍니다. 머신에 따라 조금씩 사용 방법이 다르므로 머신의 설명서를 참고합니다.

① 일반 박음질을 할 때는 노루발과 톱니가 천을 밀어 나가며 박음질하지만 프리 모션 퀼팅을 할 경우엔 톱니를 내리므로 본인의 손과 발판을 누른 발이 노루발과 톱니의 역할을 해야 합니다. 손을 움직이지 않으면 제자리 박음질만 하므로 내 손과 머신의 속도를 제어하는 발판을 누른 내 발이 하모니를 잘 이루어야 한답니다. 처음엔 어렵게 느껴지지만 결국은 내 뜻대로 움직여주므로(free motion) 자유자재로 방향을 움직여가며 퀼팅할 수 있습니다.
머신으로 퀼팅할 때도 핸드퀼팅과 마찬가지로 중심에서 시작

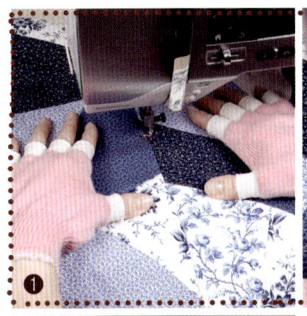

하여 가장자리 방향으로 펴져 나가며 순차적으로 퀼팅 해야 합니다. 퀼팅 시 어깨에 무리가 가지 않도록 반드시 작업용 장갑을 끼고 작업하는 것이 좋습니다. 처음이라 긴장하거나 3중 구조물이 너무 무거우면 자기도 모르게 어깨와 손에 힘을 많이 주게 되어 금방 피로해지기 때문입니다.

❷ 머신퀼팅을 시작할 때는 반드시 윗실을 한쪽 손으로 쥐고 밑실을 끌어올려서 사용해야 합니다. 밑실과 윗실을 가지런히 모아 쥐고 제자리에서 몇 번 제자리 박음질을 하여 매듭을 지어준 후 퀼팅을 시작합니다. 이렇게 하지 않으면 밑실이 뭉쳐서 뒷면이 보기 흉하게 됩니다.

❸ 매듭을 지어 약 10cm 정도 퀼팅을 한 후 남은 실을 제거하여 작업에 방해를 주지 않도록 합니다.

다림질 할 때 주의할 점

다림질 할 때 스팀이나 물뿌리개는 될 수 있으면 사용하지 마세요. 지나친 수분은 천을 늘어나게 해 완성선이 늘어날 수 있어요.

커팅할 때 주의할 점

위쪽에서 아래를 향해 커팅을 하면 커팅이 안 되고 천이 지저분하게 썰리게 됩니다. 시접선이 곧 완성선인 머신퀼트의 특성상 정확한 커팅은 정확한 제도이기 때문에 주의를 기울여야 합니다.

퀼팅을 잘하려면 어떻게 해야하나요?

퀼팅을 자유자재로 할 수 있는 프리 모션 퀼팅(Free Motion Quilting)이라도 퀼팅을 할 때에도 반드시 퀼팅라인을 그려 깔끔한 퀼팅이 되도록 합니다. 프리 모션 퀼팅을 해보면 직선 퀼팅이 곡선 퀼팅보다 더 어렵다는 것을 금방 깨닫게 됩니다. 이때 워킹풋을 사용하면 쉽게 작업할 수 있습니다. 하지만 워킹풋은 일반 노루발처럼 한쪽 방향으로만 박음질이 가능하므로 큰 작품을 퀼팅할 때는 불편할 수 있습니다.

머신퀼팅을 잘하려면 어떻게 해야 하느냐는 질문을 많이 받는데 연습이 가장 좋은 방법이긴 하지만 무작정 퀼팅하는 것보다 정확한 선이나 모양을 그려서 선을 따라 깨끗하게 퀼팅 하는 연습을 많이 해보는 것이 중요합니다. 그리고 여러 번의 연습도 중요하지만 자신이 정성스럽게 완성한 작품을 겁내지 말고 퀼팅해 보는 것도 중요합니다. 퀼팅이 서투르다고 겁을 내다보면 발전이 없으므로 퀼팅을 잘못하여 실을 따고 다시 작업하더라도 이를 귀찮아하지 말고 연습이라 생각하며 정성스레 퀼팅을 하다보면 자신도 모르게 머신퀼팅이 금방 늘게 될 거예요.

15 가장자리 마무리 binding

퀼팅이 끝나면 가장자리를 깨끗이 트리밍한 후 마무리하는 작업인 바인딩 처리를 해줍니다. 가장자리가 직선이 경우에는 직선 바인딩테이프를 잘라 사용합니다. 바인딩테이프의 폭은 작품의 크기를 기준으로 본인이 임의로 정하면 되는데 4겹으로 접어 사용하므로 완성 사이즈의 약 5배를 폭으로 잡아야 합니다.(접으면서 포개지는 여유분 포함)

❶ 보통 1½인치(4cm) 폭으로 잘라 사용하는 경우가 많으나 정해진 규칙은 없습니다. 더블 바인딩을 하면 편리하고 가장자리가 힘이 있으나 천의 손실이 많은 편입니다. 가장자리가 곡선인 경우 바이어스 바인딩테이프를 잘라 사용합니다.

❷ 완만한 곡선 가장자리인 경우는 30도 정도의 바이어스 커팅된 바인딩테이프를 사용해도 작업에 지장이 없으나

❸ 타원이나 원형 가장자리인 경우는 45도 정바이어스 바인딩테이프를 사용합니다.

싱글 바인딩테이프를 처리하는 방법은 다음과 같습니다.

❶ 퀼트의 앞면에서 바인딩테이프의 시작 부분을 접은 후 접은 선을 따라 시침핀으로 고정합니다.

❷ 선을 따라 박음질하다가 가장자리 마지막 부분에서 1/2인치(1.5cm) 지점에서 매듭을 짓습니다.

❸ 사진과 같은 모양으로 접은 후

❹ 맨 위에서부터 다시 박음질하여 마지막 부분에서 1/2인치(1.5cm) 남은 지점까지 박음질하고 매듭을 짓습니다.

❺ 시작 부분으로 돌아와서 사진처럼 겹칠 만큼의 여유분을 주고 바인딩테이프를 자른 다음 마저 박음질합니다.

❻ 퀼트의 뒷면에서 공그르기로 바인딩 작업을 마무리합니다.

바인딩 처리는 손으로 꼼꼼하게 TIP

아무리 머신퀼트라 하나 반드시 손으로 작업하여야 하는 부분이 있습니다. 뒷면 바인딩 처리는 반드시 손으로 하는 것이 예쁩니다.

모서리 부분의 시접을 정리할 때 앞, 뒷부분이 서로 교차하는 것에 주의합니다.

더블 바인딩을 처리하는 과정은 싱글 바인딩과 똑같으며 다만 테이프를 반으로 접은 후 3겹으로 사용하는 점만 다릅니다.

10 반드시 알아두어야 할 핸드 스티치 기법

1 홈질 홈질로 바느질을 할 때는 1cm 안에 3땀 정도 들어갈 수 있도록 바느질합니다. 셋째 손가락에 골무를 끼고 작업을 하는 습관을 들이면 오랫동안 바느질하여도 손가락이 아프지 않고 보호됩니다.

❶ 실에 매듭을 지은 후 원단의 아래에서 위로 바늘을 밀어올린 후 실을 끝까지 뺍니다.

❷ 한번에 2~3땀씩 한꺼번에 바느질하여 실을 당깁니다. 땀수를 촘촘하게 하는 것도 좋지만 땀수가 일정 간격을 유지하며 고르게 바느질 하는 것이 더 중요합니다.

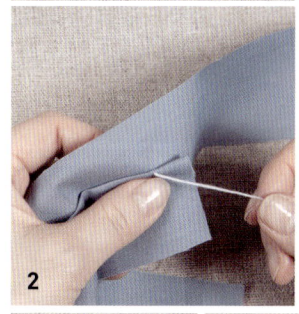

2 공그르기 바인딩 작업을 하거나 핸드아플리케를 할 때 주로 사용하는 바느질 기법입니다. 천에서 나온 바늘이 수직으로 맞은편 천을 뜨는 식으로 바느질하며 실을 적당히 당겨가며 바느질하여 실이 겉으로 드러나지 않도록 해야 합니다.

❶ 실에 매듭을 지어 공그르기할 원단으로 바늘을 올린 후 실을 끝까지 뺍니다.

❷ 실이 나온 지점의 바로 아랫부분의 원단에 바늘을 꽂고

❸ 공그르기할 원단으로 바늘을 통과시키며 실을 뺍니다.

❹ 다시 실이 나온 지점 바로 아랫부분의 원단에 바늘을 꽂으며 공그르기할 원단으로 바늘을 통과시키며 실을 뺍니다.

❺ 공그르기로 연결해준 모습입니다.

3 세발뜨기 단을 정리할 때 많이 쓰는 스티치로 헤링본 스티치라고도 합니다. 지퍼를 달 때 지퍼의 시접 부분을 정리하는 방법 중 한 가지가 세발뜨기로 마무리하는 것입니다. 일정한 간격으로 스티치를 해야 예쁜 스티치가 됩니다.

❶ 실에 매듭을 짓고 원단 위로 바늘을 빼며 실을 끝까지 당긴 후 아래에서 오른쪽에서 왼쪽 방향으로 일자로 바늘을 통과시킵니다.

❷ 실을 끝까지 당긴 후

❸ 실을 위로 제치고

❹ 윗단에서 오른쪽에서 왼쪽 방향으로 일자로 바늘을 통과시키면

❺ X자 모양의 세발뜨기가 완성됩니다.

PART
2

퀼트용 머신의 기본 사용법

1 머신의 각부 명칭 살펴보기

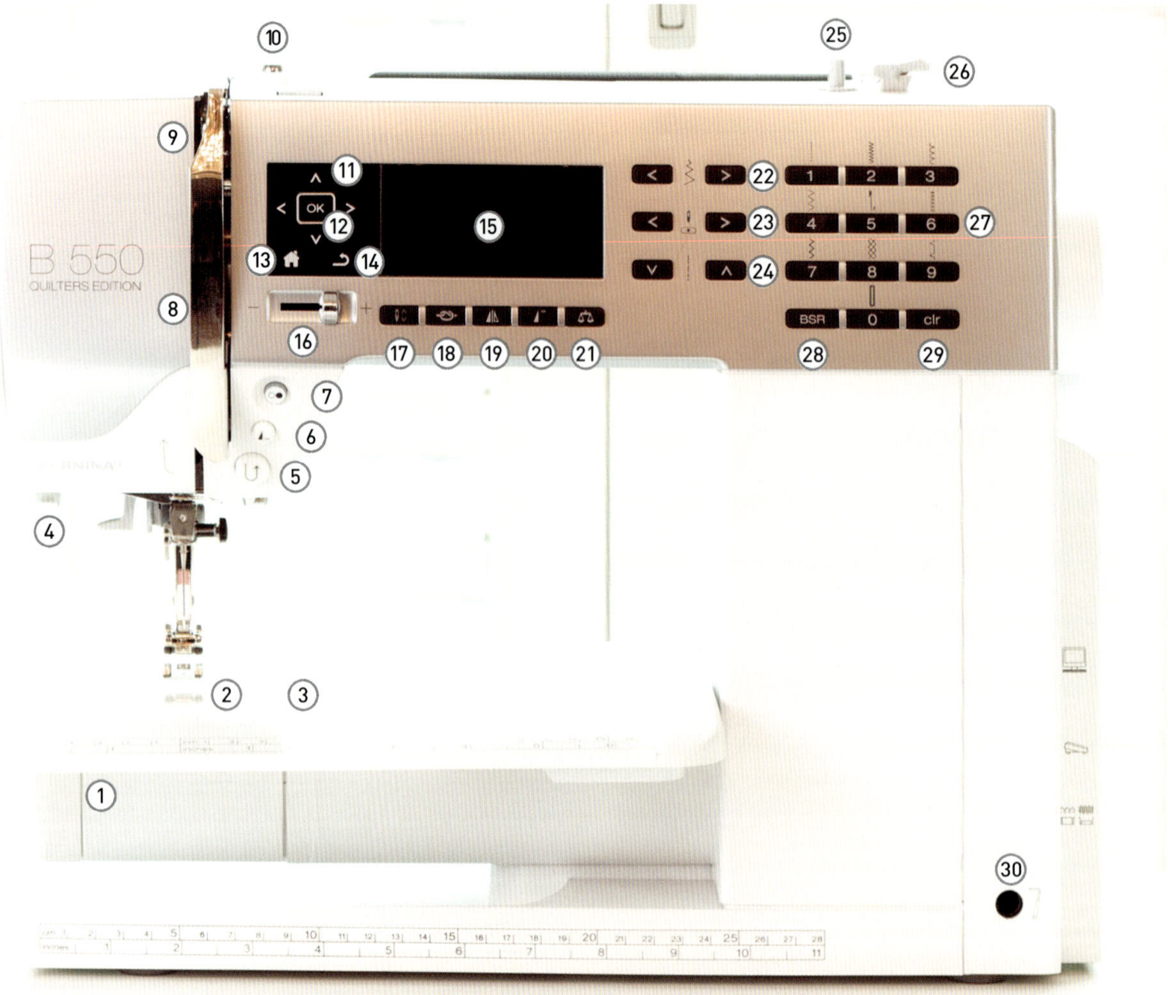

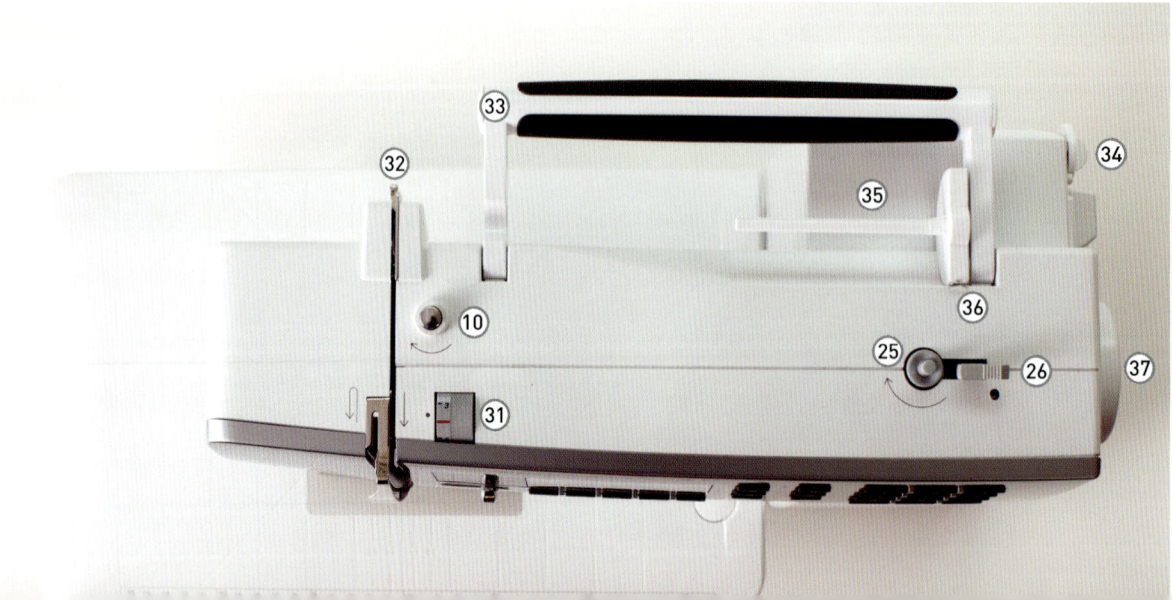

8 실 채기 커버 : 윗실의 실채기를 가려주는 커버

9 실 채기 : 정확한 타이밍을 통해 윗실이 밑실을 낚아채어 바느질이 되도록 함

10 보빈 실 감기 장력 홀더 : 밑실을 보빈에 감을 때 실의 장력을 팽팽하게 유지시켜주는 장치

11 방향 버튼(왼쪽/오른쪽/아래/위) : 리모컨의 방향키와 같은 기능(기능 선택을 위해 선택 커서를 좌우상하로 이동시킴)

12 OK버튼 : 설정 및 선택 버튼

13 홈 버튼 : 메인 메뉴가 있는 화면으로 선택됨.

14 전 단계 버튼 : 메뉴의 이전 단계로 이동

15 액정화면 : 머신의 각종 설정정보를 보여주는 디스플레이

16 속도조절 바 : 머신의 재봉 속도를 조절하는 장치

17 바늘(아래/위) 위치 선택 버튼 : 머신이 멈추었을 때 바늘이 위 또는 아래에 멈추도록 작동하거나 설정하는 버튼

18 매듭 바느질 버튼 : 바느질된 실의 올이 풀리지 않도록 매듭을 지어주는 기능

19 거울 이미지 버튼 : 좌우 비대칭의 스티치 모양을 좌 또는 우로 방향을 바꾸어 바느질함

20 패턴 시작 버튼 : 버튼을 누르면 이미 진행된 바느질을 처음으로 되돌려 시작함

21 균형(발란스) 버튼 : 스티치 모양이 이상하게 나올 때 이 기능을 작동하면 정상적인 모양으로 바느질 되도록 설정해줌

22 바느질 너비 조절 버튼 : 스티치의 폭(바늘 한 땀의 폭)을 조절하는 버튼

23 바늘 위치 버튼 : 바늘의 위치를 조정하는 기능으로 바느질에 장해가 되는 것을 피해 바느질할 때 유용함

24 바느질 길이 조절 버튼 : 스티치의 길이(한 땀의 길이)를 조절하는 버튼

25 북실 감기 장치 : 빈 보빈에 밑실을 감는 장치

26 북실 감기 레버(실 컷터) : 밑실 감는 장치의 작동과 멈춤을 조절하는 장치(실을 끊는 커터가 내장되어 있음)

27 스티치 선택 버튼 : 스티치 기능을 선택하는 버튼

28 BSR 버튼 : 프리모션 시스템을 작동하거나 설정하는 버튼

29 Clr 버튼 : 설정 값을 원래 상태로 되돌리는 기능

30 프리핸드 시스템 연결 홈 : 프리핸드 시스템을 작동하기 위한 레버를 체결하는 홈

31 위실 장력 조절 다이얼 : 윗실의 장력을 0～10 단위로 조절하는 다이얼로 윗실이 밑실을 잡아당기는 힘을 조절하는 장치

32 후면 실가이드 : 윗실이 이탈하지 않도록 잡아주는 장치.

33 운반 손잡이 : 머신을 이동하기 위하여 들어 올릴 때 사용하는 손잡이

34 수직 보조 실패 꽂이 : 윗실을 장착하는 보조 실패꽂이

35 수평 실패 꽂이 : 윗실을 장착하는 메인 실패꽂이

1 북집커버 : 북집을 넣고 빼내는 부분의 커버로 일종의 문 역할을 함

2 바느질 침판 : 바느질 위치를 쉽게 파악할 수 있도록 수직이나 수평, 대각선으로 된 선들을 mm와 inch 단위로 표시함

3 스페셜 액세서리 장착 홈 : 다양한 재봉 액세서리를 장착할 수 있는 나사홈

4 LED 재봉틀 조명 : 재봉을 할 때 바느질감이 잘 보이도록 조명 역할을 함(전구→LED)

5 빠른 역방향 버튼 : 버튼을 누르면 재봉하는 방향이 반대로 바뀜.

6 패턴 끝/패턴 시작 버튼 : 재봉 스티치의 모양을 완성하면 자동으로 재봉을 멈추는 기능

7 바느질 시작/멈춤 버튼 : 버튼을 눌러 머신을 작동 또는 정지시킴

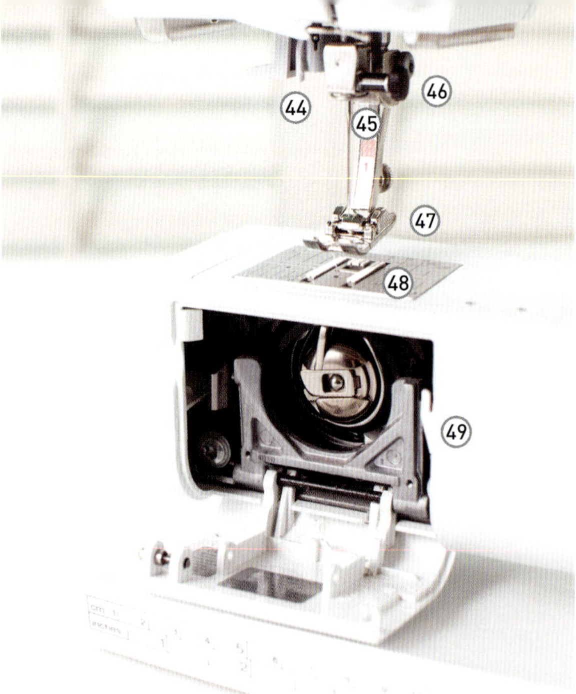

36 보조 실패 실가이드 : 윗실을 보조 실패꽂이에 장착하여 할 때 실의 이탈을 막아주는 핀

37 핸드 휠 : 수동으로 머신을 작동시키는 휠

38 PC연결홈(소프트웨어 업그레이드) : 머신과 PC를 연결하기 위한 케이블 커넥터

39 발판 연결 홈 : 머신을 작동시키는 컨트롤러(발판)를 연결하는 커넥터

40 톱니 제거 버튼 : 버튼을 눌러 바느질을 할 때 천을 앞뒤로 이송하는 장치인 톱니를 제거하여 천의 이송 기능을 정지 시키는 장치

41 전원 스위치 : 머신의 전원을 켜거나 끌 때 사용하는 스위치

42 전원 플러그 콘센트 : 머신에 전원을 연결할 때 사용하는 콘센트

43 통풍구 : 모터에서 발생하는 열을 빼주는 통풍구

44 반자동 실꿰기 장치 : 바늘에 실을 쉽게 끼워주는 장치

45 윗실가이드 : 윗실이 이탈하지 않도록 잡아주는 역할

46 바늘고정조절나사 : 바늘을 빼거나 끼울 때 이 나사를 돌려 고정하거나 풀어줄 때 사용

47 노루발 : 바느질을 할 때 필요한 노루발

48 톱니 : 바느질을 할 때 천을 앞뒤로 이송하는 장치

49 밑실 커터 : 밑실을 잘라주는 역

50 노루발 압력조절기 : 노루발이 원단을 눌러주는 압력을 높이거나 낮출 수 있도록 조절하는 레버

51 전면커버덮개 나사 : 실채기 부분에 먼지나 실이 있을 때 열어서 청소하는 나사

52 실 커터 : 윗실을 자를 때 이곳을 이용함

53 보조테이블 장착 홈 : 보조테이블을 연결할 때 홈에 맞게 장착

54 다닝후프 연결 홈 : 스페셜 액세서리 사용 시 노루발과 머신을 연결하는 홈

55 노루발 올림대 : 노루발을 장착하거나 원단을 이동할 때 위로 올려서 사용

56 BSR 장착 홈 : BSR노루발을 머신과 연결하는 연두색 홈

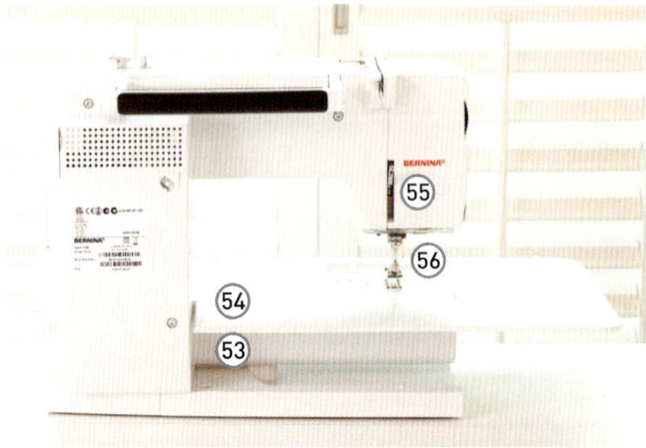

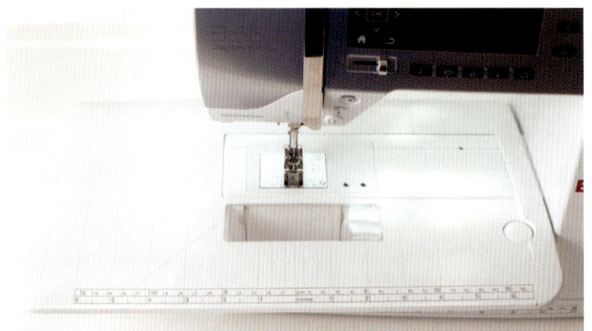

2 머신 기본 사용 방법

▶ DVD 머신 기초 사용법 동영상 강의

1 노루발 끼우기, 노루발 빼기
❶ 바늘과 노루발을 올립니다. 전원 스위치를 끕니다.
❷ 잠금레버를 올리고 노루발을 제거합니다.
❸ 노루발 위쪽 홈을 노루발 부착대 뿔에 끼웁니다.
❹ 잠금레버를 아래쪽으로 누릅니다.

2 바늘 끼우기
* 바늘 제거하기 – 바늘을 올리고 전원스위치를 끕니다.
  노루발을 내리고 바늘 고정나사를 풉니다.
  바늘을 아래로 당겨서 제거합니다.
* 바늘 삽입 – 바늘의 평평한 면을 뒤로 하고 최대한 위로 올려
삽입합니다. 바늘 고정나사를 조입니다.

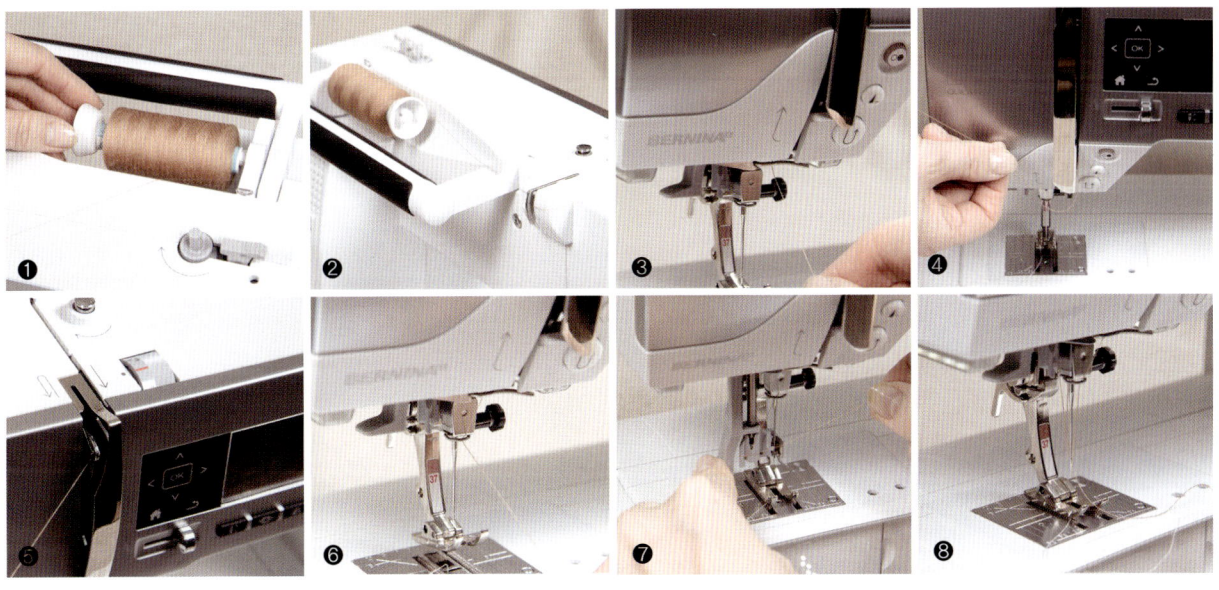

3 윗실 끼우기
❶ 바늘과 노루발을 올리고 전원 스위치를 끈 후 실패 받침을
부착합니다. 실패꽂이에 실을 부착하고 실패가 움직이지 않게
적당한 크기의 실마개를 부착합니다.
❷ 실을 후면 실가이드에 걸고 위쪽 실 장력조절기 홈에 끼웁
니다.
❸ 실채기 보호대 후면 실가이드의 오른쪽으로 실을 아래로 당
깁니다.

❹ 실채기 보호대의 왼쪽으로 실을 올리고
❺ 실채기 레버에 실을 겁니다.
❻ 실을 아래로 하고 윗길가이드를 통과하고
❼ 자동실꿰기에 실을 걸어
❽ 바늘에 실을 넣습니다.

4 윗실 장력 조절

표시된 곳까지 장력조절장치의 빨간 선을 맞춥니다. 기본 바느질에서는 조절할 필요가 없으나 특별한 바느질의 경우 조절장치를 실의 종류에 맞게 조절해주어야 합니다. 기본 설정은 빨간 선에 맞도록 설정되어 있습니다.

● 윗실 장력 조절 설정
  ① 완벽한 바늘땀 구성
  – 천 안의 바늘땀 구성
  ② 윗실이 너무 타이트할 때
  – 밑실이 천의 위쪽으로 잡아 당겨져 있습니다.
  – 조금 느슨하게 할 땐 장력 조절 장치를 3~1로 바꿉니다.
  ③ 윗실이 너무 느슨할 때
  – 윗실이 천의 밑쪽으로 잡아 당겨져 있습니다.
  – 좀 더 타이트하게 하려면 조절 장치를 5~10으로 바꿉니다.

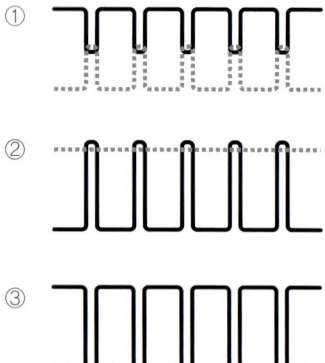

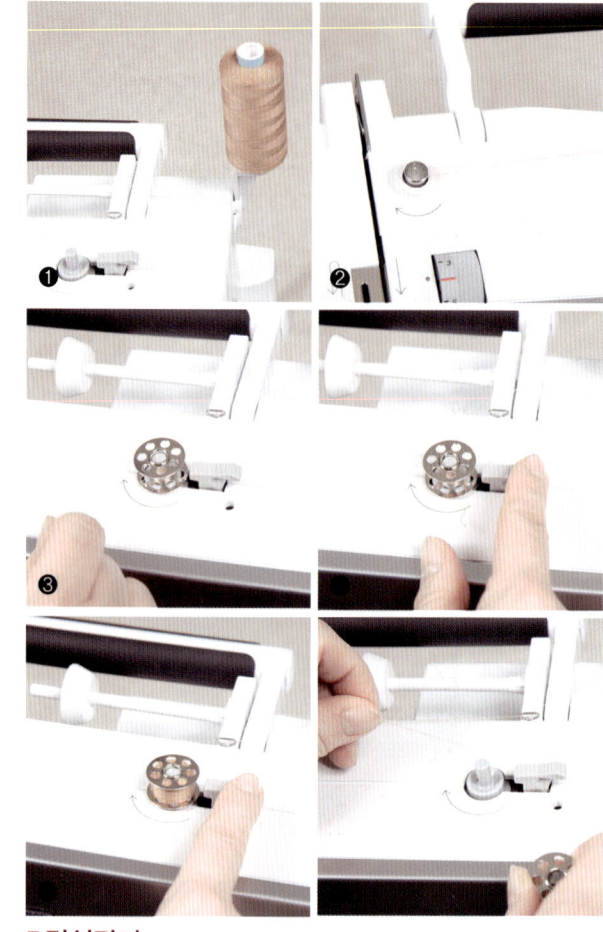

5 밑실감기

❶ 전원 스위치를 켜고 빈 보빈을 스핀들 위에 꽂습니다. 실을 실 꽂이에 꽂고

❷ 사진처럼 보빈실 감기와 장력홀더를 지나서 화살표 방향으로 보냅니다.

❸ 실을 빈 보빈에 시계 방향으로 두세 번 감고 실 끊기로 실을 자릅니다.

❹ 보빈 반대쪽의 레버를 왼쪽으로 누르면 밑실이 감기기 시작합니다.

❺ 밑실이 다 감겨 자동으로 멈추면 보빈을 뺍니다.

❻ 실 끊기로 실을 끊습니다.

6 밑실 넣기

❶ 실을 시계방향으로 풀릴 수 있게 넣습니다.

❷ 오른쪽에서 홈 안으로 실을 잡아당깁니다.

❸ 스프링 끝쪽 T모양의 홈에 실이 중간에 놓일 때까지 실을 왼쪽으로 당깁니다.

　* 북은 반드시 시계방향으로 회전해야 합니다.

8 북집 다루기

● 북집 제거

❶ 바늘을 정위치로 올리고 전원스위치를 끕니다.

❷ 북집덮개를 열고 북집걸쇠를 왼손으로 붙잡고 북집을 제거합니다.

● 북집 삽입

북집 걸쇠를 잡습니다.

❶ 북집 꼭지는 반드시 위쪽을 향하게 합니다.

❷ 제자리에서 끝까지 밀어 넣은 다음 걸쇠를 놓고 엄지손가락으로 살짝 밀어줍니다. 북집을 넣고 밑실커터로 실을 자릅니다.

❸ 북집덮개를 덮습니다.

● 밑실 끊기 : 북집을 넣고 밑실커터에 걸친 다음 실을 자릅니다.

● 적당한 밑실의 장력

손끝으로 북집에 감긴 밑실을 잡고 살짝 흔들었을 때 약 10cm 정도 내려가다 멈추면 적당한 것입니다. 북집이 내려가지 않거나 멈추지 않고 계속 흘러내리면 작은 조절 나사로 북집 옆에 있는 나사를 움직여 조절합니다. 이때 나사를 오른쪽으로 돌리면 장력이 강해지고 왼쪽으로 돌리면 장력이 약해집니다.

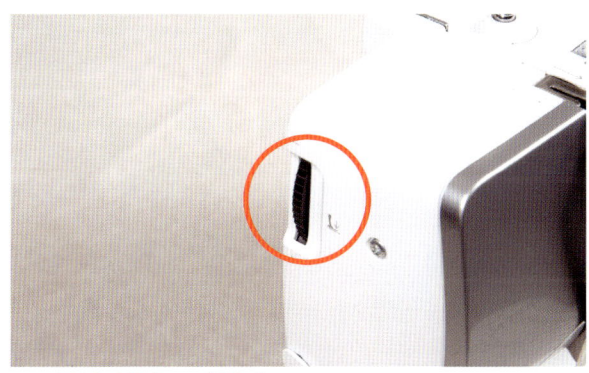

7 노루발 압력 조절하기

* 본체 다이얼 – 압력 조절기는 본체 왼편에서 조절할 수 있습니다.

* 표준압력 – 일반 섬유, 기본 설정 46

* 압력 증가 – 데님 등 두꺼운 섬유, 다이얼을 + 쪽으로 맞춤

* 압력 감소 – 저지나 니트 등의 섬유를 밀리지 않게 조절, 다이얼을 – 쪽으로 맞춤

3 노루발 제대로 활용하기

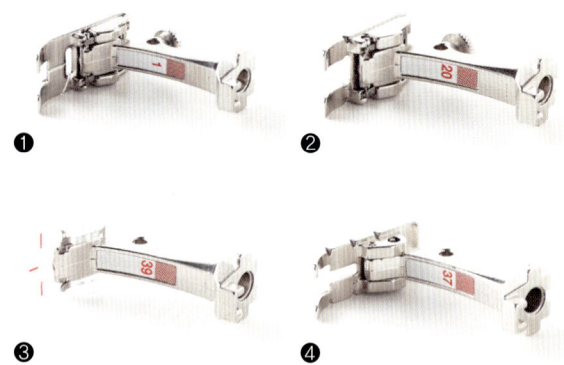

❶   ❷

❸   ❹

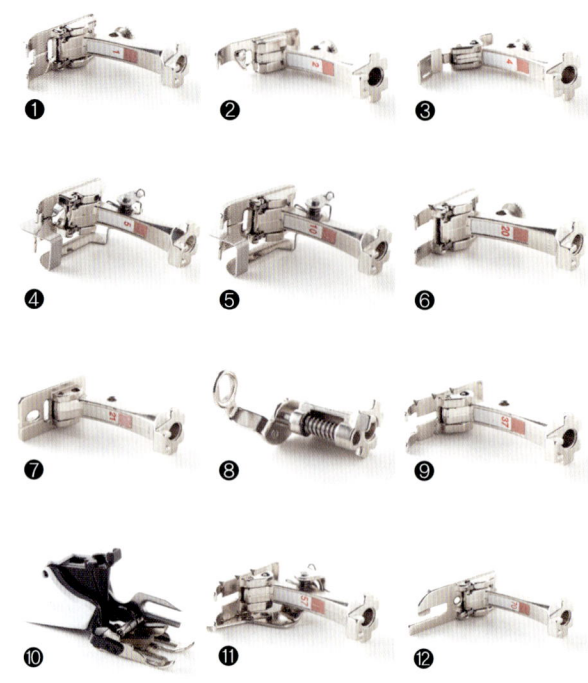

❶   ❷   ❸

❹   ❺   ❻

❼   ❽   ❾

❿   ⓫   ⓬

직선박기만 하는 줄 알았던 머신을 각각의 미싱에 제공되는 다양한 노루발과 함께 사용해보면 놀라운 기능에 깜짝 놀라실 겁니다. 특히 머신을 처음 구입하였을 때 구비되어 있는 기본 노루발을 잘 활용하면 오버록 박음질, 지퍼달기, 파이핑 만들기, 단춧구멍 만들기가 모두 가능합니다.

노루발의 종류를 알아보기 전에 기본 구조부터 알아보겠습니다. ❶ 일반 노루발과 ❷의 아플리케 노루발을 비교해보면 바닥에 홈이 없는 것과 있는 것으로 구별됩니다. 홈이 없는 노루발은 천을 눌러주는 힘이 좀 더 강해 정확한 박음질이 되도록 도와줍니다.
홈이 있는 노루발은 볼륨이 있는 스티치, 즉 새틴 스티치나 장식스티치 등을 할 때 사용하도록 설계된 노루발입니다. 머신아플리케 작업을 할 때는 반드시 홈이 있는 노루발을 사용해야 합니다.
❸ 아플리케 노루발은 바닥에 홈이 있으면서도 투명하거나(❸ 노루발) 앞이 트여 있어(❷ 노루발) 시야가 잘 확보되는 것을 사용하기도 합니다.
❹ ¼인치 패치워크 노루발의 가운데 모양이 ❶의 모양과 다른 것은 천을 눌러주는 노루발의 힘을 극대화하기 위하여 최소한의 공간만 남겨두었기 때문입니다. 불필요한 공간을 최소화하여 최대한 정확한 박음질이 가능하도록 만든 것입니다. 다양한 브랜드의 머신은 각각 자회사의 노루발을 사용하게끔 설계되어 있습니다. 하지만 모양만 서로 다르지 같은 기능을 가진 노루발이 반드시 있으므로 잘 찾아서 사용하면 됩니다.

기본 노루발과 더불어 머신퀼트에서 많이 사용하는 다양한 종류의 노루발을 알아보겠습니다.

❶ **기본 노루발** : 일반적인 박음질 및 장식 스티치를 할 때 사용합니다.
❷ **오버록 노루발** : 오버록 스티치를 할 때 노루발에 핀이 있어 섬유가 말리지 않고 평편하게 박음질 되도록 도와줍니다.
❸ **지퍼 노루발** : 외노루발입니다. 지퍼를 달 때 외에도 불룩 솟은 가장자리 박음질, 파이핑, 웰팅, 스탭테이프 등을 할 때 사용합니다.
❹ **블라인드 스티치 노루발** : 단을 마무리할 때 사용합니다. 구부러진 날이 있어서 스티치를 약간 느슨하게 만들어 접은 섬유를 폈을 때 평편하게 만들어 줍니다. 가장자리를 마무리할 때에도 사용합니다.
❺ **에지 스티치 노루발** : 가장자리를 박음질할 때 사용하며 포켓을 달거나 가장자리 스티치, 시접에 장식 스티치를 하거나 마무리 스티치를 할 때 사용합니다.
❻ **오픈 노루발** : 새틴 스티치와 빡빡한 스티치를 위해 개발된 아플리케 노루발입니다. 바닥에 홈이 파여 있고 앞이 트여 있어 시야가 확보되어 작업이 편리합니다.
❼ **브레이딩 노루발** : 지름 ⅛인치 코드까지 박음질이 가능한 코드노루발입니다. 가늘고 납작한 리본, 두꺼운 실도 가능하며, 지그재그 스티치나 직선 스티치를 주로 하나 투명실로 블라인드 햄 스티치를 하기도 합니다.
❽ **프리 모션 노루발** : 짜깁기나 프리 모션 퀼팅을 할 때 사용하며 노루발의 앞부분이 트여 있어 시야가 확보되어 편리합니다.
❾ **패치워크 노루발** : ¼인치 패치워크를 할 때 사용하는 노루발입니다.
❿ **워킹풋 노루발** : 박음질하기 어려운 두꺼운 천을 박음질할 때 사용하는 노루발입니다. 직선 퀼팅을 할 때 사용하면 편리합니다.
⓫ **가이드가 있는 패치워크 노루발** : 패치워크 노루발과 같은 기능을 하나 오른쪽에 시접용 가이드가 있어 패치워크를 좀 더 쉽고 정확하게 해줍니다.
⓬ **4mm 랩 씨임 노루발** : 진이나 남자 셔츠, 양면옷 등을 만들 때 사용하는 쌈솔 노루발입니다. 보자기 기법에서 유용하게 사용됩니다.

4 머신의 디스플레이 활용하기

요즘 출시되는 대부분의 머신에는 현재 머신의 설정 상태를 보여주는 디스플레이 장치가 대부분 포함되어 있습니다. 디스플레이 장치에 표시된 내용만으로 현재 머신에서 하게 될 스티치의 종류나 길이 등 여러 가지 설정 상태를 확인할 수 있습니다. 자신이 구입한 머신에 제공되는 매뉴얼을 참고하여 상세한 설정 방법과 설정 상태를 확인하면서 작업하면 편하게 작업을 할 수 있습니다.

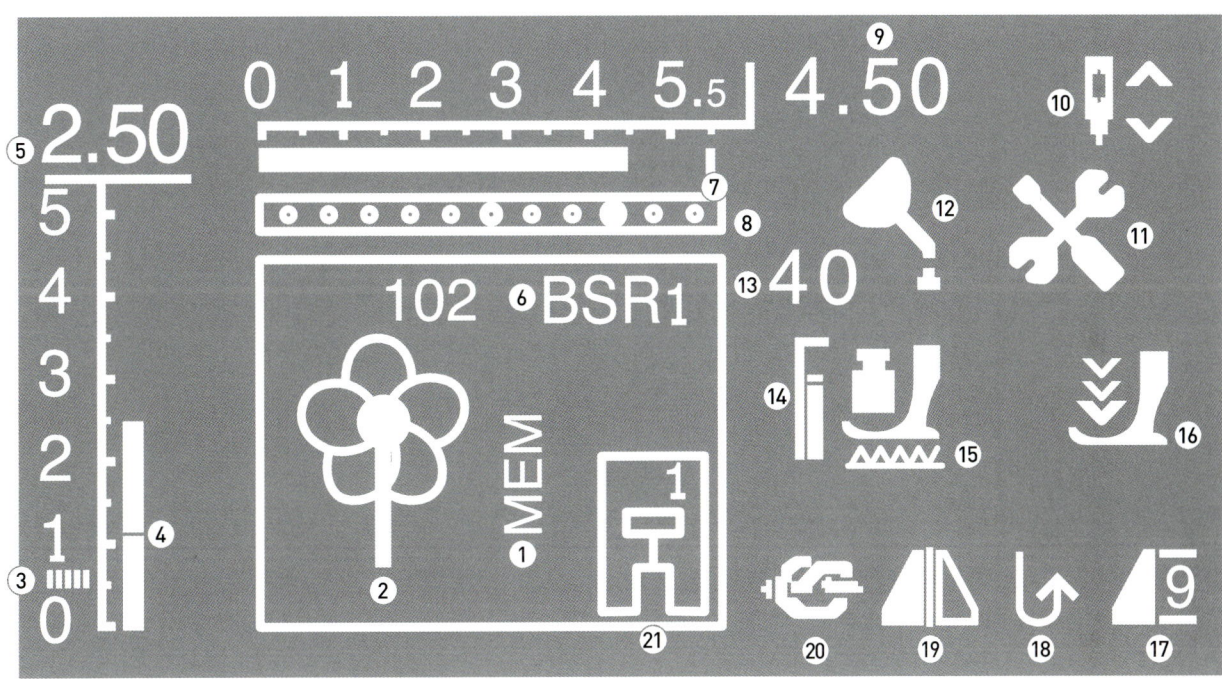

디스플레이 미리보기

1 MEM 스티치 설정 변경 저장 디스플레이 : 표준 설정 값을 사용자가 임의로 변경한 후 저장하는 설정 버튼

2 일반 스티치 : 스티치될 모습 미리보기

3 새틴 스티치 : 빽빽하고 좁은 지그재그형 스티치

4 스티치 길이 : 기본 설정된 스티치의 길이 표시

5 스티치 길이 : 실제 바느질 길이

6 패턴 번호 & BSR : BSR 모드1 또는 2를 가리킴

7 스티치 너비 : 기본 설정

8 바늘 위치 : 바늘 위치를 표시. 11단계로 선택이 가능함

9 스티치 너비 : 실제 바느질 길이

10 바늘 멈춤 위/아래 : 표시에 따라 멈춤 / BSR모드 1 아래, BSR 2 위로

11 서비스 아이콘 : 머신이 제조사 전문가의 서비스를 필요로 할 때 표시됨

12 청소 아이콘 : 재봉틀의 청소나 윤활이 필요할 경우에 표시됨

13 노루발 압력 : 노루발의 압력 값 표시

14 노루발 압력 : 기본 설정

15 톱니 아이콘 : 톱니가 내려가거나 올라옴을 표시

16 노루발 아이콘 : 노루발이 올라가 있음을 표시

17 패턴의 시작/끝/반복 : 패턴의 시작과 끝, 반복 여부를 선택

18 지속적인 역방향 박음질 : 역방향으로 박음질할 때

19 거울 이미지 버튼 : 왼쪽/오른쪽으로 방향을 바꿀 때

20 매듭 아이콘 : 매듭을 지어줌

21 노루발 표시 : 선택된 스티치 패턴에 추천할만한 노루발을 표시

작품 제작 전 반드시 읽어야할 참고사항
이 책에서 기본적으로 사용하는 단위는 인치(inch)입니다. 하지만 독자들의 편의를 위하여 센티미터(cm) 단위도 함께 제시했습니다. 하지만 단순히 인치를 센티미터로 바꾸어 기재한 것이 아니라 센티미터 단위에 맞게 디자인한 수치를 제시하였습니다. 인치와 센티미터는 단위 자체가 다르기 때문에 정확하게 수치화할 수가 없습니다. 그러므로 가능하면 인치를 사용할 것을 권합니다. 부득이 센티미터 단위를 사용하실 분은 제시한 수치를 참고하여 작업해도 됩니다. 혹 인치와 센티미터의 오차 범위가 크다고 작품을 만들다가 의아해하지 마세요.

PART 3

기본 패턴으로 배우는 머신퀼트 작품 만들기

01

레일 펜스Rail Fence 기법으로 만드는
팬 리프터

01 레일 펜스Rail Fence 기법으로 만드는 팬 리프터

준비물

• **완성 작품 크기** 6×6인치(18×18cm) • **패턴 모양과 크기** 3×3인치(9×9cm) • **난이도** ★ ☆ ☆ ☆

완성 작품

6"(18cm)

6"(18cm)

베이지색 면 ⅛마, 연두색 면 ⅛마, 꽃무늬 면 ⅛마, 솜 ⅛마, 뒷감 ⅛마

※ 팬 리프터(pan lifter)는 프라이팬이나 냄비 등을 집을 때 사용하는 용품입니다. 모양이 간단하고 크기도 작아 누구나 쉽게 만들 수 있는 작품입니다.

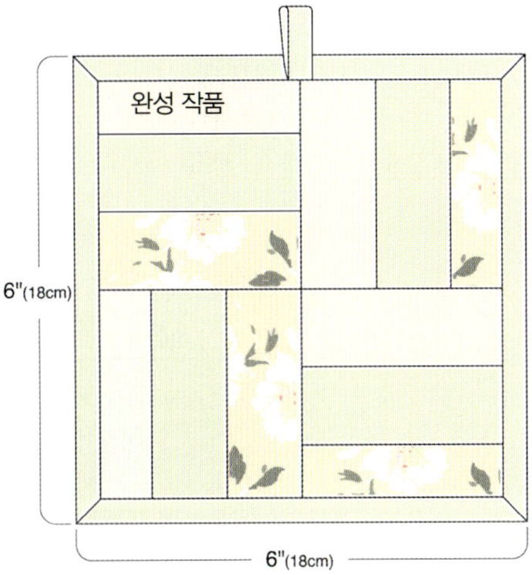

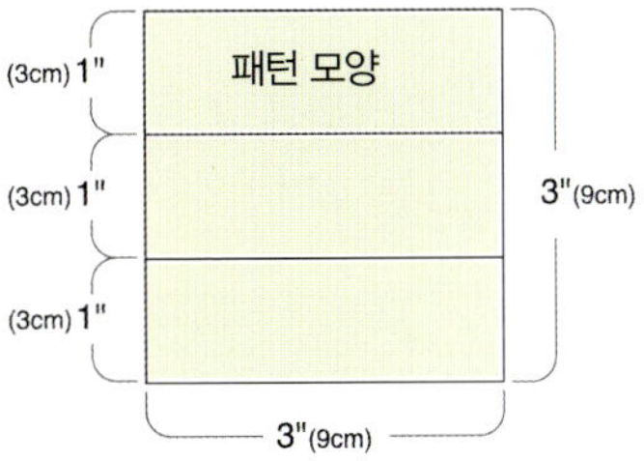

패턴 모양

(3cm) 1"

(3cm) 1"

(3cm) 1"

3"(9cm)

3"(9cm)

재단(시접 포함)

❶ 패턴(베이지색 면, 연두색 면, 꽃무늬 면) 1½×16인치(4.5×42cm) 각 1줄씩
❷ 바인딩 테이프(연두색 면) 1½×28인치(4cm×80cm) 1줄
❸ 고리(연두색 면) 1½×4인치(4×10cm) 1줄

❶ 패턴

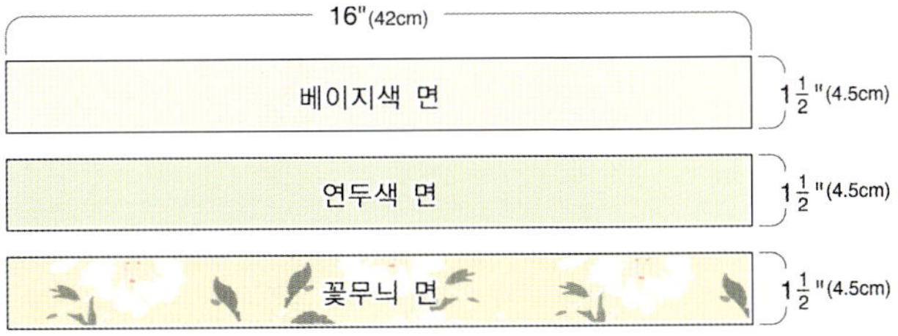

16"(42cm)

베이지색 면 — 1½"(4.5cm)

연두색 면 — 1½"(4.5cm)

꽃무늬 면 — 1½"(4.5cm)

❸ 고리

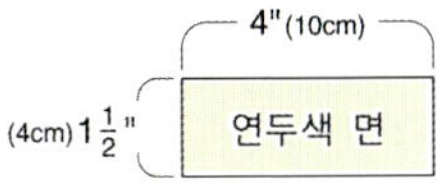

4"(10cm)

(4cm) 1½" 연두색 면

❷ 바인딩 테이프

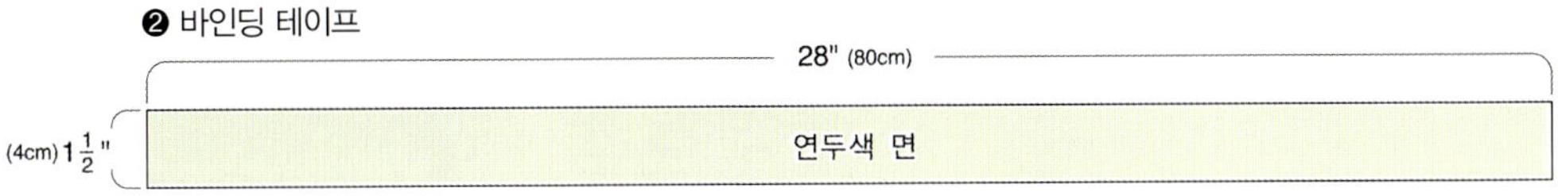

28"(80cm)

(4cm) 1½" 연두색 면

*시접 계산 방법은 뒤에 나오는 팁을 참고하세요.

01

레일 펜스 패턴 만들기

레일 펜스Rail Fence는 기찻길 옆에 위험을 방지하기 위해 만들어 놓았던 울타리의 모양과 비슷하다고 해서 붙여진 이름입니다. '트리플'이라고도 불리는 이 패턴은 패턴의 배치와 컬러링에 따라 전혀 다른 패턴으로 보이므로 퀼트의 매력을 보여주는 대표적인 패턴입니다.

엣지 (노루발)

천

1 천을 구김 없이 펴서 로터리 칼로 가장자리를 잘라 정리합니다.

2 3가지 면을 1½인치(4.5cm) 폭으로 자릅니다.

3 머신에 ¼인치 노루발을 끼워 바느질을 준비합니다.(03 머신 기초 사용법 동영상 강의 참고)

4 2번 과정에서 자른 첫 번째와 두 번째 스트립을 겉과 겉이 마주보게 포갭니다.

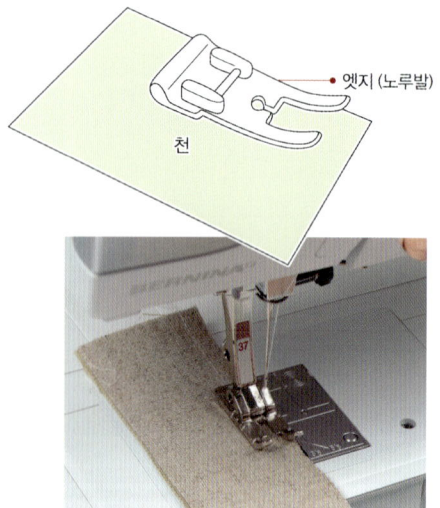

5 두 겹으로 잘 포갠 천의 가장자리가 노루발의 가장자리(에지, edge)에 오도록 맞추어 정확하게 박음질합니다.

6 5번 과정에서 연결한 스트립과 꽃무늬 스트립을 겉과 겉을 포개어 박음질 해 줍니다.

7 6번 과정에서 연결한 스트립을 뒤쪽에서 시접을 한쪽 방향으로 꺾어 다림질합니다.

8 다시 뒤집어 앞쪽에서 아래에서 위로 시접이 잘 펴지도록 다리미로 밀면서 다림질합니다.

9 연결된 스트립을 자로 직각이 되도록 잘 맞춘 후 시작 부분을 정리합니다.

10 4½인치(10.5cm) 폭으로 잘라 4장의 레일 펜스 패턴을 만들어 둡니다.

02
팬 리프터 탑 만들기

11 4개의 조각을 사진처럼 배열하여 연결합니다.

12 이때 시접도 ¼인치 노루발에 맞추어 박음질합니다.

TIP

머신퀼트의 시접과 인치 자 사용 방법

❶ 머신퀼트에서 재단을 할 때는 대부분 시접을 포함한 사이즈로 재단합니다. 머신퀼트에서 직선 시접은 ¼인치 혹은 0.7cm입니다. 양쪽 시접을 합하여 '완성 치수+½인치(또는 1.5cm)'로 재단합니다.

여기서 완성 치수는 1인치(3cm)이므로 양쪽 시접 ½인치(1.5cm)를 더하여 1½인치(4.5cm)로 재단합니다.

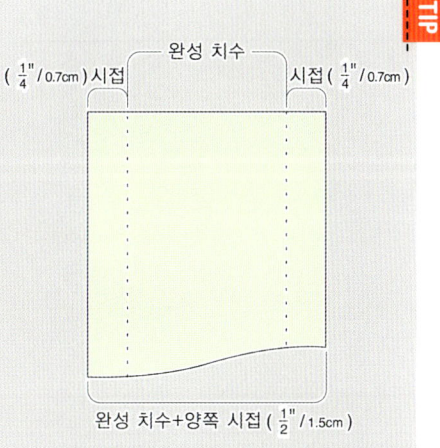

시접 ($\frac{1}{4}$" / 0.7cm)   완성 치수   시접 ($\frac{1}{4}$" / 0.7cm)

완성 치수+양쪽 시접 ($\frac{1}{2}$" / 1.5cm)

13 시접끼리 만나는 부분은 교차시켜 시침핀으로 고정하여 박음질합니다.

❷ 인치 자를 처음 접하는 분은 당황할 수 있습니다. 하지만 차근차근 자주 접하다보면 눈금 보는 법에 금방 익숙해질뿐더러 소수점이 이어지는 센티에 비해 사이즈 표시가 정확하게 분수로 떨어지는 장점이 있답니다.

자에 표시되어 있는 가로 세로의 큰 블록은 모두 1인치씩이며 ¼인치 간격으로 작은 선이 표시되어 있습니다. ¼인치 눈금 사이의 작은 선이 ⅛인치입니다.

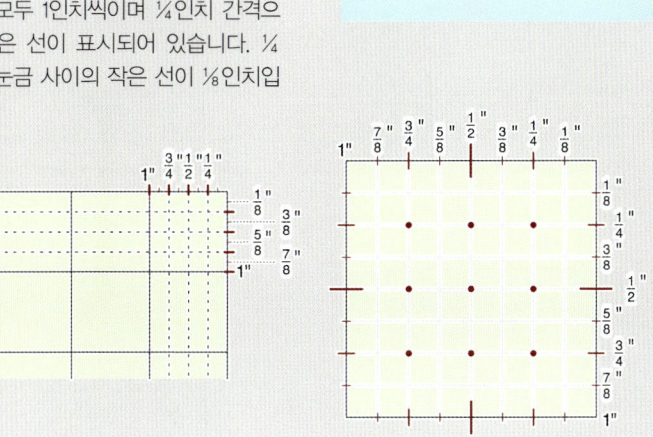

14 연결이 끝나면 뒤쪽으로 뒤집어 시접을 편안하게 한쪽 방향으로 넘겨 다림질합니다.

15 다시 앞쪽에서 시접이 잘 펴지도록 밀면서 다림질하여 완성합니다.

03
팬 리프터 퀼팅하기

16 뒷감, 솜, 탑을 겹쳐 놓고 시침용 안전핀으로 시침질합니다.

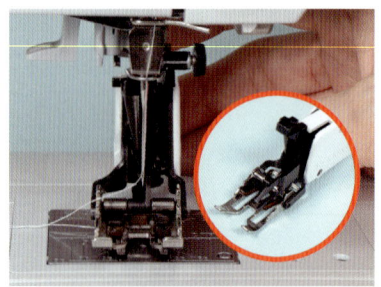

17 직선으로 퀼팅할 때는 워킹풋 노루발을 사용하면 편리합니다. 워킹풋 노루발을 창착합니다.

18 스트립이 연결된 선을 따라 퀼팅을 합니다. 초보자는 연습을 해본 후 퀼팅하는 것도 요령이에요.

19 퀼팅이 끝나면 팬 리프터의 '완성 사이즈+양쪽 시접의 합', 즉 6½인치(19.5cm) 정사각형 모양으로 커팅하여 퀼트 탑을 완성합니다. 완성된 퀼트의 겉면을 퀼트 탑이라고 합니다.

시접 분량을 포함한 사이즈로 잘라야 퀼팅 후 완성 크기가 줄지 않고 바인딩테이프로 마무리 할 수 있습니다.

노루발을 제대로 활용하는 방법

❶ 노루발을 내리면 머신은 박음질을 할 수 있는 상태가 됩니다. 박음질에 적합하도록 실에 장력이 주어지며 (장력이 주어지면 윗실이 꽉 잡아당겨집니다. 혹시나 실을 자르려면 반드시 노루발을 올려주세요) 발로 누름판을 누르면 침판 위로 올라온 톱니와 노루발이 상호작용하여 천을 박음질하여 뒤로 밀어줍니다. 그러므로 절대 무리해서 천을 노루발 뒤쪽에서 잡아당기지 않습니다. 그러면 오히려 박음질을 할 때 무리를 주게 되지요. 손은 앞에서 천이 정확하게 박히도록 방향만 신경 써주면 된답니다.

❷ 박음질이 끝나면 노루발을 올려줍니다. 장력이 풀어지면서 실이 솔솔 당겨집니다. 머신 측면에 부착된 커터로 편리하게 실을 끊어줍니다. 퀼트용 머신에는 대부분 실을 끊기 편하게 커터가 부착되어 있으니 실을 끊을 때 이용하면 됩니다.

대부분의 머신에는 실을 편리하게 끊을 수 있는 커터가 제공된다.

04
바인딩테이프 만들기

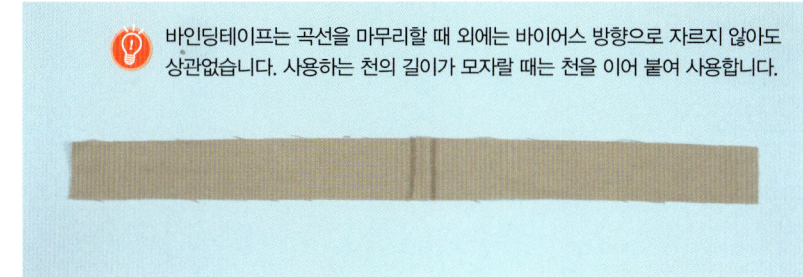

바인딩테이프는 곡선을 마무리할 때 외에는 바이어스 방향으로 자르지 않아도 상관없습니다. 사용하는 천의 길이가 모자랄 때는 천을 이어 붙여 사용합니다.

20 연두색 면을 폭 1½×28인치(3.5cm×80cm) 길이로 자릅니다. 이때 천에서 제 길이가 다 나오지 않으면 연결하여 사용하면 됩니다. 이때 솔기는 가름솔로 합니다.

21 준비한 바인딩테이프를 반 접어 다림질하고

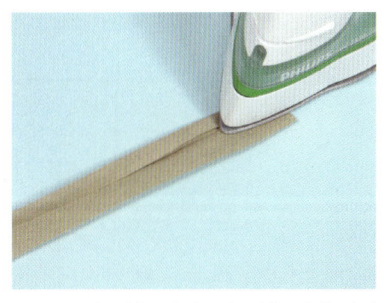

22 반 접은 테이프의 반을 각각 접어 다려줍니다.

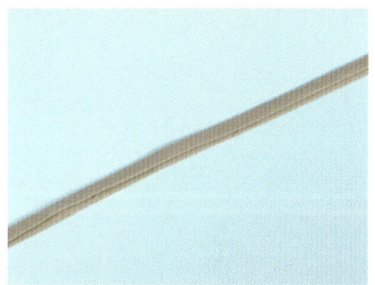

23 다림질한 테이프의 양쪽을 다시 접어 모두 4겹의 바인딩테이프를 다려줍니다.

05
고리 만들기

공그르기 바느질법의 자세한 설명은 1부 반드시 알아야 할 핸드 스티치 기법을 참고합니다.

24 갈라진 시접 부분은 공그르기로 마무리합니다.

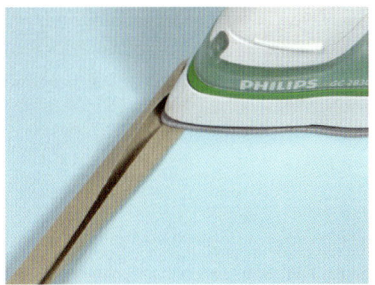

25 연두색 면을 1½×4인치(4×10cm)로 잘라 바인딩테이프를 만드는 방법으로 다림질합니다.(바인딩테이프를 만들 때 조금 넉넉히 재단하면 편리합니다.)

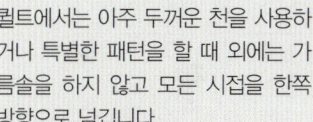

TIP

시접 넘기기

퀼트에서는 아주 두꺼운 천을 사용하거나 특별한 패턴을 할 때 외에는 가름솔을 하지 않고 모든 시접을 한쪽 방향으로 넘깁니다.

시접을 다림질 할 때 주의할 점

시접 부분에 천의 겹침이 없도록 아래에서 위로 잘 밀면서 다림질합니다. 다림질을 할 때는 물을 지나치게 뿌리거나 스팀을 많이 사용하지 않습니다. 수분이 지나치게 많아지면 천이 늘어나기 때문입니다.

바인팅테이프의 폭

핸드퀼트에서는 주로 3.5cm 폭의 바인딩테이프를 사용합니다. 하지만 머신퀼트에서는 소재 선택의 폭이 광범위해서 바인딩테이프의 폭을 4cm로 제시하여 작품 제작에 활용합니다. 개인이 사용하는 소재에 따라 적절히 폭을 선택하여 사용하면 됩니다.

06
바인딩 처리하여
마무리하기

26 퀼팅 탑 위에 고리의 위치를 잡아 박음질해둡니다.

탑과 퀼팅 탑
피싱(조각 연결)이 모두 마무리된 상태를 '탑(Top)'이라고 부릅니다. 퀼팅까지 끝나 가장자리가 깨끗이 마무리된 상태이므로 '퀼팅 탑'이라고 부릅니다.

27 19번 과정에서 완성한 퀼팅 탑 위에 바인딩테이프의 앞부분을 접어 시침핀으로 고정합니다.

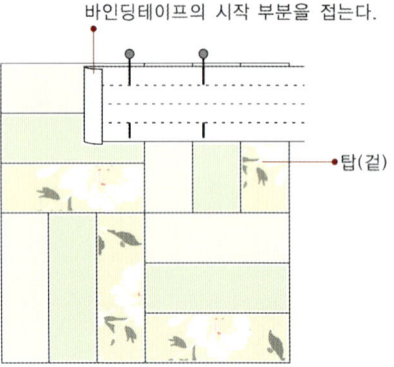

바인딩테이프의 시작 부분을 접는다.

탑(겉)

28 바인딩테이프의 접혀진 선을 따라 박음질합니다.

29 끝부분에서 ½인치(1.5cm) 지점 앞에서 박음질을 멈추고 매듭짓기 버튼을 눌러 매듭을 짓고 실을 끊습니다.

30 시접을 사진과 같은 방향으로 꺾어줍니다

31 맨 위에서부터 접혀진 선을 따라 다시 박음질하여 끝부분 ½인치(1.5cm) 지점에서 매듭을 해줍니다.

32 4면을 모두 박음질하고 시작 부분과 만나는 곳에서는 테이프끼리 겹쳐줍니다.

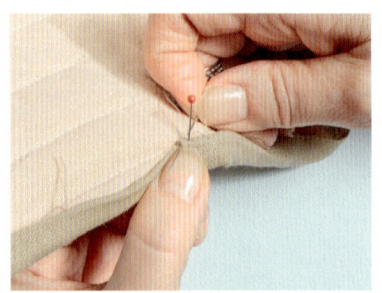

33 퀼팅한 뒷면에서 공그르기로 마무리하는데 시접이 겹쳐진 부분부터 공그르기를 시작합니다.

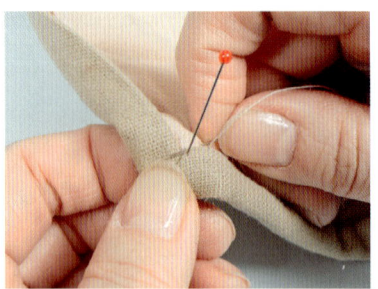

34 모서리 부분을 사선 모양이 되도록 접어 고정합니다.

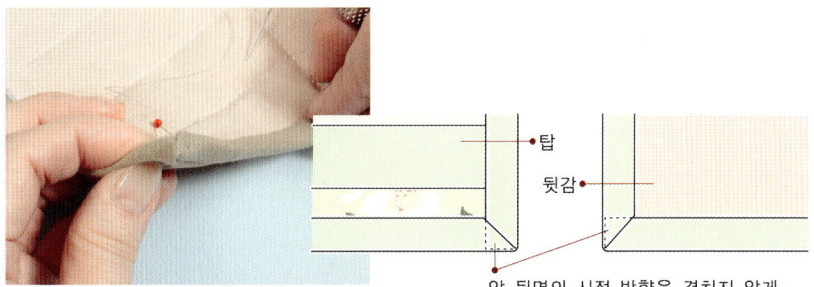

35 모서리의 시접 방향이 앞부분과 반대가 되도록 합니다.

●탑
●뒷감

앞 뒷면의 시접 방향을 겹치지 않게 서로 반대쪽으로 꺾어 모서리 부분이 불룩해지지 않도록 주의합니다.

36 공그르기가 끝나면 매듭을 지은 후 바늘을 천과 천 사이를 통과시켜 뺀 후 실을 잘라줍니다.

37 공그르기로 완성한 뒷면의 모습입니다.

Application

원단만 바꿔주어도 다른 느낌이 작품이 된답니다.

원단을 빨간색 원단으로 바꾸어 레일 펜스 기법으로 만든 팬 리프터예요. 색상만 바꿔주어도 레일 펜스의 느낌이 전혀 달라지지요.

38 고리 부분이 위로 꺾이도록 바느질로 한 땀 떠 고정해 줍니다.

39 레일 팬스 기법을 이용한 팬리프터를 완성하였습니다.

퀼트 작업 시 재단을 하는 기본 자세

❶ 천을 재단할 때는 항상 가장자리 부분을 깨끗이 잘라 정리합니다.

❷ 천은 보통 4겹 정도를 접어 자르나 사용량이 적은 경우에는 적당히 접어주면 됩니다.

❸ 자를 잡을 때는 손바닥으로 자를 눌러 몸무게를 싣고 새끼손가락으로 자의 가장자리 부분을 잡아 커팅할 때 자가 움직이지 않도록 합니다.

❹ 로터리 커터를 잡을 때는 머리 부분에 둘째손가락을 얹어 칼의 방향이 똑바로 나가도록 하고 항상 아래에서 위를 향해 자릅니다.

❺ 천이 잘라지지 않았다면 또다시 아래에서 위로 자르는데 이때 방향을 위에서 아래로 자르면 잘 잘라지지 않을뿐더러 칼날이 손상되므로 주의합니다.

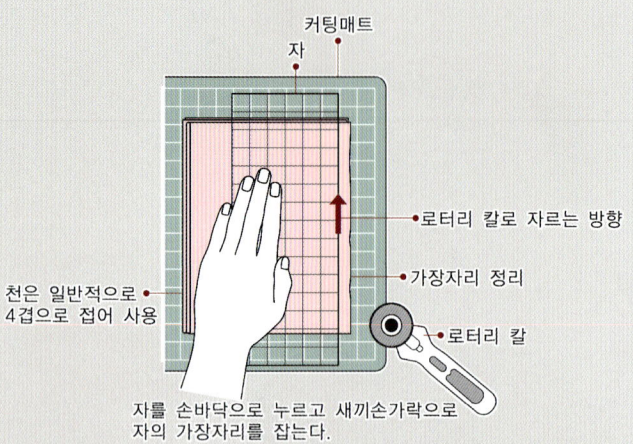

커팅매트
자
● 로터리 칼로 자르는 방향
● 가장자리 정리
천은 일반적으로 4겹으로 접어 사용
● 로터리 칼

자를 손바닥으로 누르고 새끼손가락으로 자의 가장자리를 잡는다.

3중구조를 만드는 방법

❶ 3중구조를 만드는 방법은 우선 뒷감과 솜을 탑보다 조금 더 크게 재단합니다. 이때 뒷감은 솜보다 조금 크게 재단하는 것이 좋습니다.

바닥에 뒷감을 먼저 대고 판판하게 잡아당겨 접착테이프로 고정시킨 후 그 위에 솜을 올리고 잘 펴줍니다. 다시 탑을 올리고 판판하게 펴서 접착테이프로 고정시킨 후 시침질을 합니다. 이렇게 이루어진 구조를 '3중구조' 혹은 '샌드위치'라고 부릅니다.

❷ 머신퀼팅을 할 때 시침실로 시침질을 하면 노루발에 실이 걸려 작업할 때 불편하므로 시침용 안전핀을 사용하는 것이 좋습니다. 많은 양의 안전핀을 꽂다 보면 손을 다칠 염려가 있으므로 소독저 등의 끝을 약간 깎아 뾰족하게 만든 후 안전핀을 꽂으면 편리합니다.

❸ 안전핀을 이용할 때 작은 작품은 보통 4인치(10cm) 간격으로 시침질합니다. 큰 작품을 시침질할 경우엔 보통 한 뼘 정도의 간격으로 중심에서 가장자리 방향으로 시침질합니다.

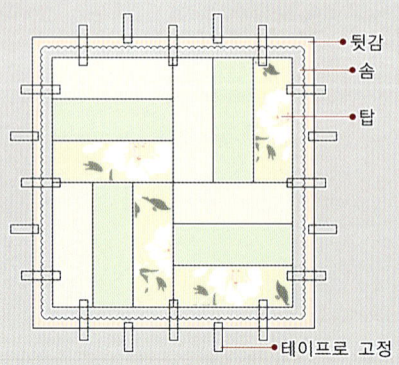

● 뒷감
● 솜
● 탑
● 테이프로 고정

스티립(strip)이란?

스티립(strip)이란 띠처럼 긴 천을 말합니다. 머신퀼트에서는 천을 식서 방향의 스트립 형태로 잘라서 많이 사용하므로 이 용어를 꼭 기억하세요.

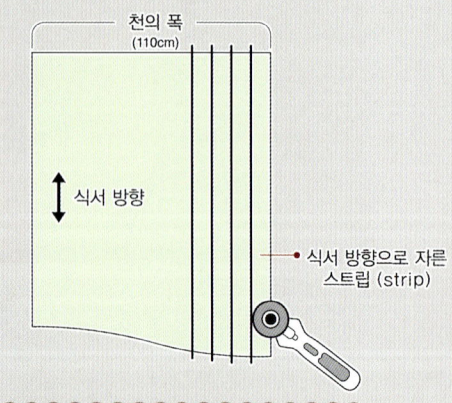

천의 폭 (110cm)

식서 방향

● 식서 방향으로 자른 스트립 (strip)

팬 리프터 퀼팅 하는 방법

팬 리프터는 작은 작품이므로 따로 퀼팅선을 그리지 않고 패치워크선을 따라 퀼팅하는 퀼팅 인 더 디치(quilting-in-the-ditch) 기법으로 퀼팅하였습니다. 대부분의 경우 탑이 완성되면 작품과 어울리는 퀼팅선을 그리는데 본인의 디자인으로 그려도 되고 여러 가지 모양의 퀼팅선을 제시한 책이나 모양자를 구입하여 도움을 받아도 됩니다. 퀼팅선을 그릴 때는 수용선펜이나 수용성 연필 등을 사용하면 퀼팅 후 자국이 남지 않아 편리합니다.

퀼팅 시 알아두면 편리해요.

❶ 프리모션 퀼팅이나 워킹풋을 사용할 때
는 마트에서 파는 작업용 끈끈이 장갑을
사서 손가락끝 부분을 자른 후 끼고 작업
하면 손이 미끄러지지 않아 작업이 편리하
고 힘이 덜 듭니다.

❷ 워킹풋은 두꺼운 천을 박을 때 유용하
게 사용하도록 생산된 노루발입니다. 직선
퀼팅 시 사용하면 힘들이지 않고 쉽게 퀼
팅을 할 수 있지만 한쪽 방향으로만 움직
이므로 큰 작품을 퀼팅할 때는 불편할 수
있습니다.

매듭짓는 방법

예전의 머신은 '앞박음질-뒷박음질-앞박음질'의 순으로 제자리에서 몇 회 앞뒤를 왔
다 갔다 하며 매듭을 지었습니다.(뒷박음질은 ⊔ 모양으로 표시되어 있습니다. 머
신마다 조금씩 표시가 다르므로 자신의 머신에서 기능을 찾아보면 됩니다.)
하지만 요즘 나오는 머신은 제자리에서 박음질하여 주는 기능이 내장된 것이 많아
편리하게 사용할 수 있습니다.

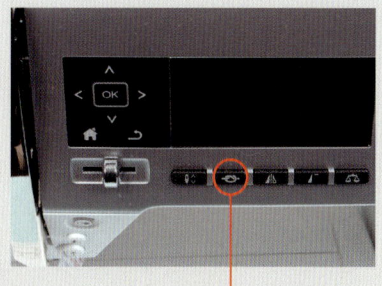

매듭 바느질 버튼

02
레일 펜스Rail Fence 기법의
디너매트

02 레일 펜스Rail Fence 기법의 디너매트

준비물

• 완성 작품 크기 16×11인치(약 42×30cm) • 패턴 모양과 크기 2¼×2¼인치(6×6cm) • 난이도 ★★☆☆

아이보리색 면 ⅛마, 붉은 무늬 면 ⅛마,
붉은색 면 ⅛마 , 연갈색 마(혹은 리넨) ¼마,
뒷감용 리넨 ¼마, 솜 ¼마

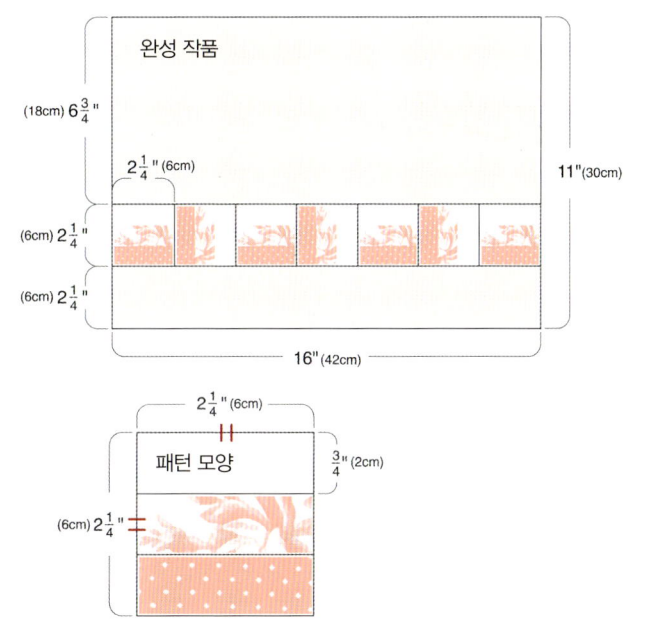

재단(시접 포함)

❶ 패턴(아이보리색 면, 붉은 무늬 면, 붉은색 면) 1¼×18인치(3.5×55cm) 각 1장씩
❷ 겉감(연갈색 마) 7¼×16¼인치(19.5×43.5cm) 1장, 2¾×16¼인치(7.5×43.5cm) 1장(디너매트 겉감)
❸ 뒷감용 리넨, 솜 12×17인치(32×44cm) 각 1장
❹ 바인딩테이프(붉은색 면) 1½×60인치(4×160cm), (길이가 짧으면 이어서 사용해도 됨)

❶ 패턴

❷ 겉감

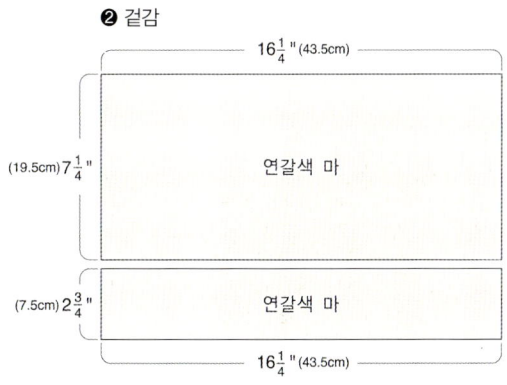

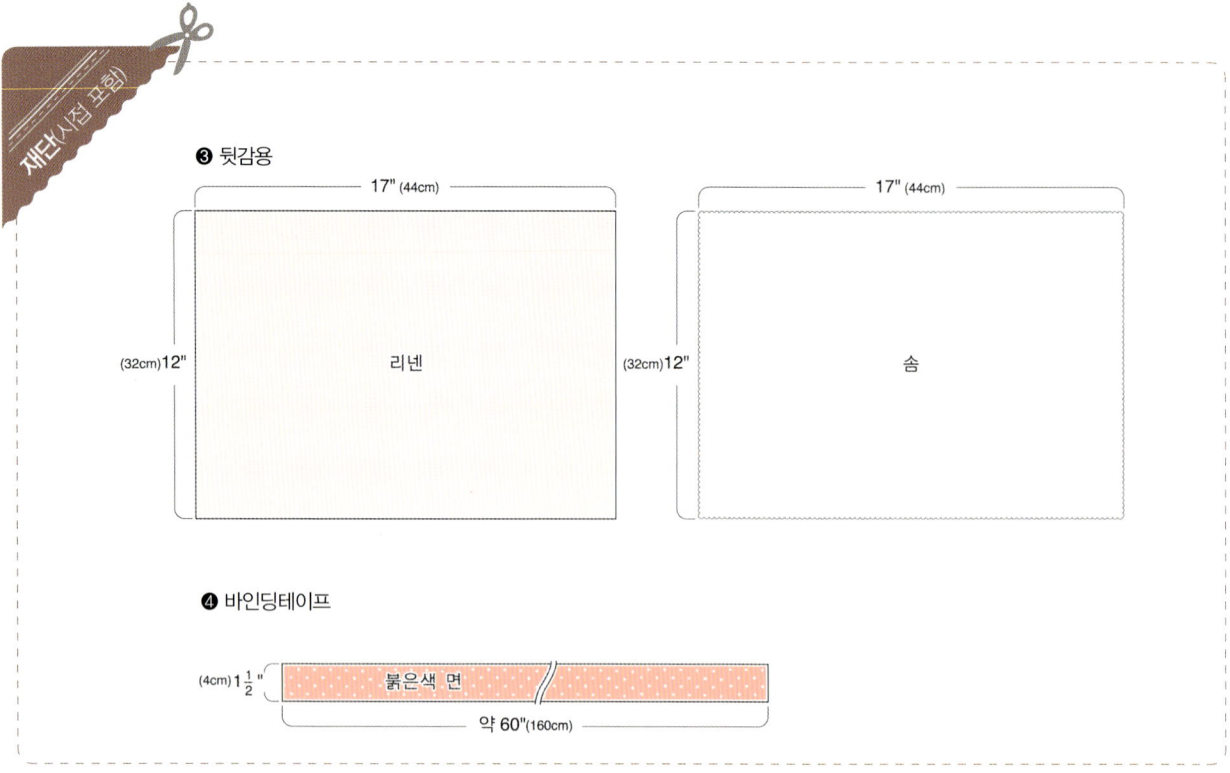

❸ 뒷감용

17" (44cm)

(32cm)12"

리넨

17" (44cm)

(32cm)12"

솜

❹ 바인딩테이프

(4cm)1½"

붉은색 면

약 60"(160cm)

 **01**

레일 펜스 패턴 만들기

1 아이보리색 면, 붉은 무늬 면, 붉은색 면을 가장자리를 정리한 후 각각 1¼인 치(3.5cm) (완성 치수 ¾인치+양쪽 시접의 합 ½인치, 혹은 완성 치수 6cm+양쪽 시 접의 합 1.5cm), 폭 길이 약 18인치(55cm) 로 자릅니다.

2 머신에 1/4인치 노루발을 끼워 바느질 을 준비합니다.

3 1번 과정에서 자른 아이보리색과 붉은 무늬 스트립을 겉과 겉이 마주보게 포갭 니다.

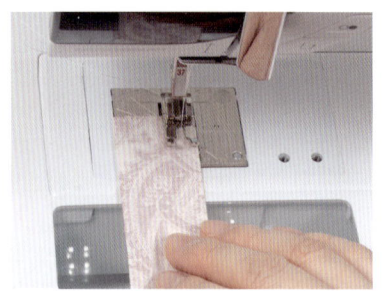

4 두 겹으로 잘 포갠 천의 가장자리가 노루발의 가장자리(에지, edge)에 오 도록 맞추어 줍니다.

5 두 겹을 잘 포개어 정확하게 박음질한 후 커터로 실을 끊어줍니다.

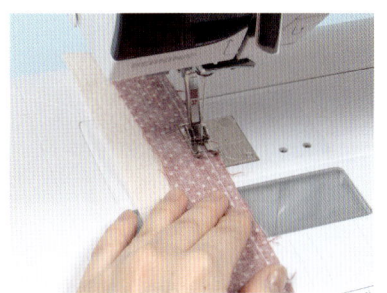

6 붉은 무늬 스트립과 붉은색 스트립을 겉과 겉을 포개어 박음질 해줍니다.

7 6번 과정에서 연결한 천을 뒤쪽에서 시접을 한쪽 방향으로 꺾어 다림질합니다.

8 다시 뒤집어 앞쪽에서 아래에서 위로 시접이 잘 펴지도록 다리미로 밀면서 다림질하여

9 3줄의 스트립을 모두 연결해준 모습입니다.

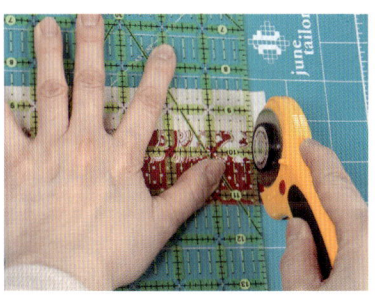

10 연결된 스트립을 자로 직각이 되도록 맞추어 시작 부분을 정리합니다.

11 2¼인치(7.5cm) 폭으로 잘라 7장의 레일 펜스 패턴을 만들어 둡니다.

 **02**

디너매트 탑 만들기

팬 리프터를 만들 때 패치워크된 시접선을 따라 퀼팅을 해보았다면 디너매트는 직접 퀼팅선을 그려서 정확한 퀼팅하기를 연습해봅니다.

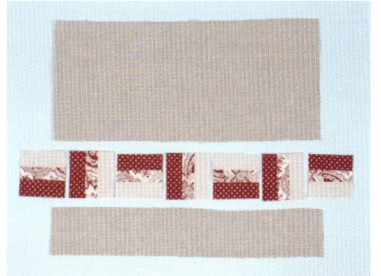

12 연갈색 마를 7¼×16¼인치(19.5×43.5cm), 2¾×16¼인치(7.5×43.5cm) 크기로 잘라 오른쪽의 그림처럼 전체 탑 모양을 구성합니다.

13 레일 펜스 패치 7장을 12번 과정에서 배치한 순서대로 박음질합니다. 이때도 역시 ¼인치 노루발을 이용합니다.

14 레일 펜스 패치 7조각을 모두 박음질하여 연결한 후

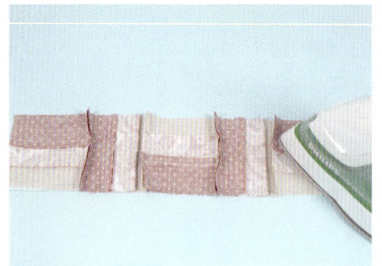

15 뒤쪽에서 시접을 한쪽 방향으로 넘겨 다림질합니다.

16 다시 앞쪽에서 시접이 잘 펴지도록 밀면서 다림질합니다.

17 연갈색 마와 레일 펜스 패치를 서로 연결하여 다림질합니다. 모든 직선 시접은 ¼인치 노루발에 맞추어 ¼인치 시접으로 박음질하면 됩니다.

18 디너매트의 퀼트 탑을 완성한 모습입니다.

03
퀼팅하기

19 완성된 탑에 레일 펜스의 크기와 동일하게 수용성펜으로 퀼팅선을 그려줍니다. 즉, 2¼인치(6cm) 블록에 ¾인치(2cm) 스트립선을 그어줍니다.

20 퀼팅선을 완전히 그려준 모습입니다.

21 뒷감. 솜. 탑을 순서대로 겹쳐 놓고 시침용 안전핀으로 시침질합니다.

22 안전핀을 이용할 경우 작은 작품은 보통 4인치(10cm) 간격으로 시침질합니다.

시침질의 방향

작품을 시침질할 경우엔 보통 한 뼘 정도의 간격으로 중심에서 가장자리 방향으로 시침질합니다.

퀼팅을 마친 후 퀼팅선 제거하는 방법

수용성펜은 물 스프레이로 물을 뿌려 퀼팅선을 제거하지만 어두운 천에 사용하는 열펜은 다리미 등의 열을 가하여 퀼팅선을 제거합니다.

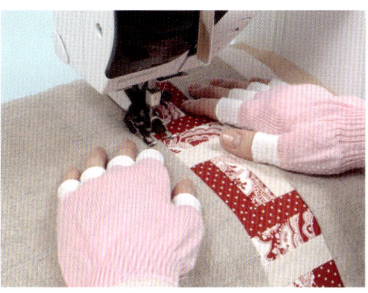

23 직선을 퀼팅할 때는 워킹풋을 사용하면 편리합니다.

24 퀼팅을 마친 후에는 퀼팅선에 스프레이로 물을 뿌려 퀼팅선을 깨끗이 제거합니다.

25 디너매트의 완성 사이즈(16×11인치, 30×42cm)로 가장자리를 로터리 커터로 잘라

26 워킹풋 노루발로 교체하여 퀼트 탑을 퀼팅하여 완성한 모습입니다.

04
바인딩테이프 만들기

27 붉은색 면을 폭 1½인치(4cm), 길이 약 60인치(160cm)로 잘라 반을 접어 다립니다.

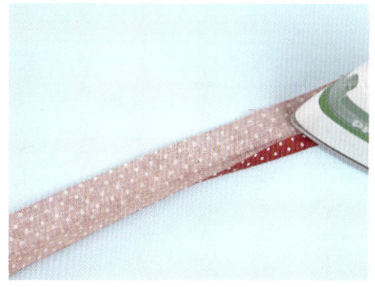

28 반 접은 테이프의 반을 다시 접어 다려줍니다.

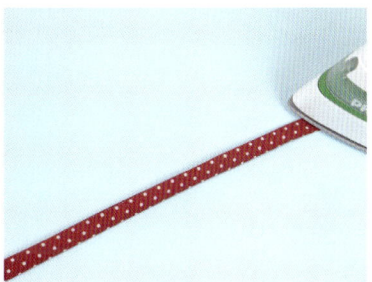

29 양쪽을 접어 모두 4겹의 바인딩테이프를 접어서 다려줍니다.

05
바인딩 처리하여 마무리하기

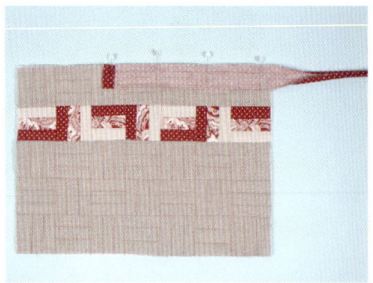

30 26번 과정에서 완성한 퀼팅 탑 위에 바인딩테이프의 앞부분을 접어 시침핀으로 고정합니다.

31 바인딩테이프의 접혀진 선을 따라 박음질합니다.

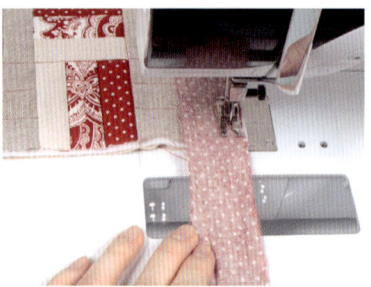

32 끝부분에서 ½인치(1.5cm) 지점 앞에서 박음질을 멈추고 매듭을 짓고 실을 끊습니다.

33 모서리 부분의 시접을 사진처럼 꺾어줍니다.

34 맨 위에서부터 접혀진 선을 따라 다시 박음질하여 끝부분 ½인치 (1.5cm) 지점에서 매듭을 해줍니다.

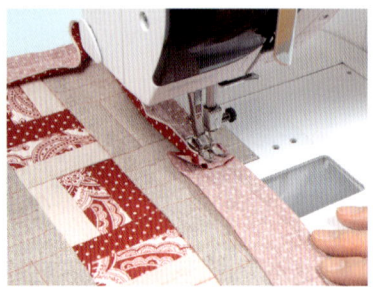

35 앞의 방법으로 4면을 따라 바인딩 테이프를 박아 시작 부분과 만나는 곳에서 겹쳐줍니다.

36 4면에 바인딩테이프를 모두 박아 준 모습입니다.

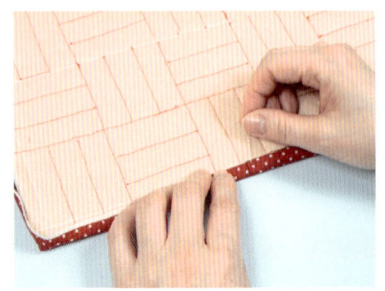

37 뒷면에서 바인딩테이프를 시침핀으로 고정합니다.

38 모서리 부분을 사선 모양이 되도록 접어 고정합니다.

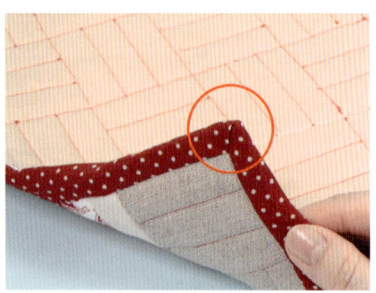

39 모서리의 시접 방향이 사진에 보이는 것처럼 앞면과 반대가 되도록 합니다.

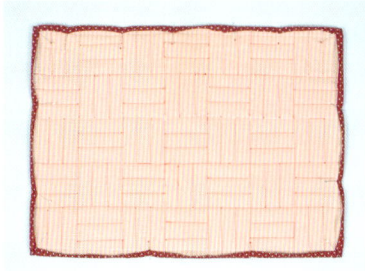

40 뒷면의 바인딩테이프를 시침핀으로 모두 고정합니다.

41 바인딩 테이프의 시작과 끝부분이 만난 지점부터 공그르기 합니다.

42 모서리 부분의 사선 모양이 예쁘게 나오도록 조심합니다.

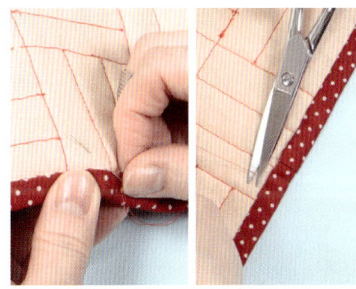

43 공그르기가 끝나면 매듭을 지은 후 바늘을 천과 천 사이를 통과시켜 뺀 후 실을 잘라줍니다.

44 공그르기로 완성한 뒷면의 모습입니다.

45 레일 펜스 기법을 이용하여 디너 매트를 완성하였습니다.

03

나인 패치|Nine Patch 기법의
소잉케이스

03 나인 패치Nine Patch 기법의 소잉케이스

• 완성 작품 크기 12×12인치(30×30cm) • 패턴 모양과 크기 6×6인치(15×15cm) • 난이도 ★ ★ ☆ ☆

진보라색 리넨 ⅓마, 연보라색 리넨 ⅓마,
분홍무늬 리넨 ½마, 뒷감용 면 ⅓마,
30센티 베이지색 지퍼 1개, 싸개단추 2개(원하는
모양의 싸개단추를 사용해도 좋아요),
보라색 벨벳 끈 약 15센티, 3온스 솜 ½마,
의류용 접착심지 ⅓마, 부직포 ⅛마,
가방용 핸들 1쌍

※ 바느질 도구를 담아 정리하여 가지고 다니며
　사용하기 편리하도록 만든 가방입니다. 지퍼
　다는 방법과 지퍼노루발의 사용법을 익힙니다.

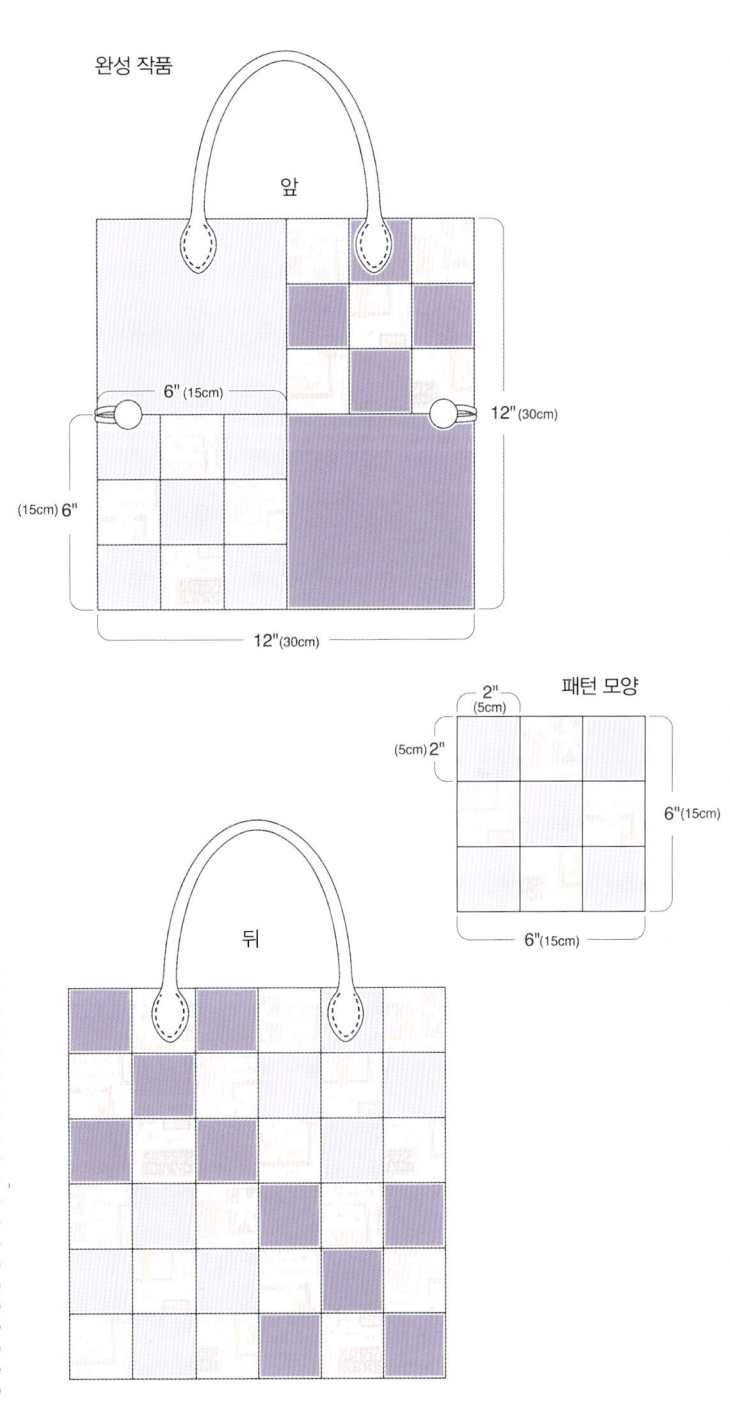

완성 작품

앞

6" (15cm)

12" (30cm)

(15cm) 6"

12"(30cm)

패턴 모양

2" (5cm)

(5cm) 2"

6"(15cm)

6"(15cm)

뒤

71

❶ 패턴(진보라색 리넨, 연보라색 리넨, 분홍무늬 리넨) 2½×9인치(6.5×34cm) 각 3줄씩
❷ 겉감(진보라색 리넨, 연보라색 리넨) 6½×6½인치(16.5×16.5cm) 정사각형 각 1장씩
❸ 안감(분홍무늬 리넨) 12½×21인치(31.5×52.5) 직사각형, 12½×5인치(31.5×12.5cm) 직사각형
❹ 안감 주머니(분홍무늬 리넨) 12½인치×5½인치(31.5×14cm) 직사각형, 12½인치×7½인치(31.5×19cm) 직사각형
❺ 안감주머니(의류용 접착심지) 12×4인치(30×10cm), 12×6인치(30×15cm)
❻ 싸개단추(진보라색 리넨) 지름 4cm 원형 2장
❼ 보라색 벨벳끈 5인치(12cm) 2줄

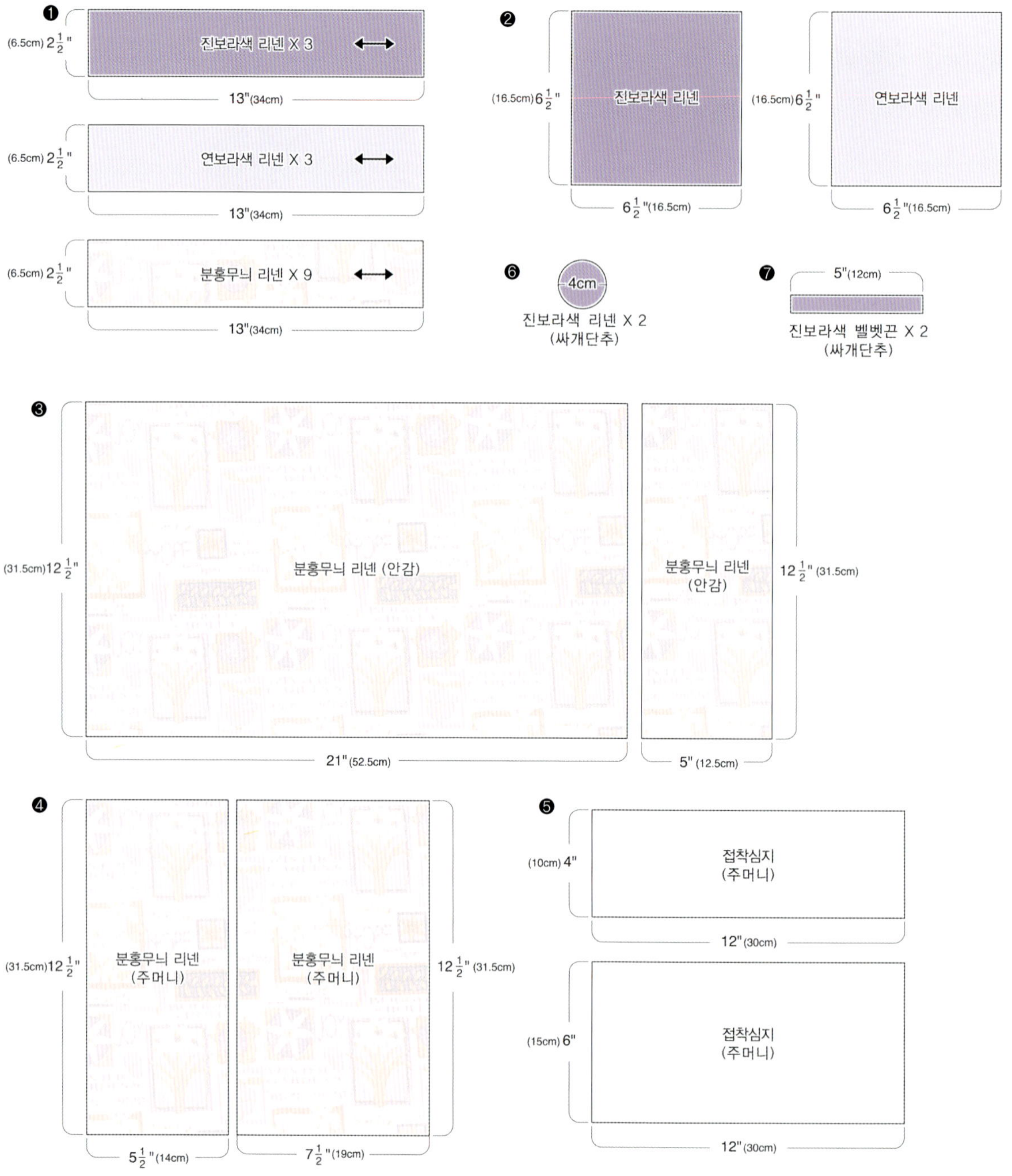

❶
(6.5cm) 2½"　진보라색 리넨 X 3　↔
13"(34cm)

(6.5cm) 2½"　연보라색 리넨 X 3　↔
13"(34cm)

(6.5cm) 2½"　분홍무늬 리넨 X 9　↔
13"(34cm)

❷
(16.5cm) 6½"　진보라색 리넨
6½"(16.5cm)

(16.5cm) 6½"　연보라색 리넨
6½"(16.5cm)

❻
4cm
진보라색 리넨 X 2
(싸개단추)

❼
5"(12cm)
진보라색 벨벳끈 X 2
(싸개단추)

❸
(31.5cm) 12½"　분홍무늬 리넨 (안감)
21"(52.5cm)

분홍무늬 리넨
(안감)　12½"(31.5cm)
5"(12.5cm)

❹
(31.5cm) 12½"　분홍무늬 리넨
(주머니)　　분홍무늬 리넨
(주머니)　12½"(31.5cm)
5½"(14cm)　　7½"(19cm)

❺
(10cm) 4"　접착심지
(주머니)
12"(30cm)

(15cm) 6"　접착심지
(주머니)
12"(30cm)

01

나인 패치 패턴 만들기

나인 패치 패턴은 퀼트의 ABC라고 할 수 있을 정도로 가장 기본적이며 가장 중요한 패턴입니다. 퀼트의 기본 재단법, 시접 정리법, 칼라 배치 등 기본을 익히고, 패턴의 다양한 배치와 칼라링을 연습할 때 기본이 되는 패턴입니다.

1 진보라색 리넨과 분홍 무늬 리넨을 2½인치(6.5cm) 폭(완성 치수 2인치(5cm)+양쪽 시접 ½인치(1.5cm))로 3줄씩 자릅니다.(각각 약 13인치(34cm) 길이)

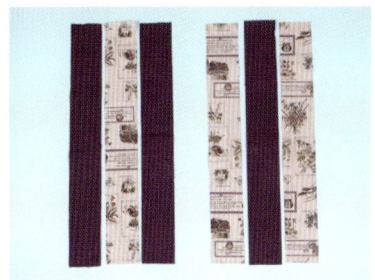

2 연보라색 리넨과 분홍무늬 리넨도 1번 과정과 같이 자른 후 사진과 같은 배열로 ¼인치 시접으로 박음질하여 연결합니다.

3 연결한 스트립의 시접을 하나는 시접이 안쪽을 향하게, 다른 하나는 바깥쪽을 향하게 다려줍니다.

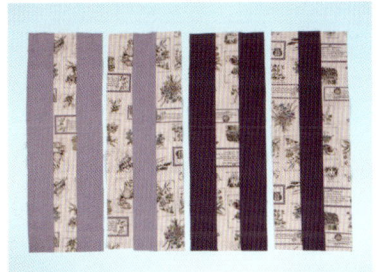
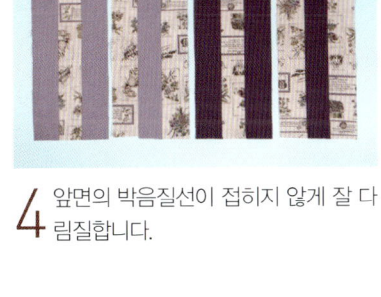

4 앞면의 박음질선이 접히지 않게 잘 다림질합니다.

5 연결된 스트립의 가장자리를 정리하고 2½인치(6.5cm) 폭으로 각 스트립마다 3장씩 잘라줍니다.

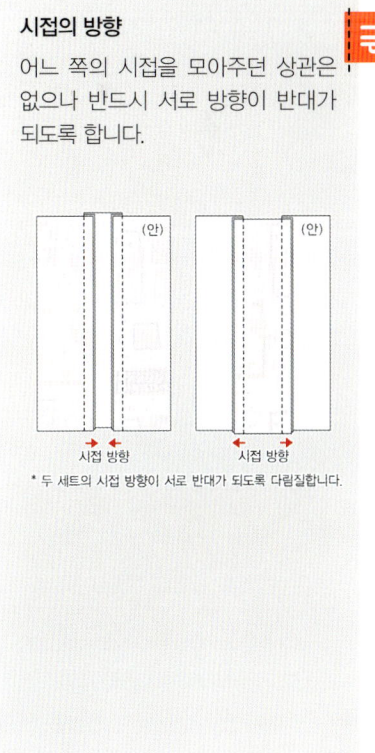

6 잘라진 조각을 사진과 같은 모양으로 배치합니다.

7 뒷면의 시접이 자연스레 엇갈리는 것을 확인하고

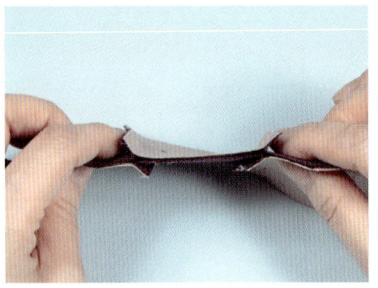

8 시접이 정확하게 엇갈리도록 잘 맞춰 준 후

9 ¼인치 노루발의 에지에 가장자리를 잘 맞추어 박음질 해줍니다.

10 남은 한쪽 조각을 마저 이어 붙여 나인 패치를 완성합니다.

02

바느질 가방 탑 만들기

11 6개의 나인 패치 조각과 6½인치 (16.5cm) 정사각형으로 재단한 진보 라색 연보라색 리넨을 사진처럼 배열합니다.

12 배열한 나인 패치 조각을 이어 붙입 니다.

13 바느질 가방의 퀼트 탑을 완성합 니다.

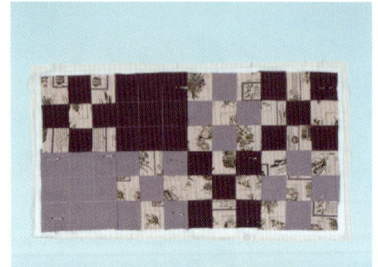

14 퀼팅 선을 그리고 솜과 뒷감용 면을 대줍니다.

15 워킹풋으로 노루발을 교체한 후 직 선 퀼팅을 합니다.

16 그려준 퀼팅선에 맞춰 퀼팅을 해준 모습입니다.

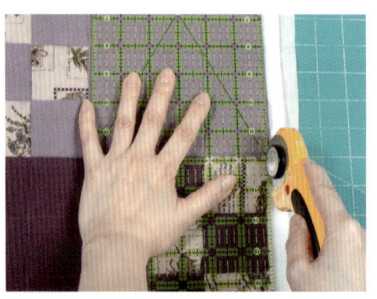

17 시접을 포함한 완성 치수(12½ × 24½인치, 31.5×61.5cm)로 가장자 리를 정리합니다.

18 퀼팅을 끝내고 완성한 탑의 모습입 니다.

03

지퍼 달아 가방 속 만들기

19 분홍무늬 리넨을 12½×21인치(31.5 ×52.5cm), 12×5인치(31.5×12.5cm) 사이즈로 두 장을 잘라줍니다.

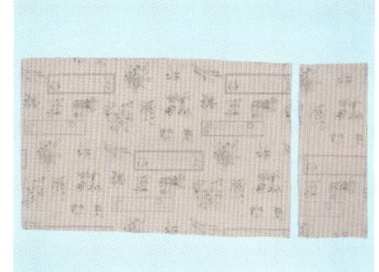

20 뒷면에 지퍼를 달기 위한 완성선 을 ½인치(1.5cm) 시접으로 그려줍 니다.

지퍼를 달거나 파이핑을 할 때 사용하는 지퍼노루발

일반 노루발의 모양과 비교해보면 한 쪽 노루발만 있어서 외노루발이라고 불리는데 지퍼를 달 때 일반 노루발 을 이용하면 노루발의 한쪽이 지퍼의 금속 부분에 걸려 기우뚱해지는데 지 퍼노루발을 이용하면 지퍼에 방해받 지 않고 쉽게 작업할 수 있도록 도와 줍니다. 왼쪽 혹은 오른쪽으로 바늘 을 움직여 상황에 맞게 사용할 수 있 습니다.

지퍼를 달 때 주의할 점

지퍼 노루발의 오른쪽 혹은 왼쪽을 사용할 때 단추를 눌러 바늘의 방향 을 옮겨주어야 합니다.

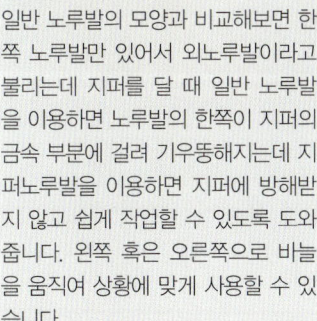
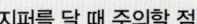

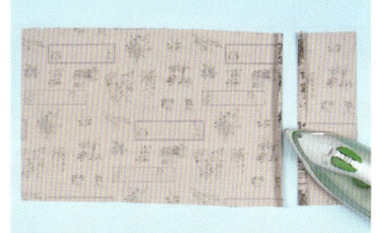

21 지퍼 완성선을 그려준 시접을 꺾어 다리미로 다려줍니다.

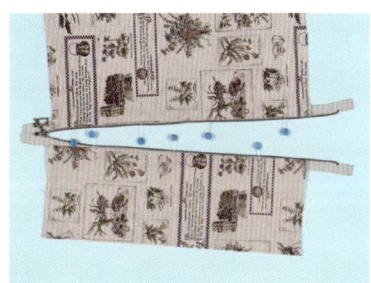

22 시접을 꺾어준 부분에 지퍼를 시 침핀으로 고정합니다.

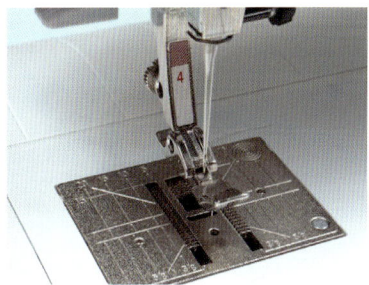

23 머신에 장착된 노루발을 빼고 지 퍼 노루발을 장착합니다.

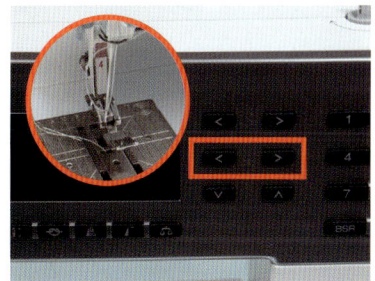

24 바늘 위치를 조정하는 버튼을 눌 러 노루발에 맞게 변경하여 줍니다.

25 시침핀을 뽑아가며 지퍼를 달아줍 니다.

26 지퍼를 다는 위치를 확인하면서 바늘의 위치를 바꿔서 박음질하여.

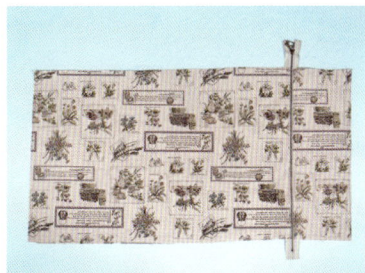

27 지퍼를 달아줍니다.

04
주머니 만들기

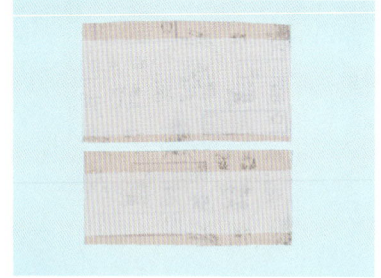

28 분홍무늬 리넨을 12½×5½인치, 12½×7½인치로 자르고, 의류용 접착심지를 12×4인치, 12×6인치로 잘라 천 위에 놓고

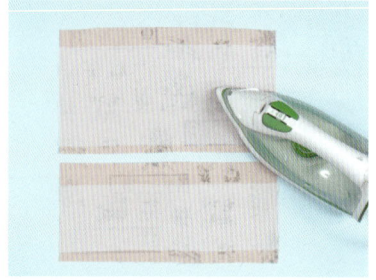

29 다리미가 너무 뜨겁지 않게 조절하여 다립니다.

> **TIP**
> **다리미가 너무 뜨거우면 심지가 눌어붙으니 주의하세요.**
>
> 다리미 열을 너무 강하게 하면 심지가 눌어붙으므로 조심합니다. 주머니 윗부분의 시접을 1인치, 아래 시접을 ½인치 남깁니다.

30 다리미로 시접을 꺾어 다림질 해 줍니다.

31 ¼인치 노루발로 교체한 후 주머니 윗부분을 박음질하여.

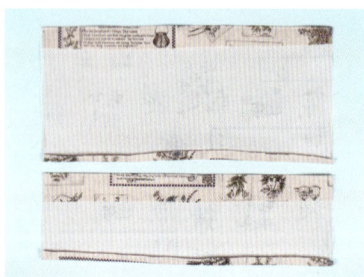

32 주머니를 완성합니다.

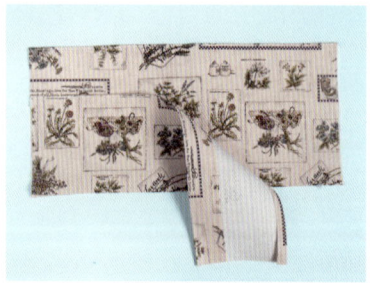

33 완성된 주머니를 아랫부분을 맞추어 포개어

34 중간 부분에 수정펜을 이용하여선을 그어줍니다.

35 가방 안감의 중간 부분도 수정펜으로 잘 표시하여

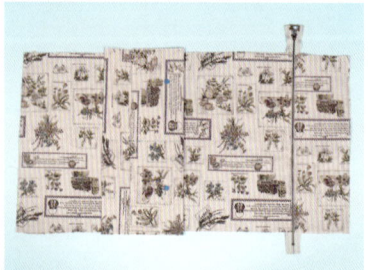

36 주머니의 아랫부분이 가방 중심선에 오도록 잘 맞추어 시침핀으로 고정합니다.

37 주머니의 중심 부분을 박음질한 후 주머니 윗부분을 제외한 삼면을 박음질로 고정합니다.

05
마무리하여 완성하기

38 퀼팅한 탑의 옆면 중심 부분에 벨 벳 끈을 약 5인치(10cm) 길이로 자른 후 겹쳐 박아서

39 양 옆선에 각각 끈을 달아줍니다.

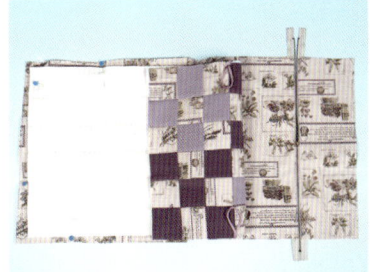

40 완성된 속 부분 위에 완성된 겉면 을 겉과 겉이 마주보도록 잘 포갭 니다.

41 움직이지 않게 시침핀으로 고정하여

 이때 열린 지퍼 부분이 창구멍 역할을 하므로 반드시 지퍼를 살짝 열고 박음질하여야 합니다.

42 ¼인치 시접으로 박음질합니다.

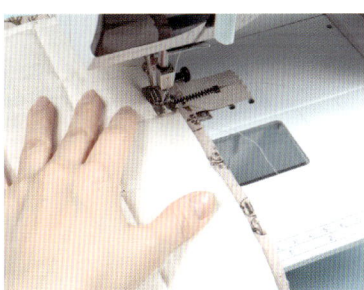

43 지퍼의 쇠 부분을 지날 때 바늘이 쇠 부분에 부딪혀 부러질 수 있으 므로 주의합니다.

44 이럴 땐 오른쪽의 핸드휠로 조심 스럽게 바늘을 움직여 쇠 부분에 바늘이 닿지 않게 조심합니다.

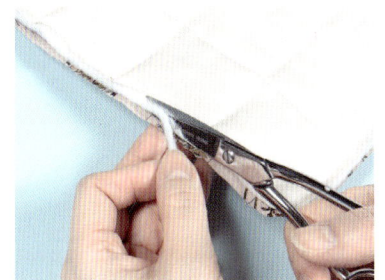

45 박음질이 끝나면 겉면에 있던 솜 을 박음선을 따라 깨끗이 제거합 니다.

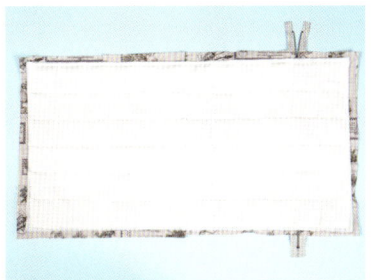

46 시접 부분의 솜이 깨끗이 제거된 모습입니다.

47 불필요한 시접도 ¼인치(0.7cm) 정도의 시접만 남기고 잘라 정리 합니다.

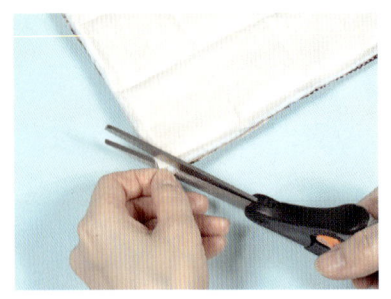

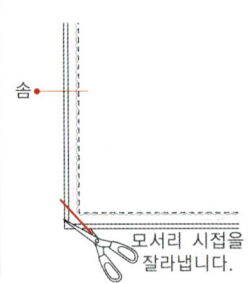

솜

모서리 시접을
잘라냅니다.

48 모서리 부분을 삼각으로 잘라 주
어야 뒤집었을 때 모서리가 불룩
해지지 않습니다.

49 남는 지퍼도 가위로 제거하는데
이때 혹 지퍼 부분이 터지지 않게
단단히 손바느질로 감쳐서 여며줍니다.

50 열린 지퍼 부분을 이용하여 뒤집
어줍니다.

51 가장자리 시접과 모서리를 잘 정리
해서 살짝 다려주면 들떴던 겉면이
금방 차분해집니다.

52 양쪽 고리도 제대로 방향을 잡았
는지 확인합니다.

06
싸개단추 만들기

시중에는 다양한 모양과 크기의 싸개
단추가 나와 있으니 적당한 것으로 골
라 자유로이 사용하면 됩니다.

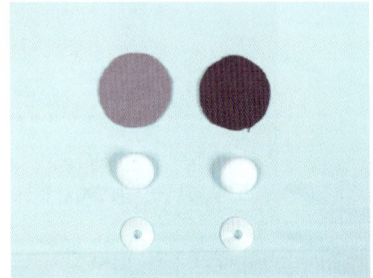

53 28mm 싸개단추 2개와 지름 4센
티 진보라색 원형 면 2장을 준비
합니다.

54 단추 윗부분을 천 위에 올려 실을
잡아당긴 후

55 싸개단추 아랫부분으로 꽉 눌러
고정시키고

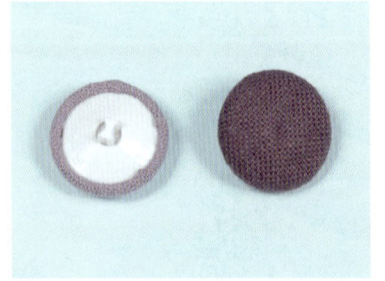

56 싸개단추를 완성합니다. 같은 방
법으로 한 개 더 만듭니다.

57 벨벳끈을 당겨보아 단추가 달릴
위치를 표시하고

58 손바느질하여 표시한 위치에 단추를 달아줍니다.

TIP

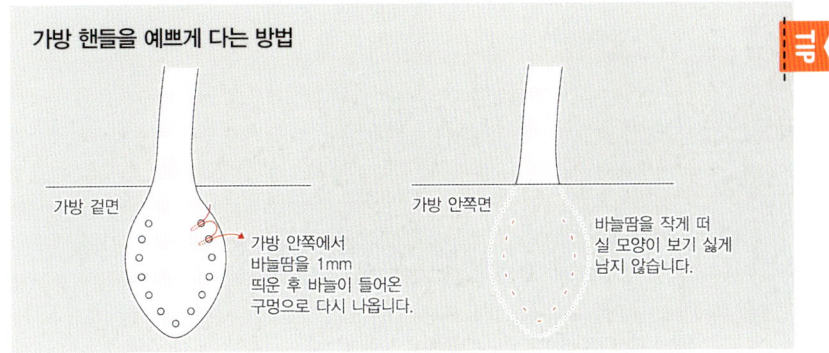

가방 핸들을 예쁘게 다는 방법

가방 겉면

가방 안쪽에서 바늘땀을 1mm 띄운 후 바늘이 들어온 구멍으로 다시 나옵니다.

가방 안쪽면

바늘땀을 작게 떠 실 모양이 보기 싫게 남지 않습니다.

07

가방 핸들 달아 완성하기

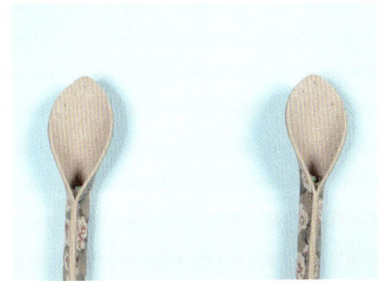

59 가방 핸들을 달 때는 핸들의 바느질 구멍을 확인한 후

60 적합한 위치에 핸들을 손바느질로 달아줍니다.

61 뒷면은 바늘이 들어간 지점에서 1mm 옆 부분에서 다시 위쪽 바늘이 들어왔던 자리로 올라갑니다.

62 이런 식으로 손박음질을 하면 뒷면에 1미리 땀만 약간씩 보이므로 핸들을 단 자리가 흉하지 않습니다.

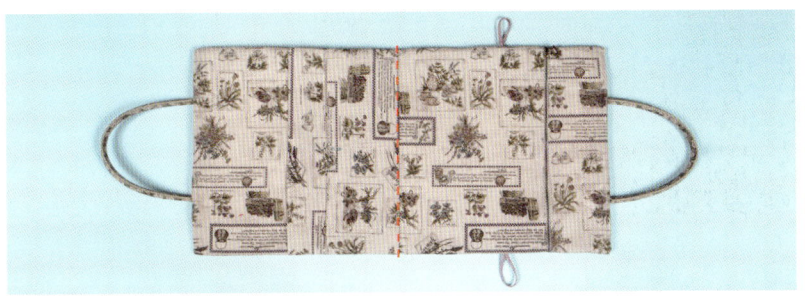

63 가방의 중간 부분을 한 번 더 박음질 해줍니다

64 나인 패치 기법으로 완성한 바느질 가방의 모습입니다.

04

나인 패치 기법으로 만든
핀케이스

준비물

진보라색 리넨, 연보라색 리넨, 광목, 솜,
아이보리색 펠트, 작은 단추(나인 패치 바느질
가방을 만들고 남은 재료를 활용하면 좋아요)

• 완성 작품 크기 12×12인치(30×30cm) • 난이도 ★★ ☆ ☆

완성 작품

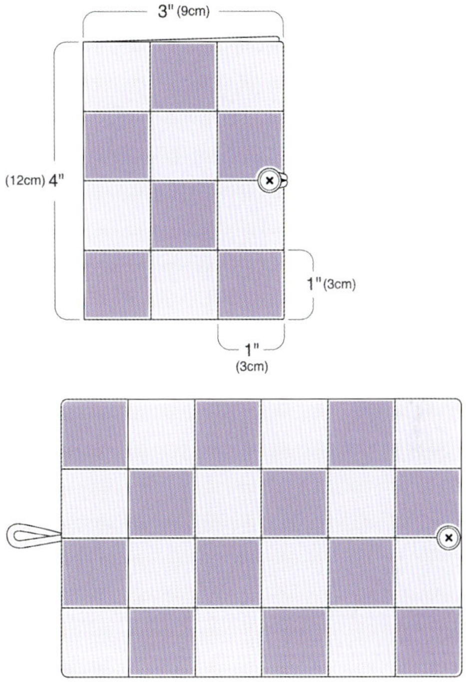

3" (9cm)

(12cm) 4"

1" (3cm)

1" (3cm)

재단 치수 포함

❶ 패턴(진보라색 리넨과 연보라색 리넨) 1½ ×14인치(4.5×40cm) 각 3줄
❷ 안감(연분홍 무늬 리넨) 4½ ×6½인치(10.5×13.5cm) 1장
❸ 광목, 솜 5×7인치(12×27cm)
❹ 속지(아이보리색 펠트) 3½ ×5½인치(7×22cm) 3장
❺ 단춧고리(연보라색 리넨) 1×3인치(2.5×7cm) 1장

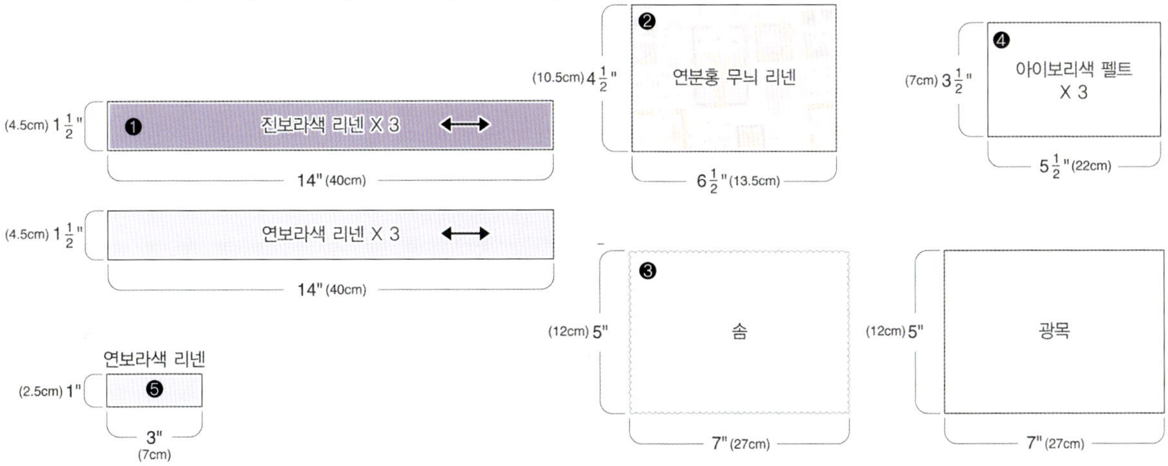

(4.5cm) 1½ " ❶ 진보라색 리넨 X 3 ↔
14" (40cm)

(4.5cm) 1½ " 연보라색 리넨 X 3 ↔
14" (40cm)

연보라색 리넨
(2.5cm) 1" ❺
3"
(7cm)

❷
(10.5cm) 4½ " 연분홍 무늬 리넨
6½ "(13.5cm)

❹
(7cm) 3½ " 아이보리색 펠트 X 3
5½ "(22cm)

❸
(12cm) 5" 솜
7" (27cm)

(12cm) 5" 광목
7" (27cm)

81

01
나인 패치 패턴 만들기

1 진보라색 리넨과 연보라색 리넨 스트립을 폭 1½인치(4.5cm), 길이 14인치(40cm)로 각각 3줄씩 잘라 박음질합니다.

2 가장자리를 정리한 스트립을 1½인치(4.5cm) 크기로 8장 자릅니다.

TIP 이때 시접 방향은 한쪽은 중간으로 모아서, 또 하나는 바깥쪽으로 벌려서 다려줍니다.

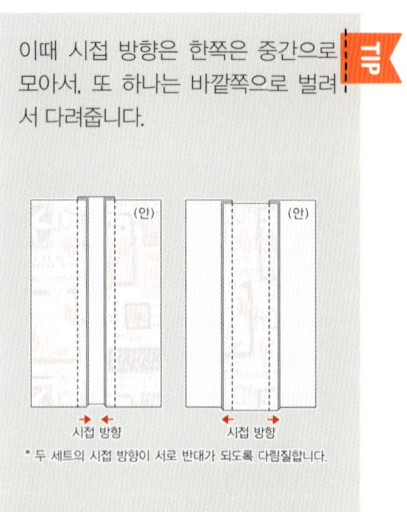

(안)   (안)

시접 방향   시접 방향

* 두 세트의 시접 방향이 서로 반대가 되도록 다림질합니다.

3 8장의 조각을 사진과 같은 순서로 배치하여

4 시접을 엇갈리게 잘 맞추어 박음질합니다.

5 ¼인치 노루발로 박음질하여 8조각을 모두 이어붙입니다.

6 뒷면의 시접은 자연스레 엇갈려집니다.

02
핀 케이스 퀼팅 탑과 단춧고리 만들어 완성하기

아주 작은 면적의 탑을 퀼팅할 때는 굳이 시침용 안전핀을 꽂지 않고 시침핀으로 간단히 고정시켜도 무방합니다.

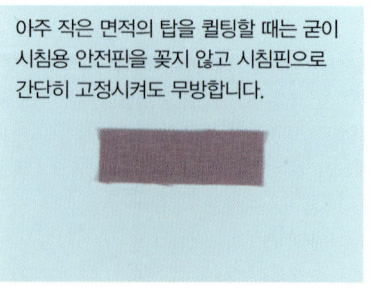

7 뒷감용 광목과 솜을 각각 5×7인치(12×27cm)로 잘라 탑을 올린 후 3중으로 겹쳐 워킹풋 노루발로 퀼팅합니다.

8 연보라색 조각을 1×3인치(2.5×7cm) 크기로 잘라 고리를 만듭니다.

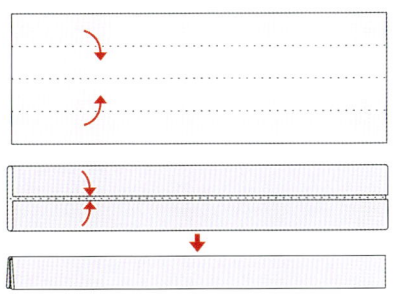

9 바인딩테이프를 만들 때처럼 4겹으로 접어 공그르기 합니다.

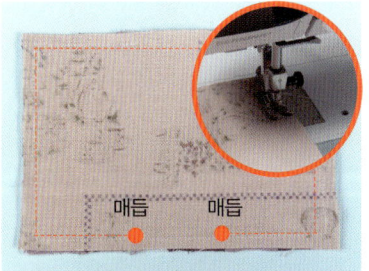

10 테이프를 동그랗게 말아 끝을 단단히 모아서 고정합니다.

11 4½×6½인치(10.5×13.5cm) 크기로 자른 연분홍무늬 리넨과 퀼팅 탑과 고리를 준비하여

12 고리를 퀼팅 탑 위에 올린 후 퀼팅 탑과 안감이 겉과 겉이 만나게 포개어

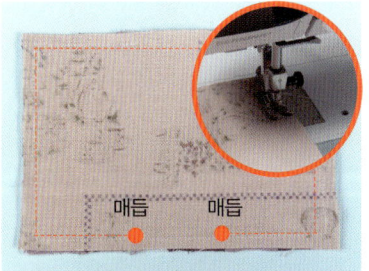

13 창구멍을 남기고 박음질합니다.

14 남은 솜과 모서리 부분을 정리합니다.

15 창구멍으로 뒤집어 모서리 부분을 잘 정리하고

16 창구멍을 공그르기로 마무리합니다.

핑킹가위가 있으면 펠트의 가장자리를 예쁘게 오려내도 좋아요.

17 펠트를 3겹 정도 핀 케이스의 크기에 맞게(3½×5½인치,7×22cm) 자르는데, 앞장과 뒷장의 크기를 약간씩 다르게 해야 겹쳤을 때 가지런히 됩니다.

18 펠트를 고정시킬 때는 겉면의 퀼팅선을 따라 박아서 고정시킵니다. 고리의 길이에 맞는 위치에 단추를 달아줍니다.

19 바느질 가방과 핀 케이스를 모두 완성한 모습입니다.

05

로그 캐빈Log Cabin 기법의
키세스 버튼 지갑

05 로그 캐빈Log Cabin 기법의 키세스 버튼 지갑

준비물

• 완성 작품 크기 8½ ×4인치(22×11cm) • **패턴 모양과 크기** 8½×8½인치(22×22cm) • 난이도 ★ ★ ☆ ☆

검정색 면 ⅓마, 무늬 면 ⅛마, 붉은색 면 1/16마,
물방울 무늬 면 1/16마, 검정색 솜 ⅛마,
의류용 접착심 ¼마, 검정색 지퍼 20cm 1개,
검정 단추 1개, 검정색 끈 10cm,
인조가죽 2×2인치 1장(없으면 검정색 면으로
대체)

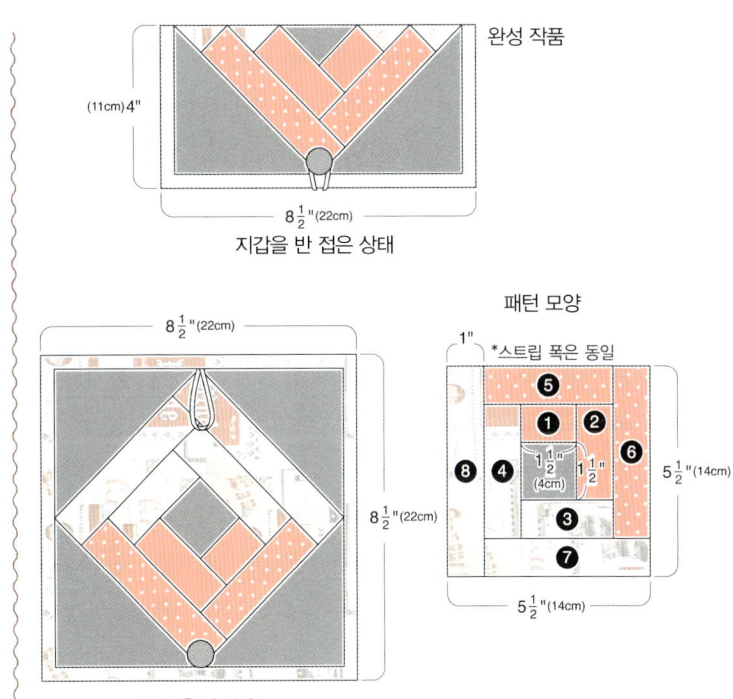

완성 작품

(11cm) 4"

8½ "(22cm)
지갑을 반 접은 상태

8½ "(22cm)

8½ "(22cm)
지갑을 편 상태

패턴 모양

1"

*스트립 폭은 동일

5½ "(14cm)

1½" (4cm) 1½"

5½ "(14cm)

재단(시점 포함)

❶ 패턴(검정 인조가죽 혹은 검정색 면) 2×2인치(5.5×5.5cm)
❷ 패턴(붉은색 면) 1½×6인치(4×15cm) 1줄
❸ 패턴(물방울 무늬 면) 1½×11인치(4×18cm) 1줄
❹ 패턴(무늬 면) 1½×20 인치(4×50cm) 1줄
❺ 겉감(검정색 면) 밑변 5인치(12.5cm) 직각이등변삼각형 4장
❻ 안감(검정색 면) 4×9인치(11×22cm), 6½×9인치(15×22cm)
❼ 주머니(무늬면, 의류용 접착심) 20×9인치(54×22cm) 각 1장
❽ 3중구조(검정솜, 검정면) 10×10인치(25×25cm) 각 1장
❾ 바인딩테이프(무늬면) 2×38인치(5×95cm) 1줄

❶
2"
(5.5cm)

(5.5cm)2"

검정 인조가죽 or
검정색 면

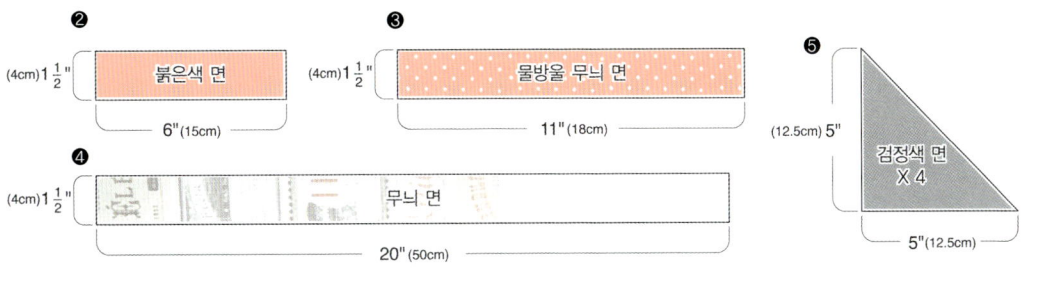

❷
(4cm)1 ½ "   붉은색 면
6"(15cm)

❸
(4cm)1 ½ "   물방울 무늬 면
11"(18cm)

❹
(4cm)1 ½ "   무늬 면
20"(50cm)

❺
(12.5cm)5"   검정색 면 X 4
5"(12.5cm)

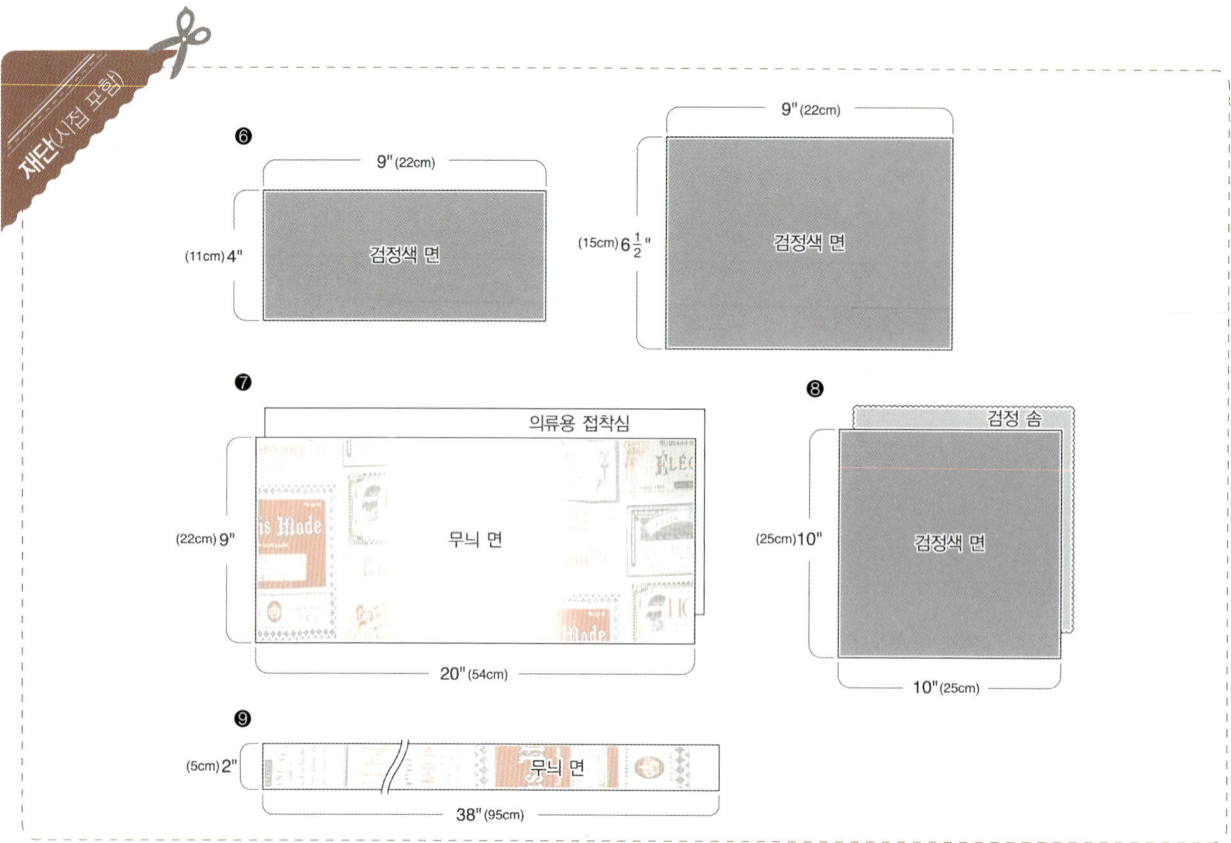

❻

9" (22cm)

(11cm) 4"

검정색 면

9" (22cm)

(15cm) 6½"

검정색 면

❼

의류용 접착심

(22cm) 9"

무늬 면

20" (54cm)

❽

검정 솜

(25cm) 10"

검정색 면

10" (25cm)

❾

(5cm) 2"

무늬 면

38" (95cm)

01

로그 캐빈 패턴 만들기

로그 캐빈은 미국 서부 개척 시대의 집 모양을 본떠 만든 기법으로 자투리로 남은 기다란 천을 활용한 기법입니다. 중앙 부분을 '침니(chimney, 굴뚝)'이라고 부르며 빨간색은 따뜻하게 불 지펴진 화덕을, 노란색은 여행자의 안전한 귀환과 환영을 의미했다고 합니다. 주로 두 가지 톤의 색상을 사용하여 인생의 희로애락을 나타내기도 합니다.

1 붉은색 면과 물방울 무늬 면. 무늬 면을 1½인치(3.5cm) 스트립으로 잘라 준비합니다.

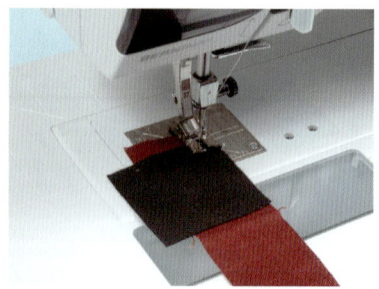

2 검정 인조가죽(혹은 검정색 면)을 2인치(5.5cm) 정사각형으로 잘라 붉은색 면 스트립과 겉과 겉이 마주보도록 포개어 박음질합니다.

이때 반드시 스트립의 앞부분이 정사각형보다 더 튀어나오도록 당겨서 박음질해줍니다. 그래야 커팅할 때 정확한 치수대로 자를 수 있습니다.

TIP

재단(시접 포함)

  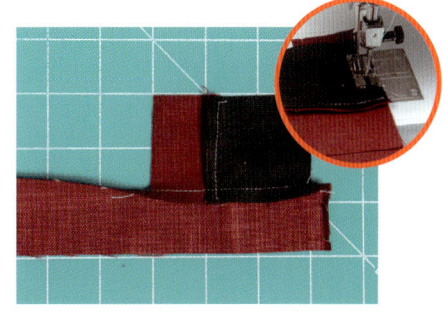

3 박음질한 스트립을 반드시 편 후에 겉쪽에서 정사각형과 같은 크기로 잘라줍니다. 스 트립을 박아 펴줄 때 손톱을 이용해서 잘 꺾어도 좋고 다림질을 하면 더 좋습니다.

4 앞에서 박음질하여 재단한 스트립에 붉은색 스트립을 박음질하여 펴 줍니다.

5 스트립이 직각으로 잘 박혔는지 가로 세로의 크기가 2¾인치인지, 사이즈가 정확한지 확인하며 커팅합니다.

6 위와 같은 방법으로 무늬 면을 2번 박음질합니다.

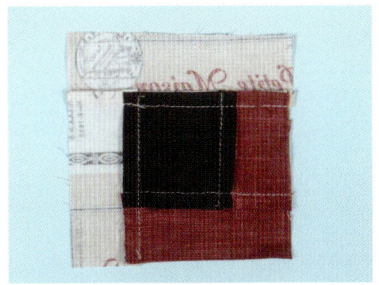  

7 시접은 자연스럽게 바깥 방향으로 꺾 어줍니다.

8 위와 같은 방법으로 물방울무늬 스트립을 2번, 무늬 면을 2번씩 박아 로그 캐빈 패턴을 완성합니다.

02
지갑 탑, 속지, 주머니 만들기

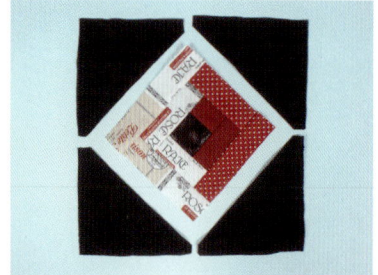

9 검정색 면을 바닥과 높이가 5인치 (12.5cm)인 직각삼각형으로 4장 잘라

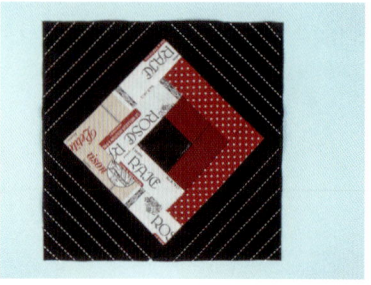

10 로그 캐빈의 사면에 연결하고 퀼팅 선을 ½인치 간격으로 그립니다.

11 검정색 면과 검정 솜을 깔고 완성한 탑을 올려 3중구조를 만들어 시침질 합니다.

12 워킹풋으로 퀼팅합니다. 로그 캐빈 패턴 부분은 패치워크 선을 따라 퀼 팅 인 더 디치 방식으로 박음질하고 검정 면 부분은 퀼팅선을 따라 퀼팅합니다.

13 검정색 면을 4×9인치, 6½×9인 치 두 장을 재단하여 지퍼를 답니 다. 이때 지퍼쪽 시접은 ½인치 가량 둡니다.

14 무늬 면을 20×9인치(54×22cm) 로 잘라 같은 크기로 자른 접착심 을 다려줍니다.

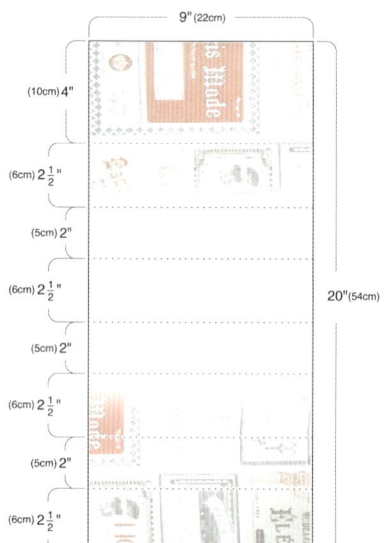

15 카드의 크기에 맞추어 천을 접어줍 니다.

16 주머니 천을 모두 접어준 모습입니다.

17 주머니의 중심선을 표시하고 박음 질합니다.

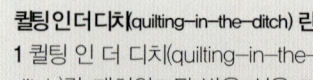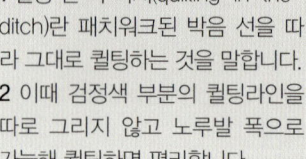

03
마무리하여 완성하기

18 퀼팅한 탑과 지퍼 단 속을 안과 안끼리 잘 겹쳐 시침핀으로 고정하고

19 주머니를 속에 대고 고정하는데 이때 지퍼 부분을 잘 고정합니다.

20 가장자리 전체를 박음질해서 먼저 고정한 후

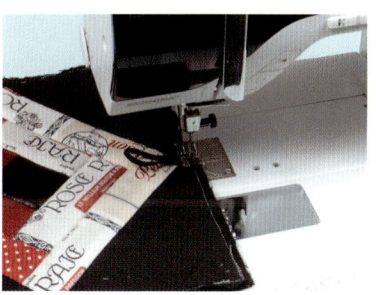

21 중간 부분에 사진처럼 끈을 달아 고정합니다. 이때 끈을 단단히 고정시키기 위해 앞뒤로 두어 번 왔다갔다 반복해서 박음질합니다.

22 바인딩테이프를 2인치(5cm) 폭으로 잘라 지갑이 접히는 중간 부분부터 박음질합니다.

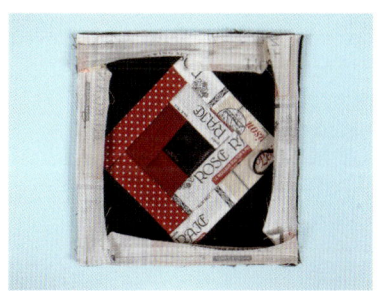

23 바인딩테이프의 박음질을 마친 후

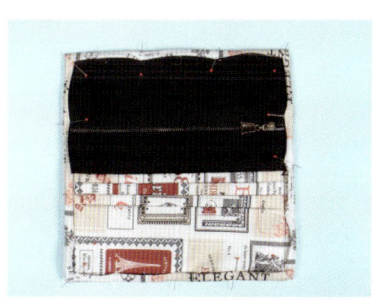

24 안쪽 면을 시침핀으로 고정하여 공그르기로 마무리 합니다.

25 바인딩테이프를 달아준 지갑의 모습입니다.

26 끈 길이에 맞추어 손바느질로 단추를 달아주고

27 지갑을 완성합니다.

06

로그 캐빈Log Cabin 기법을 이용한
빅 레더 쇼퍼백

06 로그 캐빈Log Cabin 기법을 이용한 빅 레더 쇼퍼백

 DVD 로그 캐빈 패턴

준비물

• **완성 작품 크기** 14×7×14인치(35×18×35cm, 정면×측면×높이) • **패턴 모양과 크기** 5×5인치(12.5×12.5cm) • **난이도** ★★★★

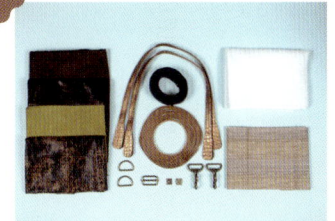

검정색 인조가죽 1 마,
갈색무늬 인조가죽 1마,
연두색 가죽 ¼마, 안감 1마, 솜 1마,
핸들 1쌍, 자석단추(지름 2cm) 1쌍,
가방고리와 D링 2쌍, 가방 바닥용 징 4개,
웨빙끈(2cm 폭) 2m, 양면테이프(2cm 폭)

웨빙끈의 용도
원래는 가죽을 꼬아서 만든 끈을 웨빙끈
이라고 하는데, 여기에서는 원단을 덧입
혀 사용할 것이므로 면으로 된 것을 사용
해도 됩니다.

완성 작품

패턴 모양

재단(시접 포함)

❶ 패턴(연두색 가죽) 1½ ×54인치(4×155cm)
❷ 패턴(검정색 인조가죽) 1½ ×약 470인치(4×약 1990cm)
❸ 패턴(갈색 무늬 인조가죽) 1½ ×약 580인치(4×약 1330cm)
❹ 안감(갈색 무늬 인조가죽) 4½ ×22인치(12×54cm) 2장, 안감용 면 13½ ×22인치(35×54cm) 2장
❺ 주머니(안감용 면) 12×12인치(30×30cm) 1장
❻ 가방 바닥용 플라스틱 6×12½인치(12×31cm) 1장
❼ 보조 스트립끈(갈색 무늬 인조가죽) 2×31인치(5×80cm) 2줄
　 D링 보조끈 (갈색 무늬 인조가죽) 2½ ×4인치(6×10cm) 2줄
　 웨빙끈 1½ ×30인치(4×76cm)

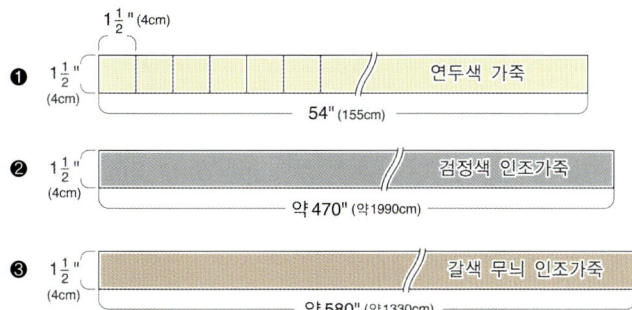

❶ 1½" (4cm) / 1½" (4cm) / 연두색 가죽 / 54"(155cm)

❷ 1½" (4cm) / 검정색 인조가죽 / 약 470"(약1990cm)

❸ 1½" (4cm) / 갈색 무늬 인조가죽 / 약 580"(약1330cm)

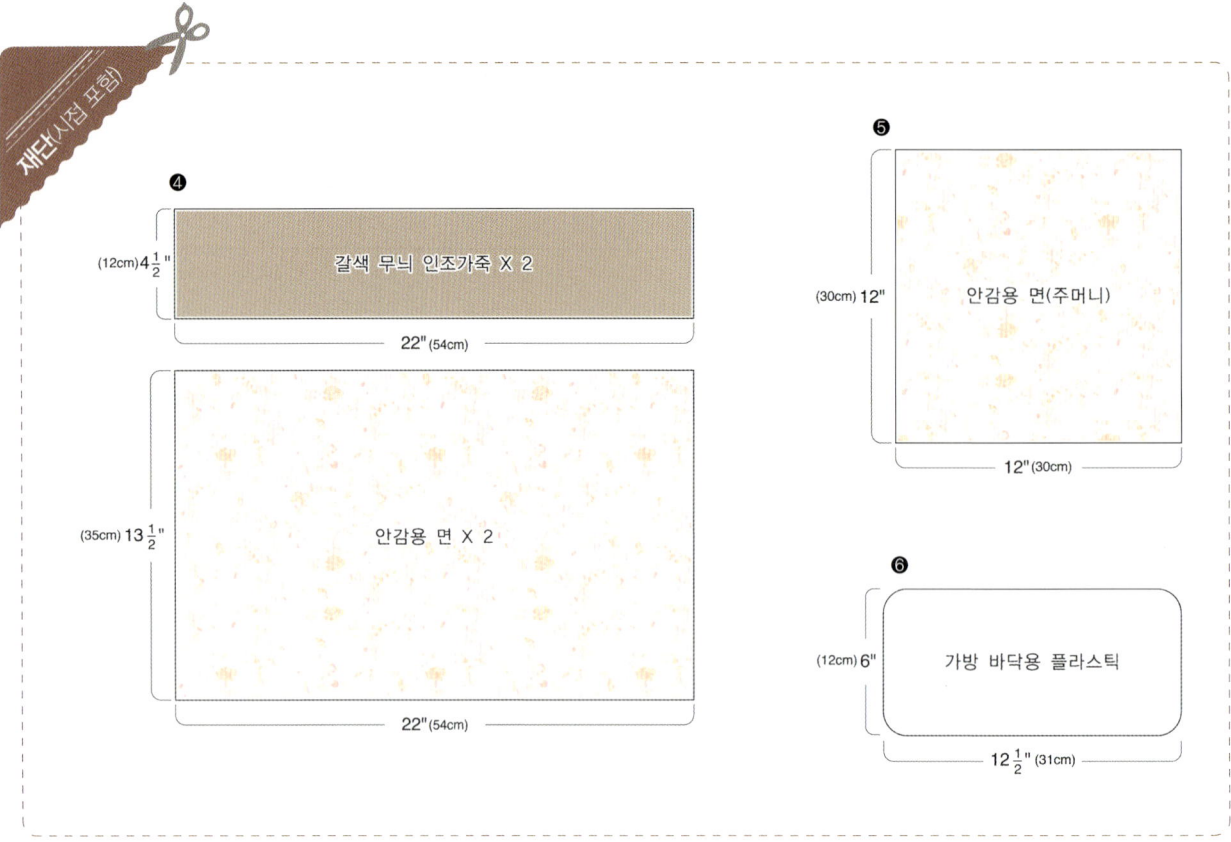

❹
(12cm)4½"
갈색 무늬 인조가죽 X 2
22" (54cm)

❺
(30cm) 12"
안감용 면(주머니)
12" (30cm)

(35cm) 13½"
안감용 면 X 2
22" (54cm)

❻
(12cm) 6"
가방 바닥용 플라스틱
12½" (31cm)

01

로그 캐빈 패턴 만들기

로그 캐빈 기법은 패턴을 어떻게 배치하는가에 따라 베리에이션을 가장 다양하게 표현할 수 있는 기법입니다. 이번 작품은 저렴하고 멋있는 인조가죽을 이용하여 독특한 패턴 배치로 만든 빅백입니다. 소재가 부드럽고 약하며 패턴의 배치가 약간 복잡하여 초보자에게는 어려울 수 있는 작품입니다. 하지만 가죽의 고상한 멋 때문에 어렵더라도 완성하고 나면 반드시 성취감을 느낄 수 있을 거예요.

로그 캐빈 패턴의 제작 과정은 5. 키세스 버튼 지갑 또는 기법 총정리 편을 참고하세요.

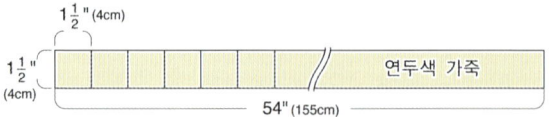

1½" (4cm)
1½" (4cm)
연두색 가죽
54" (155cm)

1 연두색 가죽을 1½인치(4cm) 정사각으로 36개 자르고

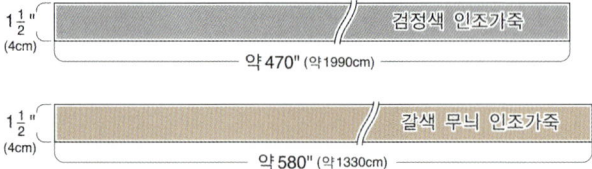

1½" (4cm)
검정색 인조가죽
약 470" (약1990cm)

1½" (4cm)
갈색 무늬 인조가죽
약 580" (약1330cm)

2 검정색 인조가죽과 갈색 무늬 인조가죽을 1½인치(4cm) 스트립으로 잘라

검정 가죽을 패턴 1번에 쓸 때와 갈색 무늬를 먼저 쓸 때 천의 소요량이 달라지므로 주의합니다.

3 연두색 가죽 위에 검정 가죽 스트립을 2번, 갈색 무늬 인조가죽을 2번색 연결하며 로그 캐빈 패턴을 만듭니다. 이 방법으로 모두 36장의 로그 캐빈 패턴을 만듭니다.

02
쇼퍼백 탑 만들고
퀼팅하기

4 로그 캐빈 패턴을 사진과 같은 모양으로 놓고 연결합니다.

❺

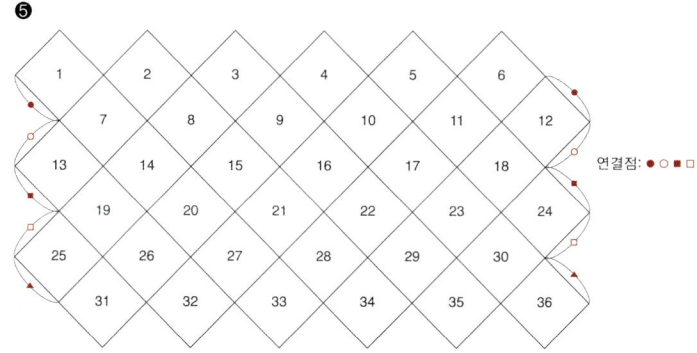

연결점: ● ○ ■ □ ▲

5 36장의 패턴을 그림과 같이 배열하여 ¼인치 노르발로 박음질하여 연결하는데

❻

6 이때 패턴의 방향은 그림처럼 서로 연결합니다.

❼

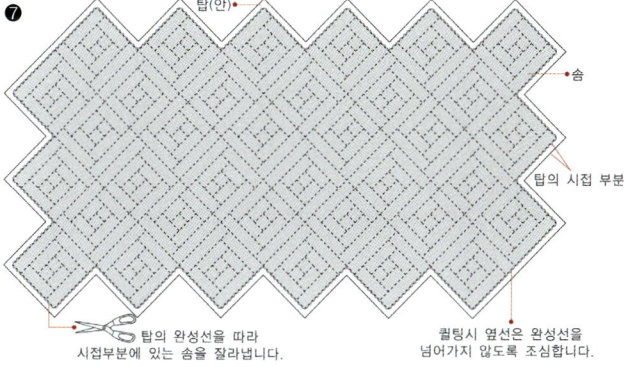

탑(안)

솜

탑의 시접 부분

탑의 완성선을 따라 시접부분에 있는 솜을 잘라냅니다.

퀼팅시 옆선은 완성선을 넘어가지 않도록 조심합니다.

7 퀼트 탑 아래 검정솜만 대고 시침핀으로 고정한 후 워킹풋으로 노루발을 바꾼 후 패치워크 선을 따라 퀼팅합니다 (Quilting in the ditch) 퀼팅이 완성되면 시접 부분의 솜을 완성선에 맞추어 잘라 정리합니다.

퀼팅을 한 후 시접 부분의 솜을 제거해야 하므로 시접 부분까지 퀼팅되지 않도록 주의합니다.

03

옆선 연결하고,
아래, 윗단 정리하기

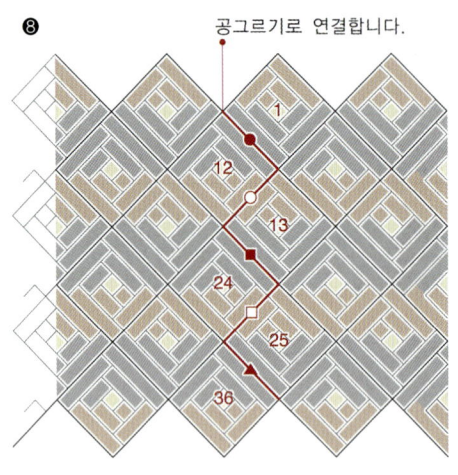

❽ 공그르기로 연결합니다.

1
12
13
24
25
36

그림에 표시해준 연결 부위를 반드시
확인하면서 작업합니다

❾

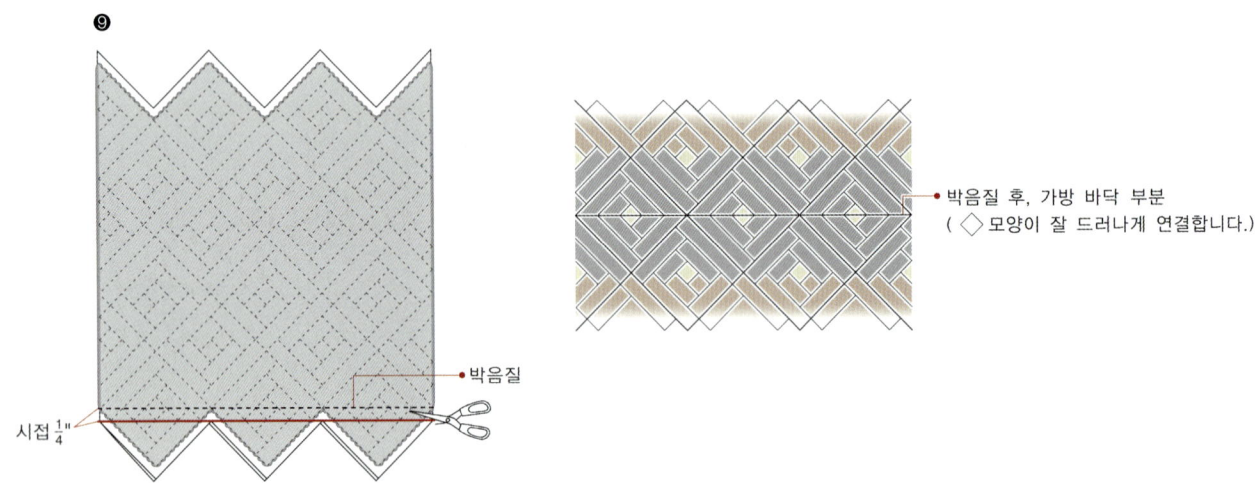

시접 ¼"

박음질

박음질 후, 가방 바닥 부분
(◇ 모양이 잘 드러나게 연결합니다.)

❿
(9cm) (9cm)
3½" 3½"

시접 ¼"

⓫

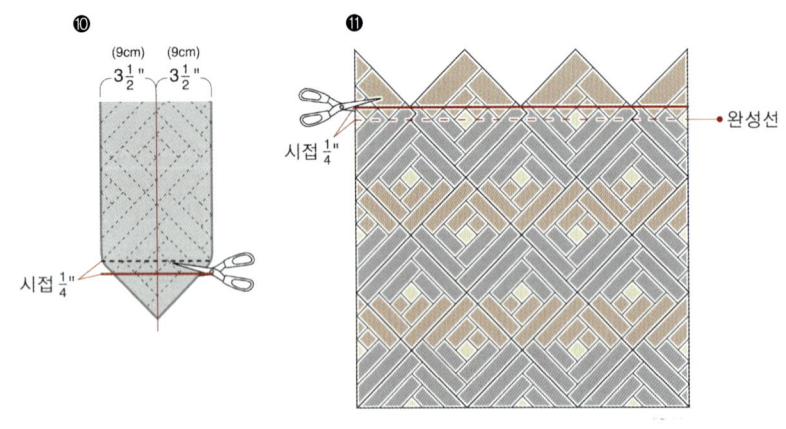

시접 ¼"

완성선

8 그림에서 옆선 부분인 1, 13, 25번 블록의 시접을 꺾어서 연결할 부위인 12, 24, 36번 블록의 완성선에 시침핀으로 고정한 후 공그르기 합니다.

9 아랫단을 일직선으로 박음질하여 연결합니다. 이때 연두색 가죽의 네모끼리 잘 만나도록 주의합니다. 시접을 제외한 남은 부분은 제거합니다.

10 모서리 부분을 접어 옆선과 직각으로 양옆을 3½(9cm)인치씩, 총 7인치(18cm) 길이로 박음질합니다. 남은 시접은 ¼인치(0.7cm) 시접을 남기고 제거합니다.

11 윗단도 그림처럼 ¼인치 시접을 남기고 일직선으로 자릅니다.

04
안감, 주머니 만들기

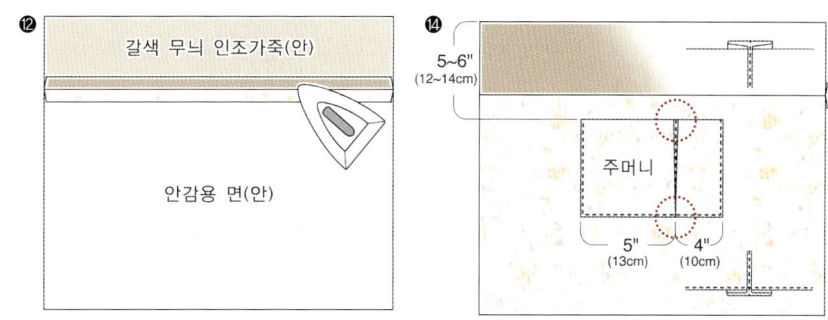

⑫ 갈색 무늬 인조가죽(안)

안감용 면(안)

⑭ 5~6"
(12~14cm)

주머니

5" 4"
(13cm) (10cm)

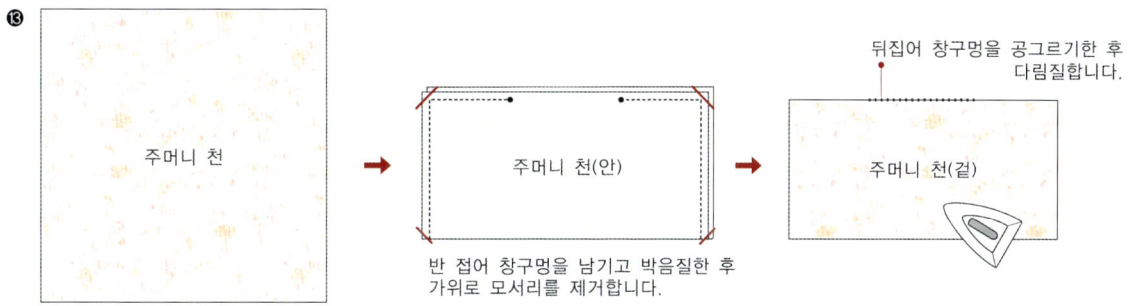

⑬ 주머니 천

주머니 천(안)

반 접어 창구멍을 남기고 박음질한 후
가위로 모서리를 제거합니다.

뒤집어 창구멍을 공그르기한 후
다림질합니다.

주머니 천(겉)

12 갈색 무늬 인조가죽은 4½×22인
치(12×54cm) 크기로 2장, 안감용
면은 13½×22인치(35×54cm) 크기로 2장
자릅니다. 가죽과 안감용 면을 그림처럼 먼
저 각각 연결하고 가름솔로 다림질합니다.

13 안감용 면을 12×12인치(30×
30cm) 크기로 잘라 반 접어 창구
멍을 남기고 박음질하여 가위로 모서리를
제거한 후 뒤집어줍니다. 남겨둔 창구멍을
공그르기로 막아주고 다림질합니다.

14 12번 과정에서 연결한 안감 쪽 한
부분에 주머니의 위치를 시침핀으
로 고정합니다. 주머니는 5인치(13cm), 4인
치(10cm, 핸드폰용) 두 개의 포켓으로 위
치를 잡아 완성된 주머니를 알맞게 주름
잡아 배치합니다. 주머니의 위치는 안감의
윗부분에서 5~6인치(12~14cm) 아래에 달
아줍니다. 주머니의 옆선과 아래선, 그리
고 중간 부분을 박음질합니다.

05
안감과 겉감 연결하고
바닥 마무리하기

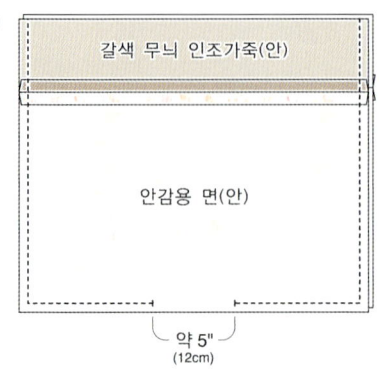

⑮ 갈색 무늬 인조가죽(안)

안감용 면(안)

약 5"
(12cm)

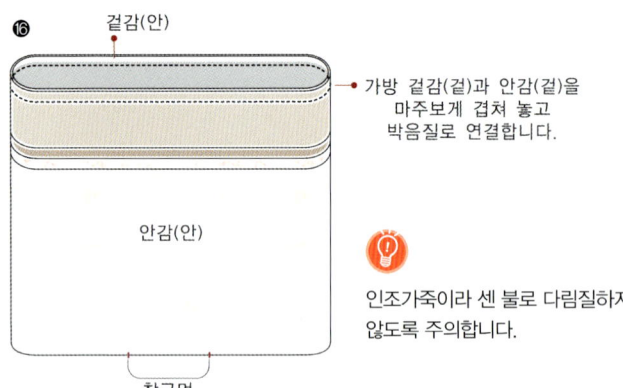

⑯ 겉감(안)

가방 겉감(겉)과 안감(겉)을
마주보게 겹쳐 놓고
박음질로 연결합니다.

안감(안)

창구멍

인조가죽이라 센 불로 다림질하지
않도록 주의합니다.

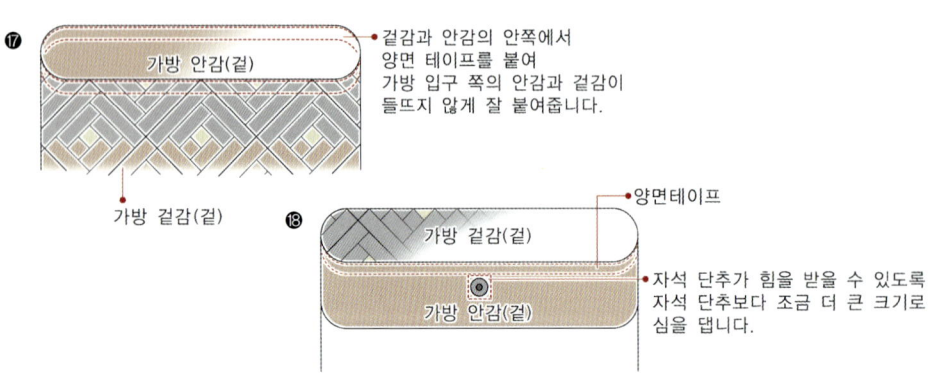

⑰ 가방 안감(겉)

겉감과 안감의 안쪽에서
양면 테이프를 붙여
가방 입구 쪽의 안감과 겉감이
들뜨지 않게 잘 붙여줍니다.

가방 겉감(겉)

양면테이프

가방 겉감(겉)

⑱

가방 안감(겉)

자석 단추가 힘을 받을 수 있도록
자석 단추보다 조금 더 큰 크기로
심을 댑니다.

이 작업을 하지 않으려면 가
방의 겉에서 박음 선으로 한
번 눌러주면 되나 그러면 전
체적인 패턴 부분이 예쁘게
살아나지 않습니다. 조금 힘
들지만 공을 들이면 그만큼
완성도가 높아지지요.

15 안감의 옆선끼리 박음질하여 연결
합니다. 안감 바닥을 5인치(12cm)
가량 창구멍으로 남기고 나머지 부분을
박음질 합니다.

16 가방의 겉감과 안감을 겉과 겉끼
리 시침핀으로 잘 고정한 후 박음
질하여 연결한 후 안감 창구멍으로 가방
을 뒤집어 가방 겉쪽에서 윗부분의 시접
선을 다림질로 잘 눌러 고정시킵니다.

17 가방 윗부분의 안쪽에 양면테이프
를 붙여 가방의 겉과 안감 부분이
잘 밀착되도록 고정시킵니다.

18 자석단추를 달아줍니다. 인조가죽
이 부드럽고 얇으므로 자석의 뒷부
분에 심이나 두꺼운 천을 대줍니다.
(자석단추 다는 자세한 방법과 사진은 38,
라운드 빅 토트백 편을 참고하세요)

06
핸들 및 보조 스트립 끈 달아 완성하기

19 가방 바닥용 플라스틱을 6×12½인치(15×31cm) 크기로 잘라 모서리를 둥글게 자릅니다. 가방 바닥용 플라스틱과 겉감 바닥 사이에 4개의 구멍을 뚫어 가방 바닥용 징을 고정시킵니다.(바닥용 징을 다는 자세한 방법과 사진은 38. 라운드 빅 토트백 편 15~18번까지의 따라하기를 참고하세요)

20 안감의 창구멍은 공그르기나 박음질로 꼼꼼하게 손바느질하여 막아줍니다.

❷-1

← 웨빙끈을 인조가죽으로 감싸 공그르기나 박음질로 마무리합니다.

← 웨빙 끈

← 인조가죽

❷-2

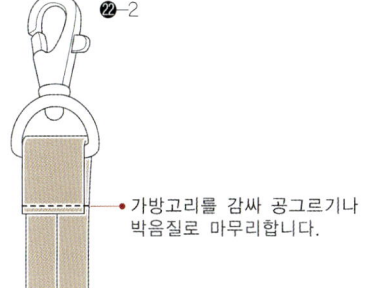

← 가방고리를 감싸 공그르기나 박음질로 마무리합니다.

가방 고리와 D링을 달 때 여러 겹의 천을 박음질해야 합니다. 이런 경우 초보자들은 바늘이 부러지거나 머신에 무리를 줄 수 있으므로 공그르기로 손바느질을 권합니다.

21 핸들은 약 7인치(18cm) 가량 간격을 두고 달아줍니다

❷

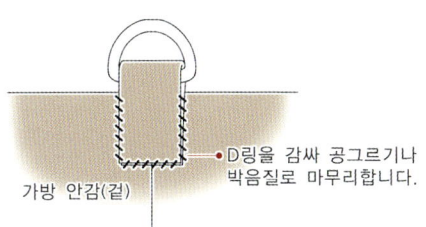

가방 안감(겉)

← D링을 감싸 공그르기나 박음질로 마무리합니다.

22 보조 스트립 끈은 각자의 키에 맞게 웨빙끈을 31~31인치(80~90cm) 길이로 2줄 잘라 핸들의 색과 비슷한 인조가죽으로 감싸 공그르기나 박음질합니다. 끝부분에 가방 고리를 달아 공그르기로 단단하게 마무리합니다.

23 D링을 감쌀 가죽은 2½×4인치(6×10cm) 크기로 2장을 잘라 두 겹 접어 시접을 밀어 넣어가며 공그르기나 박음질로 마무리한 후 D링을 집어넣고 가방의 옆선에 공그르기로 단단하게 붙여줍니다.

24 완성된 가방의 모습입니다.

07

정방형사등분 Triangles in Square 기법의
방울 트레이

검정 무늬 면 ¼마, 하늘색 면 ¼마,
하늘색 도트 무늬 리넨 ⅓마,
하늘색 체크 무늬 면 ¼마,
뒷감용 면 ¼마, 솜 ¼마,
가방용 심지 ¼마,
지름 1인치 하늘색 방울 4개

이 작품처럼 퀼팅한 뒷면을 다른 천으
로 다시 덧대어줄 때 퀼팅 뒷감용 면은
탑 천과 비슷한 색상의 어떤 천을 써도
무방합니다. 다만 얇은 천을 사용하면
됩니다.

• **완성 작품 크기** 10×12½인치(24×30cm) • **패턴 모양과 크기** 2½×2½인치(6×6cm) • **난이도** ★★ ☆ ☆

완성 작품

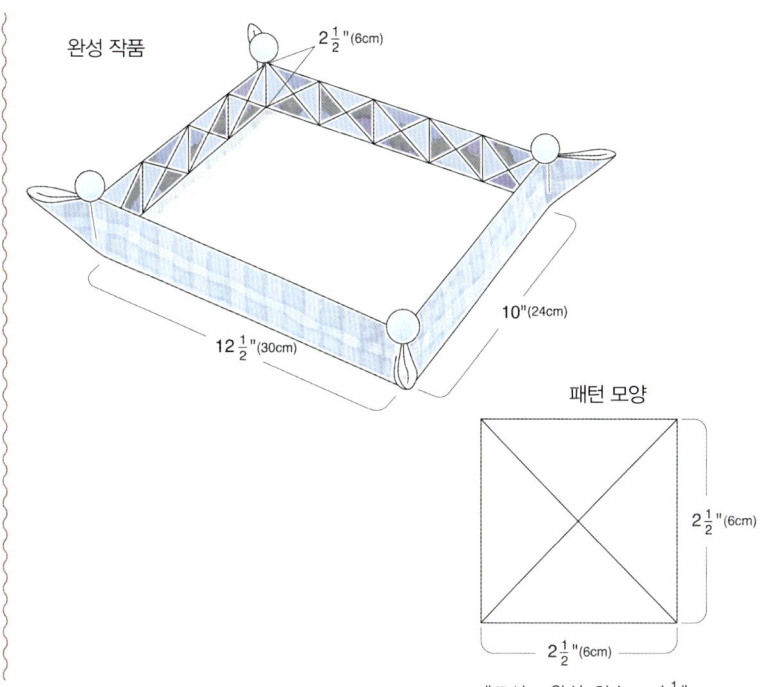

2½"(6cm)

12½"(30cm)

10"(24cm)

패턴 모양

2½"(6cm)

2½"(6cm)

제도시 : 완성 치수 + 1¼"

❶ 패턴(검정 무늬 면) 3¾인치(9.5cm) 정사각형 9장
❷ 패턴(하늘색 면) 3¾인치(9.5cm) 정사각형 9장
❸ 속지(도트 무늬 리넨) 13×10½인치(31.5×25.5cm) 1장, 3¾인치(9.5cm) 정사각형 4장
❹ 겉지(하늘색 체크 면) 15½×18인치(37.5×43.5cm)
❺ 가방심 10×12½인치(30×24cm)
❻ 뒷감용 면과 솜 16×19인치(40×46cm) 각 1장

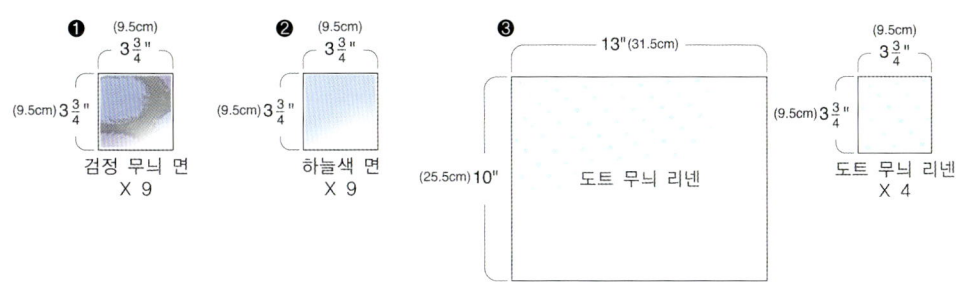

❶ (9.5cm)
3¾"
(9.5cm) 3¾"
검정 무늬 면
X 9

❷ (9.5cm)
3¾"
(9.5cm) 3¾"
하늘색 면
X 9

❸ 13"(31.5cm)
(25.5cm) 10"
도트 무늬 리넨

(9.5cm)
3¾"
(9.5cm) 3¾"
도트 무늬 리넨
X 4

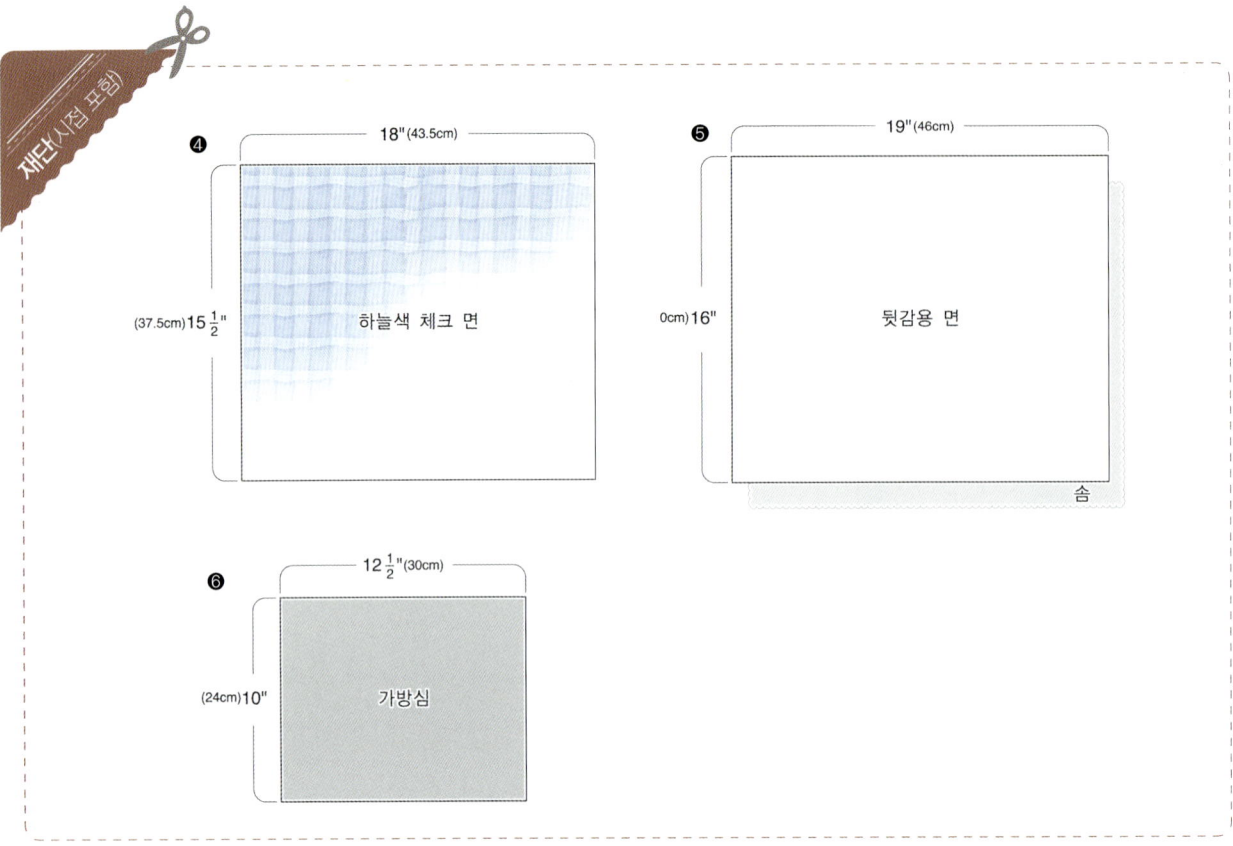

❹ 18" (43.5cm)
(37.5cm) 15 ½" 하늘색 체크 면

❺ 19" (46cm)
0cm) 16" 뒷감용 면
솜

❻ 12 ½" (30cm)
(24cm) 10" 가방심

정방형사등분 패턴 만들기

정방형사등분은 정사각형을 사등분하여 삼각형 4개가 합해진 패턴입니다. 핸드퀼트에서 많이 사용하는 기법인데 머신으로 만들면 너무나 쉽고 빠르게 만들 수 있는 패턴입니다.

 하늘색 면의 뒤쪽에 그리는 이유는 검정 무늬 천보다 잘 보이기 때문이며 어느 쪽에 그려도 상관없습니다.

1 검정 무늬 면을 3¾인치(9.5cm : 완성 치수 2½인치(6cm)+시접1¼인치(3.5cm)) 정사각형으로 9장 자릅니다.

정방형사등분을 만들 때 제도는 완성 치수 +1¼인치(3.5cm)로 합니다.

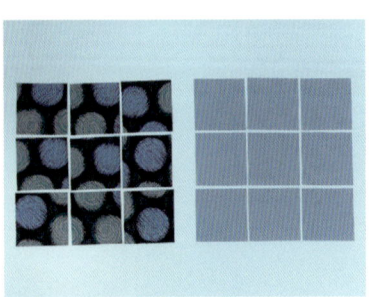

2 하늘색 면도 3¾인치(9.5cm) 정사각형으로 9장 자릅니다.

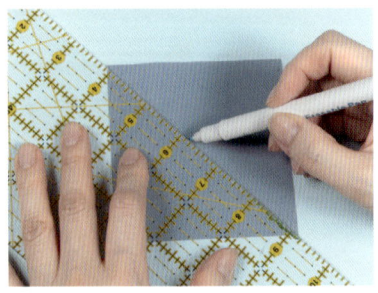

3 하늘색 면 뒤쪽에 펜으로 대각선을 그어줍니다.

4 검정 무늬 면과 하늘색 면을 잘 포개 주고

5 ¼인치 노루발의 에지가 대각선에 닿 도록 하여 박음질합니다.

6 대각선을 가운데 두고 양쪽으로 박음 질합니다.

7 사선 부분을 로터리 칼이나 가위로 잘 라줍니다.

8 한쪽 방향으로 시접을 다려서 꺾어줍 니다.

9 반대 방향으로 다시 대각선 줄을 그 어서

10 색깔이 서로 반대되도록 두 조각을 잘 포갠 후

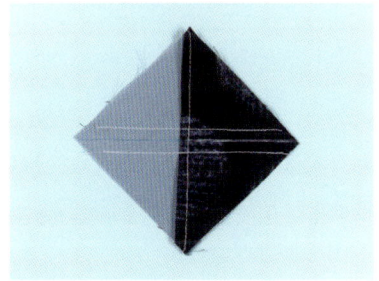

11 다시 대각선에 노루발의 에지가 닿 도록 하여 양쪽을 박아줍니다.

12 대각선 부분을 가위나 로터리 칼로 잘라줍니다.

13 정방형사등분 패턴이 완성됩니다. 모두 18장의 패턴을 완성합니다.

02

방울 트레이 탑 만들고
퀼팅하기

14 도트 무늬 리넨을 13×10½인치 (31.5×25.5cm) 1장, 3¾인치(9.5cm) 정사각형 4장을 잘라 13번에서 완성한 18 개의 패턴과 함께 사진처럼 배열합니다.

15 조각을 박음질로 연결하여 탑을 완 성한 후

16 뒷감용 면과 솜 위에 탑을 대고 시 침용 안전핀으로 시침질하여

17 워킹풋으로 노루발을 교체한 후 퀼 팅합니다.

03

마무리하여 완성하기

18 도트 무늬 리넨이 있는 중앙 부분 의 뒷부분에 10×12½인치(30× 24cm) 크기로 자른 가방 심을 대고

19 겉에서 도트 무늬 리넨 천을 따라 박음질하여 고정해줍니다.

20 하늘색 체크 무늬 면을 15½×18 인치(37.5×43.5cm)로 잘라 퀼팅 탑과 겉과 겉끼리 포개어

21 창구멍을 남기고 박음질한 후 시접 부분의 솜을 제거합니다.

22 창구멍으로 뒤집은 후 창구멍을 공그르기 하여 막아주어

23 방울 트레이의 몸체를 완성합니다.

24 도트 무늬 리넨의 가장자리를 따라 한 번 더 퀼팅해서 고정해줍니다.

25 모서리 부분을 직각으로 모아서 단단히 바느질로 고정한 후

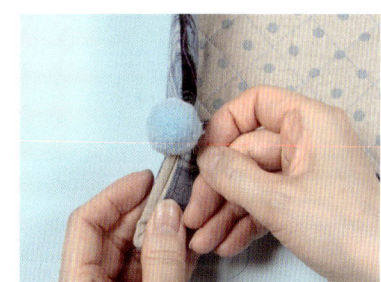

26 방울을 답니다. 방울은 제품화되어 판매하는 것을 사서 사용해도 되고 털실을 감아 직접 만들어도 됩니다.

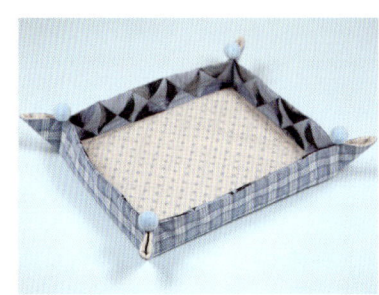

27 정방형사등분 기법의 방울트레이를 완성합니다.

08

정방형사등분 기법의
쉐프 에이프런

08 정방형사등분 기법의 쉐프 에이프런

준비물

• 완성 작품 크기 24×29½인치(64×75cm) • 패턴 모양과 크기 3×3인치(8×8cm), 2×2인치(5×5cm) • 난이도 ★ ★ ☆ ☆

완성 작품

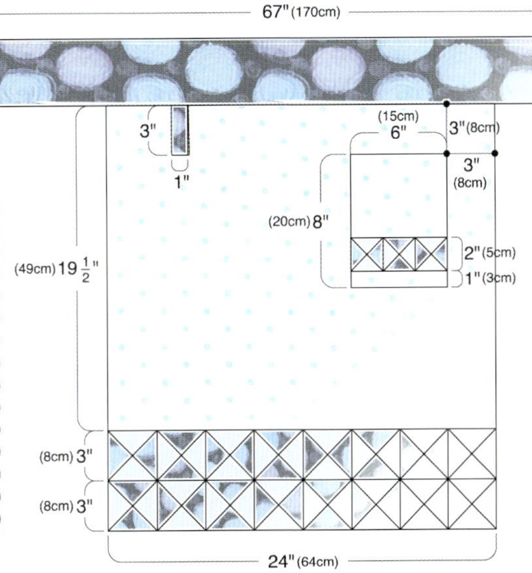

67"(170cm)

(10cm)4"

패턴 모양

3"
1"

(15cm)
6"
3"(8cm)
3"
(8cm)

(49cm)19½"

(20cm)8"

2"(5cm)
1"(3cm)

3"(8cm)

3"(8cm)

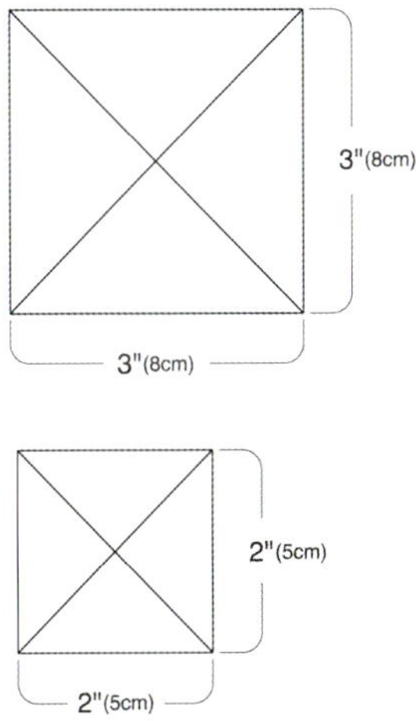

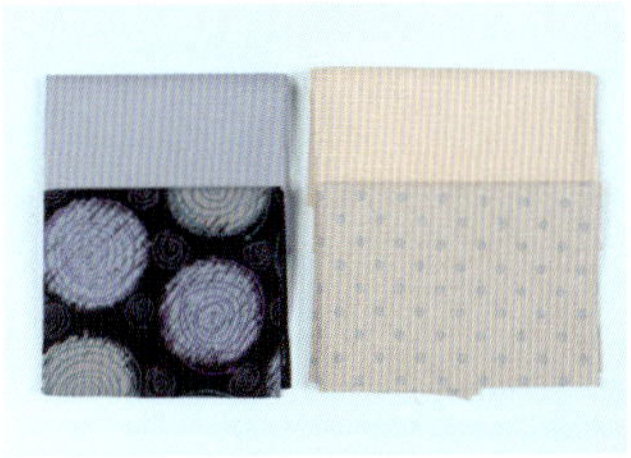

하늘색 면 1/8마, 검정 무늬 면 2/3마,
물방울 무늬 리넨 1마, 뒷감용 리넨 1마

(8cm)3"
(8cm)3"

24"(64cm)

2"(5cm)

2"(5cm)

재단(시접 포함)

❶ 패턴(검정 무늬 면) 4¼인치(11.5cm) 정사각형 8장, 3¼인치(8.5cm) 정사각형 2장

❷ 패턴(하늘색 면) 4¼인치(11.5cm) 정사각형 8장, 3¼인치(8.5cm) 정사각형 2장

❸ 앞치마(물방울 무늬 리넨) 20×24½인치(50.5×65.5cm)1장

❹ 앞치마 안감(안감용 리넨) 26×24½인치(65.5×66.5cm)

❺ 주머니(물방울 무늬 리넨) 6½인치×6½인치(16.5×13.5cm) 1장, 6½×1½인치(16.5×4.5cm) 1장

❻ 주머니 안감(안감용 리넨) 6½ ×8½인치(16.5×21.5cm) 1장

❼ 허리선 및 끈(검정 무늬 면) 8½ ×67½인치(21.5×170cm) 1줄

❽ 수건 고리(검정 무늬 면) 1½ ×6½인치(4.5×16.5cm)

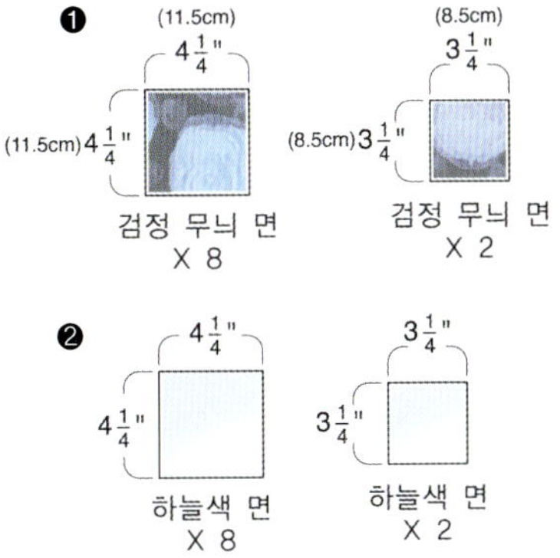

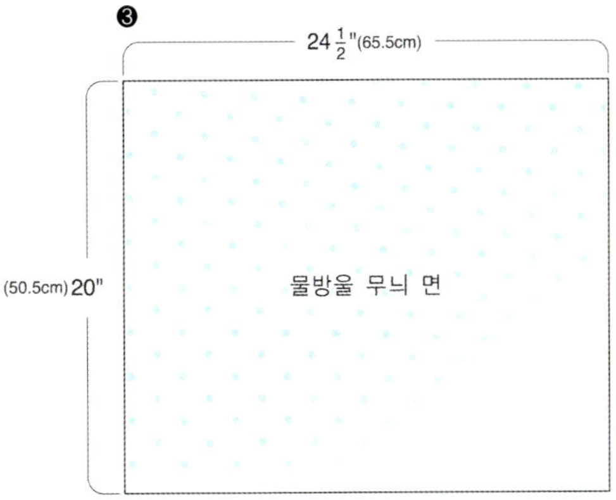

❶
(11.5cm)
4¼"
(8.5cm)
3¼"
(11.5cm)4¼"
(8.5cm)3¼"
검정 무늬 면
X 8
검정 무늬 면
X 2

❷
4¼"
3¼"
4¼"
3¼"
하늘색 면
X 8
하늘색 면
X 2

❸
24½(65.5cm)
(50.5cm)20"
물방울 무늬 면

105

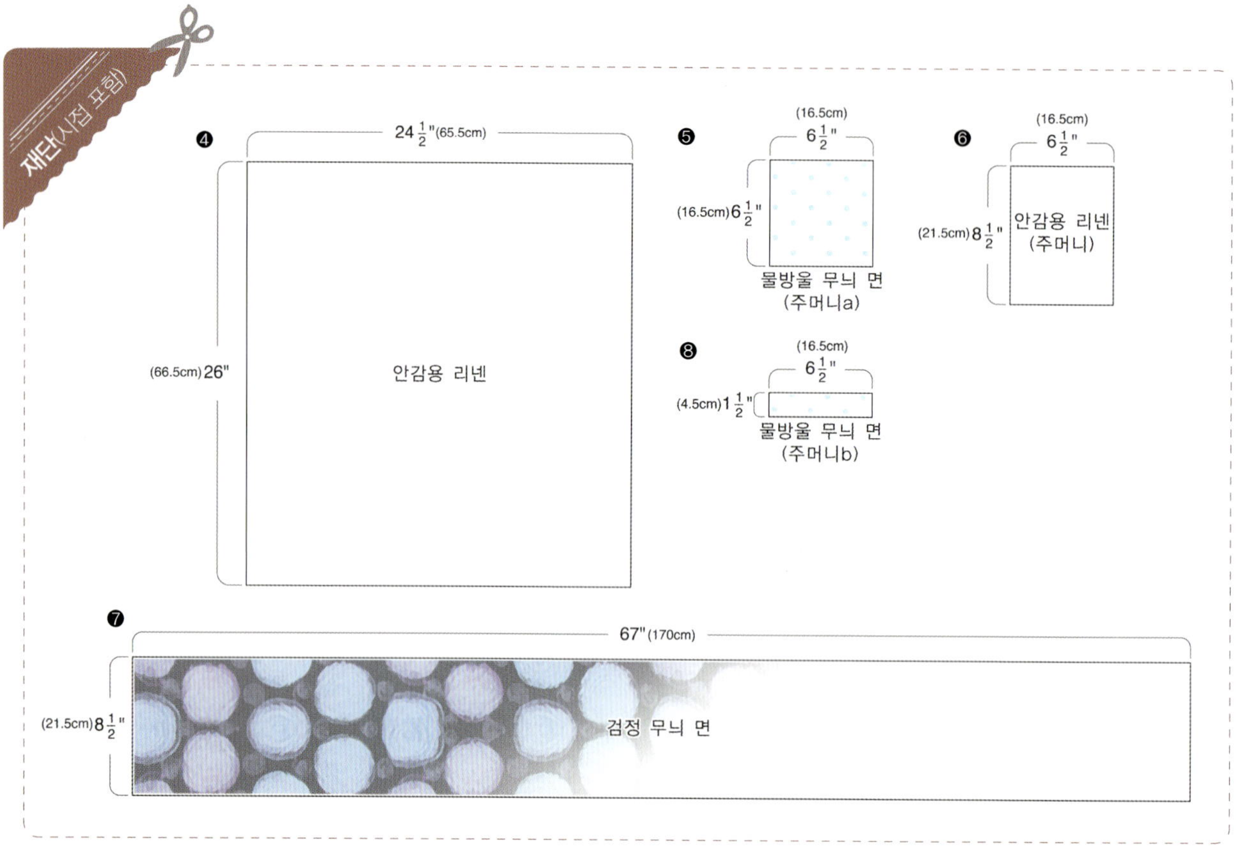

❹ 24½"(65.5cm)

(66.5cm)26"

안감용 리넨

❺ (16.5cm)
6½"

(16.5cm)6½"

물방울 무늬 면
(주머니a)

❻ (16.5cm)
6½"

(21.5cm)8½" 안감용 리넨
(주머니)

❽ (16.5cm)
6½"

(4.5cm)1½"

물방울 무늬 면
(주머니b)

❼ 67"(170cm)

(21.5cm)8½"

검정 무늬 면

01

정방형 사등분 패턴 만들기

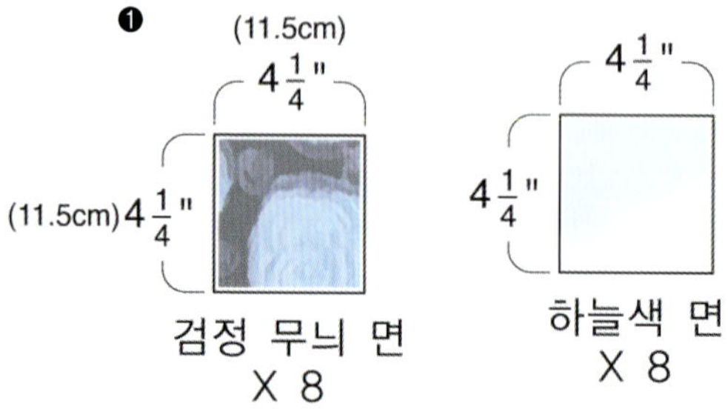

❶ (11.5cm)
4¼"

(11.5cm)4¼"

검정 무늬 면
X 8

4¼"

4¼"

하늘색 면
X 8

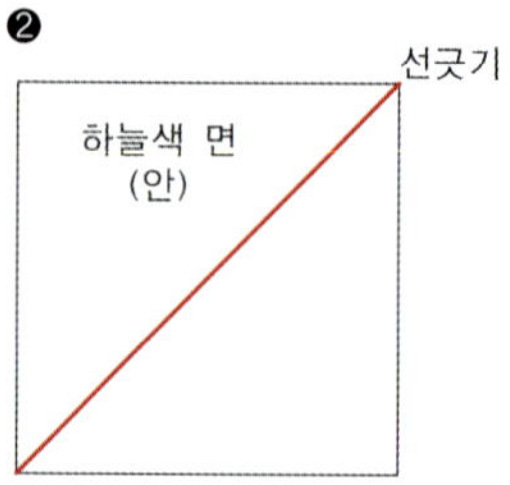

❷ 선긋기

하늘색 면
(안)

1 하늘색 면과 검정 무늬 면을 각각 4¼인치((11.5cm, 완성 크기 3인치(8cm)+시접 1¼인치(3.5cm)) 정사각형으로 8장씩 자릅니다.

2 하늘색 정사각형의 뒷면에 대각선 줄을 긋고

3 하늘색 면과 검정색 면을 잘 겹쳐 대각선에 ¼인치 노루발의 에지 부분이 닿게 해서 양쪽에서 박음질합니다.

4 대각선을 따라 로터리 커터를 이용하여 잘라준 후

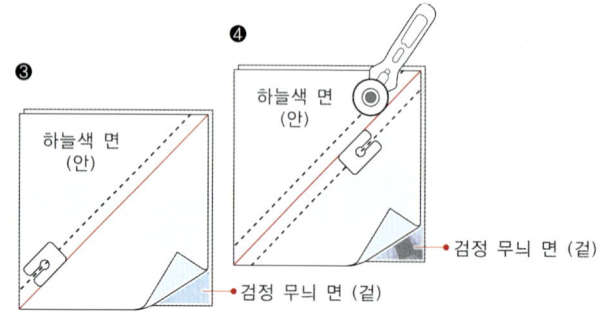

❸ 하늘색 면
(안)

검정 무늬 면 (겉)

❹ 하늘색 면
(안)

검정 무늬 면 (겉)

❺

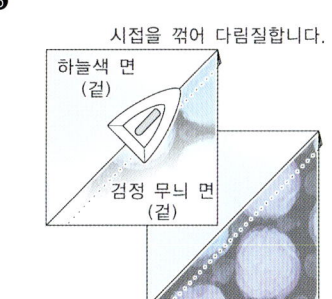

시접을 꺾어 다림질합니다.

하늘색 면
(겉)

검정 무늬 면
(겉)

❻

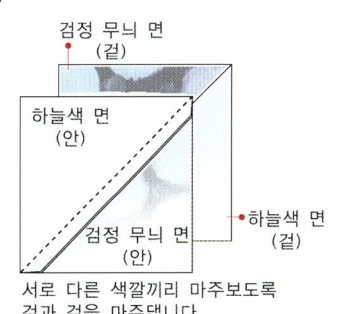

검정 무늬 면
(겉)

하늘색 면
(안)

검정 무늬 면
(안)

하늘색 면
(겉)

서로 다른 색깔끼리 마주보도록
겉과 겉을 마주댑니다.

❼

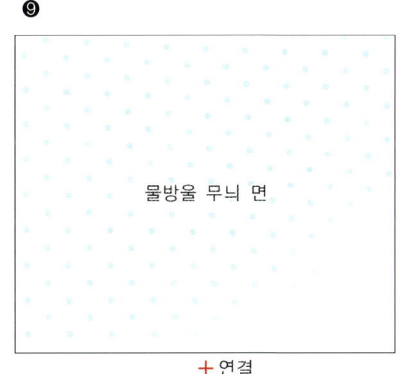

5 시접선을 꺾어 다려줍니다.

6 5번 과정에서 만들어진 정사각형을 두 장씩 색깔이 다른 쪽을 마주보게 합니다.

7 다시 대각선 줄을 긋고 대각선에 노루발의 에지를 닿게 하여 양쪽으로 박음질합니다. 대각선을 따라 다시 커팅한 후 시접선을 꺾어 다림질합니다.

이때 시접선은 어느 색으로 넘겨도 상관 없으나 모두 같은 색상 쪽으로 가도록 합니다.

02
앞치마 탑 만들기

❽

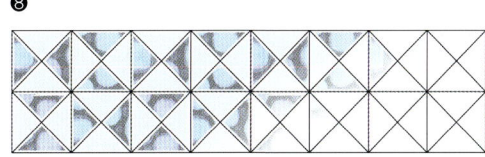

❾

물방울 무늬 면

✛ 연결

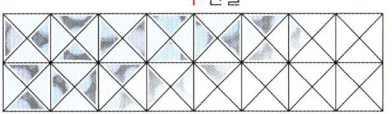

8 완성된 정방형사등분 패턴을 8장씩 두 줄로 연결합니다.

9 물방울 무늬 면을 20×24½인치(65.5 ×50.5cm) 크기로 잘라 패턴과 연결하여 치마 부분을 완성합니다.

03

앞주머니 만들기

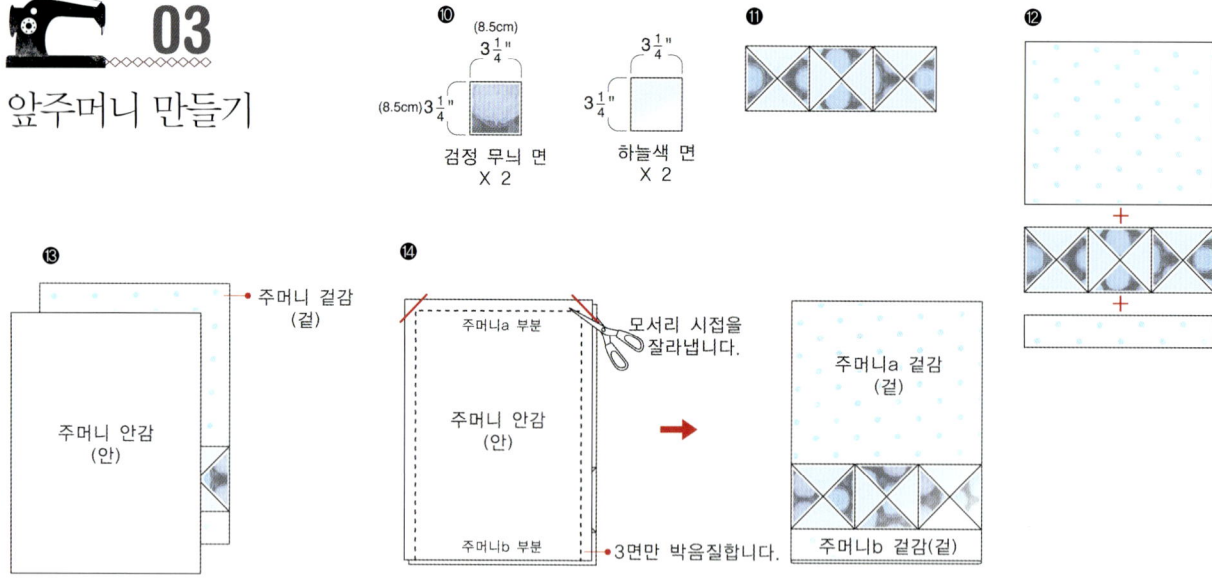

⑩ (8.5cm)
$3\frac{1}{4}$"
(8.5cm) $3\frac{1}{4}$"

검정 무늬 면
X 2

$3\frac{1}{4}$"
$3\frac{1}{4}$"

하늘색 면
X 2

⑪

⑫

⑬

주머니 겉감
(겉)

주머니 안감
(안)

⑭

주머니a 부분

주머니 안감
(안)

주머니b 부분

모서리 시접을
잘라냅니다.

3면만 박음질합니다.

주머니a 겉감
(겉)

주머니b 겉감(겉)

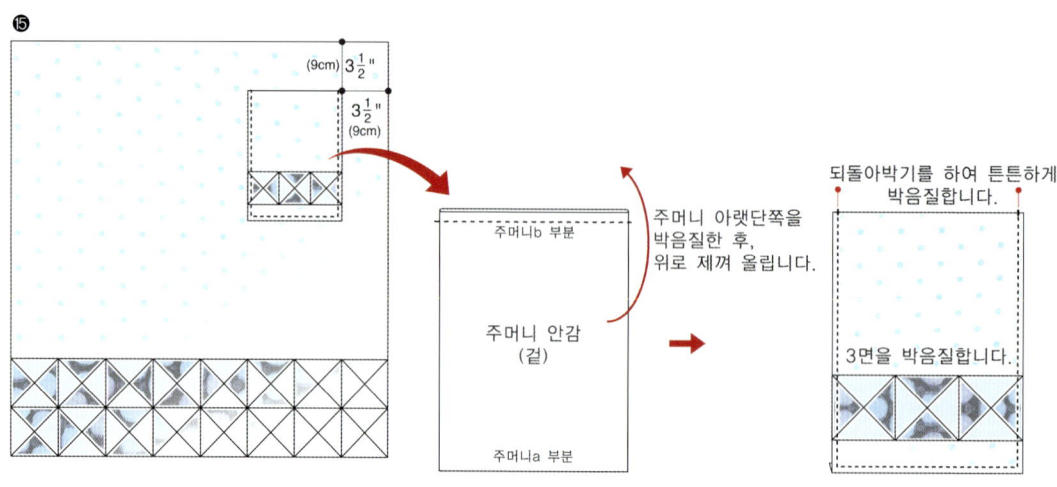

⑮

(9cm) $3\frac{1}{2}$"

$3\frac{1}{2}$"
(9cm)

주머니b 부분

주머니 안감
(겉)

주머니a 부분

주머니 아랫단쪽을
박음질한 후,
위로 제껴 올립니다.

되돌아박기를 하여 튼튼하게
박음질합니다.

3면을 박음질합니다.

10 하늘색 면과 검정 무늬 면을 각각 $3\frac{1}{4}$인치(8.5cm) 크기의 정사각형으로 두 장씩 잘라

11 정방형 사등분 패턴을 3장 만들어 서로 연결합니다.

12 물방울무늬 리넨을 $6\frac{1}{2}$인치×$6\frac{1}{2}$인치(16.5×13.5cm) 1장, $6\frac{1}{2}$×$1\frac{1}{2}$인치(16.5×4.5cm) 1장을 자릅니다. 중간에 정방형 패턴을 배치하여 3조각을 연결합니다.

13 안감용 리넨을 $6\frac{1}{2}$×$8\frac{1}{2}$인치(16.5×21.5cm) 크기로 잘라 12번 과정에서 만든 탑과 겉과 겉끼리 마주 포갭니다.

14 아랫단을 제외한 삼면을 박음질한 후 모서리 부분 시접을 삼각 모양으로 제거한 후 뒤집어줍니다.

15 주머니의 안쪽 아랫단 완성 부분을 앞치마의 주머니 위치 아랫부분에 고정하여 박음질합니다. 다시 주머니를 위로 제껴 올려 주머니 윗단을 제외한 삼면을 박음질하여 주머니를 달아줍니다. 이때 주머니 윗부분을 매듭 박음질을 하여 단단히 고정합니다.

04

마무리하여 완성하기

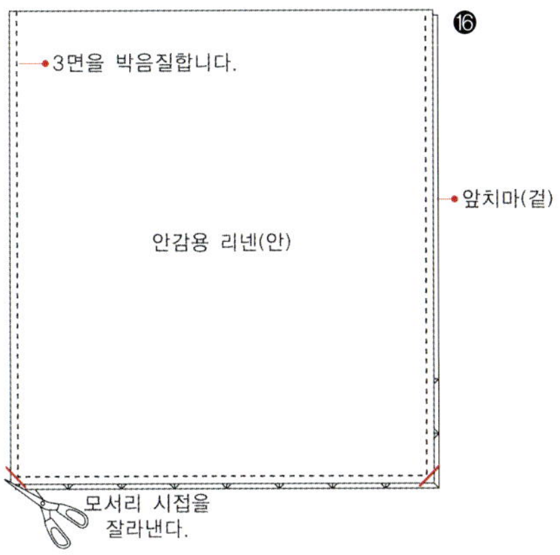

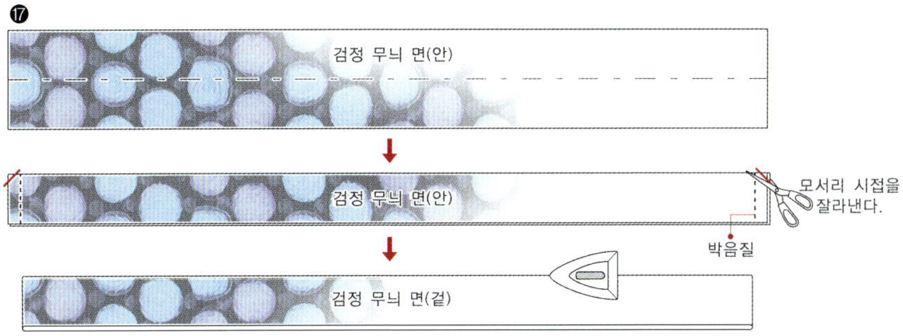

❶⑦ 검정 무늬 면(안)

검정 무늬 면(안)

모서리 시접을
잘라낸다.

박음질

검정 무늬 면(겉)

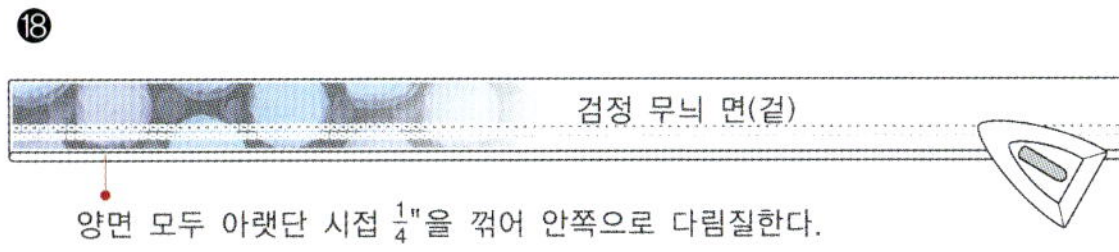

⑯
→3면을 박음질합니다.

안감용 리넨(안)

→앞치마(겉)

모서리 시접을
잘라낸다.

⑱ 검정 무늬 면(겉)

양면 모두 아랫단 시접 $\frac{1}{4}$"을 꺾어 안쪽으로 다림질한다.

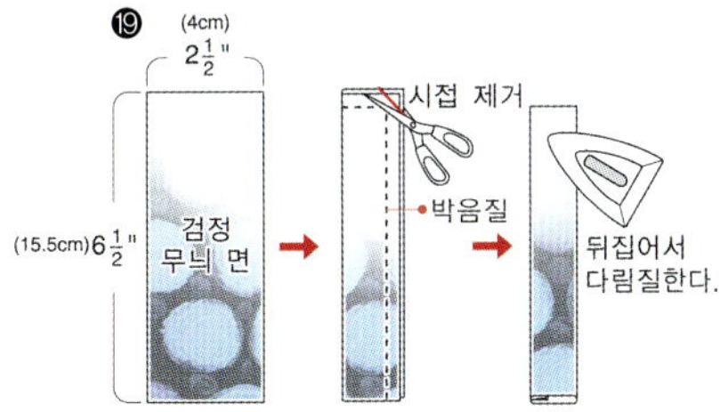

⑲ (4cm)
$2\frac{1}{2}$"

시접 제거

(15.5cm)$6\frac{1}{2}$" 검정
무늬 면

박음질

뒤집어서
다림질한다.

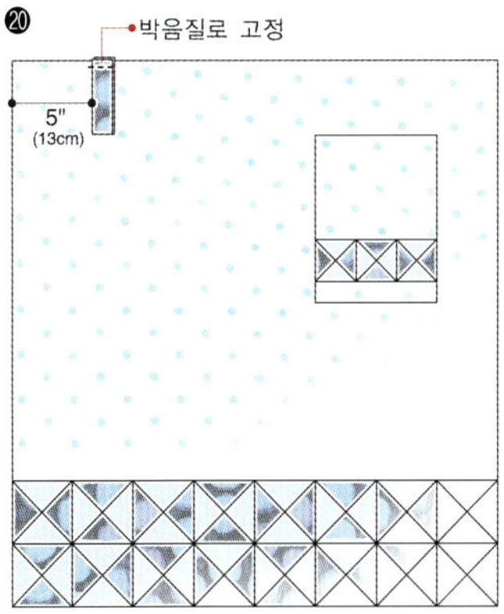

⑳ →박음질로 고정

5"
(13cm)

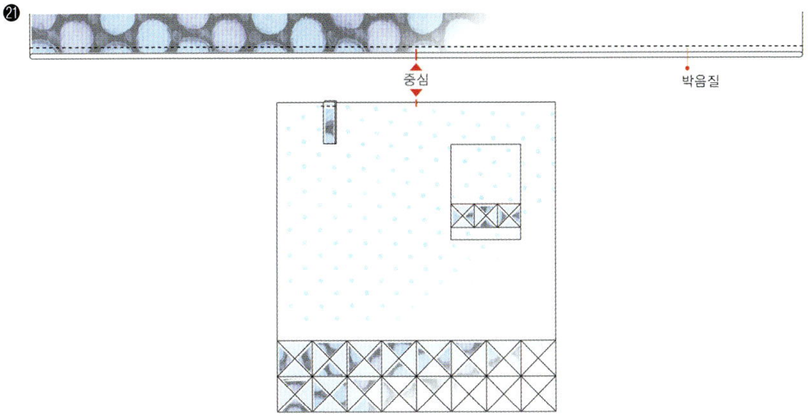

㉑

중심

박음질

16 안감용 리넨을 24½인치×26인치 (65.5×66.5cm) 크기로 잘라 앞치마의 앞부분과 겉과 겉을 마주보게 하여 ¼인치 시접으로 박음질합니다. 이때 옆선과 아랫단 등 삼면만 박음질합니다. 모서리 부분의 시접을 잘라 정리하고 앞치마의 윗부분으로 뒤집어 다려줍니다.

17 검정 무늬 면을 8½×67½인치 (21.5×170cm) 크기로 잘라 반을 접어 그림처럼 박음질한 후 뒤집어 다려 앞치마의 허리와 끈을 만듭니다.

18 17번 과정의 아랫단의 시접을 꺾어 다려줍니다.(시접 ¼인치)

19 검정 무늬 면을 2½×6½인치(4× 15.5cm) 크기로 잘라 옆선을 박음질하여 뒤집어서 다려 고리를 만들어줍니다.

20 앞치마의 허리 부분 왼쪽 가장자리에서 5인치 떨어진 위치에 고리를 박음질로 고정해줍니다.

21 18번 과정에서 만든 끈의 중심 부분과 앞치마의 중심 부분을 잘 맞춘 다음 시침핀으로 고정합니다.

22 끈의 아랫단 부분을 박아주면 앞치마도 함께 연결되어 완성됩니다.

09

플라잉 기스Flying Geese 기법의
베이직 쇼퍼백

10

입체 보타이Boe Tie 기법의
초코 앤 민트
22조각 가방

준비물

• **완성 작품 크기** 12×13×6인치(30×33×15cm, 가로×세로×폭, 핸들 길이 미포함) • **난이도** ★★☆☆

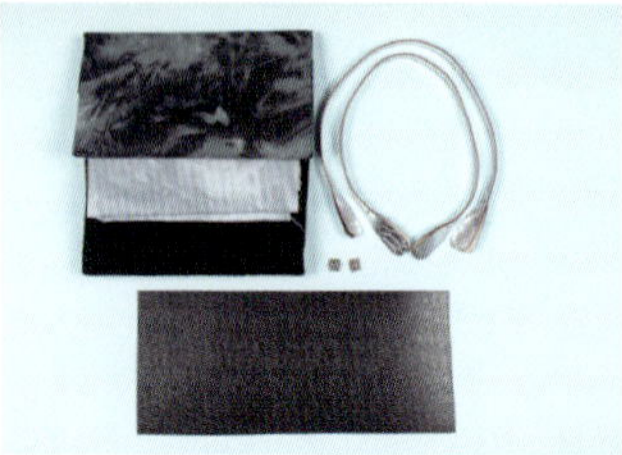

회색 무늬 면 1마, 검정 무늬 면 1마,
검정솜 1마, 은색 핸들 1쌍,
가방 바닥용 플라스틱, 자석단추

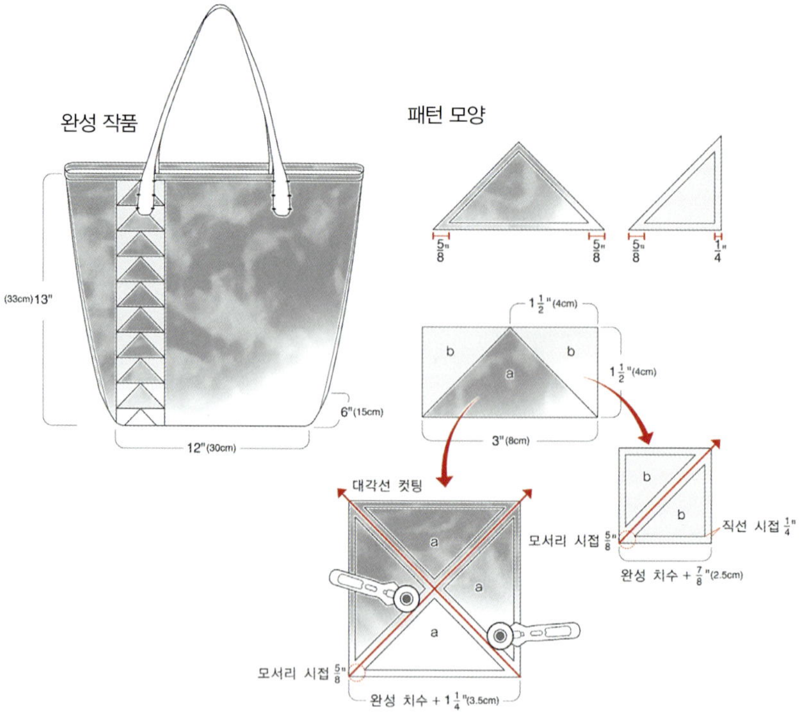

완성 작품

(33cm)13"

6"(15cm)

12"(30cm)

패턴 모양

$\frac{5}{8}$" $\frac{5}{8}$" $\frac{5}{8}$" $\frac{1}{4}$"

1 $\frac{1}{2}$"(4cm)

b a b

1 $\frac{1}{2}$"(4cm)

3"(8cm)

대각선 컷팅

a
a
a
a

모서리 시접 $\frac{5}{8}$"

모서리 시접 $\frac{5}{8}$"

완성 치수 + 1 $\frac{1}{4}$"(3.5cm)

b
b

직선 시접 $\frac{1}{4}$"

완성 치수 + $\frac{7}{8}$"(2.5cm)

재단(시접 포함)

❶ 패턴(검정 무늬 면) 4¼인치(12.5cm) 정사각형 6장
❷ 패턴(회색 무늬 면) 2⅜인치(6.5cm) 정사각형 24장
❸ 겉감(검정 무늬 면) 4인치×17인치(11.5×45cm) 2장, 13×17인치(33.5×45cm) 2장
❹ 안감(회색 무늬 면) 19×17인치(51.5×45cm) 2장
❺ 주머니(회색 무늬 면) 12×12인치(30×30cm) 1장
❻ 가방 바닥용 플라스틱 6×13인치(15×35cm) 1장
❼ 바인딩테이프(회색 무늬 면) 1½×38인치(4×110cm)

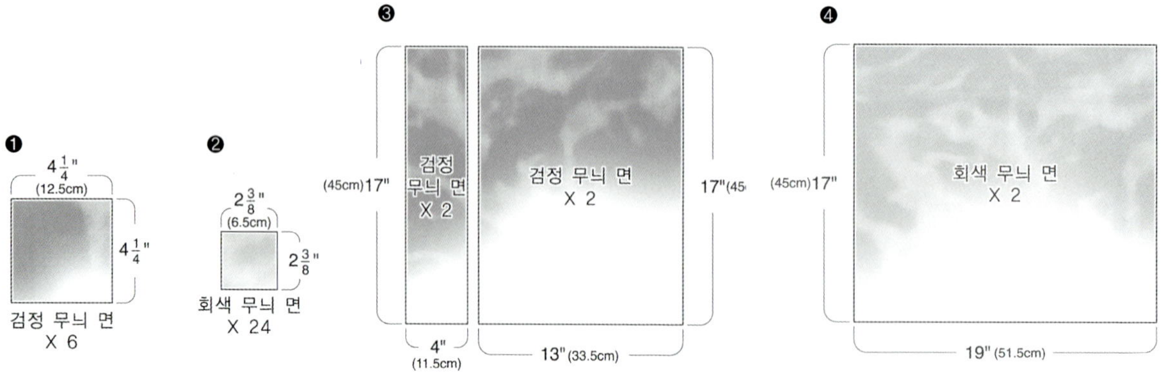

❶
4 $\frac{1}{4}$"
(12.5cm)
4 $\frac{1}{4}$"
검정 무늬 면
X 6

❷
2 $\frac{3}{8}$"
(6.5cm)
2 $\frac{3}{8}$"
회색 무늬 면
X 24

❸
(45cm)17"
검정 무늬 면 X 2
검정 무늬 면 X 2
17"(45)
4"(11.5cm)
13"(33.5cm)

❹
(45cm)17"
회색 무늬 면 X 2
17"(45)
19"(51.5cm)

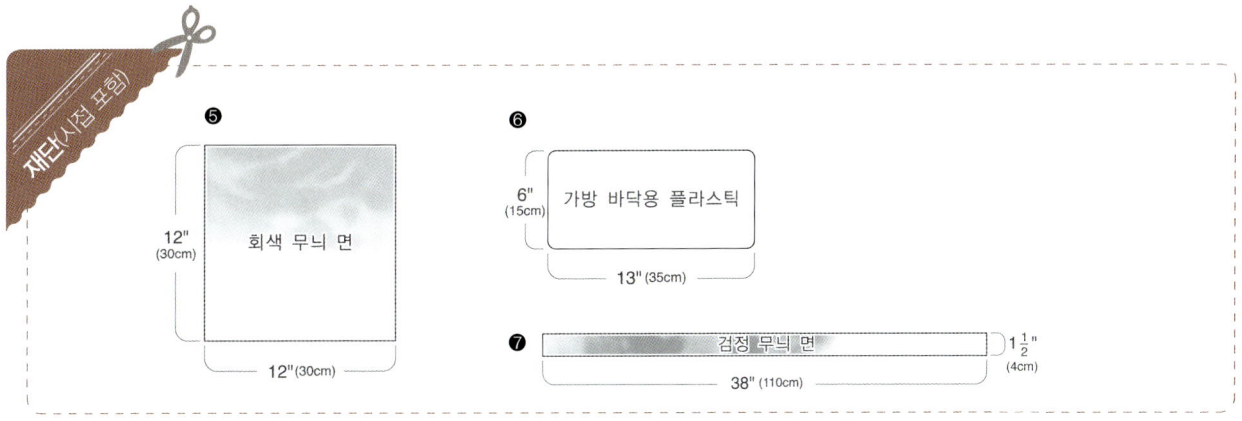

재단(시접 포함)

❺

12"
(30cm)

회색 무늬 면

12"(30cm)

❻

6"
(15cm)

가방 바닥용 플라스틱

13" (35cm)

❼ 검정 무늬 면

1½"
(4cm)

38" (110cm)

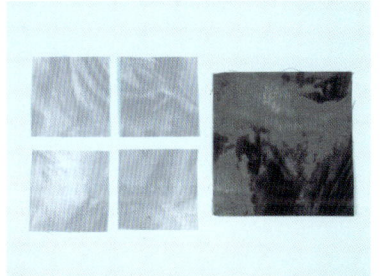
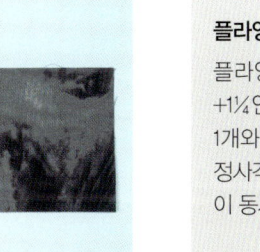
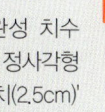

01

플라잉 기스 패턴 만들기

17세기 서부 개척 시대부터 등장한 패턴인 플라잉 기스는 여러 마리의 새가 하늘을 나는 모습을 표현하였다고 합니다. 삼각형은 새를 표현할 때 흔히 사용하였는데 개척 시대 주민들은 날아가는 새를 보며 힘든 노동에서 해방되고 싶은 마음을 표현하곤 했다고 합니다. 삼각형 패턴이 처음 나오므로 이제 삼각형 모서리 시접을 하나 더 기억해야 합니다. 하지만 직선 시접 ¼인치(0.7cm)와 삼각형 모서리 시접 ⅝인치(1.5cm) 두 가지 외에 더 이상 기억할 시접은 없으니 걱정마세요!

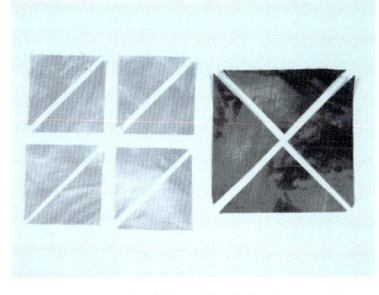

1 검정 무늬 면 4¼인치(12.5cm) 정사각형 6장과 회색 무늬 면 2⅜인치(6.5cm) 정사각형 24장을 자릅니다.

2 검정 무늬 면은 X자 대각선으로 자르고 회색 무늬 면은 대각선으로 자릅니다.

플라잉 기스 패턴 만드는 방법

플라잉 기스 패턴은 '완성 치수 +1¼인치(3.5cm)' 크기의 정사각형 1개와 '완성 크기+⅞인치(2.5cm)' 정사각형 4개를 잘라 4개의 패턴이 동시에 만들어집니다.

Tip

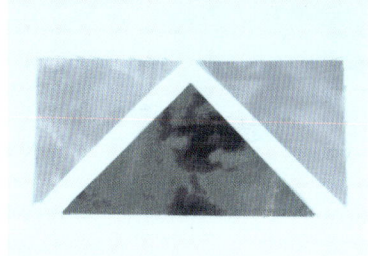

3 사진과 같은 모양으로 조각을 연결하는데

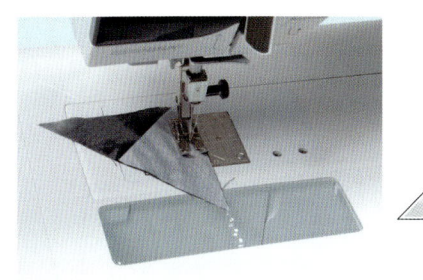

4 이등변삼각형(검정 무늬 조각)의 바닥과 직각이등변삼각형(회색 무늬 조각)의 바닥을 서로 맞추어서 ¼인치 노루발에 맞추어 박음질합니다.

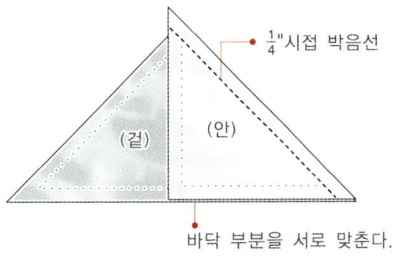

¼"시접 박음선

(겉) (안)

바닥 부분을 서로 맞춘다.

5 한쪽 면의 삼각형 박음질이 끝나면 모두 펴서 다림질합니다.

113

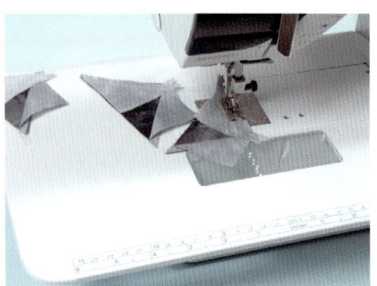

6 반대편의 삼각형도 박음질하여 이어 줍니다.

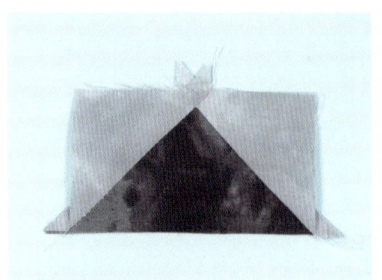

7 박음질 후 위쪽의 튀어나온 시접은 잘라도 되고 그냥 두어도 됩니다.

여러 조각을 연속해서 박음질하는 방법

여러 조각을 연속해서 박음질할 때는 실을 끊지 말고 박음질이 끝나면 노루발을 살짝 들어 올려 실을 당기고 다시 노루발을 내려 박음질하고 노루발을 들어 올려 실을 당기고 하여 작업시간도 단축되고 실도 절약할 수 있습니다.

이런 식의 바느질을 체인 피싱(Chain Piecing)이라고 하며 노루발을 살짝 들어 올리는 이유는 노루발의 장력을 풀어주어 실을 쉽게 당기기 위해서입니다.

이때 머신에 부착하여 사용할 수 있는 보조기구(머신을 만든 회사나 기종에 따라 조금씩 다름)를 사용하면 손을 대지 않고도 무릎으로 노루발을 들어 올릴 수 있어 편리합니다.

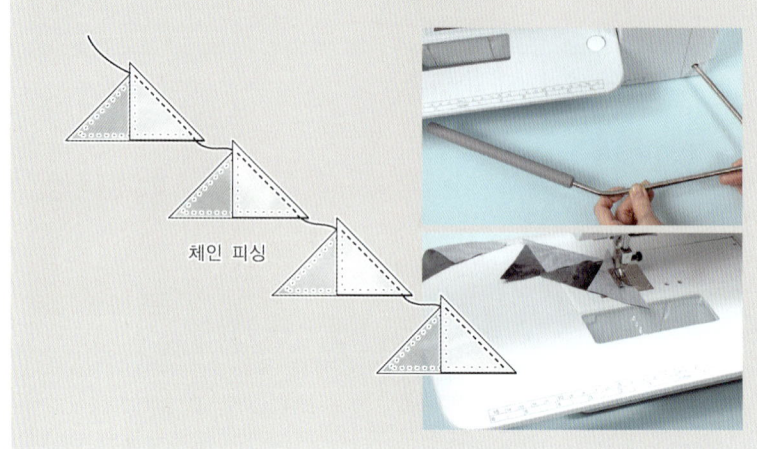

체인 피싱

02

쇼퍼백 탑 만들고 퀼팅하기

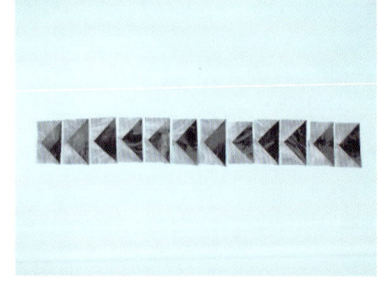

8 가방 한 면에 12개의 플라잉 기스 패턴을 연결합니다.(앞면과 뒷면 모두 2세트 필요)

9 검정 무늬 면을 4×17인치(14.5×45cm) 2장, 13×17인치(33.5×45cm) 2장을 잘라 사진처럼 연결하여 가방의 앞면과 뒷면을 똑같이 만듭니다.

플라잉 기스 패턴의 수와 겉감의 높이를 원래 가방 높이보다 조금 넉넉히 재단하여 가방을 만든 후 패턴이 예쁘게 자리하도록 위아래 길이를 조절합니다.

10 겉감에 1인치 간격으로 퀼팅선을 그려준 후 검정 솜을 대고 시침용 안전핀으로 고정합니다.

11 워킹풋으로 겉감은 미리 그려놓은 대로, 패턴 쪽은 패치워크 선을 따라 퀼팅한 후 20½×17인치(60×45cm)완성 크기로 가장자리를 잘라 정리합니다.

03

가방 만들기

12 앞뒷면을 포개 옆선과 아랫선을 모두 박은 후

13 옆선이 중심에 오도록 모서리 부분을 접어 가방 바닥의 폭을 6인치(15cm)가 되도록 선을 그어줍니다.

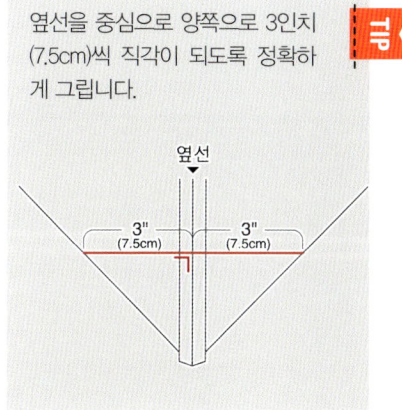

TIP 옆선을 중심으로 양쪽으로 3인치(7.5cm)씩 직각이 되도록 정확하게 그립니다.

옆선 ▼

3"
(7.5cm)

3"
(7.5cm)

14 선을 따라 박음질을 한 후

15 시접을 약 1/4인치 남기고 잘라냅니다.

04

안감 주머니,
안감 만들고
가방 마무리하기

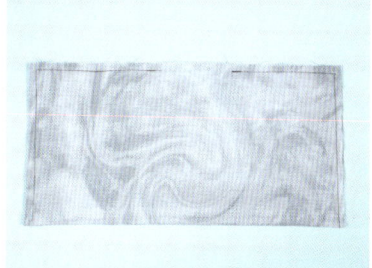

16 회색 무늬 면을 12×12인치(30×30cm) 크기로 잘라 반 접어 창구멍을 남기고 박음질하여 뒤집어줍니다. 창구멍을 공그르기로 막고 다림질합니다.

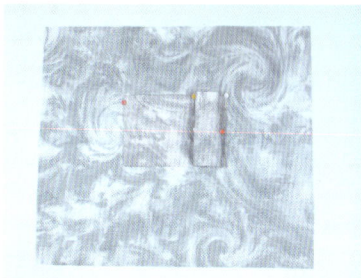

17 회색 무늬 면을 19×17인치(57×45cm)로 두 장을 잘라 그 중 한쪽에 주머니 위치를 잡아 시침핀으로 고정합니다.

18 주머니의 옆선과 아래선, 그리고 중간 부분을 박음질하고 다림질합니다.

주머니는 5인치(13cm), 4인치(10cm)(핸드폰용) 두 개의 포켓으로 위치를 잡아 완성된 주머니를 알맞게 주름잡아 배치합니다. 주머니의 위치는 안감의 아랫부분이 가방 바닥으로 들어갈 것을 감안하여 위에서 약 5인치(12cm) 정도에 잡아줍니다.

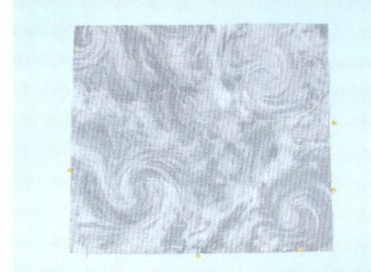

19 안감 두 장을 겉끼리 마주대고 시침핀으로 고정하여

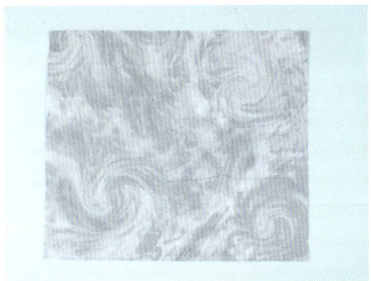

20 옆선과 아랫선을 박음질합니다.

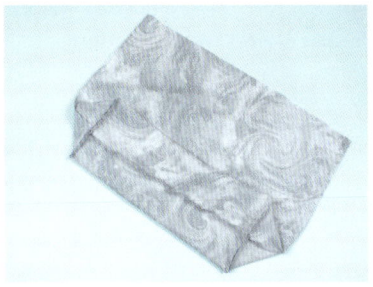

21 13번 과정처럼 모서리 부분을 접어 가방 바닥의 폭을 6인치(15cm)가 선을 그어 박음질하고 시접을 정리합니다.

22 겉감 모서리와 안감의 모서리를 손바느질로 한두 땀 연결하여 안감을 고정시킵니다.

05

안감 넣고 가방 완성하기

가방 바닥용 플라스틱

• 모서리 부분을 둥글게 정리한다.

23 안감을 뒤집어 가방 속에 집어넣기 전에 가방 바닥용 플라스틱을 6×13인치(15× 35cm) 크기로 자른 후 모서리를 둥글게 잘라서 먼저 넣어줍니다.

24 가방의 겉감과 안감, 바닥까지 모두 제 위치를 잡아준 후 가방 윗부분에서 겉감과 안감을 함께 시침질합니다.

25 1½인치(4cm) 폭의 바인딩테이프를 만들어 시침핀으로 고정하고 박음질한 후

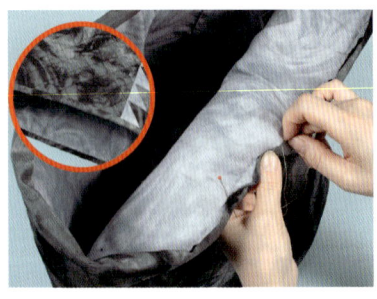

26 공그르기로 마감합니다.

손잡이를 다는 자세한 방법은 3. 나인패치기법의 쏘잉케이스 편을 참고하세요. 자석단추는 취향에 따라 달아도 되고 생략해도 되는데, 필자의 경험상 자석단추를 사용하지 않아야 모양이 더 예쁘게 사는 경향이 있어요.

27 중심에서 3½인치(8.5cm) 떨어진 곳에 손잡이의 위치를 잡아 손바느질로 박음질하여

28 쇼퍼백을 완성합니다.

10 입체 보타이Boe Tie 기법의 초코 앤 민트 22조각 가방

준비물

• 완성 작품 크기 21×15인치(53×38cm) • 패턴 모양과 크기 5×5인치(12×12cm) • 난이도 ★ ★ ☆ ☆

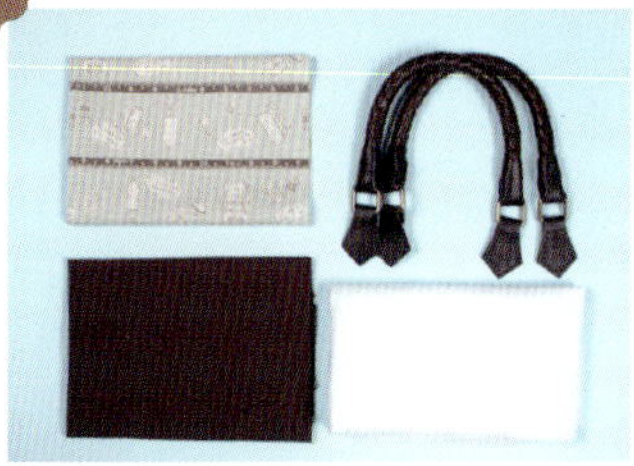

민트그린 리넨 ½마.
초콜릿 색 리넨 1¼마, 솜 1마,
초콜릿 색 손잡이 1쌍

완성 작품

패턴 모양

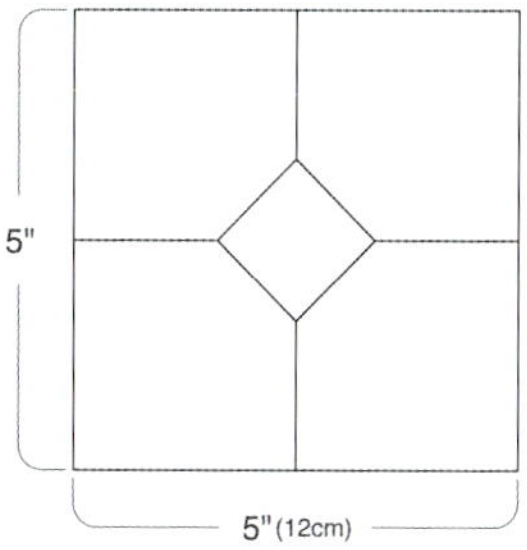

5"

5" (12cm)

15"(38cm)

21"(53cm)

재단(시접 포함)

❶ 패턴(민트그린 리넨) 3×3인치(7.5cm) 36장
❷ 패턴(초콜릿 색 리넨) 3×3인치(7.5cm) 24장
❸ 겉감(초콜릿 색 리넨) 5½인치(13.5cm) 정사각형 10장
❹ 안감(초콜릿 색 리넨) 22×36인치(53×87cm) 1장

❶
(7.5cm) 3"
민트 그린 리넨
X 36
3"(7.5cm)

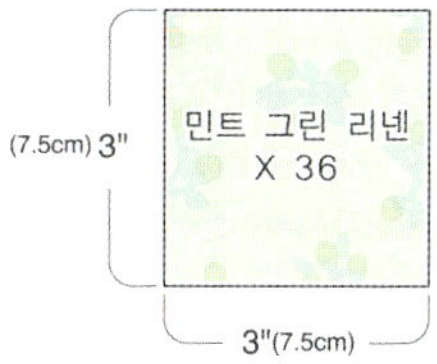

❷
(7.5cm) 3"
초콜릿 색 리넨
X 24
3"(7.5cm)

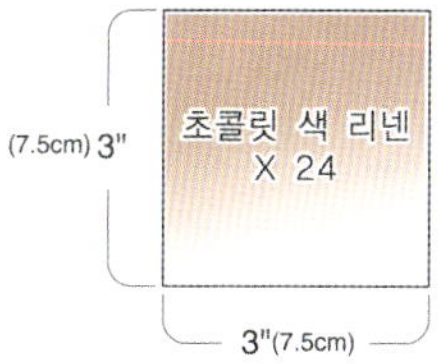

❸
5½"
(13.5cm)
초콜릿 색 리넨
X 10
5½"(13.5cm)

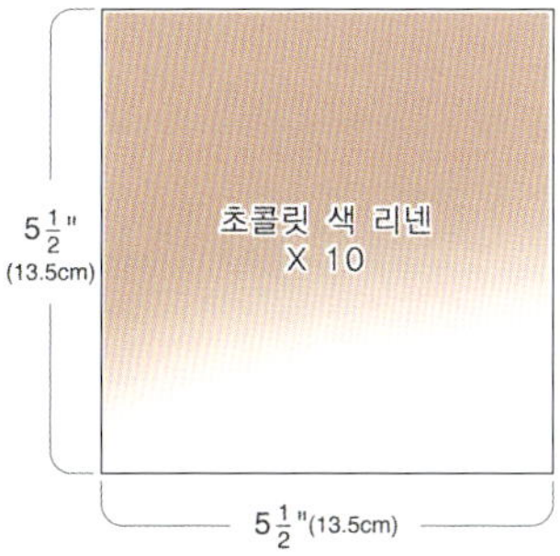

❹
22"
(53cm)
초콜릿 색 리넨
36"(87cm)

01

입체 보타이 패턴 만들기

보타이 패턴은 남자의 턱시도에 착용하는 나비넥타이를 본떠 만든 패턴입니다. 1900년대 들어와 생긴 남성 취향의 패턴으로 퀼트에서 남성적인 패턴은 꽤 귀한 편이라 남자아이의 이불 등에 많이 사용되었다고 합니다.

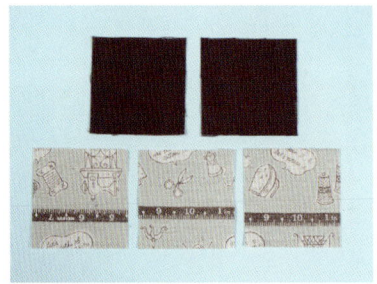

1 3인치(7.5cm) 정사각형으로 민트그린 리넨 3장과 초콜릿 색 리넨 2장을 자릅니다.

패턴 치수 계산은 완성 치수 2½인치(6cm)+시접 ½인치(1.5cm)로 계산합니다.

2 민트그린 정사각형을 겉쪽에서 반을 접어 중간에 놓고 민트그린 정사각형 1장을 뒤쪽에, 초콜릿 색 정사각형 1장 앞쪽에 놓고 겉과 겉이 마주보게 겹칩니다.

3 사진 왼쪽처럼 오른쪽 가장자리를 ¼ 인치 시접으로 박음질하여 펴줍니다.

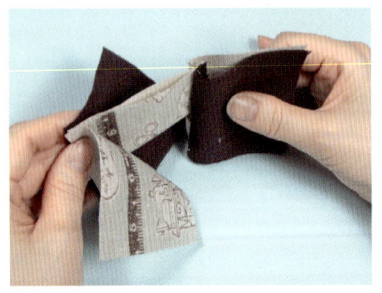

4 초콜릿 색 리넨 정사각형 1장을 뒤쪽에, 민트그린 리넨 정사각형 1장을 앞쪽에 놓고 겉과 겉이 마주보게 겹쳐

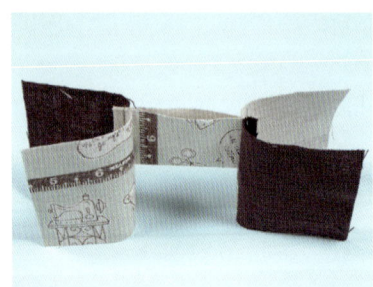

5 박음질하여 펴줍니다.

6 중간의 반 접은 민트그린 정사각형을 벌려

7 중간에 있는 시접은 교차되게 하고, 민트그린 정사각형의 모서리 부분이 밑으로 빠지지 않도록 시침질하여

8 일직선으로 박음질합니다.

9 박음질이 끝나고 펴주면 입체 보타이 가 생깁니다.

02
가방 탑 만들기

10 입체 보타이 패턴 12개와 초콜릿 색 리넨 5½인치(13.5cm) 정사각형 10개를 사진처럼 배열하여

11 사진과 같은 순서로 조각과 조각을 연결하여 탑을 완성합니다.

12 뒷부분에 솜만 대고 시침용 안전핀으로 고정한 후 퀼팅합니다.

타이 부분의 퀼팅은 아랫부분의 선을 퀼팅하여 입체의 느낌을 그냥 살려줍니다.

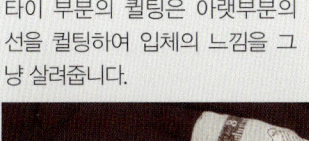

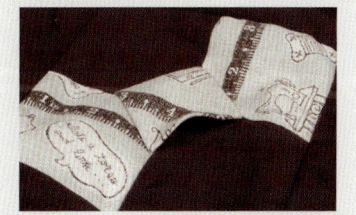

03
안감 만들어 연결하기

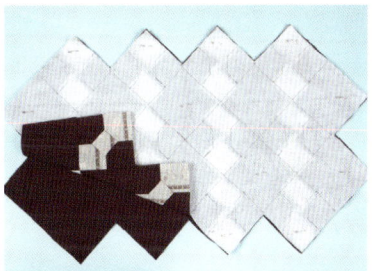

13 12번에서 완성한 퀼팅 탑과 안감용 초콜릿 색 리넨을 겉과 겉이 마주보게 겹쳐서

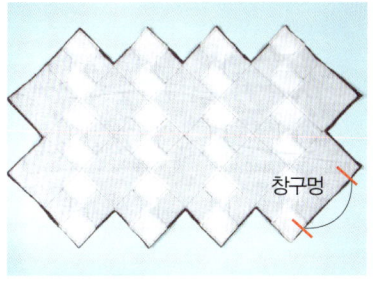

14 창구멍을 남기고 박음질합니다.

창구멍

15 튀어나온 모서리는 가위로 잘라 정리해 주고

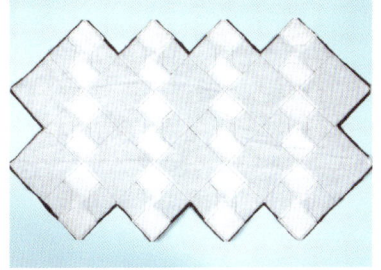

16 들어간 모서리는 가윗밥을 주어 정리합니다. 그래야 뒤집었을 때 오목하게 들어간 부분이 반듯합니다.

17 박음질할 때 남겨둔 창구멍으로 뒤집어서

18 공그르기로 손바느질하여 창구멍을 막고 정리한 다음

19 블록선을 따라 퀼팅해서 겉감과 안감이 들뜨지 않게 합니다.

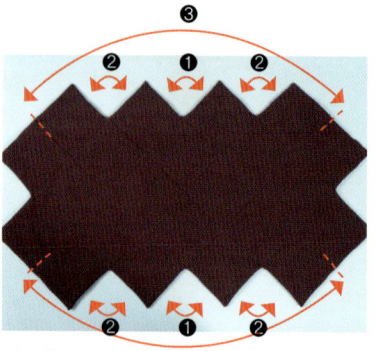

20 화살표 방향끼리 서로 연결하여

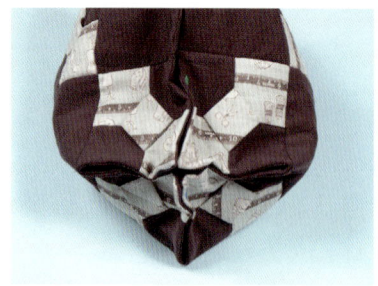

21 시침핀으로 고정해주고

22 ❶, ❷번의 가로선을 먼저 공그르기한 다음 반대편의 ❶, ❷번을 같은 방법으로 공구르기합니다.

23 ❸번을 사진의 위치까지만 공그르기 합니다.

 **04**

손잡이 달아 가방 완성하기

24 손잡이를 손바느질로 단단히 달아준 후

 가방을 공그르기로 마감할 때는 겉에서 한 번, 안쪽에서 또 한 번 공그르기 해주어야 가방이 견고해진답니다.

26 초코 앤 민트 22조각 가방을 완성합니다.

25 나머지 손잡이도 모두 손바느질로 달아줍니다.

손잡이를 달 때 사진처럼 중간 부분의 위치를 정확히 잡아서 양쪽 방향으로 박음질하면 손잡이의 방향이 틀어지거나 원하는 위치가 아닌 곳에 박음질하는 실수를 줄일 수 있습니다.

11

아플리케 I 기법과 아플리케 IV 기법의

미니 볼티모어 파우치

(새틴 스티치Satin stitch 를 이용한 아플리케 기법과

퓨저블 웹 Fusible web 을 이용한 아플리케 기법)

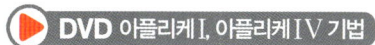

11 아플리케 Ⅰ 기법과 아플리케 Ⅳ 기법의 미니 볼티모어 파우치

준비물

• **완성 작품 크기** 5½×3½×6인치(14×10×15cm, 정면×측면×높이) • **난이도** ★ ★ ★ ☆ ☆

6"(15cm)

(6cm) 2 ½ "

5 ½ "
(14cm)

분홍색 도트 무늬 면 ¼마,
안감용 무늬 면 ¼마,
빨강색, 분홍색, 초록색, 노란 색 면 조금씩,
솜 ¼마, 베이지색 지퍼(20cm) 1개,
스테블라이저(stabilizer),
양면접착심지(fusible web)

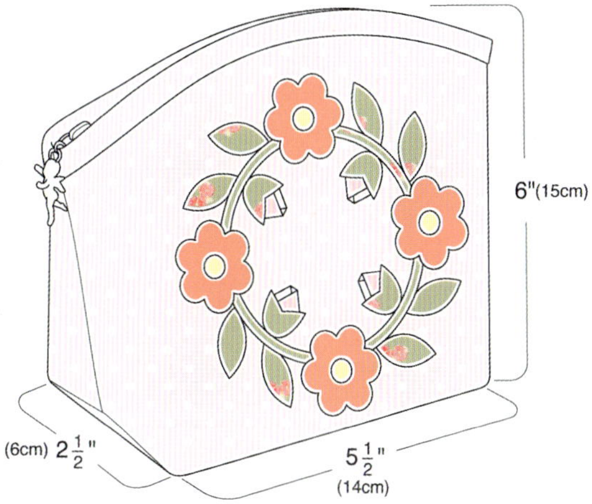

재단(시접 포함)

❶ 겉감(분홍색 도트 무늬 면) 본을 따라 그림(실물본 1면 11. 미니볼티모어 파우치)
❷ 안감(무늬 면) 본을 따라 그림
❸ 바이어스테이프(분홍색 도트무늬 면) 1½×43인치(4×110cm), 1×20인치(2.5×50cm)

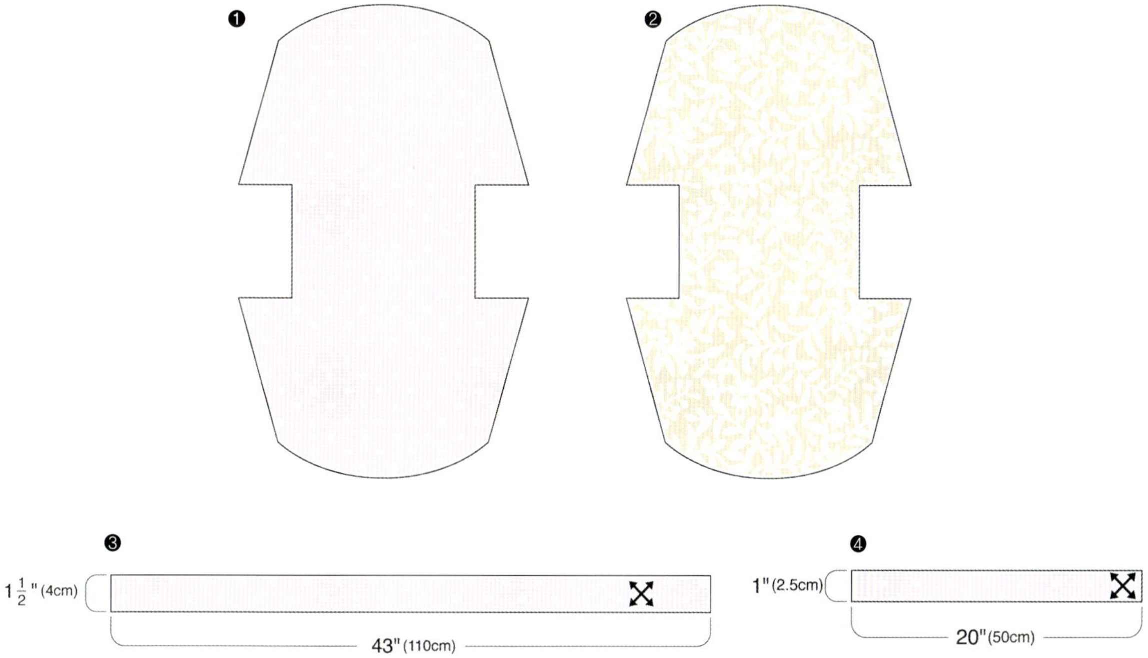

❶

❷

❸ 1 ½ " (4cm)

43"(110cm)

❹ 1"(2.5cm)

20"(50cm)

123

01

아플리케 하기

새틴 스티치는 머신 아플리케에서 가장 많이 사용하는 스티치입니다. 폭과 간격을 조절하여 다양한 모양을 만들어 낼 수 있고 마무리가 깔끔한 특징이 있습니다.

양면접착심지(퓨저블 웹)를 이용한 아플리케 기법은 시접이 나오지 못할 만큼 크기가 작고 섬세한 조각을 아플리케하기에 편리한 기법입니다. 하지만 아플리케한 부분이 뻣뻣해서 퀼팅 했을 때 볼륨감이 없는 것이 단점이 있으므로 꼭 필요한 부분에만 사용합니다.

1 잎사귀와 줄기에 어울리는 천을 골라 아플리케 본을 뜹니다. 꽃잎과 꽃봉우리 꽃술 부분에 어울리는 천도 골라 본을 뜹니다.

아플리케 본을 겉감 위에 그릴 때는 패브릭용 먹지를 대고 옮겨 그립니다. 패브릭용 먹지가 없으면 라이트박스를 사용하여 연하게 연필로 그려줍니다.

2 아플리케 천 뒷면에 양면접착심지를 놓고 다린 후

3 종이를 떼어내고 본을 오립니다.

4 겉감(분홍 무늬 면) 위에 볼티모어 본을 놓고 본대로 그립니다. 3번의 방법으로 오려낸 조각을 겉감의 본 위에 올리고

천 위에 남아있는 접착 성분 때문에 다리미의 열을 가하면 천 위에 잘 붙어요.

5 다리미로 다려 고정합니다.

6 아플리케 스티치를 할 부분의 천 뒤에 스테블라이저(팁 설명 참고)를 대고

퀼트에 사용하는 양면접착심지라고도 부르는 퓨저블 웹(Fusible Web)은 주로 수입품을 사용하였으나 최근에는 우수하고 저렴한 국내산 접착지도 생산되고 있습니다. 퓨저블 웹(Fusible Web)은 strong, medium, light 세 종류가 있는데 strong은 접착력이 너무 강해 바느질이 용이하지 않아 사용하지 않는 것이 좋습니다.

TIP

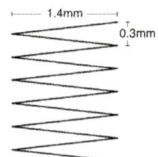

1.4mm
0.3mm

7 지그재그 스티치의 폭과 간격을 조절하여(폭 1.4mm, 간격 0.3mm) 새틴 스티치(satin stitch)를 합니다. 이때 노루발은 넓은 스티치가 가능하며 바닥에 홈이 있는 아플리케 노루발을 사용해야 합니다.

스테블라이저 이용하여 새틴 스티치 예쁘게 하는 방법

새틴 스티치를 할 때는 반드시 뒤에 스테블라이저(stabilizer)라는 부직포와 비슷한 종이를 대줍니다. 마크나 기계수를 놓을 때 뒤에 대는 심을 생각하면 비슷합니다. 스테블라이저를 대지 않고 새틴 스티치를 하면 천이 주글거려 예쁜 스티치가 나오지 않을 수 있습니다. 판판하고 예쁜 새틴 스티치를 위해 반드시 필요한 부재료인데 없을 경우엔 종이를 사용하면 되고 스티치를 마친 후에는 찢어버립니다.

스티치 방법과 스티치에 맞는 노루발 선택 방법

1 새틴 스티치를 할 때 정해진 스티치 간격은 없습니다. 아플리케할 도안의 크기와 모양, 실의 굵기에 따라 간격과 폭을 조절해서 사용하면 됩니다.

2 아플리케에 사용하는 노루발은 굳이 아플리케 전용 노루발을 구입하지 않아도 가능합니다. 기본 노루발 중에서 넓은 스티치가 가능하도록 폭이 넓고 뒷면에 홈이 있는 노루발을 선택하여 사용하면 됩니다. 하지만 아플리케 전용 노루발을 사용하면 시야가 확보되어 기능적으로 더 편리합니다.

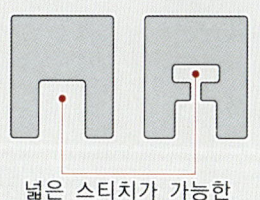

넓은 스티치가 가능한
공간이 확보되어야 합니다.

노루발 바닥의 홈이
볼륨감 있는 스티치의 박음질을
편하게 할 수 있게 도와줍니다.

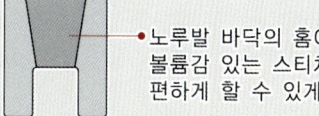

8 새틴 스티치를 완성한 후엔 스테블라이저를 모두 깨끗이 찢어버리고

9 탑을 완성합니다.

02
퀼팅 탑 맞들기

10 1인치(2.5cm) 간격으로 퀼팅 라인을 그린 후 안감과 솜을 깔고 탑을 올린 후 시침용 안전핀으로 고정합니다.

11 머신을 프리 모션 모드로 설정하고 프리 모션 노루발로 교체한 후 가장자리를 잘라 정리합니다.

12 윗실을 잡고 밑실을 끌어올린 후

13 윗실과 밑실을 함께 잡고 제자리에 서 몇 번 박음질을 하여 매듭을 지 어준 후

14 퀼팅이 조금 진행된 후 남은 실을 잘라내고

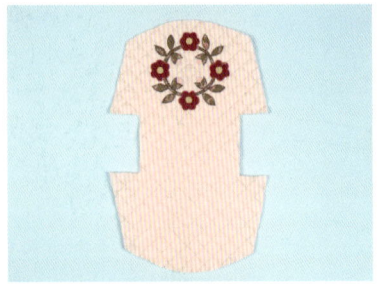

15 퀼팅을 완성합니다.

직선을 프리 모션으로 퀼팅하려면 곡선보다 오히려 더 힘들 수 있습니다. 하지만 이것도 연습하면 금방 좋아진답니다!

03
파우치 몸체 만들기

16 분홍색 도트 무늬 면으로 약 30도 경사지게 1½인치(4cm) 폭, 약 43인 치(110cm) 길이 바이어스테이프를 자릅 니다.

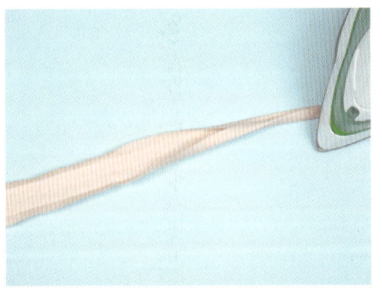

17 천을 반 접고 다시 중심을 향해 반 을 접어 네 겹으로 다림질합니다.

완전히 둥근 가장자리를 마무리할 때가 아니 면 바인딩테이프는 거의 직선으로 자르며, 완만 하게 곡선으로 된 가장자리를 정리할 때는 약 30도 정도의 경사를 주어 바이어스테이프를 잘라도 충분히 곡선을 바인딩 할 수 있습니다.

18 퀼팅 탑의 윗부분에 바인딩테이프를 시침핀으로 고정하여 박음질한 후

19 퀼팅 탑의 안쪽에서 바인딩테이프 를 정리하여 시침핀으로 고정하고

 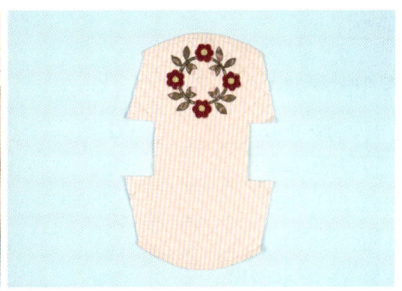

20 공그르기 하여 완성합니다.

옆선, 바닥 박고 마무리하기

21 퀼팅 탑을 반 접어 옆선을 일차 박음질한 후

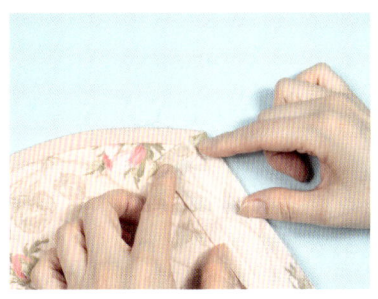

22 옆선에 바인딩테이프를 대는데 시작 부분의 시접을 접어서 바인딩 처리 할 때처럼 박음질하고

옆선을 깨끗하게 보이도록 하기 위해서 시접 부분을 바인딩테이프로 감싸 정리하는 과정입니다.

23 바인딩테이프를 접어 시침핀으로 고정한 후 공그르기 하여 정리합니다.

24 모서리 부분을 접은 다음 바인딩 테이프의 양쪽 시접을 접어 박음질한 후

25 공그르기로 정리합니다.

05

지퍼 달아 마무리하기

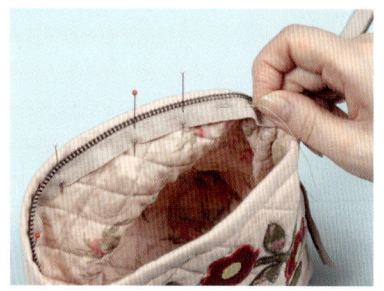

26 지퍼의 위치를 시침핀으로 고정하고 홈질로 고정해 둡니다.

지퍼를 시침핀으로 고정한 후 양쪽 지퍼의 위치가 제대로 달렸는지 지퍼를 닫아 모양을 반드시 확인합니다. 지퍼의 위치가 잘못 달리면 전체 모양이 반듯하지 않고 틀어질 수 있습니다.

27 안감용 무늬 면으로 30도 경사의 1×20인치(2.5×50cm) 폭의 테이프를 만들어 아래, 위 시접을 꺾어 다림질 해둡니다.

파우치의 입구 모양도 약간 둥근 형태이므로 바이어스로 바인딩테이프를 자릅니다.

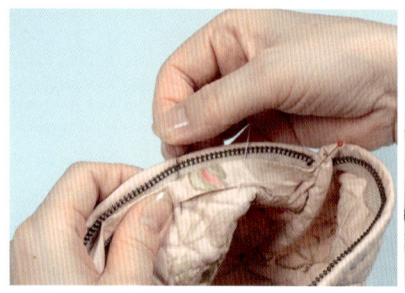

28 27번 과정에서 만든 테이프를 지퍼의 시접 부분에 대고 시침핀으로 고정하는데

29 시작한 지점까지 오면 테이프의 시접을 꺾어 포개고 시침핌으로 고정합니다.

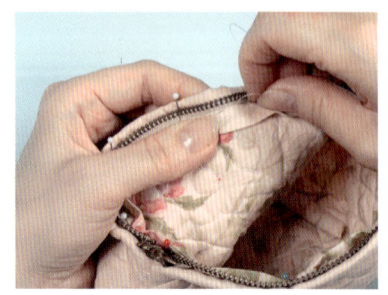

30 테이프의 아래, 윗부분을 공그르기 하여

31 지퍼 시접을 깔끔하게 정리하면 안이 깨끗하게 정리됩니다.

32 아플리케 I 기법과 아플리케 IV 기법을 이용한 꽃무늬 지퍼형 파우치가 완성되었습니다.

12

아플리케 II 기법의

리틀 프린세스 케이프

(버튼홀 스티치Buttonhole Stitch를 이용한 아플리케 기법)

12 아플리케 II 기법의 리틀 프린세스 케이프

 DVD 아플리케 기법 II 버튼홀 스티치

준비물

• **완성 작품 크기** 33×27인치(83×70cm) • **난이도** ★★ ☆ ☆

27" (70cm)

33" (83cm)

분홍색 모직 2마, 무늬 면 ⅔마,
펠트천(분홍색, 초록색, 하늘색,
연노랑색, 노랑색, 흰색 약간씩)
검정 씨앗 크기 비즈 7개

재단(시접 포함)

❶ 겉감(분홍색 모직) 23½×23½(60×60cm) 정사각형 2장 본을 따라 그림 (실물본 1면 12, 리틀 프린세스 케이프)
❷ 바인딩테이프(무늬 면) 2½×100인치(6×250cm) 1줄
❸ 바이어스테이프(무늬 면) 2½×30인치(6×80cm) 1줄

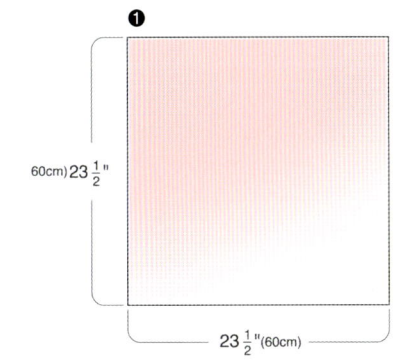

❶

60cm) 23 $\frac{1}{2}$ "

23 $\frac{1}{2}$ "(60cm)

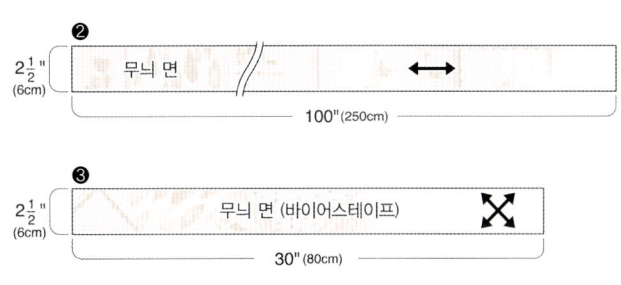

❷

2 $\frac{1}{2}$ " (6cm)

무늬 면 ←→

100" (250cm)

❸

2 $\frac{1}{2}$ " (6cm)

무늬 면 (바이어스테이프)

30" (80cm)

01

머신 아플리케 하기

머신을 이용하여 마치 손으로 버튼홀 스티치botten hole stitch 자수를 놓은 듯이 보이게 하는 아플리케 기법입니다. 특히 두께가 약간 도톰한 면실을 사용하면 효과가 더 좋답니다. 블랭킷 스티치 blanket stitch라고도 합니다.

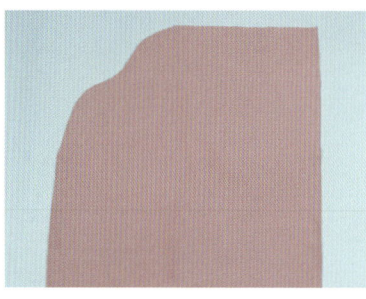

1 분홍색 모직에 23½×23½(60×60cm)의 정사각형을 그린 후 목 부분은 본을 대고 그립니다. 케이프의 앞뒷면 2장의 본을 뜬 후 시접 ½인치(1.5cm)를 두고 잘라

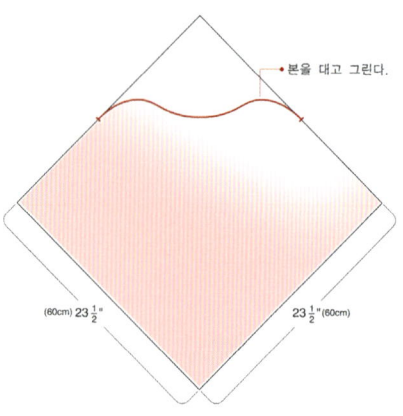

→ 본을 대고 그린다.

(60cm) 23 ½ "   23 ½ "(60cm)

2 펠트 천 위에 도안을 그려 넣은 후 오려놓습니다.(실물본 1면 리틀 프린세스 케이프)

3 오려 놓은 도안에 직물용 풀을 발라 겉면에 붙여줍니다. 직물용 풀이 없으면 일반 딱풀을 사용해도 됩니다.

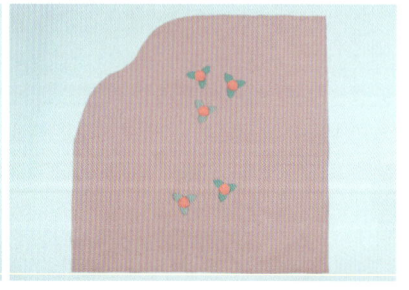

4 겉감의 앞면과 뒷면에 오려놓은 펠트 천을 모두 풀로 붙여 고정해둡니다.

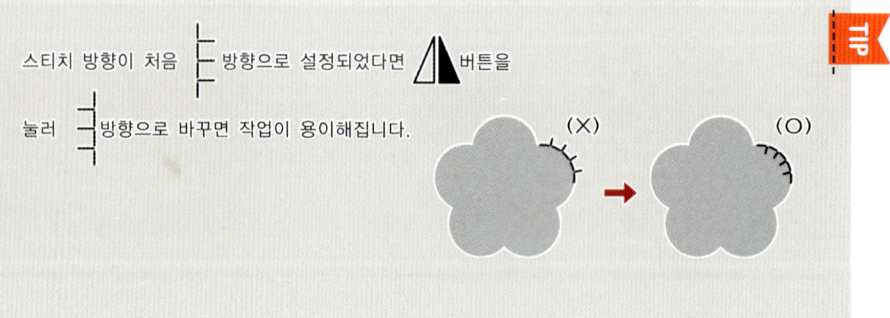

5 아플리케 노루발을 장착하고 머신 아플리케를 하기 위해

버튼홀 스티치 하는 방법

버튼홀 스티치는 각각의 머신마다 디자인이 약간씩 다를 수 있습니다. 가장 마음에 드는 것으로 골라서 하면 됩니다. 버튼홀 스티치의 방향이 작업하려는 방향과 반대 방향일 때 ◢ 버튼 표시를 눌러주면 스티치의 방향이 반대로 설정되므로 편리하게 이용할 수 있습니다.

스티치 방향이 처음 ├── 방향으로 설정되었다면 ◢ 버튼을 눌러 ──┤ 방향으로 바꾸면 작업이 용이해집니다.

(X) → (O)

TIP

6 버튼홀 스티치를 폭 3.5mm, 간격 3mm로 조절하여 박음질합니다.

3.5mm

3.0mm

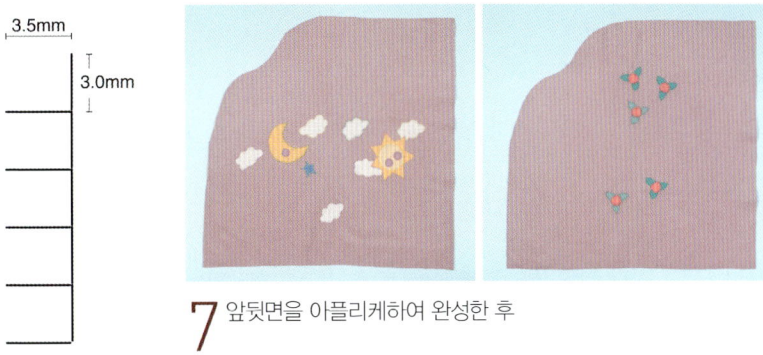

7 앞뒷면을 아플리케하여 완성한 후

8 검정색 비즈를 햇님과 달님의 눈과 파랑색 별 끝부분에 달아주고

9 검정색 실로 달님의 입 부분과 리본 모양을 아웃트라인 스티치합니다.

1 3 5
2 4

10 꽃잎의 중앙에 콜로니얼 넛트 (colonial nut) 수를 놓아줍니다.

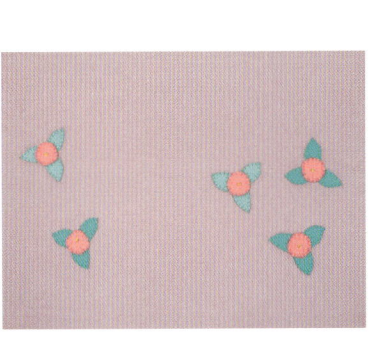

11 꽃잎마다 수를 놓아 완성합니다.

TIP

콜로니얼 넛트(colonial nut) 수 놓는 방법
1 실은 보통 자수사보다 좀 더 굵고 도톰한 실을 선택하여 천 아래에서 실을 빼올린 후 실의 아래쪽에 바늘을 둡니다.
2 사진처럼 실이 8자 형태를 띠도록 감은 후
3 바늘을 바닥에 고정시키고 실을 잡아당겨
4 바늘을 천 아래로 넣고 매듭을 지어 수를 완성합니다.

02 케이프 만들기

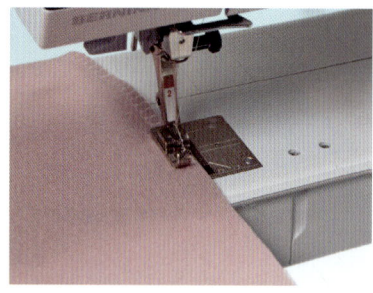

12 블라인드 햄 스티치 노루발로 교체한 후, 케이프 시접 부분을 오버록 스티치를 합니다.

13 케이프의 옆선을 박음질하여 연결하고 가름솔로 다림질합니다.

여러 가지 오버록 스티치 🚩 TIP

흔히 오버록 스티치는 오버록 기계가 아니면 하기가 힘든 것으로 알고 있지만 머신을 처음 살 때 제품 안에 들어있는 기본 노루발에 포함된 블라인드 스티치 노루발을 잘 활용하면 집에서도 멋지게 오버록 스티치를 할 수 있답니다.

블라인드햄 스티치를 할 때 사용하는 노루발을 이용하여 몇 가지 오버록 스티치 중 한 가지를 선택하여 솔기 부분을 깨끗이 오려준 후 박음질하면 솔기 부분이 오그라들지 않고 오버록 기계를 사용한 것처럼 깨끗이 박음질이 됩니다.

14 무늬 면을 직선으로 폭 2½인치(6cm), 길이 약 100인치(250cm) 바인딩테이프를 준비하여 케이프의 가장자리를 둘러줍니다. 이때 박음선이 가장자리 끝에서 1인치(2.5cm) 되는 지점에 위치하도록 시침핀으로 고정한 다음 박음질하고

15 가장자리를 감싸며 바인딩테이프를 넘겨서 케이프 안쪽에서 공그르기로 완성합니다.

16 나머지 한쪽도 같은 방법으로 시침핀을 꽂고 박음질하는데 이때 바인딩테이프의 시작과 끝부분의 시접을 접어서 마무리가 깨끗해지도록 합니다.

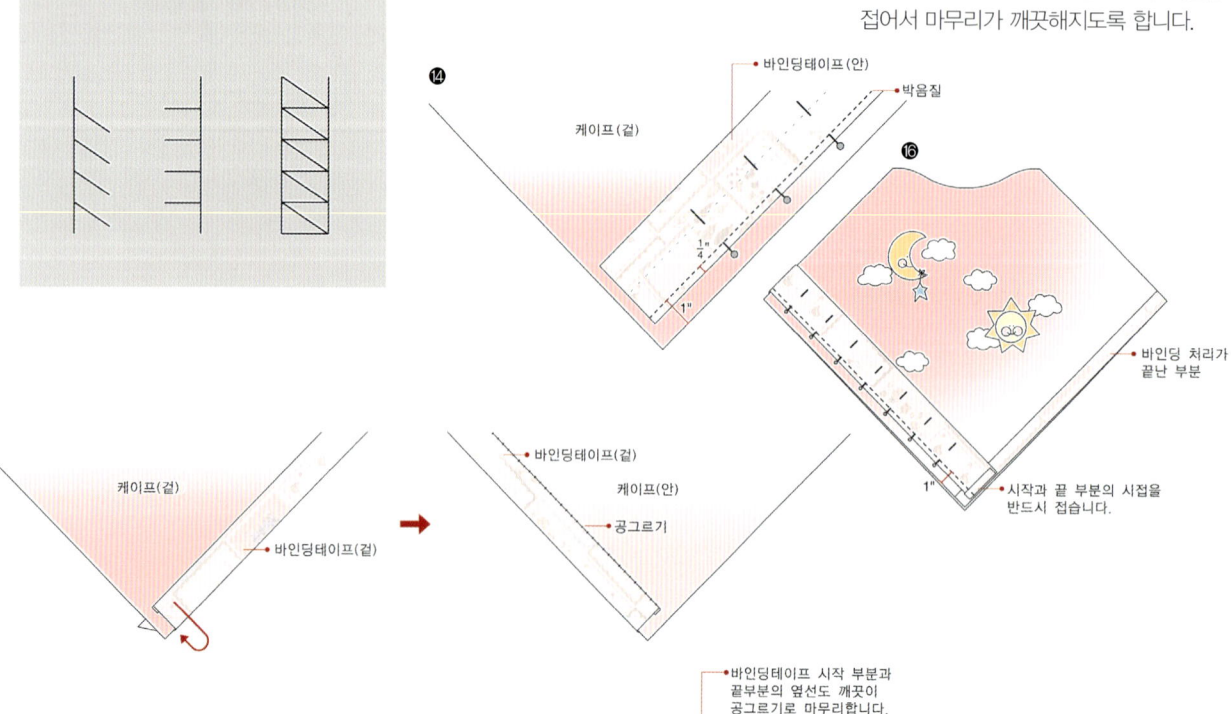

⑭ 케이프(겉) / 바인딩테이프(안) / 박음질 / 1"/4" / 1"

⑯ 바인딩 처리가 끝난 부분 / 1" / 시작과 끝 부분의 시접을 반드시 접습니다.

⑮ 케이프(겉) / 바인딩테이프(겉) → 바인딩테이프(겉) / 케이프(안) / 공그르기

바인딩테이프 시작 부분과 끝부분의 옆선도 깨끗이 공그르기로 마무리합니다.

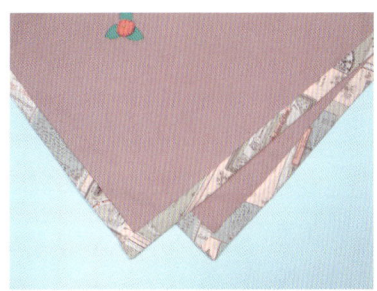

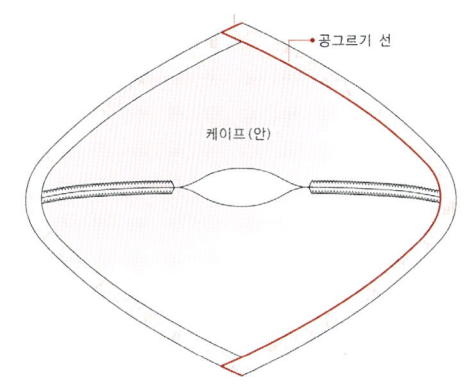

17 바인딩테이프를 공그르기 하여 가장자리를 정리합니다. 이때 양쪽의 접혀진 시접 부분도 공그르기로 마감해야 합니다.

공그르기 선

케이프 (안)

바인딩테이프의 시작 부분과 끝부분의 옆선도 깨끗이 공그르기로 마감합니다.

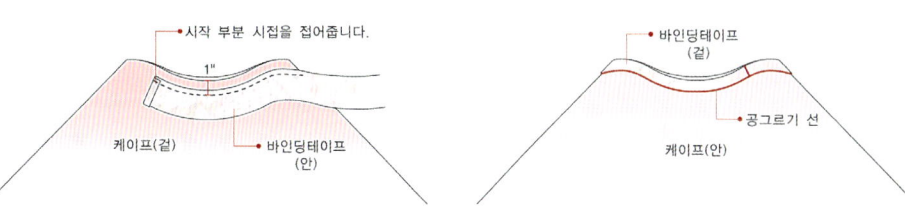

시작 부분 시접을 접어줍니다.

1"

케이프(겉)

바인딩테이프 (안)

바인딩테이프 (겉)

공그르기 선

케이프(안)

18 목 부분의 가장자리 처리는 바이어스테이프로 폭 2½인치(5cm), 길이 약 30인치(80cm)를 준비하여 목둘레를 따라 박음선이 가장자리에서 1인치(2.5cm) 떨어진 위치에 오도록 시침핀으로 고정합니다. 이때 시작 부분의 시접은 접어줍니다.

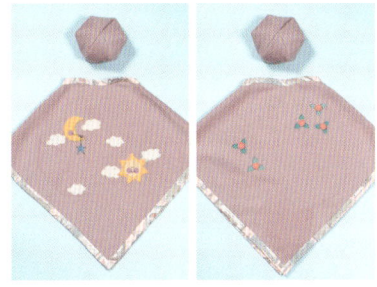

19 바이어스테이프의 시작 부분과 마지막 부분이 겹치게끔 박음질한 후 케이프의 안쪽 면에서 공그르기로 완성합니다.

13

아플리케 II 기법의
리틀 프린세스 캡

13 아플리케 II 기법의 리틀 프린세스 캡

준비물

분홍색 모직, 무늬면, 펠트 천(분홍색, 초록색) 검정 씨앗 크기 비즈 3개
(아동용 케이프의 남은 천과 재료를 사용하면 됩니다)

• 완성 작품 크기 $8\frac{1}{2}$인치(22cm) 원형 • 난이도 ★ ★ ☆ ☆

완성 작품

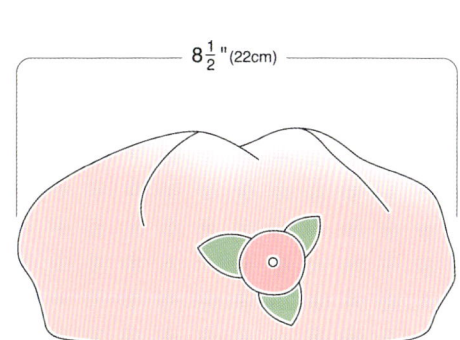

재단(시접 포함)

❶ 겉감(분홍색 모직) 본대로 그림 1장(실물본 1면 13. 리틀 프린세스 캡)
❷ 안감(무늬 면) 본대로 그림 1장

❶
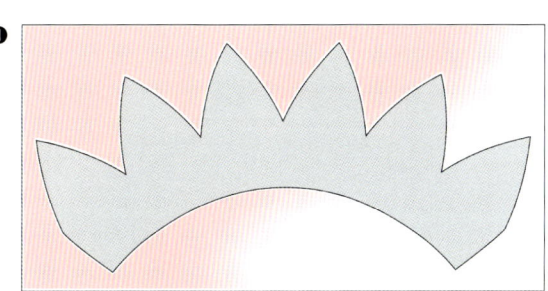

❷
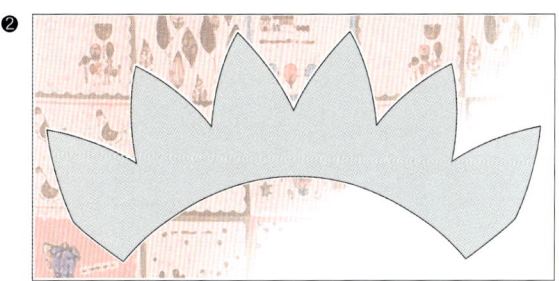

137

01

아플리케 하기

1 겉감(분홍색 모직) 위에 모자 본을 떠 ¼인치 시접을 두고 자릅니다. 펠트 천에 도안을 그려 오린 후 패브릭용 풀을 발라 겉감 위에 붙입니다.

2 20번 아플리케 노루발을 장착하고 버튼홀 스티치를 선택하여 폭 3.5mm, 간격을 3.0mm로 맞추어 머신 아플리케 스티치를 한 후

3 콜로니얼 넛트 수를 놓습니다.

02

캡 만들기

4 안감도 본을 뜨고 ¼인치 시접을 두고 자릅니다.

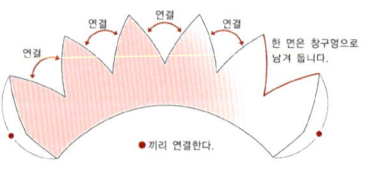

5 모자의 겉감과 안감 모두 옆선끼리 연결합니다. 안감의 한쪽 면은 창구멍이 되어야 하므로 연결하지 않습니다.

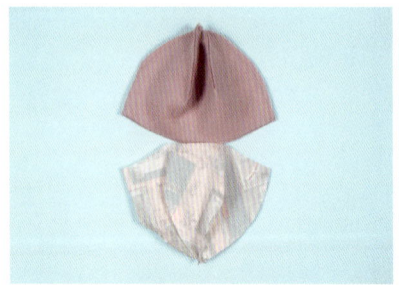 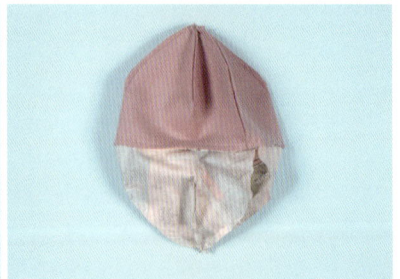

6 겉감과 안감을 사진처럼 연결하여 창구멍으로 뒤집은 후 공그르기로 창구멍을 막습니다.

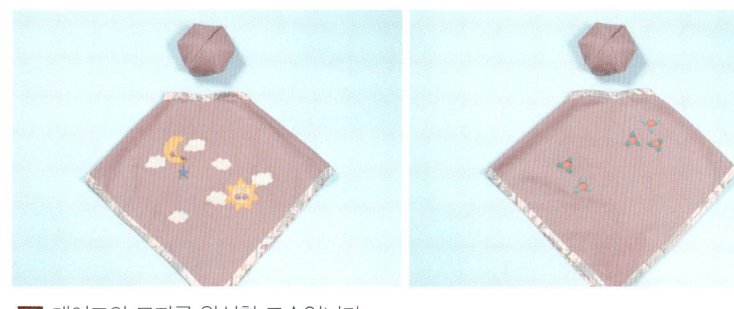

7 케이프와 모자를 완성한 모습입니다.

14

아플리케 III 기법의
봉봉 펜슬 케이스

(투명실을 이용한 인비저블 스티치 Invisible Stitch)

12 아플리케 III 기법의 봉봉 펜슬 케이스

준비물

• **완성 작품 크기** 7×2×2½인치(18×5×6.5cm, 가로×세로×높이) • **난이도** ★★☆☆

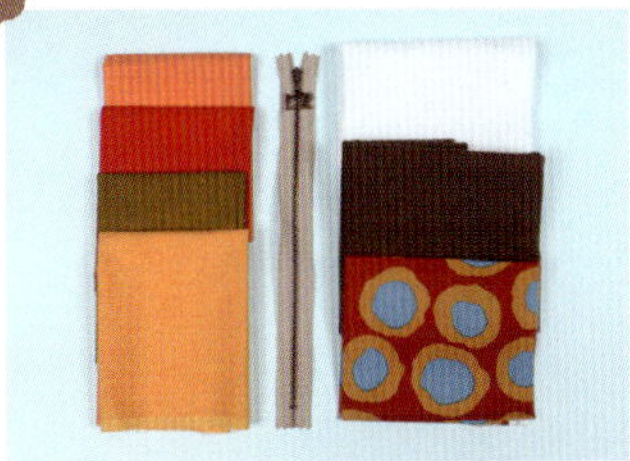

갈색 면 ¼마, 안감용 면 ¼마,
빨간색 면, 노랑색 면, 연두색 면,
오렌지색 면 약간씩,
베이지색 지퍼 25cm 1개, 솜 ¼마

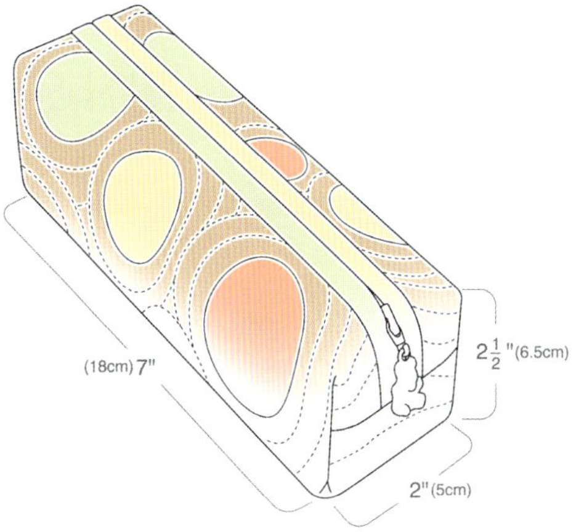

(18cm) 7"

2½ " (6.5cm)

2" (5cm)

재단(시접 포함)

❶ 패턴(빨간색 면, 노랑색 면. 연두색 면, 오렌지색 면) 지름 2.5cm, 3.5cm, 5cm 원으로 각 1장

❷ 겉감(갈색 면) 본을 그림 1장(실물본 1면 14. 봉봉 펜슬 케이스)

❸ 바인딩테이프(노랑색 면, 연두색 면) 11×1½인치(28×4cm) 각 1줄

❹ 안감(안감용면) 본을 그림 1장

❺ 옆선 마무리 테이프(안감용 면) 1½×20인치(4×50cm) 1줄

❻ 지퍼용 테이프(안감용 면) 1×11인치(2.5×28cm) 2줄

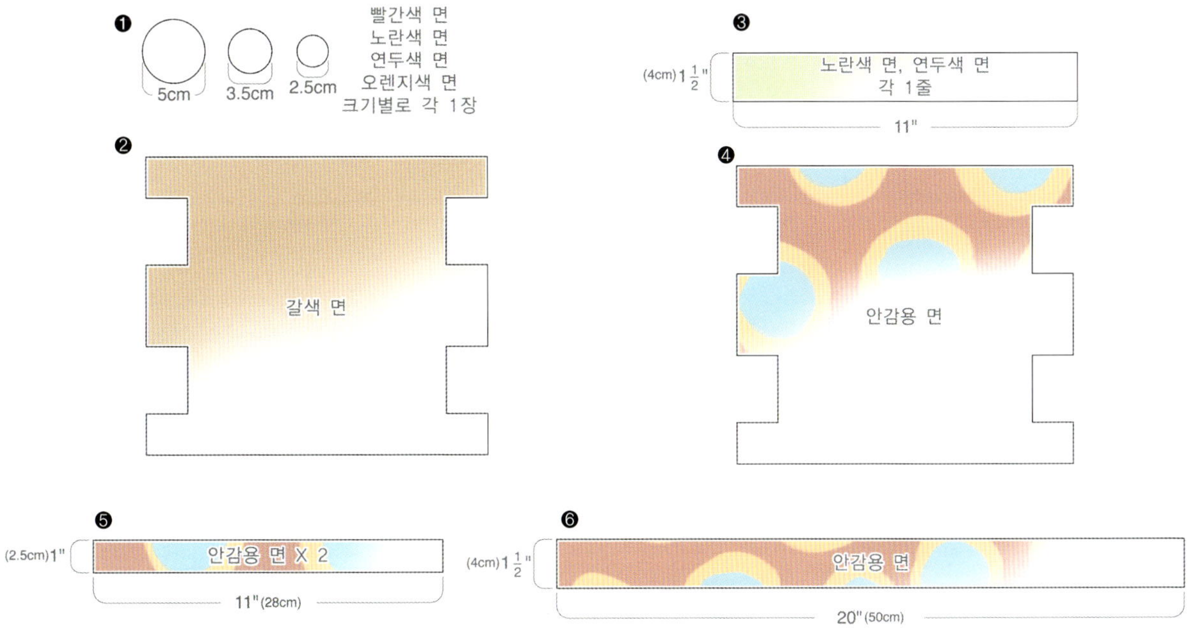

❶
5cm 3.5cm 2.5cm

빨간색 면
노란색 면
연두색 면
오렌지색 면
크기별로 각 1장

❷
갈색 면

❸
(4cm)1½"
노란색 면, 연두색 면
각 1줄
11"

❹
안감용 면

❺
(2.5cm)1"
안감용 면 X 2
11"(28cm)

❻
(4cm)1½"
안감용 면
20"(50cm)

01

아플리케 Ⅲ
패턴 만들기

1 빨간색 면, 노란색 면, 연두색 면, 오렌지색 면을 지름 2.5cm, 3.5cm, 5cm 원으로 각 1장씩 그려 시접 1cm를 두고 자릅니다.

2 마분지에 지름 2.5cm, 3.5cm, 5cm 원을 그려 원형 본을 만듭니다.

3 1번 과정에서 자른 원의 시접 부분을 시침실로 홈질하여 2번의 원형 본을 집어넣고 꽉 잡아당긴 후 다림질합니다.

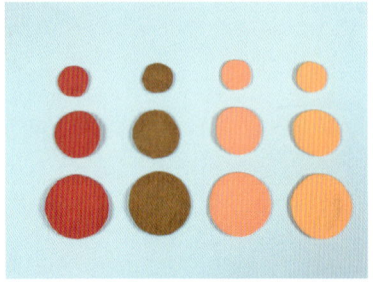

4 원형 본을 꺼내고 시침실을 제거합니다. 각각의 크기대로 만들어줍니다.

5 갈색 면 위에 펜슬 케이스 본을 뜬 후 동그라미들을 보기 좋게 배치하여 시침핀으로 고정한 후

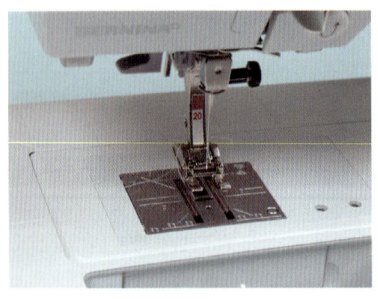

6 머신에 아플리케 노루발을 장착합니다.

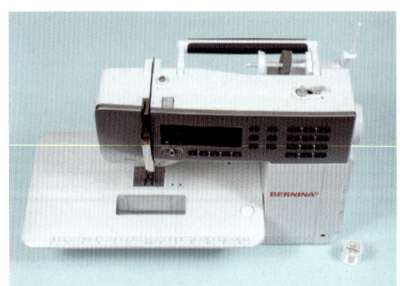

7 윗실에 투명실을 끼웁니다.

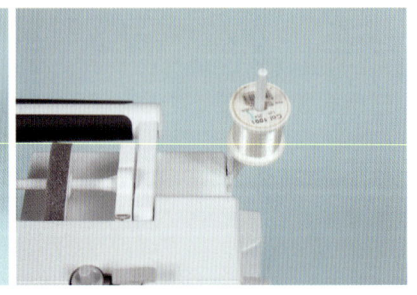

블라인드 햄 스티치

8 블라인드 햄 스티치를 선택하여 아플리케를 합니다.

9 둥근 원을 스티치 할 때는 노루발을 자주 들어 올려 곡선이 예쁘게 박음질 되도록 주의합니다.

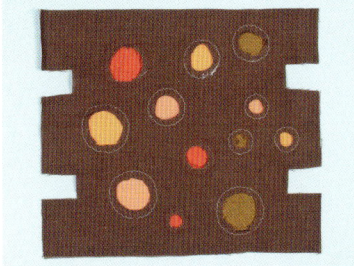

10 모든 원의 아플리케 작업이 끝나면 뒷부분의 시접을 ¼인치 가량 남겨 둔 채 자릅니다.

11 겉감은 완성선을 따라 오립니다.

 **02**

봉봉 펜슬 케이스 겉감,
안감 만들기

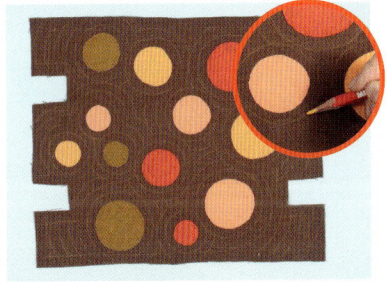

12 완성된 탑에 퀼팅라인을 그리고

13 탑 아래 솜을 대고 시침용 안전핀 을 꽂은 후

14 프리 모션 모드로 설정하고 프리 모션 노루발로 교체하여 프리 모션 퀼팅을 합니다. 솜은 가위로 잘라 냅니다.

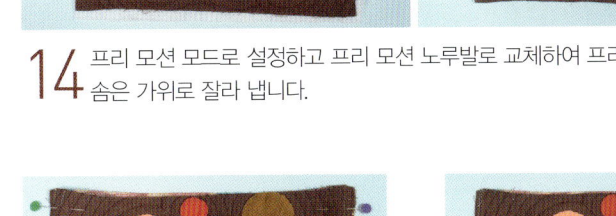

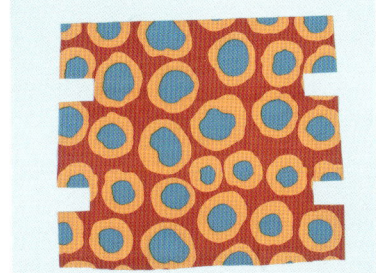

15 겉감과 같은 모양으로 안감의 본 을 떠 오립니다.

16 시침핀으로 고정하여 지시선을 따 라 ⅛인치(0.4cm) 시접을 두고 박 음질합니다.

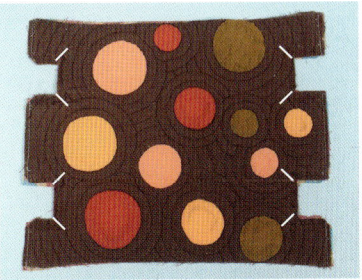

17 오목한 부분에 가윗밥을 넣은 후 뒤집어 줍니다.

03
바인딩테이프 지퍼 달기

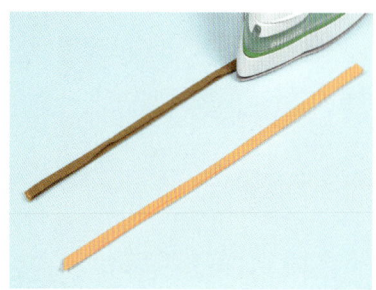

18 노랑색 면과 연두색 면을 11×1½ 인치(28×4cm) 크기로 잘라 바인딩테이프를 접듯이 4겹으로 접어 다림질합니다.

19 겉감의 입구 부분에 앞에서 만든 테이프를 대고 시침핀으로 고정시킨 후 박음질합니다. 양쪽 입구 부분을 각각 다른 색으로 합니다.

20 안감 쪽에서 공그르기로 마무리합니다.

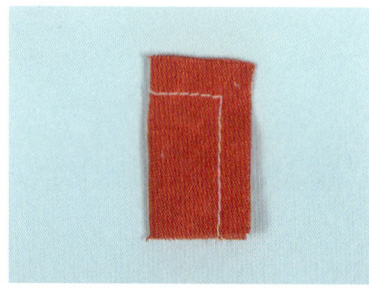

21 빨간색 면을 1½×1¼ 인치(4×3cm) 크기로 잘라 세로로 반을 접어 사진처럼 박음질한 후

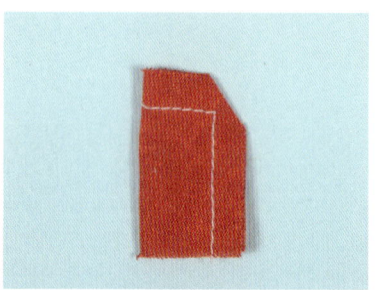

22 모서리 시접을 제거한 후 뒤집어서 다림질하여 지퍼 손잡이를 만듭니다.

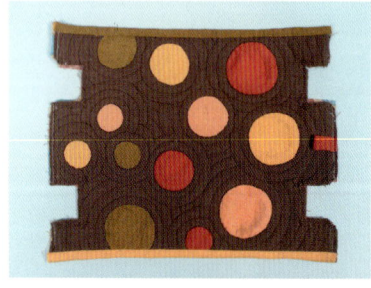

23 겉감의 옆선 부분에 지퍼 손잡이를 대고 박음질하여 고정시킵니다.

24 지퍼를 열어 19번 과정에서 바인딩한 한쪽 면에 대고 시침질로 고정한 후

25 홈질로 손바느질하여 고정시킵니다.

이때 지퍼의 시작 부분이 지퍼 손잡이 부분에 오도록 방향을 확인해야 합니다.

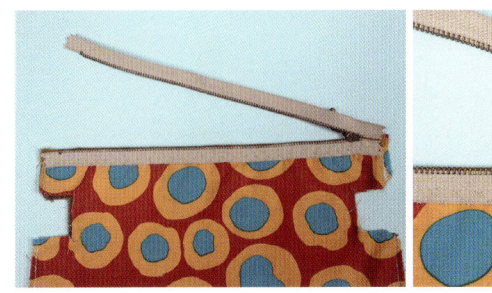  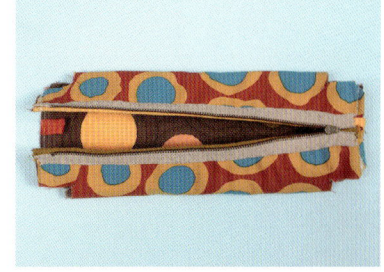

26 지퍼의 시접 부분을 세발뜨기로 고정합니다.

27 반대쪽 면에도 지퍼를 시침핀으로 고정하여 홈질한 후 지퍼의 시접 부분을 세발뜨기로 고정합니다.

 **04**

옆선 박음질하여 완성하기

28 양쪽 가장자리 부분끼리 겹쳐 ¼인치 시접으로 먼저 박음질하는데 이때 안감용 면을 1½인치(4cm) 폭으로 잘라 시작과 끝부분의 시접을 접어 함께 박음질합니다.

29 시접을 공그르기로 손바느질하여 마무리합니다.

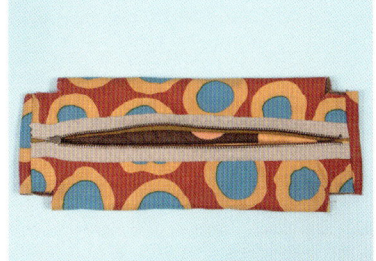 

30 반대쪽 면도 같은 방법으로 시접을 박음질한 후 안감용 면으로 마무리합니다.

31 옆선끼리 모아 박음질한 후 같은 방법으로 안감용 면을 잘라 시접 부분을 감싸 마무리합니다.

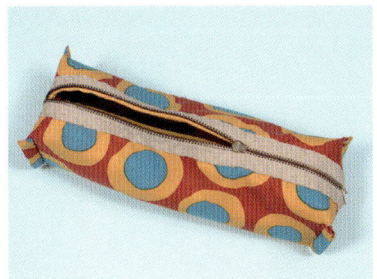 

32 마무리가 잘 되었는지 확인한 후 뒤집어주면

33 투명실을 이용한 인비저블 스티치로 만든 봉봉 펜슬케이스가 완성되었습니다.

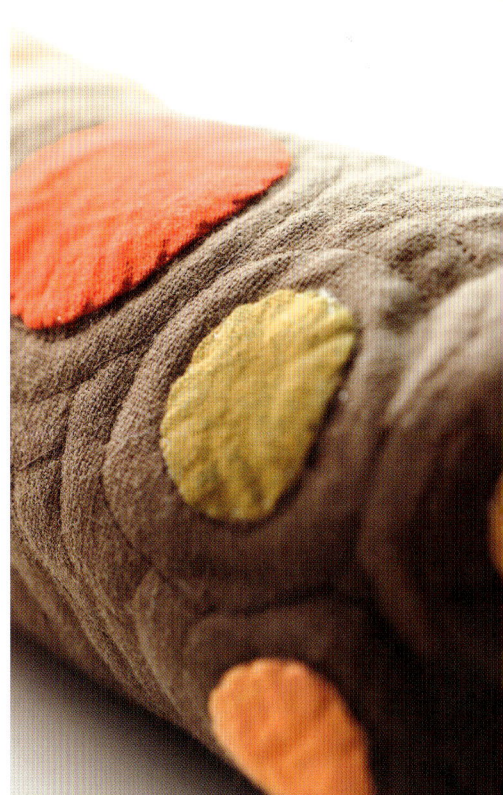

15

삼각형Triangle 기법의
실버 믹스 화이트
파우치백

15 삼각형Triangle 기법의 실버 믹스 화이트 파우치백

준비물

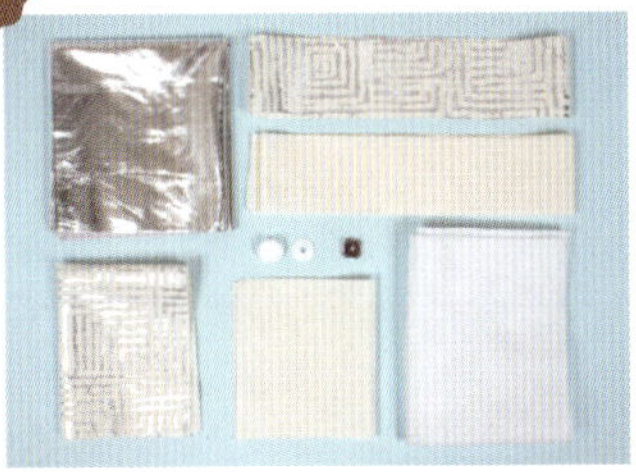

아이보리색 면 ½마,
은색 합성섬유 ⅛마, 은색 무늬 면 ½마,
솜½마, 싸개단추(22mm) 1개,
자석단추 1쌍

• 완성 작품 크기 9×7½인치(23×19cm) • 난이도 ★★ ☆ ☆

완성 작품

7 ½" (19cm)

9" (23cm)

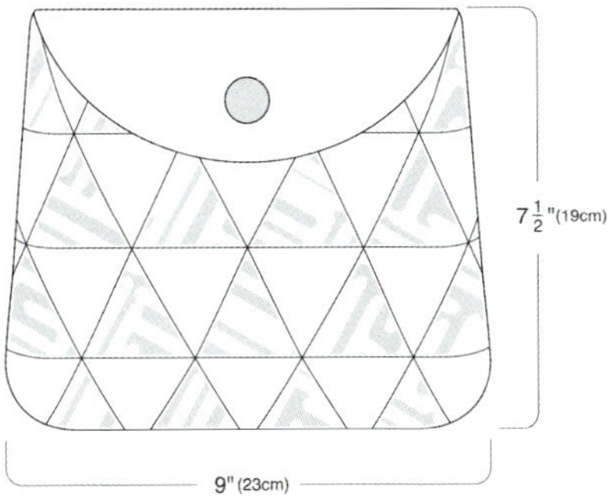

패턴 모양

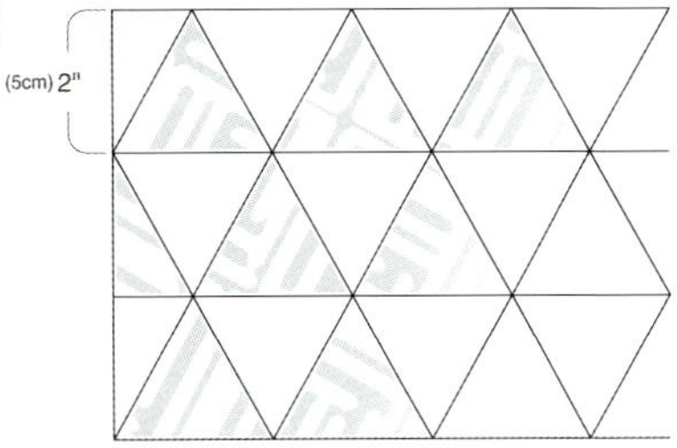

(5cm) 2"

재단(시접 포함)

❶ 패턴(아이보리색 면) 2½ × 약 70인치(5×165cm) 1줄
❷ 패턴(은색 무늬 면) 2½ × 약 70인치(5×165cm) 1줄
❸ 겉감(아이보리색 면, 패턴 탑) 가방 본체(본) (은색 무늬 면) 가방 덮개 부분(본)
❹ 안감(은색 합성섬유) 가방 전체(본) (실물본 4면 15. 실버 믹스 화이트 파우치백)

❶
(6.5cm) 2 ½ "
아이보리색 면
70" (165cm)

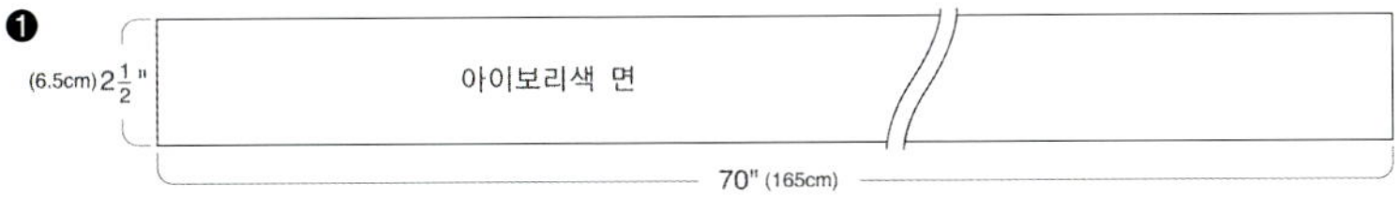

❷
(6.5cm) 2 ½ "
은색 무늬 면
70" (165cm)

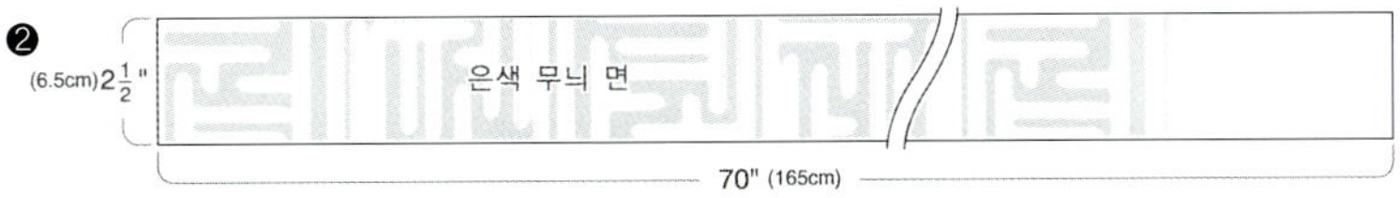

❸
아이보리색 면

은색 무늬 면

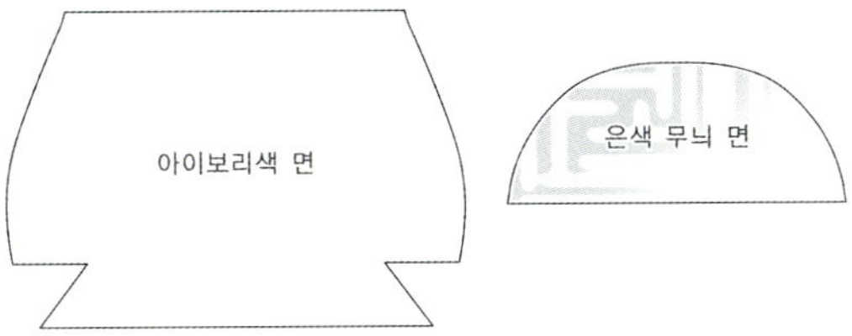

❹
은색 합성섬유

01

삼각형 패턴 만들기

매트나 자에 있는 60도선을 활용하여 패턴을 만드는 방법이 이 작품에서 처음 소개됩니다. 간단한 모양이지만 조각을 연결할 때 삼각형 모서리 부분을 뾰족하게 잘 살아나도록 박음질하는 것이 관건입니다.

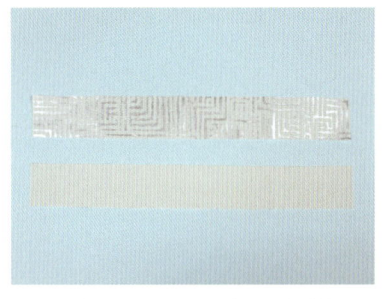

1 아이보리색 면과 은색 무늬 면을 2½인치(6.5cm)×(완성 치수 2인치(5cm)+시접 ½인치(1.5cm)) 폭으로 잘라 준비합니다.

2 두 스트립의 겉과 겉을 마주보게 한 후 아래위 양쪽을 ¼인치(0.7cm) 시접으로 박아줍니다.

스트립(겉)

¼"

스트립(안)

· 아래, 위 양쪽 시접 모두 박음질합니다.

¼"

💡 매트나 자에 나온 60 혹은 45라고 쓰인 글씨를 확인하고 정확한 선을 잘 찾아내세요.

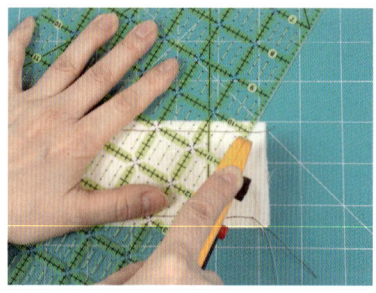

3 커팅매트의 60도 선을 따라 가장자리를 60도로 정리해줍니다.

4 앞에서 정리한 스트립을 뒤집어 박음선 아래에 60도선을 맞추어 커팅합니다.

5 다시 뒤집어 박음선 아래에 60도선을 맞추어 커팅합니다.

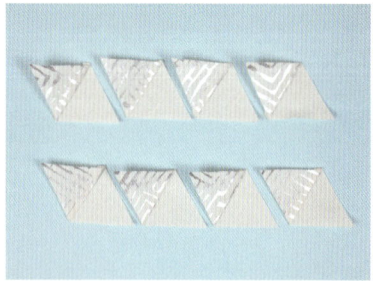

6 커팅된 조각을 펴서 다림질한 후 그림 모양으로 배치합니다.

7 사진처럼 두 조각을 1/4인치 서로 엇갈리게 잘 겹친 후

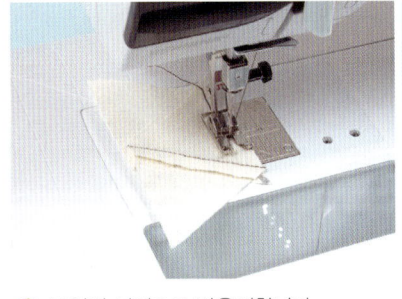 

8 ¼인치 시접으로 박음질합니다.

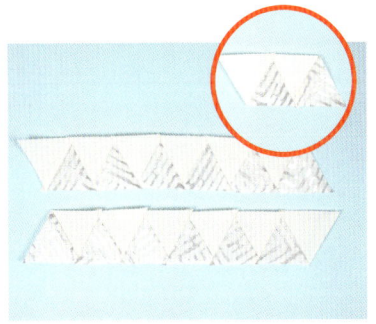 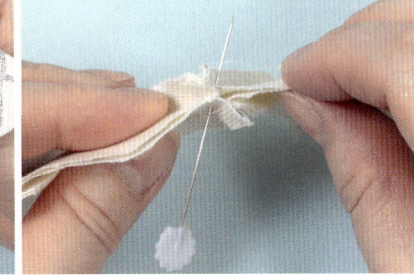

9 나머지 조각들을 사진처럼 박음질하여 서로 연결합니다.

10 위로 튀어나온 시접은 깨끗이 정리합니다.(정리하지 않아도 무관합니다)

 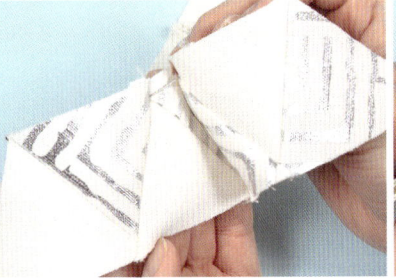

11 옆선 연결이 끝나면 단끼리 연결하기 위해 시침핀으로 고정하는데

12 이때 뾰족한 부분을 모두 시침핀 으로 잘 고정하여야 삼각형 모서 리가 깨끗이 보입니다.

13 ¼인치 시접으로 핀을 뽑아가며 박음질합니다.

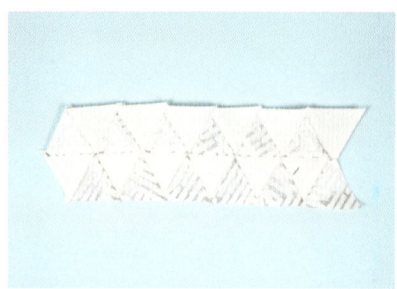
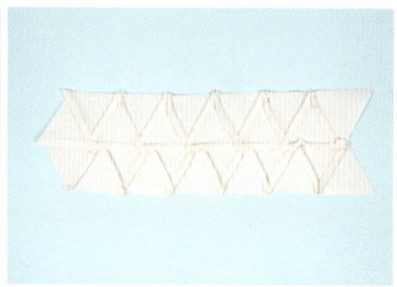
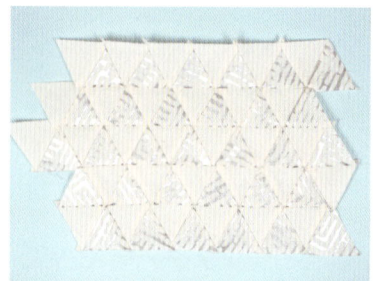

14 박음질이 끝나면 모서리가 잘 보이도록 잘 펴줍니다.

15 삼각 패턴 약 62개를 사진처럼 배 열되도록 합니다.

**02**

파우치백 탑 만들기

16 완성된 삼각형 패턴 탑의 뒤쪽에서 파우치 앞부분의 본을 그립니다.

17 아이보리색 면에 파우치 덮개 부 분의 본을 그립니다.

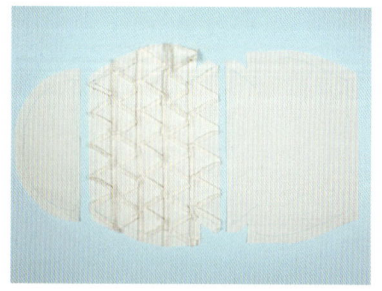

18 은색 무늬 면에 파우치 뒷부분의 본을 그립니다.

19 사진처럼 세 부분이 완성되면

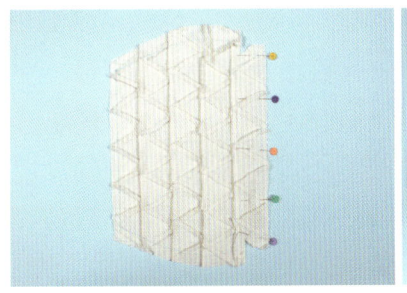 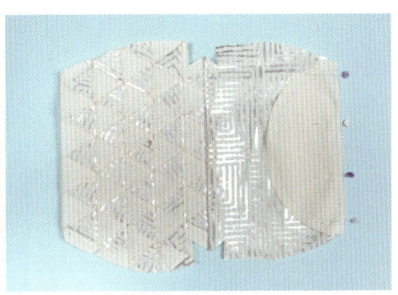

20 시침핀으로 사진과 같이 고정하여

21 ¼인치 시접으로 연결합니다.

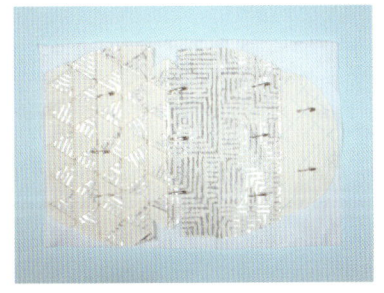  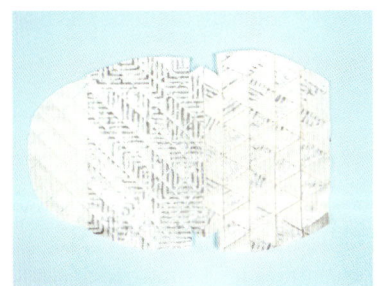

22 연결된 탑 밑에 솜만 대고 시침용 안전핀으로 고정합니다.

23 워킹풋 노루발로 퀼팅하고

24 남은 솜은 정리합니다.

 **03**

가방 연결하기

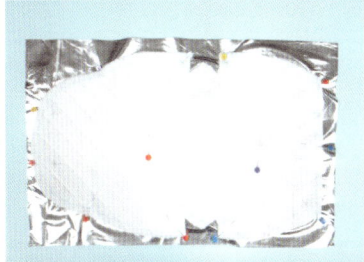 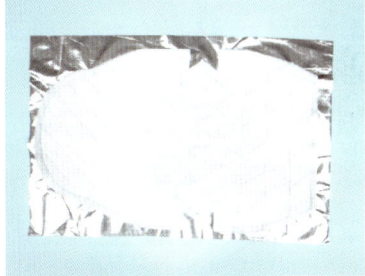

25 은색 합성섬유와 완성된 퀼팅 탑을 겉과 겉이 마주보도록 고정합니다.

26 완성선을 따라 박음질하는데 이때 직선 부분에 약 4인치 가량 창구멍을 남깁니다.

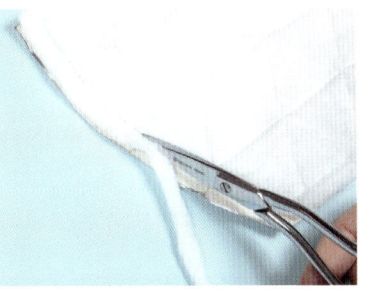 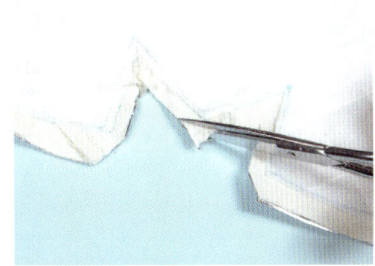

27 시접 부분의 남은 솜은 가위로 깨끗이 제거합니다.

28 튀어나온 모서리 부분은 뒤집었을 때 불룩해지지 않게 제거하고

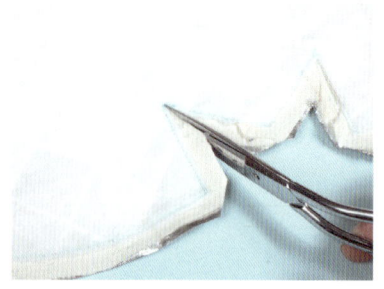

29 들어간 모서리는 가윗밥을 주어 잘 뒤집히게 만들어줍니다.

30 들어간 모서리마다 반드시 가윗밥을 주고 튀어나온 부분은 약간의 시접만 남기고 정리합니다.

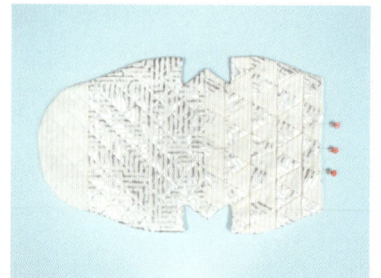

31 창구멍으로 잘 뒤집은 후 창구멍을 시침핀으로 고정하여 공그리기 합니다.

32 뚜껑 부분과 뒷부분의 경계면을 다시 퀼팅하여 겉이 뜨지 않게 합니다.

33 모서리 부분을 그림처럼 서로 맞대어

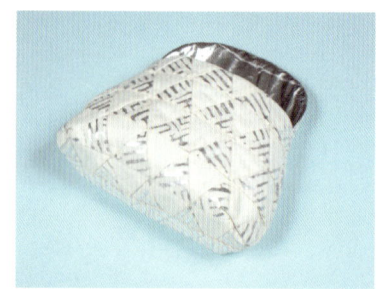

34 피우치 밑선과 옆선을 공그리기로 연결합니다.

04
싸개단추 만들기

35 은색 천 조각을 싸개단추 지름의 약 2배 크기로 잘라

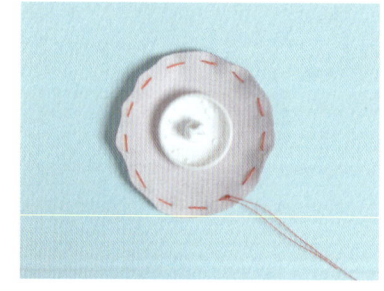

36 잘라준 은색 천 조각을 시침질한 후

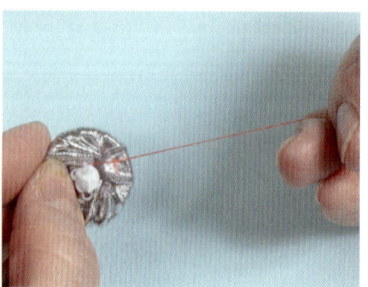

37 실을 잡아당겨 고정합니다.

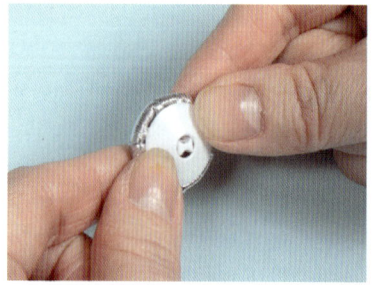

38 뒷부분의 캡을 닫아 싸개단추를 만들어 둡니다.

05

단추달아 완성하기

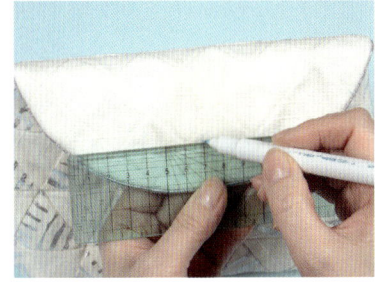

39 파우치 뚜껑에 단추 달아줄 위치를 표시하고

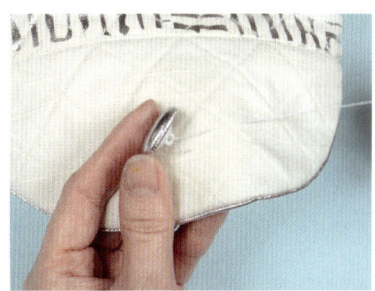

40 모양 단추를 달아줍니다.

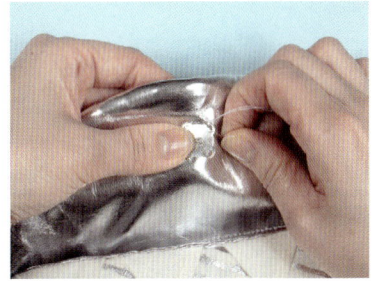

41 파우치 뚜껑 안쪽으로 자석단추를 다는데

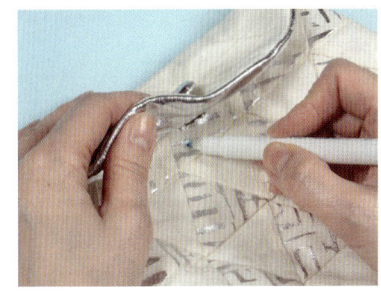

42 이때 2개의 자석단추를 닫았을 때 잘 맞도록 위치를 잡아 수성팬으로 표시한 후

43 손바느질로 단추를 답니다.

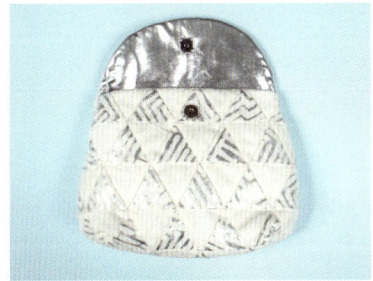

44 삼각형(Triangle) 기법을 이용하여 완성한 파우치백입니다.

16

사다리꼴Trapezoid 기법의
실버 믹스 브라운
클러치백

16 사다리꼴Trapezoid 기법의 실버 믹스 브라운 클러치백

• 완성 작품 크기10½×8인치(27×20cm) • 난이도 ★ ★ ★ ☆

갈색 면 ¾마, 은색 무늬 면 ¾마,
안감 ¼마, 베이지색 지퍼(30cm) 1개,
자석단추 1쌍

완성 작품

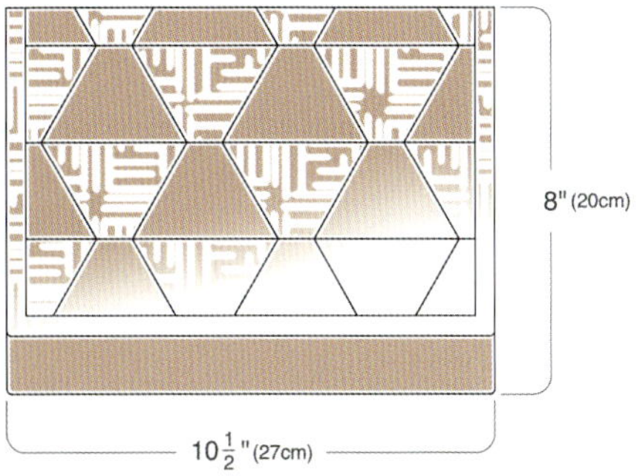

8" (20cm)

10 $\frac{1}{2}$ " (27cm)

패턴 모양

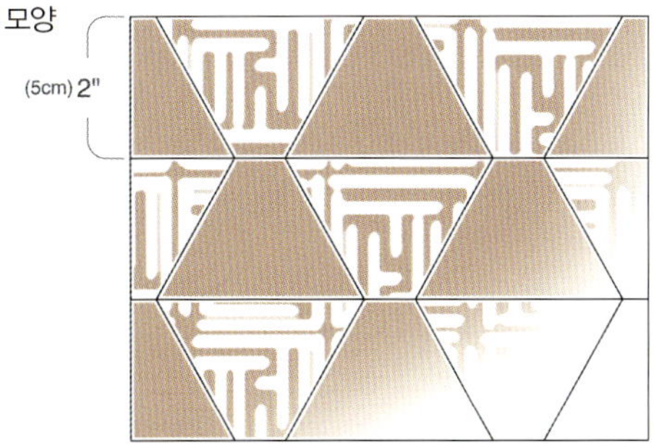

(5cm) 2"

❶ 패턴(갈색 면) 2½×약 56인치(6.5×145cm)
❷ 패턴(은색 무늬 면) 2½×약 56인치(6.5×145cm)
❸ 겉감(갈색 면) 12×9인치(30×22cm) 1장
❹ 겉감(은색 무늬 면) 12×9인치(30×22cm) 1장
❺ 바인딩테이프(은색 무늬 면) 1½×44인치(4×110cm)

❶

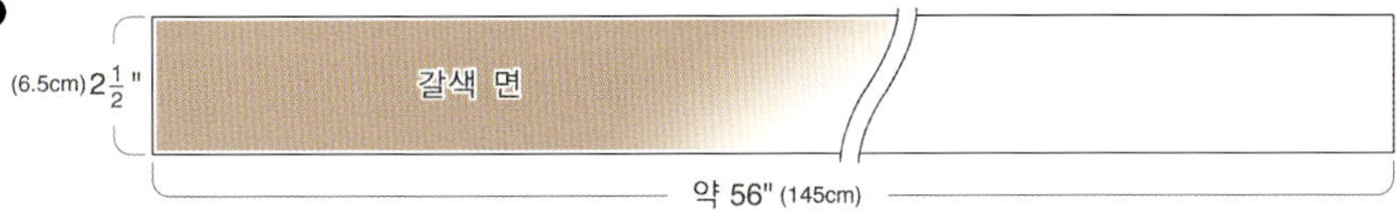

(6.5cm)2 $\frac{1}{2}$ " 갈색 면

약 56" (145cm)

❷

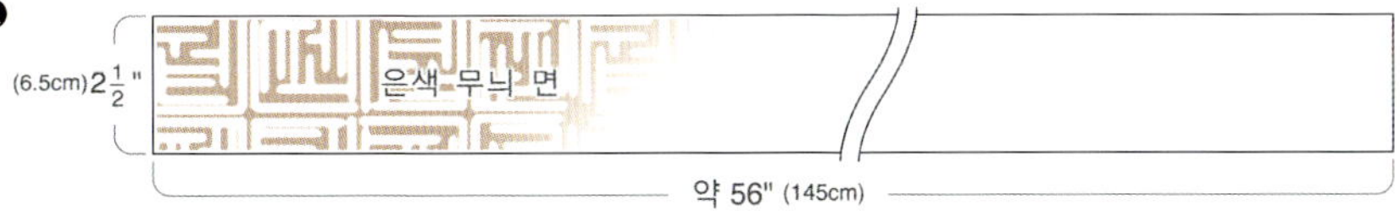

(6.5cm)2 $\frac{1}{2}$ " 은색 무늬 면

약 56" (145cm)

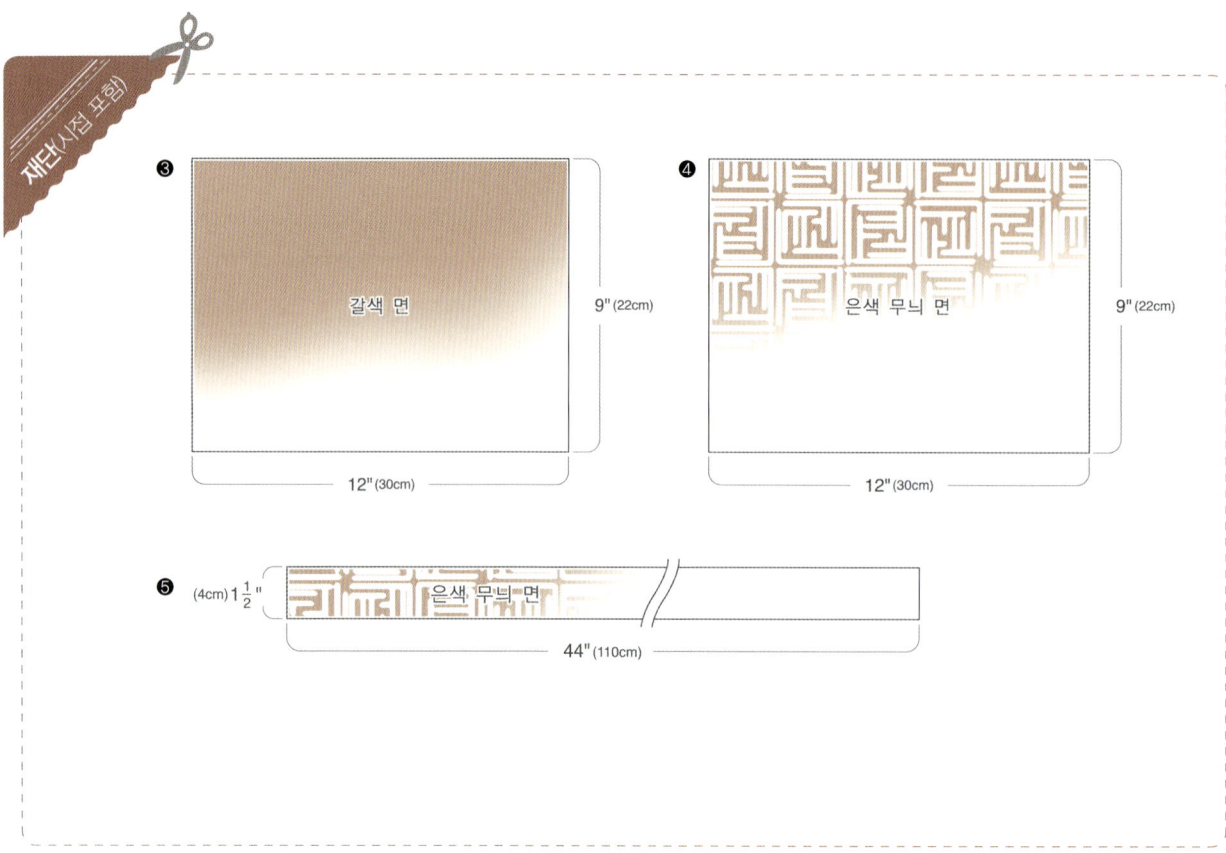

③ 갈색 면 9" (22cm) 12" (30cm)

④ 은색 무늬 면 9" (22cm) 12" (30cm)

⑤ (4cm) 1½" 은색 무늬 면 44" (110cm)

01

사다리꼴 패턴 만들기

사다리꼴Trapezoid 기법은 동시에 두 가지 모양의 패턴들이 생기는 재미있고 기하학적인 기법입니다. 하지만 두 가지 다른 모양의 패턴을 서로 연결할 때 조심합니다.

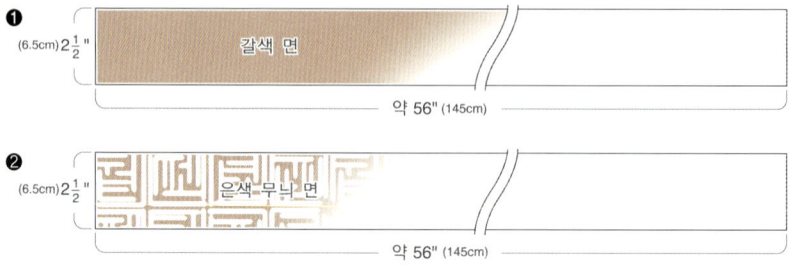

① (6.5cm) 2½" 갈색 면 약 56" (145cm)

② (6.5cm) 2½" 은색 무늬 면 약 56" (145cm)

1 갈색 면과 은색 무늬 면을 2½인치(6.5cm) 폭으로 잘라 겉과 겉을 마주대고

2 ¼인치 시접으로 박음질합니다.

3 커팅매트의 60도선에 맞추어 가장자리를 정리합니다.

4 박음선이 있는 시접선에서 약 1¼인치 (3cm) 간격을 띄어서

5 60도 라인에 맞추어 다시 커팅합니다.

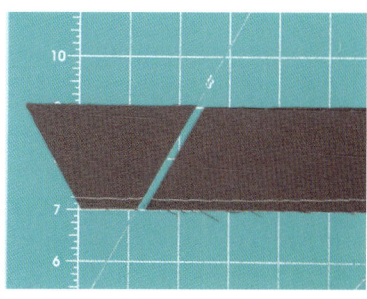

6 60도 라인에 맞게 커팅을 해준 모습 입니다.

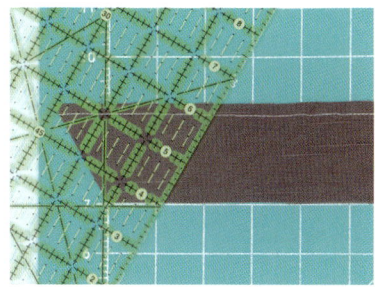

7 스트립을 뒤집어 반대쪽을 기준으로 다시 1¼인치 간격을 띄어 60도 라인 으로 자를 맞춘 후

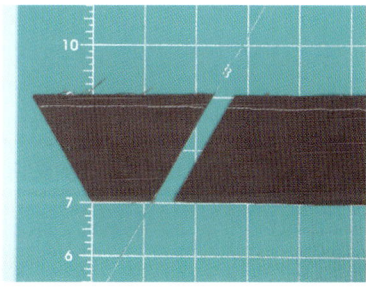

8 60도 라인에 맞춰 로터리 커터로 잘 라줍니다.

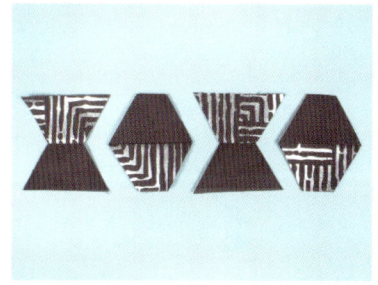

9 각 조각들의 시접을 은색무늬 면 쪽으 로 꺾어서 사진처럼 배열합니다.

10 패턴과 패턴을 연결할 때는 중간 부분에서 한쪽 끝을 맞추어 시침핀 으로 고정한 후

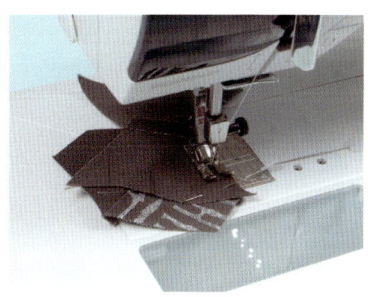

11 중간 부분에서 끝부분을 향하며 먼 저 박음질합니다.

TIP

사다리꼴을 쉽게 박음질 하는 방법
사다리꼴 패턴을 박음질할 때 한 쪽 끝에서 끝까지 박음질하면 정 확히 박음질하기 어렵습니다. 그래 서 손이 많이 가는듯하지만 오히 려 두 번으로 나누어 박는 것이 시 접도 안정되고 쉽게 박음질됩니다.

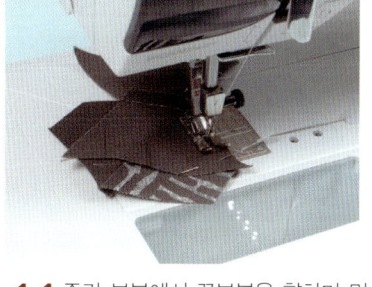

12 반대편 방향의 시접을 시침핀으로 고정하고

13 중간 부분에서 끝부분을 향하여 박 음질합니다.

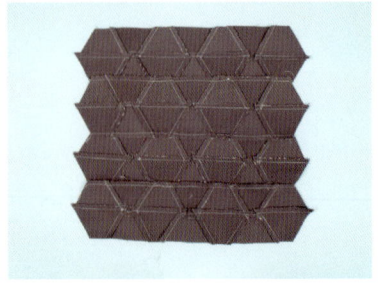

14 위의 방법으로 조각들을 7개씩 연결합니다.

15 같은 방법으로 4단으로 연결합니다.

02

워킹풋으로 퀼팅하기

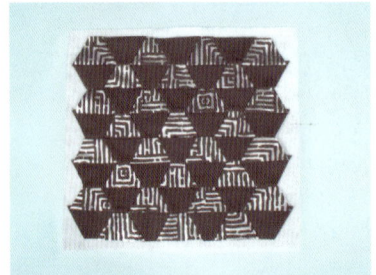

16 솜 위에 완성된 탑을 얹고 시침용 안전핀을 꽂아

17 워킹풋으로 퀼팅을 해준 후 10×10½인치(25×27cm) 완성 크기로 잘라

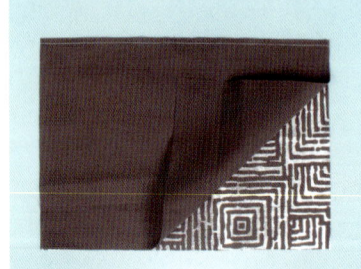

18 1½×44인치(4×110cm)로 자른 은색 무늬 천으로 바인딩 처리를 합니다.

19 갈색 천과 은색 무늬 천을 각각 12×9인치(30×22cm)로 잘라 겉과 겉을 포개어 ¼인치 시접으로 연결합니다.

20 1인치 간격으로 퀼팅선을 그린 후 안감과 솜을 대고 시침용 안전핀으로 고정하고

21 워킹풋으로 퀼팅합니다.

22 퀼팅한 탑 위에 실물본을 올려 그린 후

23 가위로 잘라줍니다.

03

바이딩테이프로
옆선과 모서리 부분
연결하기

24 반으로 접어 옆선을 ¼인치 시접 으로 박음질한 후

25 안감을 1½인치 크기로 잘라 바인 딩테이프처럼 만들어 선을 따라 박음질하고

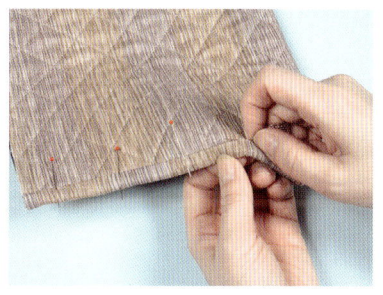

26 뒷면에서 공그르기 해줍니다

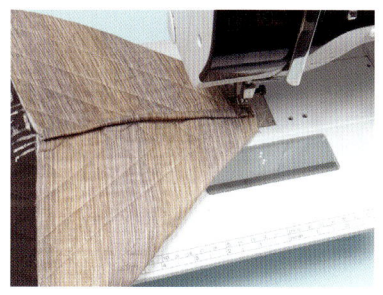

27 양쪽 모서리 부분을 접어 ¼인치 시접으로 박고

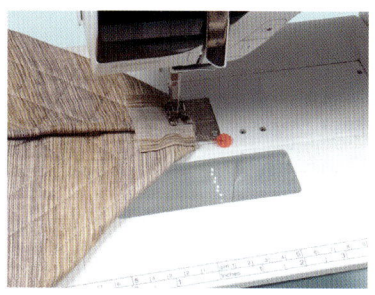

28 바인딩테이프를 양쪽시접을 접어 박음질한 후

29 바인딩테이프의 옆부분과 뒷부분 을 공그르기 합니다.

30 양쪽의 시접을 모두 바인딩테이프 로 감싸 깨끗하게 정리해줍니다.

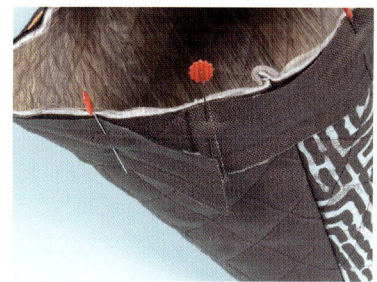

31 가방의 윗부분을 갈색 비인딩 데이 프(1½인치)로 시침질한 후 박음질 하여

32 박음질한 뒷면에서 공그르기하여 마무리합니다.

04

지퍼 달기

33 지퍼의 위치를 시침핀으로 고정하고

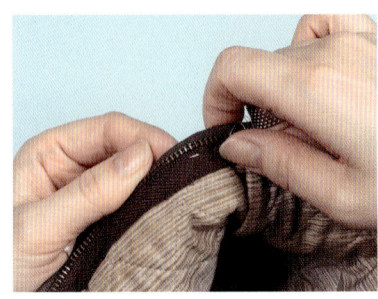

34 홈질을 한 후

36 안감을 1인치(2.5cm) 폭의 스트립으로 잘라 위, 아래 부분의 시접을 꺾은 후

36 지퍼 부분에 대고 공그르기 합니다.

37 이렇게 하면 가방 안의 지퍼 부분이 깨끗이 정리됩니다.

05

덮개 달아 완성하기

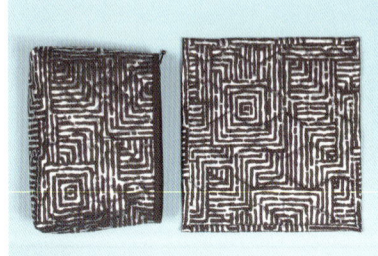

38 완성한 가방과 덮개 부분을 겹쳐 덮개 부분이 앉을 위치를 잡아준 후

39 덮개 부분을 가방에 손바느질로 단단히 고정하여 줍니다.

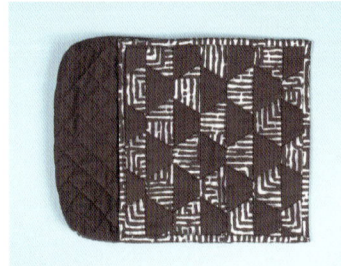

40 손바느질로 덮개를 고정해준 모습입니다.

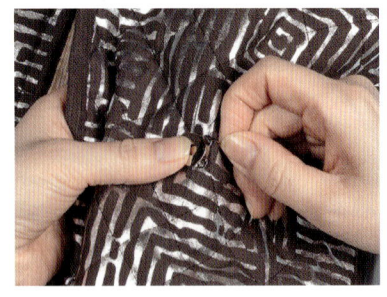

41 자석을 달아줄 위치를 잡아 바느질해서

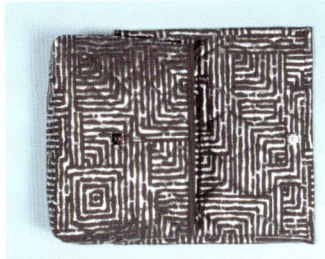

42 자석을 달아준 모습입니다.

43 사다리꼴(Trapezoid) 기법을 이용한 실버 믹스 브라운 클러치 가방을 완성하였습니다.

17

프렌드쉽 스타Friendship Star 기법의
리사이클 데님백

17 프렌드쉽 스타Friendship Star 기법의 리사이클 데님백

준비물

데님 ⅓마, 무늬데님 ⅓마,
리넨 4종류 각 ¼마,
안감용 붉은 무늬 리넨 ½마,
헌 청바지, 솜 ½마

• **완성 작품 크기** 8½×8½×15인치(22×22×36cm, 가로×세로×높이, 손잡이 길이 미포함) • **난이도** ★★★★

완성 작품

패턴 모양

15" (36cm)

(22cm) 8 ½ "

8 ½ " (22cm)

(5cm) 2"

2" (5cm)

완성 치수 + ⅞" (2.5cm)

⅝" (1.5cm) ¼" (0.7cm)

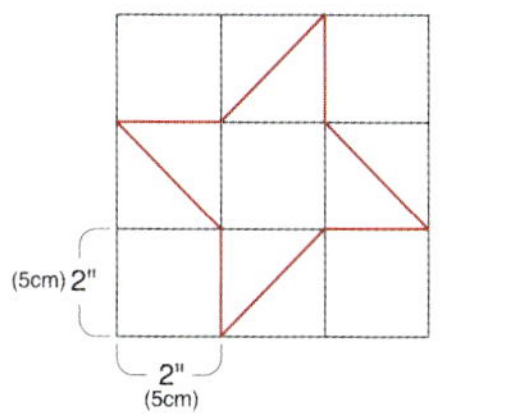

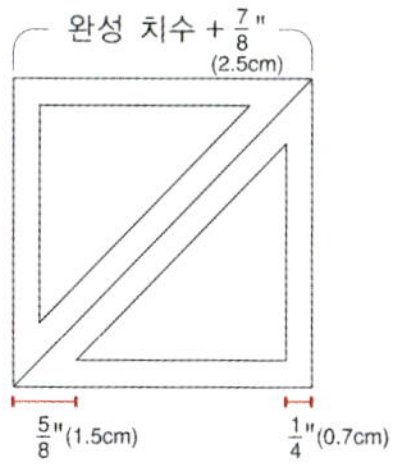

재단(시접 포함)

❶ 패턴(데님과 무늬데님) 2⅞인치(7.5cm) 정사각형 각 32장, 2½인치(6.5cm) 정사각형 각 16장
❷ 패턴(4가지 종류의 리넨) 2⅞인치(7.5cm)인치 정사각형 32장, 2½인치(6.5cm) 정사각형 64장
❸ 안감(붉은색 리넨) 24½인치×6½(61.5×16.5cm) 4장
❹ 가방끈(헌 청바지) 3¾×28인치(10×70cm) 스트립 2장
❺ 가방끈(조각 연결한 리넨 조각) 1¾×28인치(4.5×70cm) 스트립 2장
❻ 의류용 접착심 1½×28인치(4×70cm)

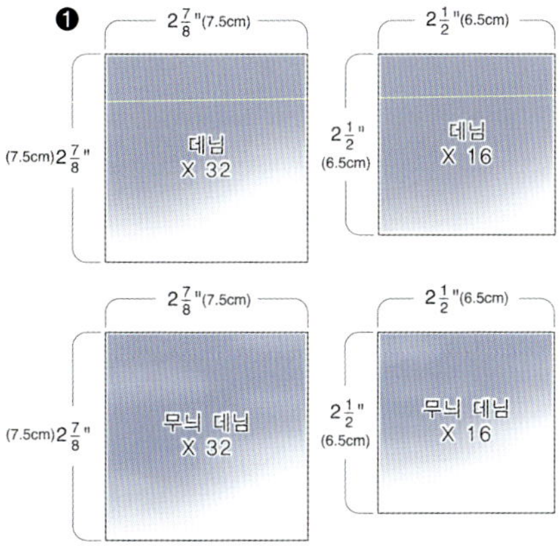

❶

2⅞" (7.5cm)
(7.5cm) 2⅞"
데님
X 32

2½" (6.5cm)
2½" (6.5cm)
데님
X 16

2⅞" (7.5cm)
(7.5cm) 2⅞"
무늬 데님
X 32

2½" (6.5cm)
2½" (6.5cm)
무늬 데님
X 16

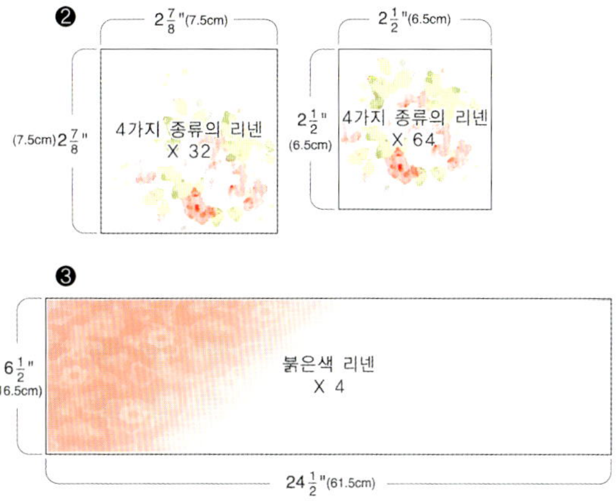

❷

2⅞" (7.5cm)
(7.5cm) 2⅞"
4가지 종류의 리넨
X 32

2½" (6.5cm)
2½" (6.5cm)
4가지 종류의 리넨
X 64

❸

6½" (16.5cm)
붉은색 리넨
X 4

24½" (61.5cm)

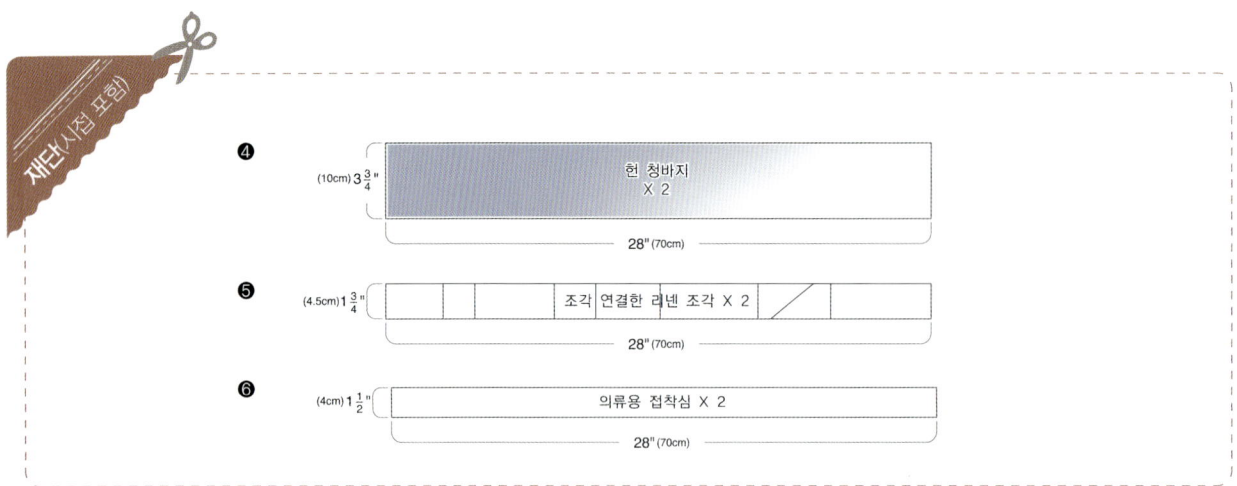

❹ (10cm) 3¾" 헌 청바지 X 2 28" (70cm)

❺ (4.5cm) 1¾" 조각 연결한 리넨 조각 X 2 28" (70cm)

❻ (4cm) 1½" 의류용 접착심 X 2 28" (70cm)

01

프렌드쉽 스타 패턴 만들기

삼각형 기법과 나인 패치 기법이 한데 섞인 별 모양의 아름다운 패턴입니다. 플라잉 기스와는 다른 모양의 직각이 등변삼각형을 이용한 기법이지요. 낡은 청바지를 재활용한 리사이클 데님 백은 청바지의 멋스러운 부분을 모두 활용하여 실용적이면서 아름답게 만든 가방입니다.

리넨 천 뒤쪽에 선을 긋는 이유는 리넨의 색이 더 밝아 잘 보이기 때문입니다.

1 데님과 무늬데님을 섞어서 2⅞인치(7.5cm) 정사각형 32장, 2½인치(6.5cm) 정사각형 16장을 자르고, 4가지 종류의 리넨을 섞어서 2⅞인치(7.5cm) 정사각형 32장, 2½인치(6.5cm) 정사각형 64장을 자릅니다.

2 2⅞인치(7.5cm) 데님 1장과 2⅞인치(7.5cm) 리넨 원단 1장을 겉과 겉끼리 잘 겹칩니다. 이 때 리넨 천의 뒷쪽에 대각선 선을 긋습니다.

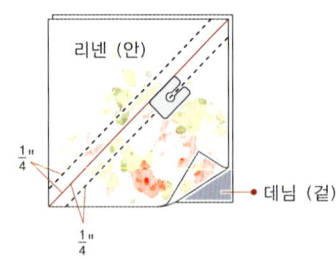

리넨 (안)
¼"
¼"
• 데님 (겉)

3 대각선에 ¼인치 노루발의 에지를 대고 박음질합니다.

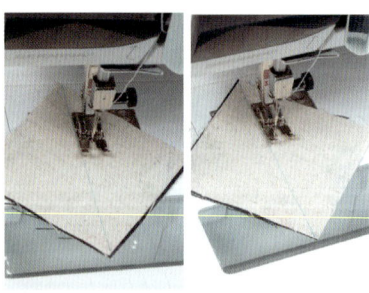

4 반대쪽도 같은 방법으로 박음질합니다.

5 천의 종류는 데님류와 리넨을 되는대로 섞어 사용하여 자연스레 섞이도록 합니다.

6 대각선 부분을 로터리 커터나 가위로 자릅니다.

7 2½인치(6.5cm) 크기로 자른 리넨 4장과 데님 1장을 6번에서 완성한 조각 4장과 잘 섞어 사진처럼 나인 패치모양으로 배치합니다.

8 시접 정리는 나인 패치를 할 때처럼 한 줄의 시접이 모아졌으면 다음 줄은 바깥쪽을 향하도록 다림질합니다.

9 나인 패치 모양으로 조각을 연결합니다.

02

가방 탑 만들기

10 나인 패치 조각을 한쪽에 8장씩 사진과 같이 배열하여

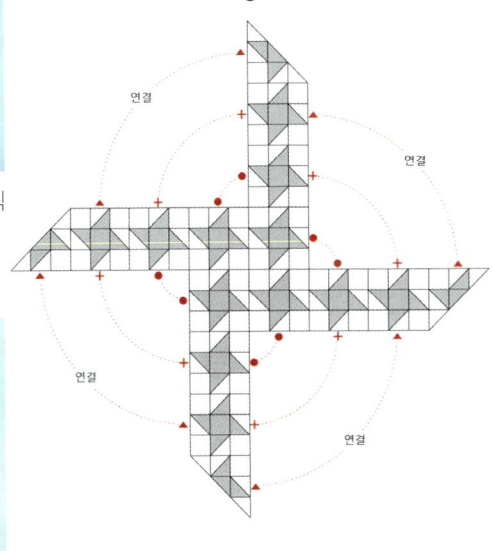

11 총 16장을 오른쪽 그림처럼 연결합니다.

12 끝부분은 시접 분량을 남기고 사선으로 절단합니다.

13 탑이 완성되면 솜을 대고 시침용 안전핀으로 고정하여 워킹풋으로 퀼팅합니다.

03

안감 만들고 옆선 연결하기

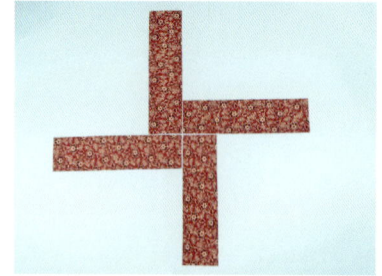

14 안감용 붉은색 리넨을 24½인치 ×6½(61.5×16.5cm) 크기로 4장을 잘라 사진처럼 배열하여

15 사진과 같은 모양으로 박음질하여 연결합니다.

16 끝부분을 탑과 같이 사선으로 절단합니다.

17 퀼팅 탑의 옆선을 박음질 해서 연결해줍니다.

18 퀼팅 탑의 옆선을 연결해준 모습입니다.

19 안감의 옆선도 박음질하여 연결합니다.

20 안감의 옆선을 연결해준 모습입니다.

21 헌 청바지의 포켓을 뜯어 안감 안쪽에 올리고 주머니의 위치를 시침핀으로 고정하여

22 주머니 윗부분을 제외하고 박음질 합니다.

23 주머니를 모두 박음질해준 모습입 니다.

 **04**

가방끈 만들고 달기

24 바짓가랑이 부분을 잘라 옆선을 절개하여

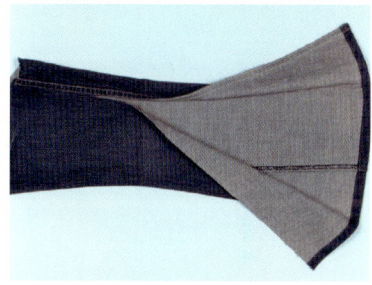

25 가방끈을 만들 원단을 준비합니다.

26 3¾×28인치(10×70cm) 크기로 표시한 후

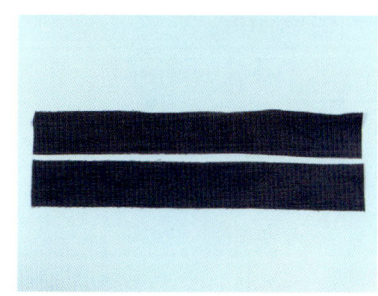

27 사진과 같이 스트립 2장을 재단 합니다.

28 의류용 접착심을 1½×28인치(4×70cm) 크기로 잘라 다림질로 고정합니다.

29 접착심을 따라 데님 스트립의 가장자리를 접어 다림질로 꺾어줍니다.

30 반대쪽 가장자리는 시접을 접어서 가장자리를 꺾습니다.

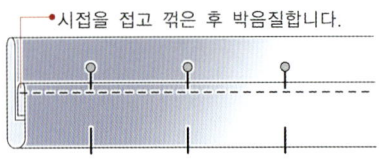

시접을 접고 꺾은 후 박음질합니다.

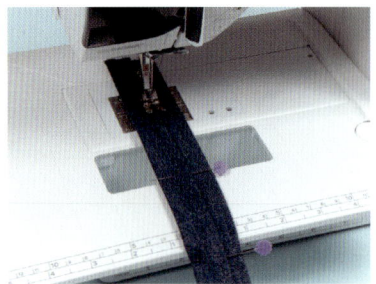

31 시침핀으로 고정한 후 시접을 꺾어 박음질합니다.

32 리넨 조각을 연결해 1¾×28인치 (4.5×70cm) 스트립 2장을 자른 후 아래 위 시접을 ¼인치로 접어 다립니다.

재미있는 모양을 연출하기 위하여 리넨을 조 각으로 연결하여 사용하였습니다.

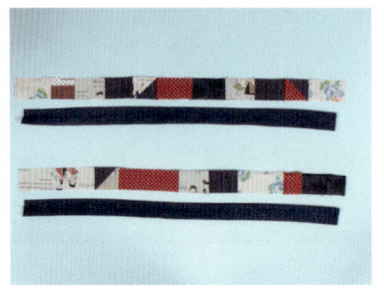

33 데님 스트립과 리넨 스트립을 완 성한 후

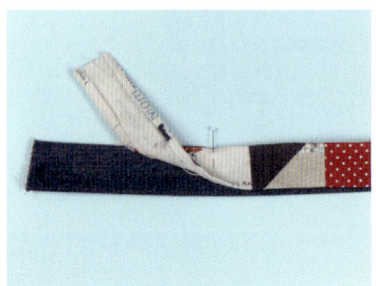

34 리넨 스트립을 데님 스트립의 중 심에 잘 올린 후

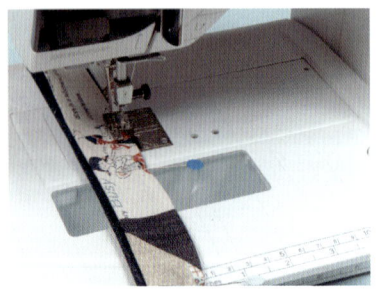

35 시침핀으로 고정한 후 박음질하여

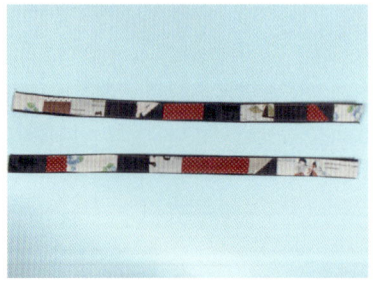

36 가방끈을 완성합니다.

37 가방을 중심으로 각 3½인치(9cm) 위치에 사진처럼 끈을 고정하고

38 가방 상단부에서 ¼인치(0.7cm) 정도 위치에서 박음질 해줍니다. 헌 청바지의 허리 고리를 따낸 후

39 허리에서부터 약 2cm 아래를 잘 라줍니다. 허리 고리는 따지 말고 바싹 자릅니다.(박음선을 따면 청바지 특 유의 노란 박음선이 없어지기 때문입니다.)

40 청바지 허릿단 아랫부분에 가방의 완성선을 따라 시접을 꺾어 시침 핀으로 고정합니다.

41 가방의 크기에 맞게 허리단의 크기를 조절하여 줍니다.

42 가방의 시접선을 따라 겉에서 박음질해 주는데 이때 고리 부분을 박지 않도록 조심합니다.

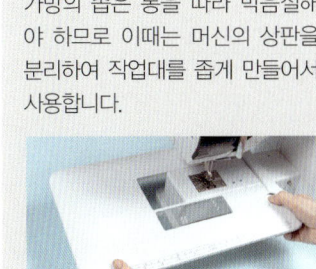

TIP

작업을 편하게 하려면
가방의 좁은 통을 따라 박음질해야 하므로 이때는 머신의 상판을 분리하여 작업대를 좁게 만들어서 사용합니다.

43 가방의 바깥 부분을 깨끗이 박음질한 후에

44 가방의 안쪽 부분 시접 사이에 있는 솜을 깨끗이 제거해줍니다.

청바지 허리단과 고리, 포켓 등을 활용할 때 될 수 있으면 청바지 원래의 노란색 실을 따지 않도록 조심해서 청바지 느낌을 그대로 살리는 게 예쁘답니다.

 **05**

안감 넣어 완성하기

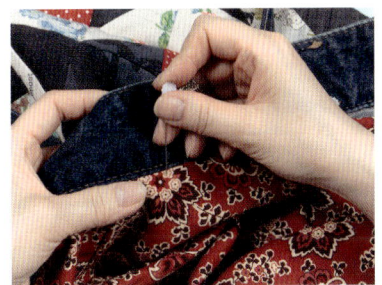

45 가방 안감을 가방 속에 밀어 넣고 안감 윗부분의 시접을 꺾어

46 허릿단 바로 아래에 시침핀으로 고정하여

47 공그르기로 안감 연결을 마무리합니다.

48 마지막으로 남겨놓았던 허리 고리를 바느질로 고정시켜 주면

49 프렌드쉽 스타(Friendship Star) 기법의 리사이클 데님백이 완성됩니다.

18

직선 마름모Square in Square 기법의
스퀘어 티슈 케이스

18 직선 마름모Square in Square 기법의 스퀘어 티슈 케이스

준비물

붉은색 면 ¼마, 붉은 무늬 면 ⅛마,
아이보리색 면 ¼마, 솜 ¼마

• **완성 작품 크기** 10×5×5인치(25×13×13cm) • **패턴 모양과 크기** 5×5인치(12.5×12.5), 조각 크기는 그림 참고

• **난이도** ★ ★ ☆ ☆

완성 작품

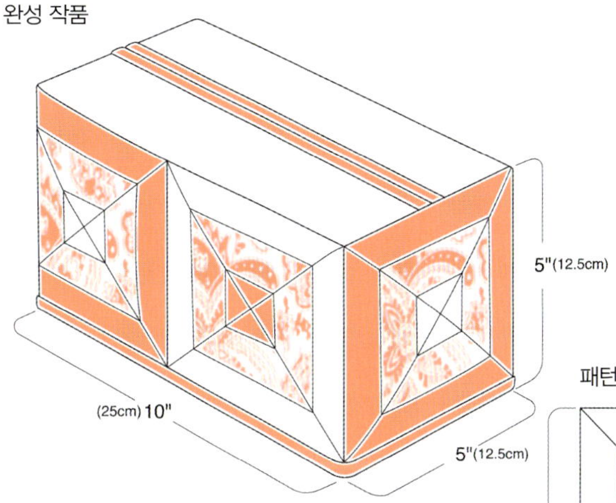

5"(12.5cm)

(25cm) 10"

5"(12.5cm)

패턴 모양

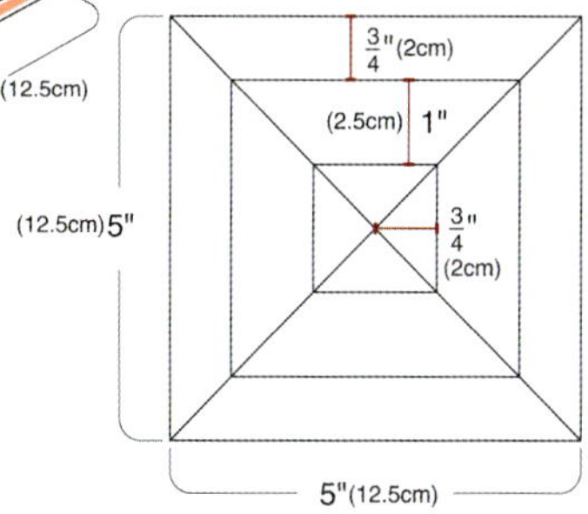

¾"(2cm)

(2.5cm) 1"

¾"(2cm)

(12.5cm) 5"

5"(12.5cm)

재단(시접 포함)

❶ 패턴(아이보리색 면) 1¼×총 52인치(3.5×70cm) 2줄
❷ 패턴(붉은색 면) 1¼×총 52인치(3.5×70cm) 2줄
❸ 패턴(붉은 무늬 면) 1¼×총 52인치(3.5×70cm) 2줄
❹ 겉감(아이보리색 면) 10½×2¾인치(26.5×6.2cm) 2장
❺ 안감(아이보리색 면) 10½×7¾인치(26.5×19.5cm) 2장
　　　　　　　　　　5½×5½인치(14×14cm) 2장
❻ 바인딩테이프(붉은색 면) 1½×총 70인치(4×180cm)

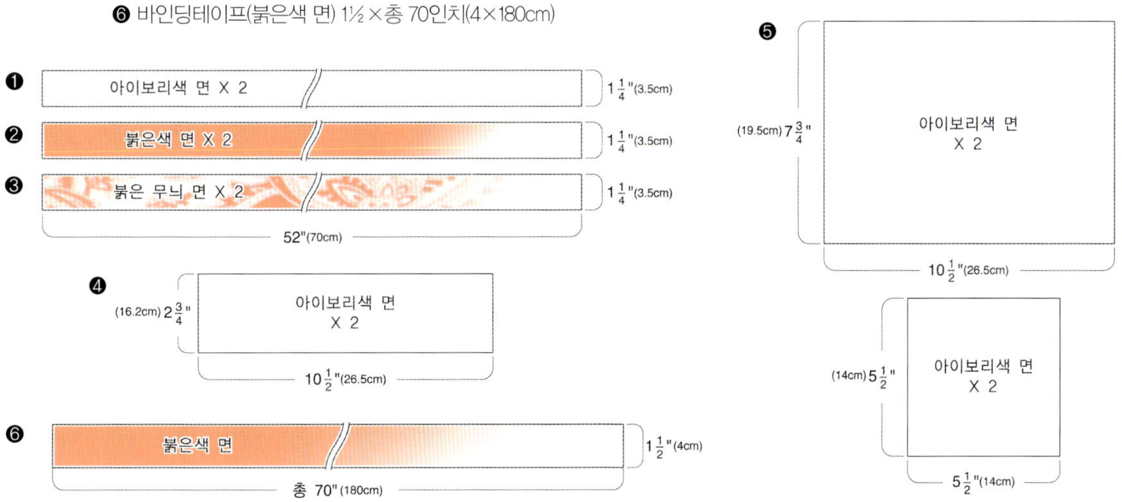

❶ 아이보리색 면 X 2 　　1¼"(3.5cm)
❷ 붉은색 면 X 2 　　1¼"(3.5cm)
❸ 붉은 무늬 면 X 2 　　1¼"(3.5cm)
52"(70cm)

❹ (16.2cm) 2¾" 아이보리색 면 X 2
10½"(26.5cm)

❻ 붉은색 면 　　1½"(4cm)
총 70"(180cm)

❺ (19.5cm) 7¾" 아이보리색 면 X 2
10½"(26.5cm)

(14cm) 5½" 아이보리색 면 X 2
5½"(14cm)

171

01

직선 마름모 패턴 만들기

직선 마름모 패턴은 사각형의 도안 안에 또 다른 사각형의 도안이 겹쳐져 있는 재미있는 패턴입니다. 2가지 색을 사용할 때와 3가지 색을 사용할 때 다른 모양의 패턴이 나오므로 주의합니다.

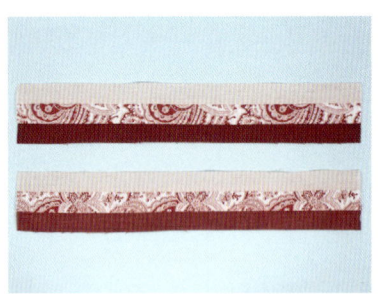

1 아이보리색 면과 붉은색 면을 각각 1¼인치(3.5cm), 붉은 무늬 면을 1½인치(4.5cm) 폭으로 잘라 박음질합니다.

2 이때 시접은 각각의 스트립을 서로 다른 방향으로 다림질합니다.

3 연결한 스트립을 커팅매트의 45도 선에 놓고 가장자리를 정리합니다.

4 스트립을 뒤집어 45도 선에 놓고 커팅합니다.

5 한 번은 앞쪽에서, 또 한 번은 뒤집어서 커팅하면 서로 다른 배합의 삼각형이 생깁니다.

6 2번 과정처럼 연결된 스트립을 각각 다른 방향으로 꺾어주었으므로 시접의 방향이 다른 삼각형끼리 모아서 사진처럼 배열할 수 있습니다.

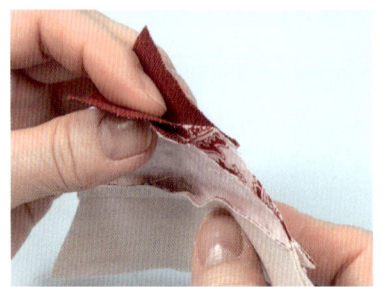

7 시접이 엇갈리도록 하여 조각을 박음질하여 연결하는데

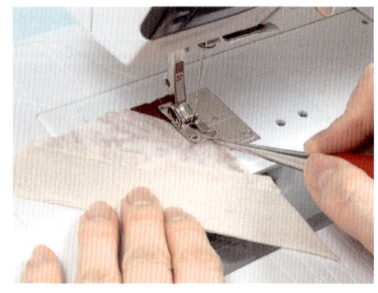

8 시접이 접히지 않도록 끝이 둥근 송곳으로 고정하며 박음질하면 편리합니다.

9 사진처럼 색깔이 서로 다른 패턴 두 가지를 완성합니다.

02

탑 만들고 안감 대기

10 아이보리색 면을 10½×2¾인치 (26.5×6.2cm)로 두 장 잘라 색 배합이 다른 두 개의 패턴과 각각 연결합니다.

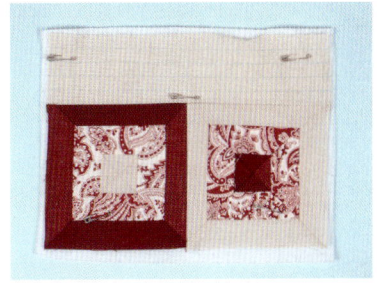

11 퀼팅라인을 그린 탑에 솜을 대고 시침용 안전핀으로 고정한 후

12 노루발을 워킹풋으로 갈아 끼운 후 퀼팅합니다.

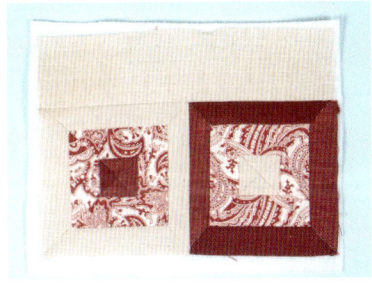

13 그려준 퀼팅라인을 따라 워킹풋으로 퀼팅해준 모습입니다.

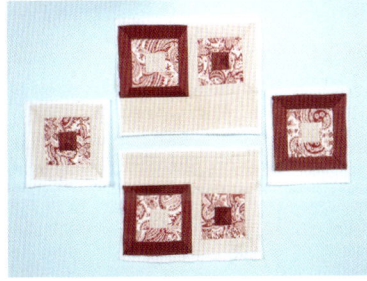

14 나머지 탑들도 모두 워킹풋으로 퀼팅합니다.

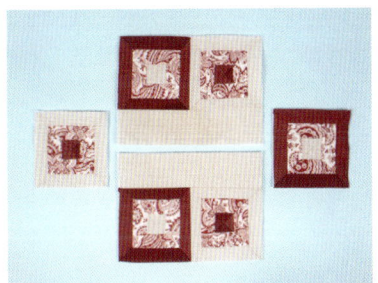

15 퀼팅이 끝나면 가장자리 솜을 깨끗이 제거합니다.

16 아이보리색 면을 10½×7¾인치 (26.5×19.5cm)로 2장 준비하여 각각 겉끼리 포개어

17 양쪽 시접만 ¼인치 시접으로 박음질합니다.

18 ¼인치 시접으로 박음질해준 모습입니다.

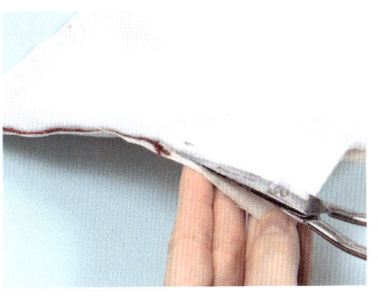

19 시접 부분에 남은 솜은 가위로 잘라 제거한 후

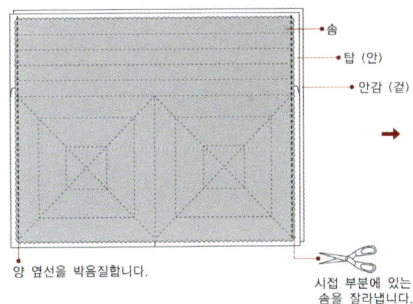

양 옆선을 박음질합니다.

솜
탑 (안)
안감 (겉)

시접 부분에 있는 솜을 잘라냅니다.

20 안감을 대준 탑을 뒤집어줍니다.

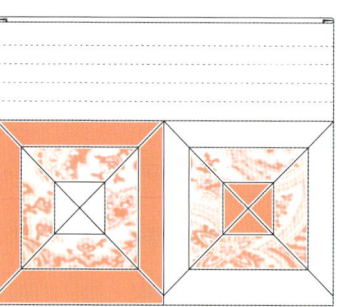

박음질한 후 뒤집어준 모습

21 한 개씩 있는 패턴은 아이보리색 면을 5½×5½인치(14×14cm)로 두 장 잘라 각각 삼면을 박음질하고

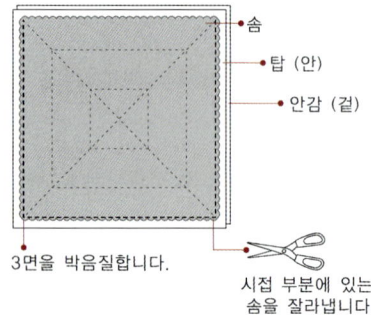

• 솜
• 탑 (안)
• 안감 (겉)

3면을 박음질합니다.

시접 부분에 있는 솜을 잘라냅니다.

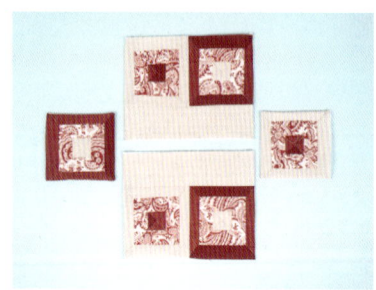

22 솜을 제거한 후 뒤집어줍니다.

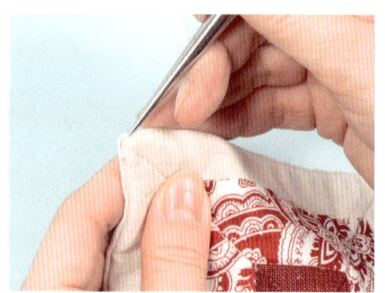

23 이때 모서리 부분을 끝이 둥근 송 곳으로 뾰족하게 정리합니다.

03

바이딩테이프 연결하여
완성하기

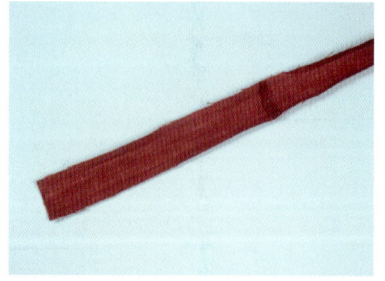

24 네 개의 조각을 사진과 같은 모양으로 완성한 후

25 붉은색 면으로 1½인치 폭의 바인 딩테이프를 준비하여

26 20번 과정에서 완성한 조각의 아이보리색 면 쪽에 바인딩테이프를 박음질하는데 시작 부분은 반드시 접어주고,

27 끝부분의 시접도 반드시 접어 박음질 해줍니다.

28 뒷부분을 공그르기 합니다.

29 양쪽에 접힌 시접 부분도 모두 공
그리기 합니다.

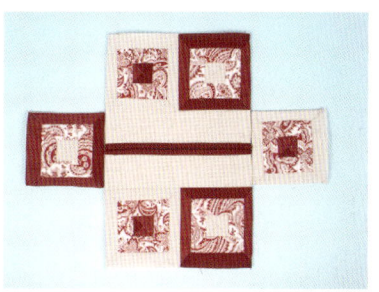

30 마무리가 끝난 조각들을 사진처럼
배치하여 공그르기로 옆선을 이어
줍니다.

31 공그르기로 옆선을 모두 연결해준
모습입니다.

32 티슈케이스의 아랫단에 바인딩테
이프를 박음질해주고

33 공그르기로 손바느질하여 깔끔하
게 마무리하면

34 직선 마름모 기법을 이용한 티슈케
이스가 완성됩니다.

19

술주정뱅이 길Drunkard's Road 기법과
다이아몬드Diamond 기법의
벨벳상자

19 술주정뱅이 길Drunkard's Road 기법과 다이아몬드Diamond 기법의 벨벳상자

준비물

노란색 면 ½마, 밤색 면 ¼마,
빨간색 면 ¼ 마, 밤색 벨벳 ¼마,
솜 ½마, 두꺼운 4절지 종이 1장,
(싸개단추 2개, 밤색 끈 약간)

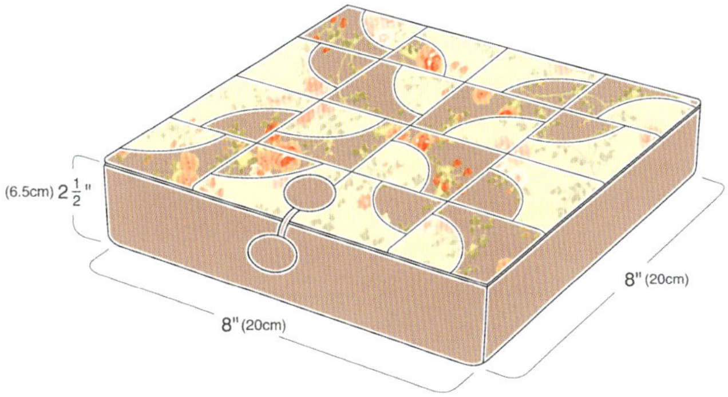

- **완성 작품 크기** 28×8×2½인치(20×20×6.5cm, 가로×세로×높이)
- **패턴 모양과 크기** 8×8인치(20×20,가로×세로) • **난이도** ★ ★ ★ ☆

(6.5cm) 2 ½"

8" (20cm)

8" (20cm)

완성 작품

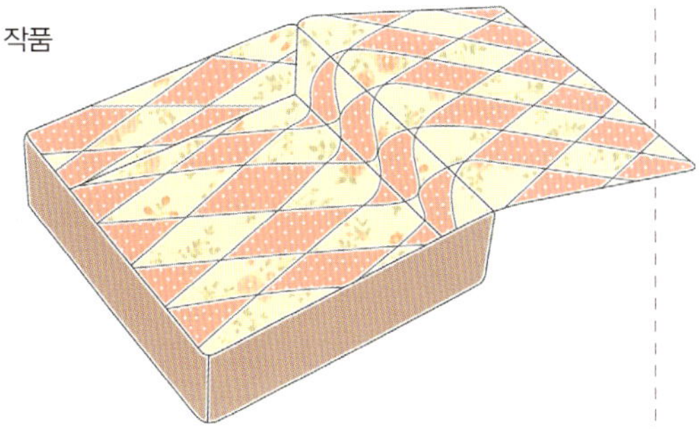

술주정뱅이 길 패턴 모양과 크기

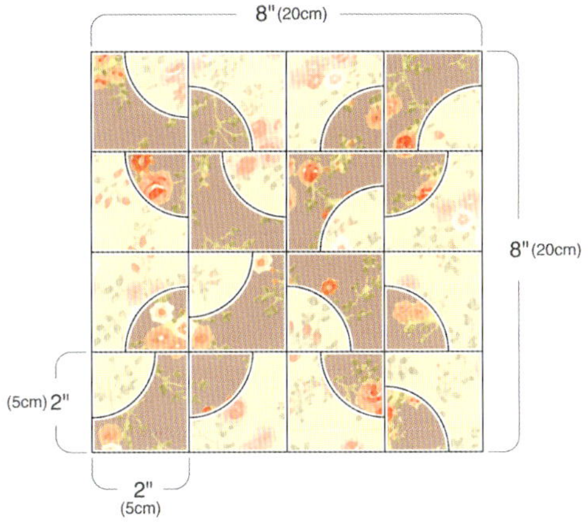

8" (20cm)

8" (20cm)

(5cm) 2"

2"
(5cm)

패턴 제도

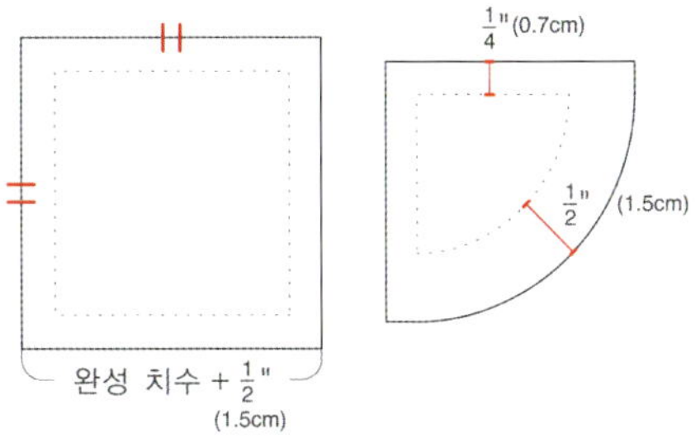

완성 치수 + ½"
(1.5cm)

¼" (0.7cm)

½"

(1.5cm)

다이아몬드 패턴 모양과 크기

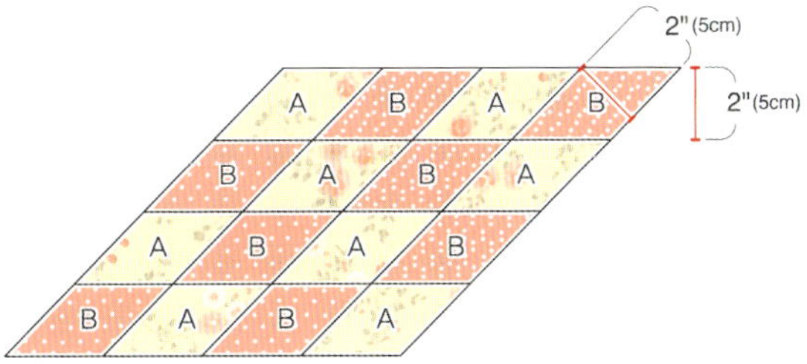

A	B	A	B
B	A	B	A
A	B	A	B
B	A	B	A

2" (5cm)

2" (5cm)

패턴 제도

완성 치수 + ½"
(1.5cm) A

완성 치수 + ½" B

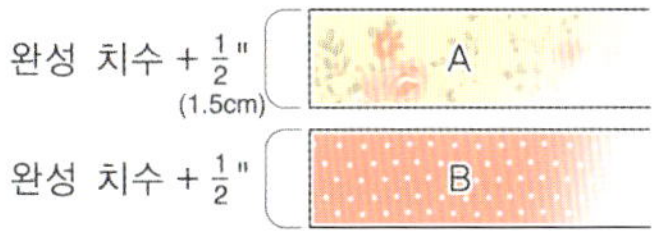

재단(시점 포함)

❶ 술주정뱅이 길 패턴(노란색 면) 2½인치(6.5cm) 정사각형 8장과 삼각주 모양 본 8장

❷ 술주정뱅이 길 패턴(밤색 면) 2½인치(6.5cm) 정사각형 8장과 삼각주 모양 본 8장
　(실물본 19. 벨밧 상자 : 술주정뱅이 길패턴을 cm 단위로 제작하려면 본을 보고 그리면 됩니다)

❸ 다이아몬드 패턴(노란색 면) 2½ ×약 160인치(6.5×약 400cm)

❹ 다이아몬드 패턴(빨간색 면) 2½ ×약 160인치(6.5×약 400cm)

❺ 겉감(퀼팅한 밤색 벨벳) 8½ ×8½인치(22×22cm) 1장, 8½ ×3인치(22×8cm) 4장

❻ 두꺼운 종이 8×8인치(20×20cm) 정사각형 2장, 8×2½인치(20×6.5cm) 직사각형 4장

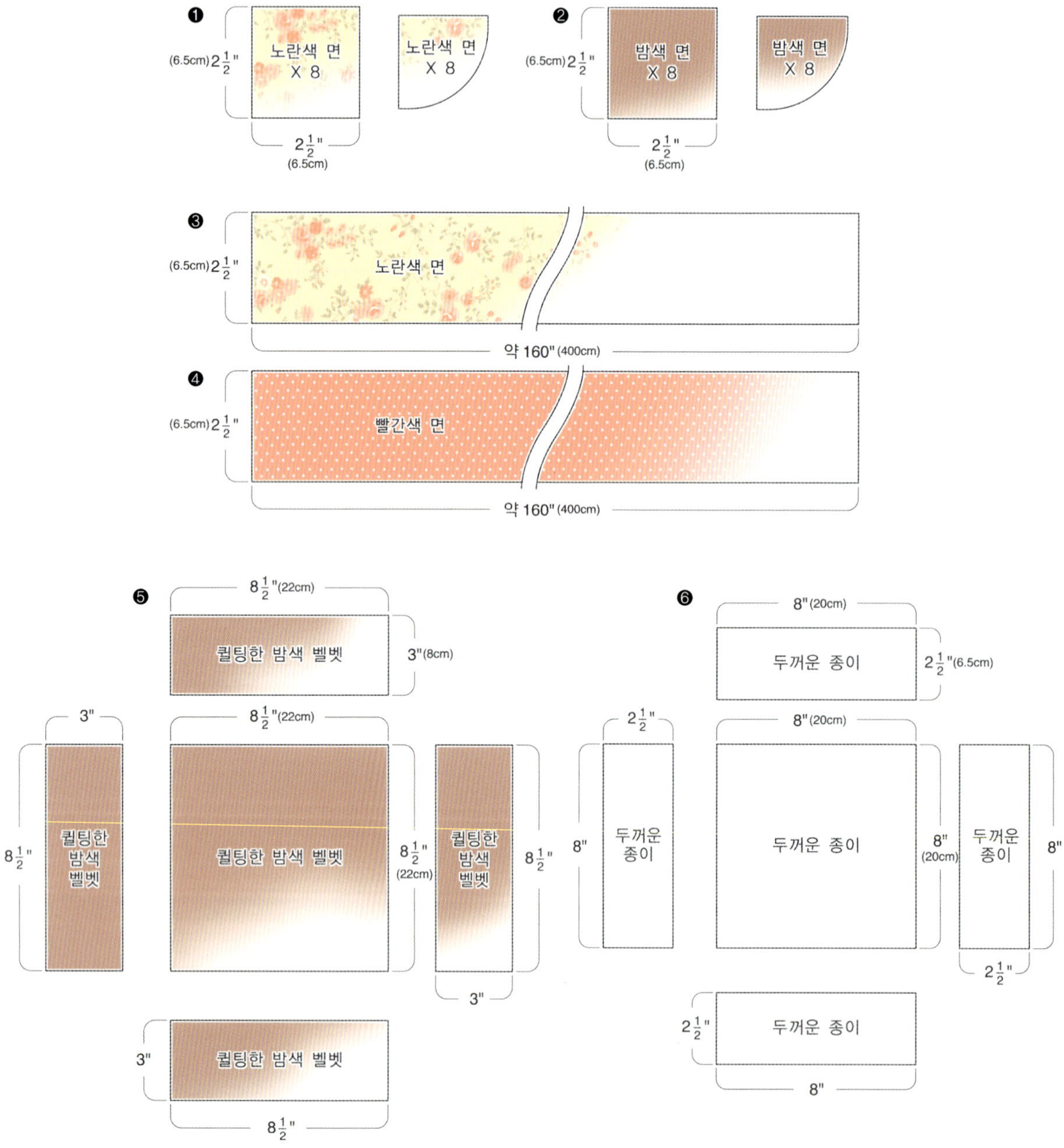

❶ (6.5cm)2½" 노란색 면 X 8 2½"(6.5cm) 　노란색 면 X 8

❷ (6.5cm)2½" 밤색 면 X 8 2½"(6.5cm) 　밤색 면 X 8

❸ (6.5cm)2½" 노란색 면 약 160"(400cm)

❹ (6.5cm)2½" 빨간색 면 약 160"(400cm)

❺
8½"(22cm) 퀼팅한 밤색 벨벳 3"(8cm)
8½"(22cm)
3" 퀼팅한 밤색 벨벳 8½" 퀼팅한 밤색 벨벳 8½"(22cm) 퀼팅한 밤색 벨벳 8½" 3"
퀼팅한 밤색 벨벳 3" 8½"

❻
8"(20cm) 두꺼운 종이 2½"(6.5cm)
2½" 8"(20cm)
8" 두꺼운 종이 두꺼운 종이 8"(20cm) 두꺼운 종이 8" 2½"
2½" 두꺼운 종이 8"

01

술주정뱅이 길 패턴 만들기

술주정뱅이 길은 술에 취해 비틀거리며 걷는 술주정꾼의 움직임을 표현하고 있습니다. 19세기 후반 금주 운동이 한창이던 때 기독교도 부인들이 금주운동으로 주류 불매 운동을 펼치는 과정에서 프레젠테이션 퀼트로 사용되기도 했습니다.
다이아몬드 기법은 마름모 패턴이라고도 불리며 여기에서 소개한 45°뿐 아니라 다양한 각도를 시도해볼 수 있는 패턴입니다.

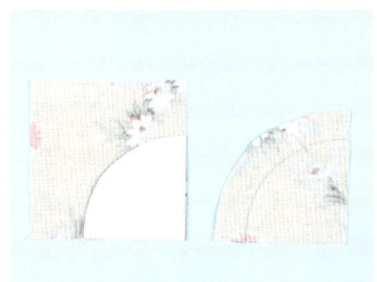

1 노란색 면과 밤색 면을 각각 2½인치 (6.5cm) 정사각형 8장과 부채꼴 모양 (본 참고) 8장을 자르는데, 이때 부채꼴 모양의 조각은 둥근 면 쪽으로 약 ½인치 (1.5cm) 가량의 시접을 두고 자릅니다.

2 서로 다른 색과 모양끼리 연결되도록 배치합니다.

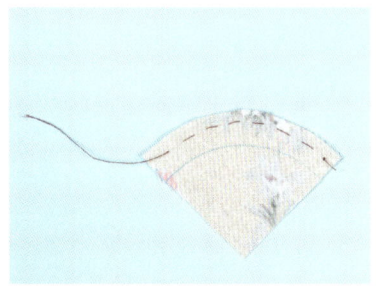

3 부채꼴 모양 조각의 시접 부분을 시침질하여

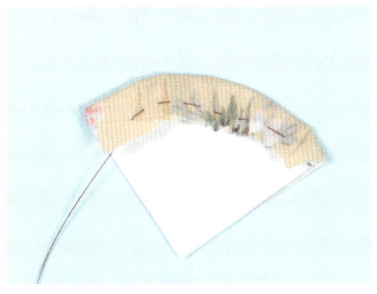

4 부채꼴 모양 본에 대고 시침실을 바싹 잡아당겨서 다림질합니다.

5 4번의 조각을 정사각형 바닥 위에 모서리 부분이 겹치도록 올려

6 시침핀으로 고정하고

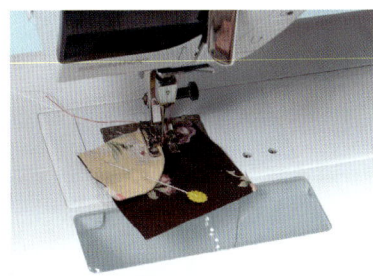

7 투명실로 아플리케 합니다.(아플리케 Ⅲ 기법으로 인버저블 스티치 합니다)

아플리케한 후 천이 겹치는 부분은 반드시 시접 분량만 남기고 제거해야 퀼팅 했을 때 아플리케한 부분에 솜이 맞닿아 볼륨 있고 예쁘게 보입니다.

8 앞면을 인비저블 스티치로 아플리케 한 후

9 뒷면은 반드시 시접 ¼(0.7cm) 인치를 남기고 오려서 제거합니다. 같은 방법으로 술주정뱅이 길 패턴을 15개 더 만듭니다.

02

다이아몬드 패턴 만들기

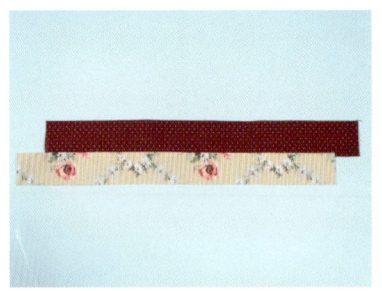

10 노란색 면과 빨간색 면을 각각 2½ 인치(6.5cm) 스트립으로 잘라 3cm 씩 밀어서 박음질합니다.

11 다림질 후 45도 선에 맞추어 가장 자리를 정리한 후

12 2½인치 간격으로 잘라줍니다.

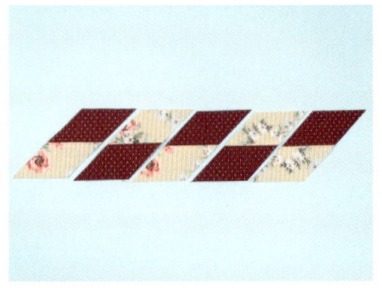

13 잘라준 조각을 사진과 같이 배열해 준 후

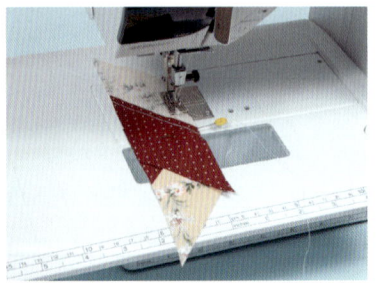

14 상자의 크기만큼 조각을 연결한 후(2개씩 연결한 조각이 45개가 필요함) 솜을 대고 퀼팅합니다.

15 시접 부분이 잘 맞도록 고정하여 박음질합니다.

03

상자 겉면 퀼팅 탑 만들기

16 9번 과정에서 만든 조각 16개를 사 진과 같이 배치합니다.

17 16조각을 ¼인치 시접으로 연결하 여 박음질합니다.

18 솜을 대고 시침핀으로 고정한 후 노루발로 교체하여

19 프리 모션 노루발을 장착하여 패턴의 선을 따라 프리 모션으로 퀼팅해줍니다.

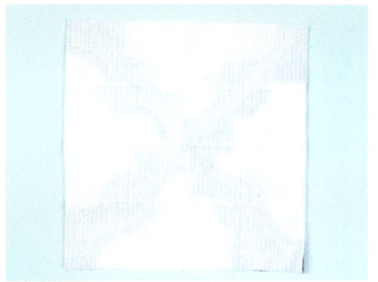

20 프리 모션 퀼팅을 해준 뒷면의 모습입니다.

 **04**

옆면 만들기

 쌍침(twin needle)은 한 개의 바늘대에 두 개의 바늘이 달려 있는 바늘을 말합니다.

21 밤색 벨벳 ¼마를 퀼팅라인의 기준선만 그어주고 솜을 대고 시침합니다.

22 워킹풋을 장착하고 씨임가이드를 1인치(2.5cm) 간격으로 끼운 후 바늘을 2.5mm 쌍침으로 갈아 끼웁니다.

23 우선 그려놓은 라인을 따라 퀼팅한 후

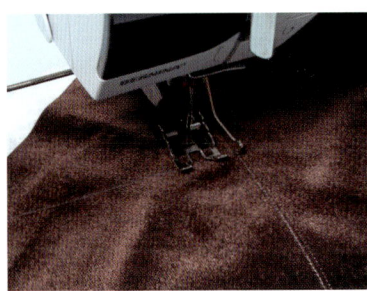

24 가이드의 폭에 맞춰 1인치 간격으로 퀼팅합니다.

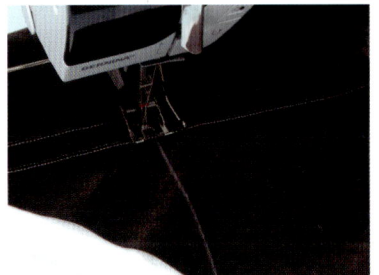

25 반대쪽 라인도 마찬가지로 퀼팅합니다.

26 쌍침으로 퀼팅을 마친 탑의 겉모습입니다.

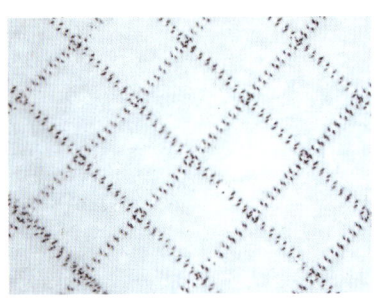

27 쌍침으로 퀼팅을 마친 탑의 안쪽 모습입니다.

TIP

1 씨임가이드(seam guide)가 있으면 직선 퀼팅 시 따로 퀼팅라인을 그리지 않아도 가이드의 폭을 따라 퀼팅하면 되므로 편리합니다.
2 쌍침으로 퀼팅하면 폭이 일정한 두 개의 선이 동시에 박음질되 재미있는 효과를 냅니다.

05

마무리하고 완성하기

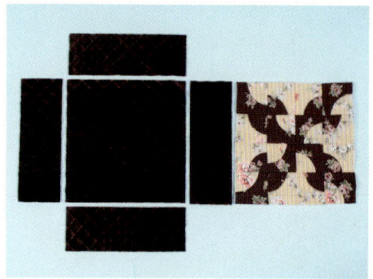

28 퀼팅한 밤색 벨벳을 8½×8½인치 (22×22cm) 1장, 8½×3인치(22× 8cm) 4장을 잘라

29 ¼인치 노루발로 박음질하여 서로 연결합니다.

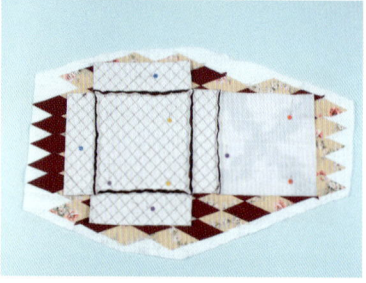

30 상자 겉과 안의 퀼팅한 탑을 겉과 겉끼리 포개어 시침핀으로 고정하여

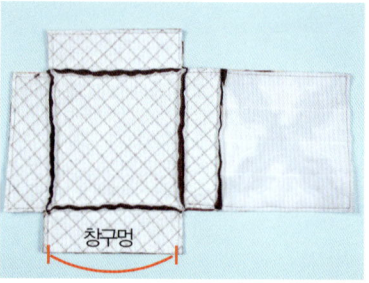

31 옆선의 창구멍을 남기고 박음질한 후 시접 외의 남는 천을 잘라 정리하고

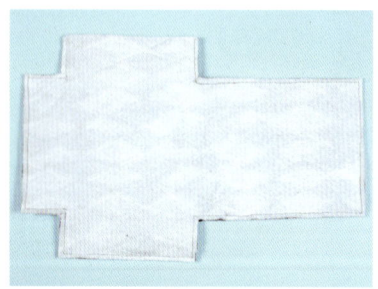

32 시접 부분 가장자리의 솜을 모두 제거합니다.

33 모서리마다 가윗밥을 넣어준 후 뒤집어 정리합니다.

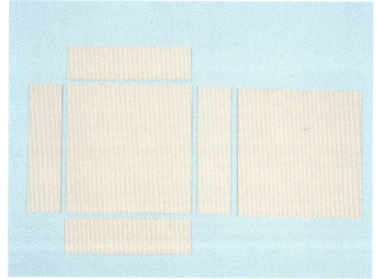

34 두꺼운 종이를 8×8인치(20× 20cm) 정사각형 2장, 8×2½인치 (20×6.5cm) 직사각형 4장을 잘라줍니다.

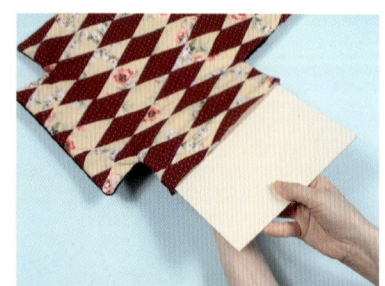

35 창구멍을 통하여 종이를 집어 넣어주는데

36 한 면이 들어갈 때마다 경계면을 박음질해서 종이를 고정합니다.

37 종이를 다 끼우고 나면 창구멍을 공그르기로 막고

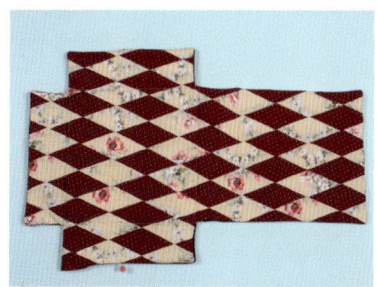

38 전개도 모양을 완성합니다.

39 상자의 옆면끼리 공그르기로 이어 주면.

40 상자가 완성됩니다.

41 상자의 옆면과 뚜껑에 단추를 달고 끈을 달아 잠금장치를 만들어 주어 도 좋습니다.

20
스파이럴Spiral 기법의
양면 스트링 베스트

20 스파이럴Spiral 기법의 양면 스트링 베스트

준비물

자주색 면 ⅓마, 체크무늬 면 1마,
무늬 면 3종류 각 ¼마,
의류용 접착심 1마,

코사지 준비물 : 아이보리색 면 ⅛마,
브로치용 핀, 비즈 약간

• **완성 작품 크기** 14×22인치(36×56cm) • **난이도** ★★★☆

완성 작품

재단(시접 포함)

❶ 패턴(자주색 면, 체크무늬 면, 무늬 면 3종류) 2인치(5cm)
   스트립
❷ 겉감(스파이럴 패턴 탑) 앞판 1장씩, 등판 1장(본)
❸ 겉감(보라색 면) 앞판 1장씩(본)
❹ 안감(체크무늬 면) 등판 1장(본)
❺ 의류용 접착심 등판 1장(본)
   (실물본 3면 20, 양면 스트링 베스트)

❻ 스트링 고리(체크무늬 면과 보라색 면) 1×1¼인치(2.5×
   3cm) 각 6줄
❼ 스트링(보라색 면) 1×70인치(2.5×140cm) 2장
❽ 코사지(보라색 면, 아이보리색 면) 지름 2½, 3½, 4인치
   (6cm, 9cm, 10cm) 원 각 5장

❶

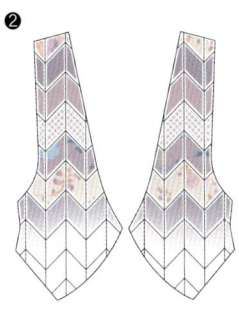

❷

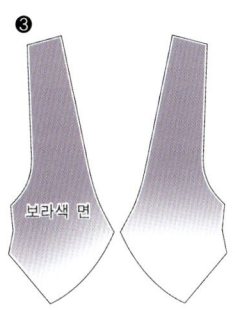

❸

보라색 면

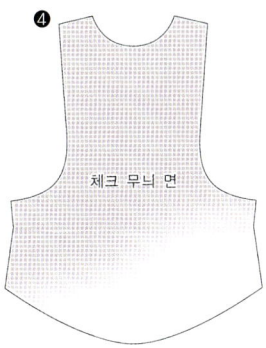

❹

체크 무늬 면

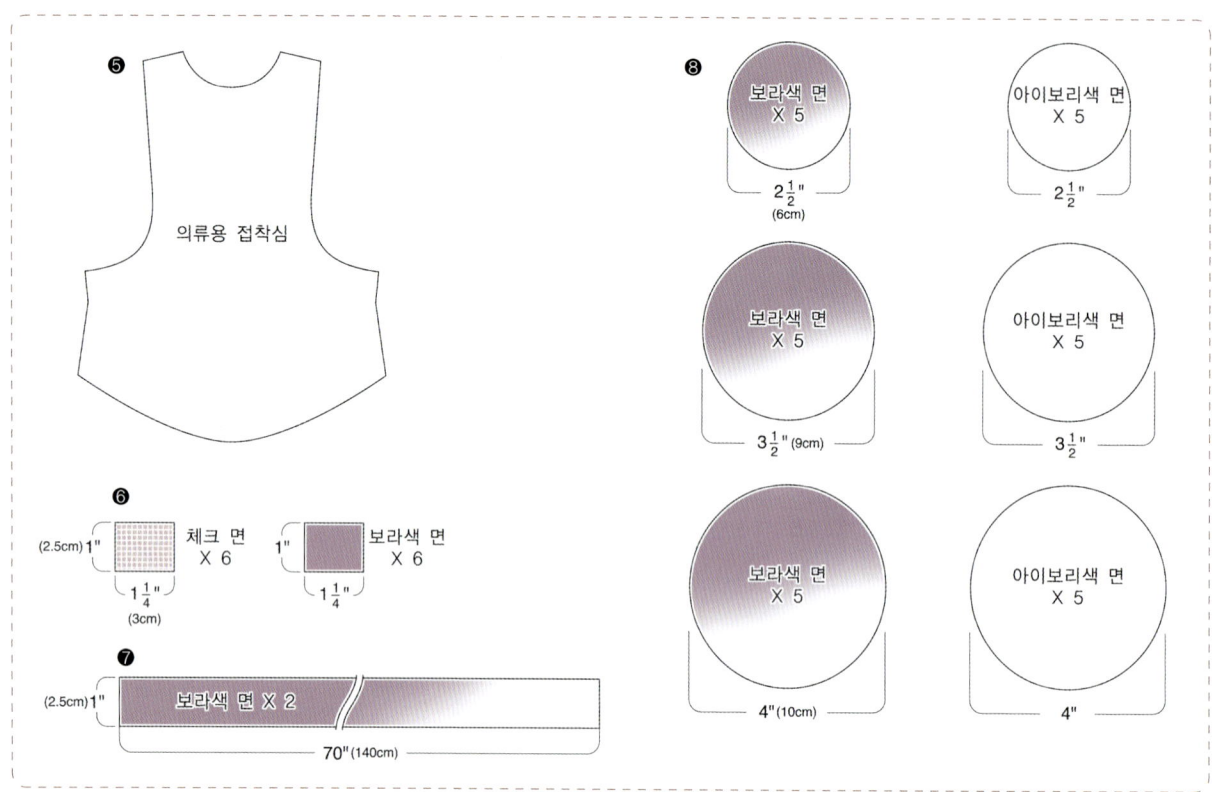

❺ 의류용 접착심

❻ 체크 면 X 6 (2.5cm)1" 1¼" (3cm)

보라색 면 X 6 1" 1¼"

❼ 보라색 면 X 2 (2.5cm)1" 70"(140cm)

❽ 보라색 면 X 5 2½" (6cm)

아이보리색 면 X 5 2½"

보라색 면 X 5 3½" (9cm)

아이보리색 면 X 5 3½"

보라색 면 X 5 4"(10cm)

아이보리색 면 X 5 4"

01

스파이럴 패턴 만들기 I

반대 방향의 두 가지 사선 모양의 패턴을 연결하는 기법을 스파이럴 기법이라고 합니다. 작은 양의 패턴을 만들 때는 만들기-I의 방법을 사용하면 되고, 많은 양의 패턴을 만들 때는 만들기-II의 방법을 사용하면 편리합니다.

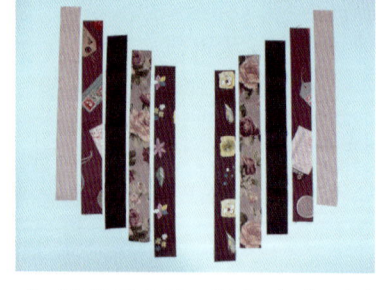

1 자주색 면과 체크 면, 무늬 면 3가지, 모두 5가지의 면을 2인치(5cm) 폭으로 잘라 사진처럼 배열합니다.

2 서로 반대되는 방향으로 두 세트로 박음질합니다. 이때 3cm식 밀면서(혹은 당기면서) 박음질합니다.

3 각 세트의 시접이 반대 방향으로 가도록(한쪽 세트가 시접이 위를 향하면 다른 한쪽은 아래를 향하게) 다림질합니다.

4 45도 라인에 맞추어 2인치(5cm) 간격으로 잘라주면

5 서로 다른 방향의 스트립이 생깁니다.

6 각 스트립을 순서대로 연결합니다.

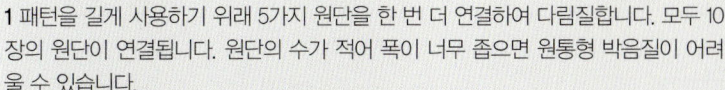

다른 스파이럴 패턴 만드는 방법

1 패턴을 길게 사용하기 위래 5가지 원단을 한 번 더 연결하여 다림질합니다. 모두 10장의 원단이 연결됩니다. 원단의 수가 적어 폭이 너무 좁으면 원통형 박음질이 어려울 수 있습니다.

2 ● 표한 곳끼리 서로 맞대어서

3 박음질합니다.

4 사진처럼 원통 모양으로 완성됩니다.

5 가장자리를 정리하고 2인치(5cm) 폭으로 커팅합니다.

6 커팅한 원통 모양의 스트립을 리퍼로 뜯어줍니다. 이때 각 스트립마다 똑같은 위치의 조각을 뜯어주어야 합니다.

7 두 세트에서 나온 각각의 스트립을 연결하여 완성합니다.

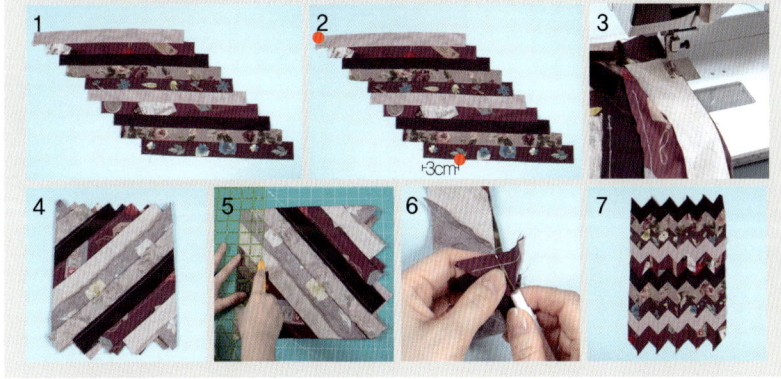

양면 베스트 본뜨기

양면으로 입을 수 있는 베스트이므로 앞판도 등판도 모두 2장씩 본을 뜹니다.

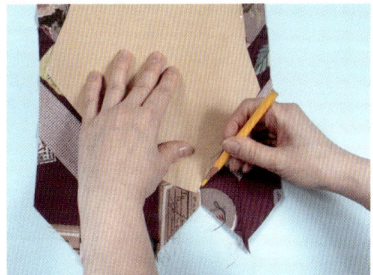

7 스파이럴 패턴과 자주색 면 위에 베스트 앞판 본을 뜨고 시접(⅜인치, 2cm)을 두고 자릅니다. 앞판은 본 뜰 때 좌, 우를 구분하여야 합니다.

8 스파이럴 패턴과 체크 면 위에 베스트 등판 본을 뜨고 시접(⅜인치, 2cm)을 두고 자릅니다.

9 체크면과 스파이럴 위에 베스트 등판의 본을 뜨고 시접((⅜인치, 2cm)을 두고 자릅니다.

10 베스트 등판에 의류용 접착심을 대고 본에 나와 있는 다트의 본을 뜹니다.

03

안감 만들어 연결하기

체크무늬 면 등판과 스파이럴 패턴 등판 양면
모두 다트를 넣습니다.

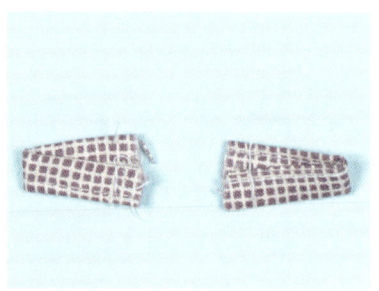

11 체크 면과 보라색 면으로 1인치
(2.5cm) 폭의 스트립을 1¼인치
(3cm) 길이로 각각 6개씩 오려 바인딩테이
프를 만들 때처럼 네 번 접어 박음질하여
등판에 달 고리를 만듭니다.

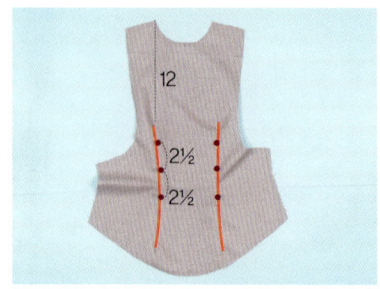

12 다트 부분에 고리를 시침질하여 고
정시킨 후 다트 부분을 뒷면에서
반 접어 미싱으로 박음질합니다. 어깨에서
12인치(30cm) 내려온 위치부터 시작해서
2½인치(7.5cm) 간격으로 답니다.

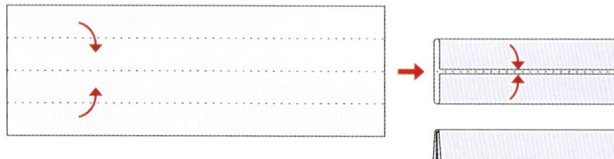

13 보라색 면을 1×70인치(2.5×140cm) 폭의 스트립으로 두 장 잘라 바인딩테이프처럼
4겹으로 접어 박음질하여 스트링을 만들어 둡니다.

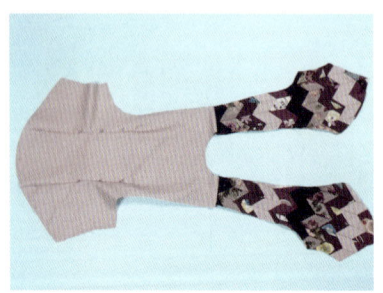

14 체크 면과 스파이럴 패턴 본의 어
깨 부분을 연결합니다.

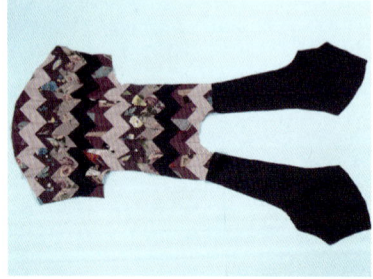

15 자주색 면과 스파이럴 패턴 본의
어깨 부분을 연결합니다.

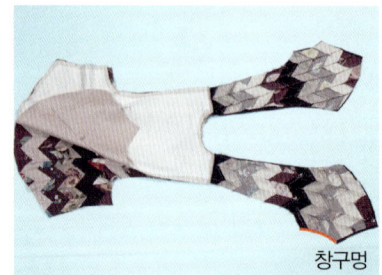

창구멍

16 베스트 두 장을 겉과 겉이 마주보
게 잘 포개어 박음질합니다. 옆선
에 창구멍을 냅니다.

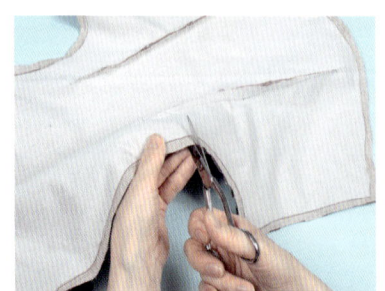

17 곡선 부분에 반드시 가윗밥을 넣어
주고 모서리 부분은 잘라냅니다.

18 옆선에 남겨놓은 창구멍을 통해
뒤집어줍니다.

19 옆선을 공그르기로 막아 베스트
모양을 완성합니다.

20 양 옆선을 안 밖으로 공그르기 합니다. 이때 안과 밖에서 각각 공그르기 해주어야 튼튼합니다.

21 양면으로 모두 입을 수 있는 양면 스트링 베스트가 완성되었습니다.

TIP

코사지 만들기

1 베스트에 어울리는 천 두 종류(보라색, 아이보리색 면)을 지름 2½, 3½, 4인치(6cm, 9cm, 10cm) 크기의 원으로 자릅니다. 두 종류의 원마다 5장씩, 총 30장의 원이 필요합니다. 이 때 사용할 천은 부드럽고 올이 잘 풀리는 천으로 선택하면 더 효과적입니다.

2 원 모양의 천을 꽃잎 모양으로 다섯개 오립니다.(크기가 일정하지 않아도 됩니다)

3 완성된 꽃잎 모양의 원단을 물에 비비며 살짝 빨아서 말립니다.

4 자연스레 올이 풀리고 조글해진 원단을 아이보리(대) 5장, 보라색(대) 5장, 아이보리 (중) 5장, 보라색(중) 5장, 아이보리 (소) 5장, 보라색(소) 5장의 순서로 포갭니다.

5 굵은 바늘로 한꺼번에 손바느질로 단단히 박음질하여 고정시킵니다.

6 코사지의 앞부분이 박음질 자국은 비즈를 달아 가리고

7 뒷부분에 브로치핀을 글루건으로 고정시켜 코사지를 완성합니다.

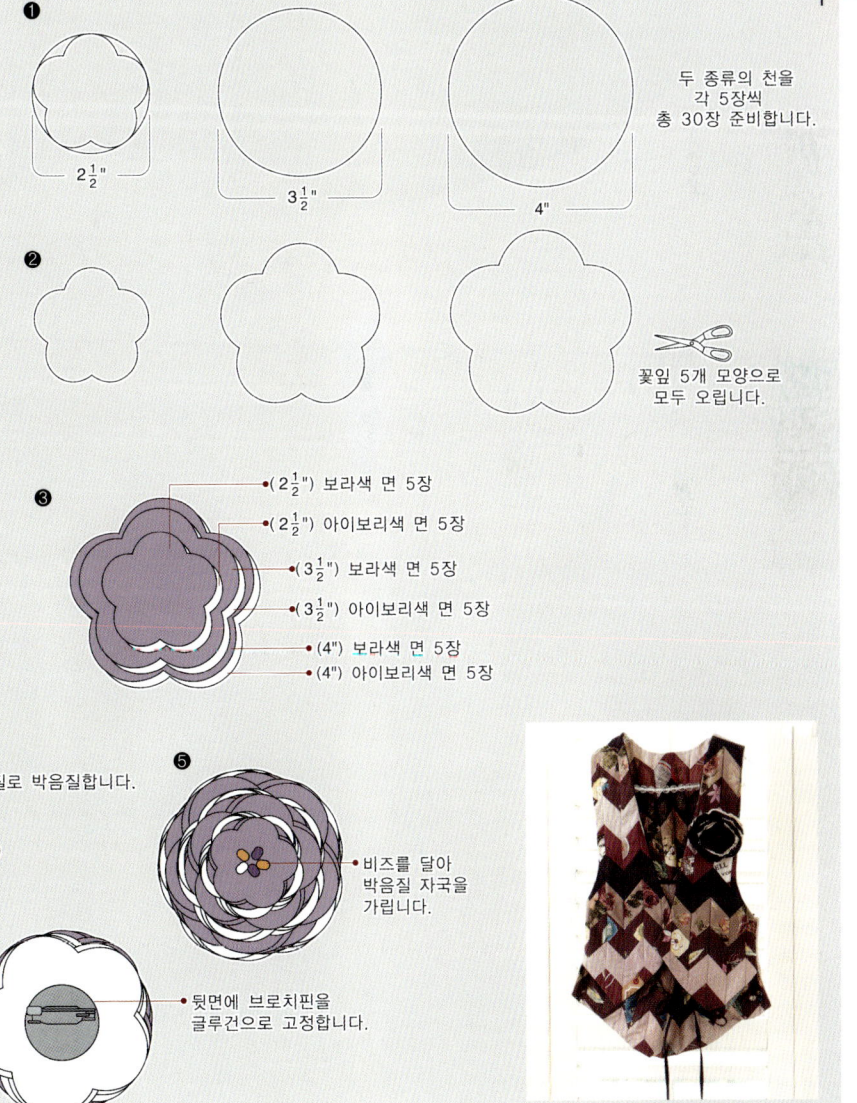

❶ 2½" 3½" 4"

두 종류의 천을 각 5장씩 총 30장 준비합니다.

❷ 꽃잎 5개 모양으로 모두 오립니다.

❸
• (2½") 보라색 면 5장
• (2½") 아이보리색 면 5장
• (3½") 보라색 면 5장
• (3½") 아이보리색 면 5장
• (4") 보라색 면 5장
• (4") 아이보리색 면 5장

❹ 손바느질로 박음질합니다.

❺ 비즈를 달아 박음질 자국을 가립니다.

❻ 뒷면에 브로치핀을 글루건으로 고정합니다.

21

파인애플Pineapple 기법의
파인애플 바구니

21 파인애플Pineapple 기법의 파인애플 바구니

준비물

• 완성 작품 크기 8×8×3인치(21×21×8cm) • 난이도 ★★★☆

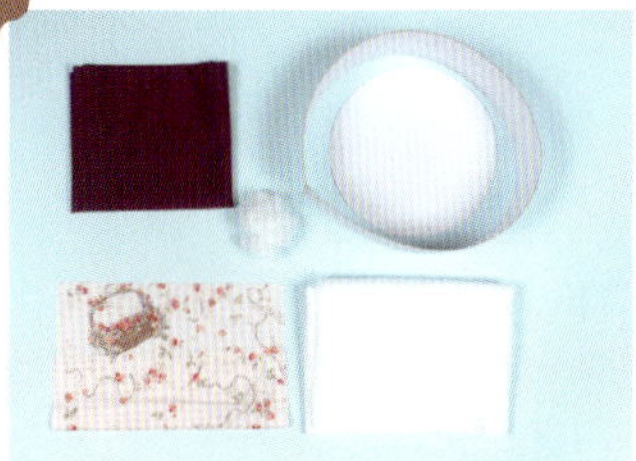

완성 작품

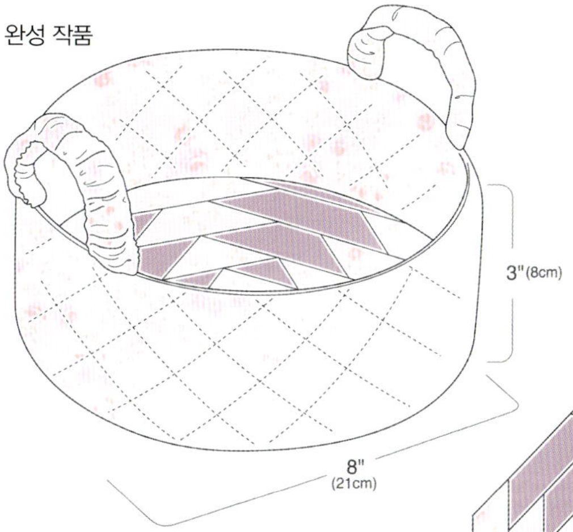

3"(8cm)

8"
(21cm)

패턴 모양

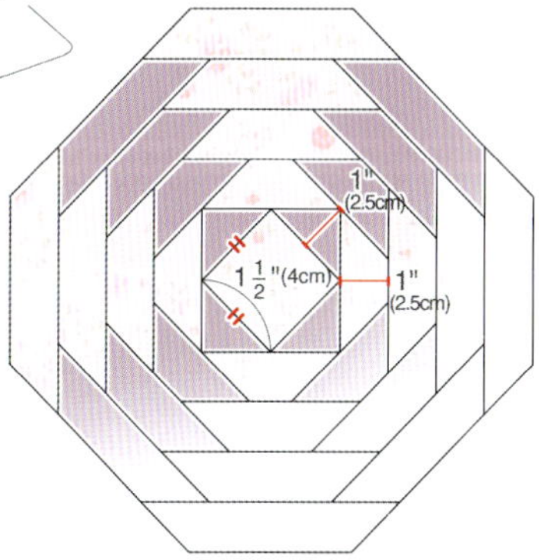

1"
(2.5cm)

1 1/2 "(4cm)

1"
(2.5cm)

1"
(2.5cm)

연보라색 면 ⅜마, 보라색 면 ⅛마,
솜 ½마, 방울솜 약간, 마분지 4절 1장

재단(시접 포함)

❶ 패턴(연보라색 면) 2×2인치(5×5cm) 정사각형 1장,
   1½×약 80인치(4×200cm) 스트립
❷ 패턴(보라색 면) 1½×약 80인치(4×200cm) 스트립
❸ 바구니 옆면(연보라색 면) 4×27인치(10×70cm) 2장

❹ 바구니 바닥(연보라색 면) 10인치(25cm) 지름 원형 1장
❺ 마분지 원 8인치 지름 1장(본 있음)
❻ 손잡이(연보라색 면) 1½×10인치(4×25cm) 4장

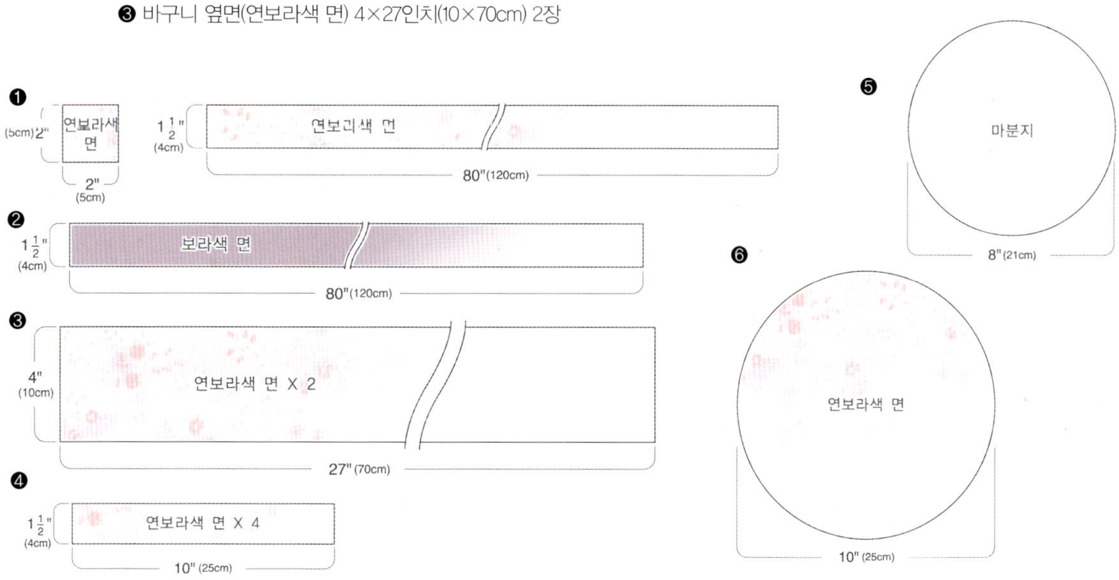

❶
연보라색
면
(5cm)2"
2"
(5cm)

1 1/2 "
(4cm)
연보리색 면
80"(120cm)

❺
마분지
8"(21cm)

❷
1 1/2 "
(4cm)
보라색 면
80"(120cm)

❻

❸
4"
(10cm)
연보라색 면 X 2
27"(70cm)

연보라색 면

❹
1 1/2 "
(4cm)
연보라색 면 X 4
10"(25cm)

10"(25cm)

01

파인애플 패턴 만들기

파인애플 패턴은 로그 캐빈 패턴의 응용으로 모양이 파인애플과 비슷하여 붙여진 이름입니다.

연보라색 면과 보라색 면 스트립 모두 총 약 80인치(400cm) 가량이 필요합니다.

1 연보라색 면을 2×2인치(5×5cm) 정사각형 1장과 폭 1½인치(4cm)의 스트립으로, 보라색 면을 폭 1½인치(4cm) 스트립으로 자릅니다.

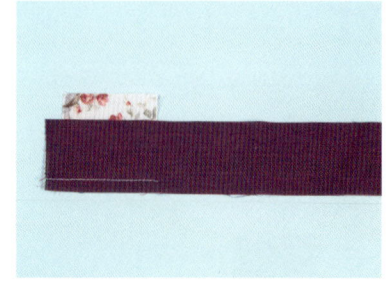

2 연보라색 정사각형에 보라색 스트립을 앞을 약간 빼서 겉과 겉을 마주보고 ¼인치 시접으로 박음질합니다.

3 보라색 스트립과 정사각형을 겉으로 펴서 다림질한 후 정사각형의 크기와 동일하게 잘라줍니다.

4 정사각형의 맞은편에 스트립을 박음질하고

5 나머지 양쪽도 박음질합니다.

6 이때 사면이 정사각형이 될 필요는 없습니다.

7 사각형의 대각선을 따라 모서리에서 ¼인치(0.7cm) 시접을 두고 커팅합니다.

8 네 군데 모서리를 모두 ¼인치(0.7cm) 시접을 두고 커팅 하는데

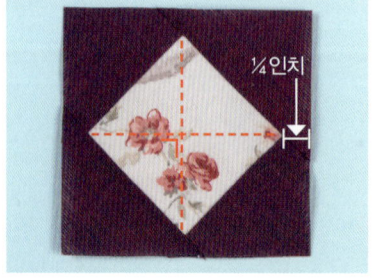

¼인치

9 이때 직각을 잘 맞추어야 합니다. 만약 직각이 잘 잡히지 않으면 전체 모양이 찌그러질 수 있으므로 주의합니다.

10 다음 단은 앞의 방법으로 연보라색 스트립을 박음질해서 커팅합니다.

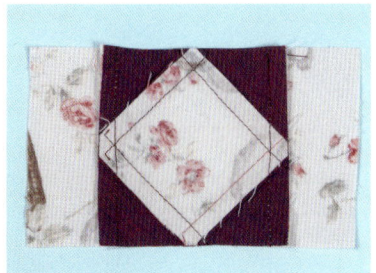

11 박음질한 스트립의 뒷면의 모습입니다.

12 박음질하여 사면에 스트립을 모두 연결합니다.

스트립을 꼭 빼주세요.

스트립을 빼지 않고 정사각형 면과 똑같이 겹쳐 박음질하면 나중에 겉으로 폈을 때 크기가 모자랄 수 있으므로 주의합니다.

TIP

13 사면을 모두 연결해준 뒷면의 모습입니다.

14 모서리에서 대각선으로 ¼인치 (0.7cm) 시접을 두고 사면을 커팅합니다.

이때 모서리에 깎이는 부분이 생겨도 원래 그렇게 되는 것이니 당황하지 마세요.

TIP

15 다음 단은 다시 보라색 스트립을 연결하고 커팅합니다.

16 보라색 스트립을 연결하여 커팅해준 모습입니다.

17 패턴의 형태가 나타나기 시작하면 사면에만 스트립을 연결하고 모서리 부분은 연결하지 않습니다.

18 모서리의 라인을 따라 가장자리를 정리합니다.

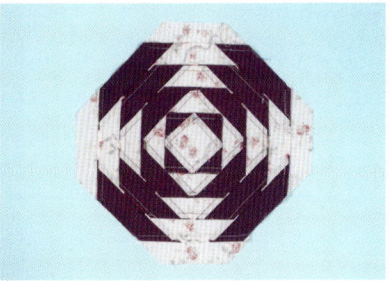

19 위와 같은 방법으로 정사각형의 둘레를 총 8회 반복해서 연결합니다.

02
바구니 바닥 만들기

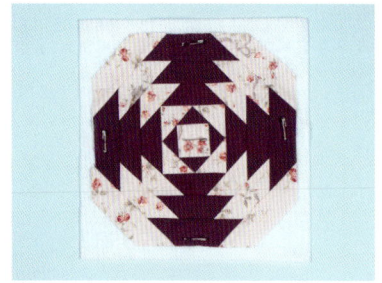

20 패턴의 바닥에 손만 대고 시침핀을 꽂은 후

21 워킹풋 노루발로 교체한 후 퀼팅합니다.

22 지름 8인치의 원을 그려준 후 시접을 1인치(2.5cm) 정도 넉넉히 남기고 자릅니다. cm 단위를 쓰는 분은 본을 보고 그리면 됩니다.

23 시접을 따라 시침질을 해서 지름 8인치 마분지원을 집어넣고 시침실을 꽉 잡아당겨준 후(*주의! 이때 실은 이불실처럼 질기고 두꺼운 것을 사용하여야 합니다. 지그재그로 연결해야 하므로 실을 될 수 있으면 길게 자르세요.)

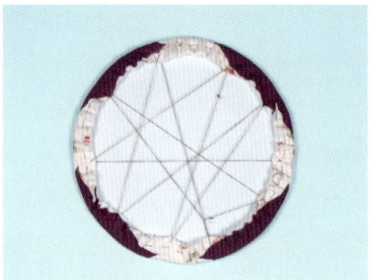

24 원의 둘레를 지그재그로 왔다 갔다 하며 꿰매어 퀼팅 탑을 종이 원에 고정시켜 줍니다. 시침질이 촘촘하고 교차선을 많이 해줄수록 퀼팅 탑의 모양이 동그랗게 예쁘게 됩니다.

03
바구니 옆면 만들기

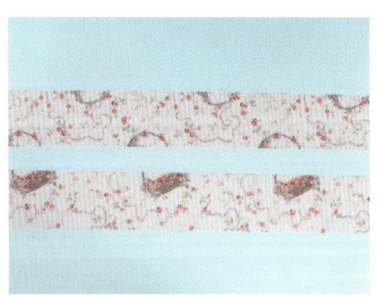

25 연보라색 면을 4×27인치(10×70cm) 크기로 두 장 준비합니다.(퀼팅을 해야 하므로 넉넉한 크기로 준비합니다)

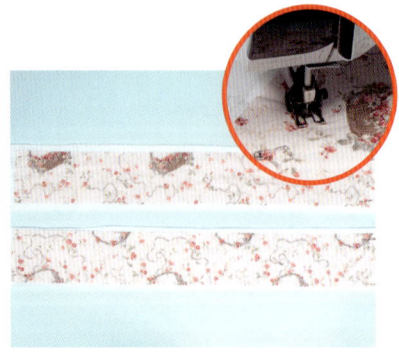

26 1인치(2.5cm) 간격으로 퀼팅선을 그린 후 퀼팅합니다.

이때 완성선은 마분지 옆면을 대고 그리면 가장 정확한데 옆면을 재는 방법은 25번의 팁을 참고하세요.

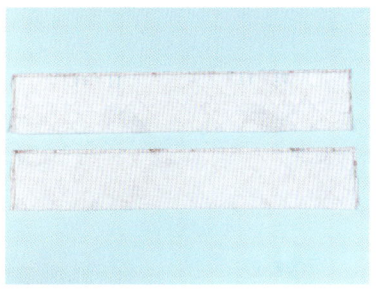

27 완성선(3×21인치, 8×65cm)을 그려준 후

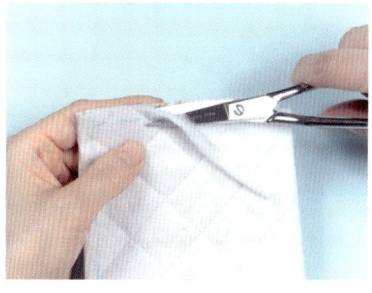

28 시접 부분의 솜을 가위로 잘라줍니다.

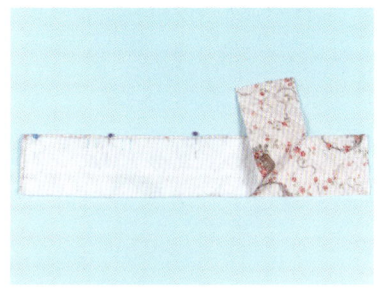

29 두 개의 퀼팅 탑의 윗면을 서로 연결하는데 이때 손잡이가 들어갈 부분을 표시하고

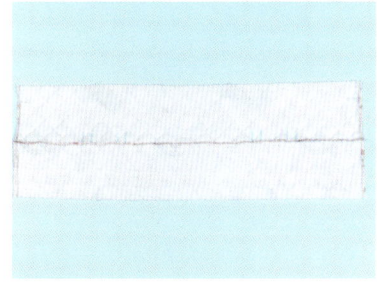

30 손잡이가 들어갈 부분은 제외하고 박음질합니다.

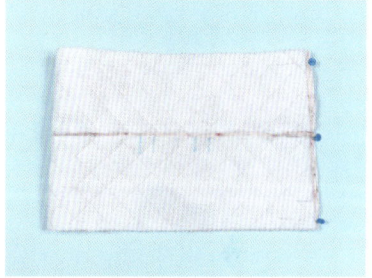

31 완성선(3×21인치, 8×65cm)을 그려준 후 시접 부분의 솜을 가위로 잘라줍니다.

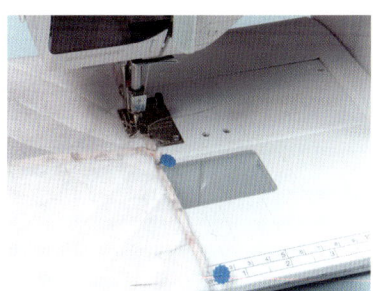

32 옆선을 박음질하여

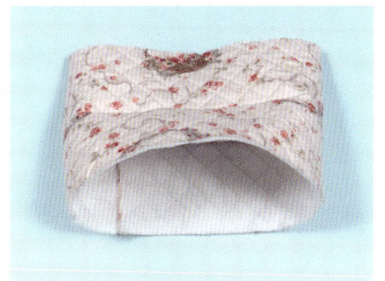

33 옆면을 완성합니다.

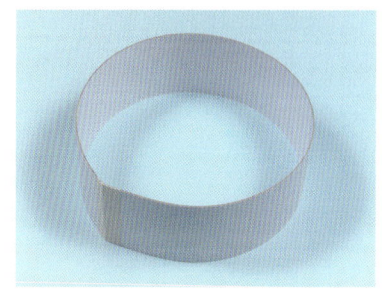

34 옆면으로 사용할 마분시 종이를 테이프로 연결하여 고정합니다.

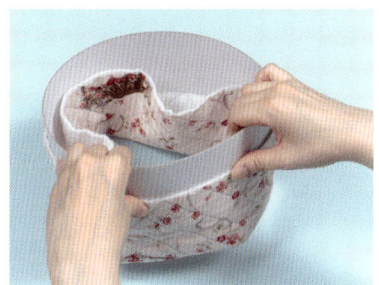

35 32번 과정에서 만든 퀼팅 탑에 마분지를 끼워 넣어줍니다.

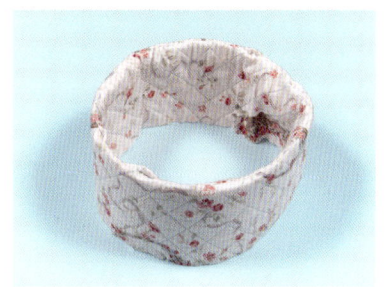

36 옆면을 완성한 모습입니다.

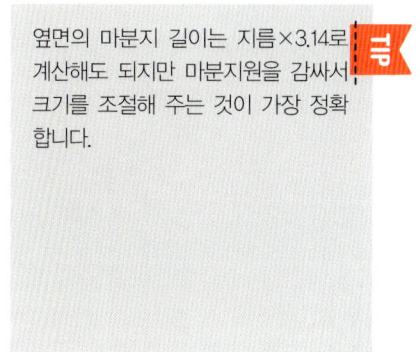

TIP
옆면의 마분지 길이는 지름×3.14로 계산해도 되지만 마분지원을 감싸서 크기를 조절해 주는 것이 가장 정확합니다.

37 마분지를 윗부분까지 바짝 올려준 다음 굵은실로 아랫부분을 시침질 하여 종이를 고정합니다.

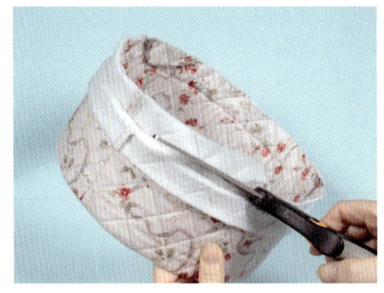

38 바구니 안쪽의 옆면 시접을 ¼인 치 정도만 남기고 잘라주고

39 바구니 바깥쪽 시접의 아랫부분도 시침질하여 둥글게 모양을 잡아줍 니다.

 **04**

바닥 완성하고 바구니 연결하기

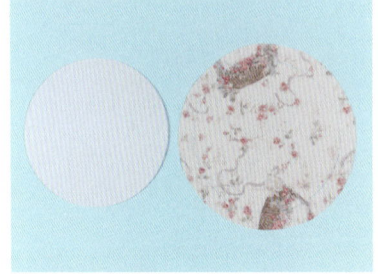

40 연보라색 면에 8인치 원형 바닥을 그려 1인치(2.5cm) 시접으로 두고 자릅니다. 8인치 마분지 원도 준비합니다.

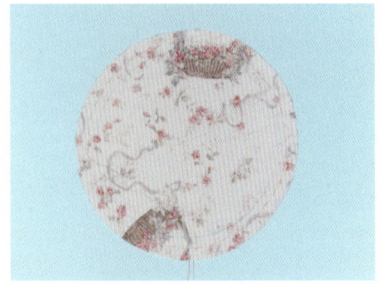

41 시접 부분에 시침질을 한 후

42 마분지로 만든 원을 집어넣고 꽉 잡아당긴 후 매듭을 짓고 다림질 합니다.

43 바닥을 완성하였습니다.

44 바구니 바닥, 안쪽 바닥, 옆면이 모두 완성되면

45 바구니 안으로 안쪽 바닥을 밀어 넣어 모양을 잡은 후

46 바구니를 뒤집어 바구니 바닥을 시침핀으로 고정하고

47 공그르기 합니다.

05
손잡이 끈 만들어
완성하기

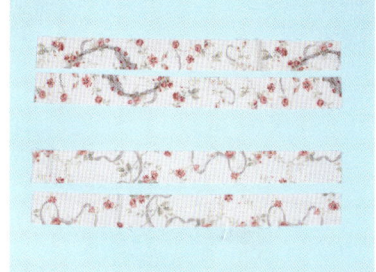

48 연보라색 면을 1½×10인치(4×25cm) 크기로 4장을 잘라

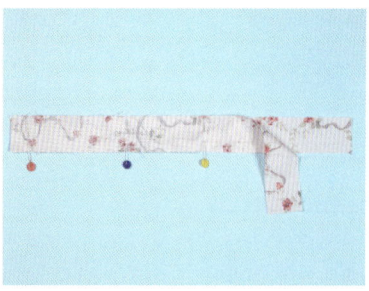

49 스트립을 겉끼리 포개어 시침핀으로 고정한 후

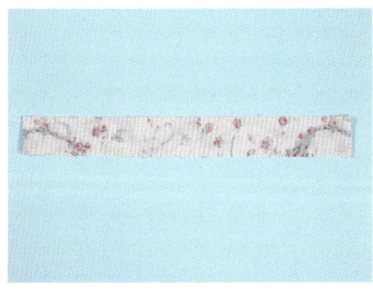

50 양면을 ¼인치 시접을 두고 박음질합니다.

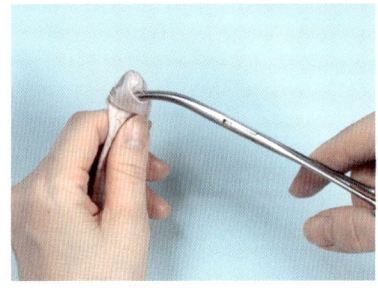

51 겸자를 이용하여 뒤집은 후

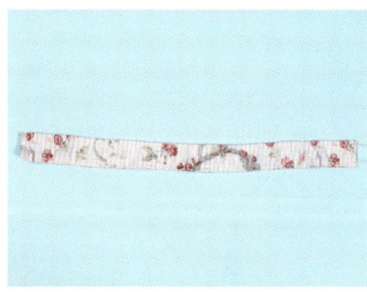

52 가장자리에서 ⅛인치(0.5센티) 들어와서 양쪽을 홈질합니다.

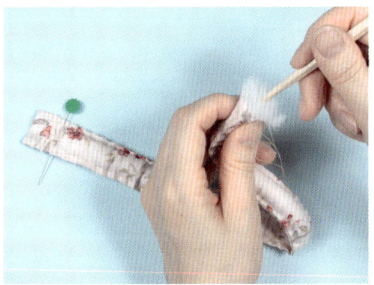

53 시침핀으로 끈의 한쪽을 막은 후 소독저 등으로 솜을 밀어 넣어줍니다.

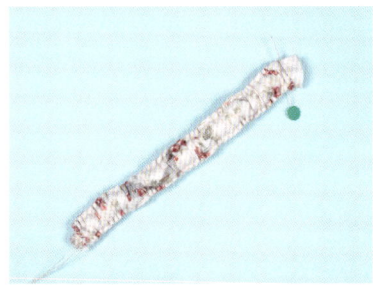

54 솜이 들어간 끈의 길이가 약 6인치(15cm) 되도록 홈질한 실을 당겨 조정합니다.

 이때 솜이 들어가지 않은 시접 **부분을** 양쪽 약 ½인치(1.5cm) 가량 남깁니다.

55 29번 과정에서 남겨놓았던 손잡이 자리에 완성된 끈을 집어넣고

56 시침핀으로 고정한 후 공그르기 하여

57 파인애플 기법을 활용한 파인애플 바구니를 완성합니다.

22

드레스덴 플레이트Dresden Plate 기법의
핸디 파우치

22 드레스덴 플레이트Dresden Plate 기법의 핸디 파우치

• 완성 작품 크기 6×4인치(15×10cm) • 난이도 ★★ ☆ ☆

준비물

아이보리색 리넨 ¼마.
무늬 리넨 6가지 조금씩.
안감용 면 ⅛마. 솜 ⅛마.
베이지색 지퍼(20cm)

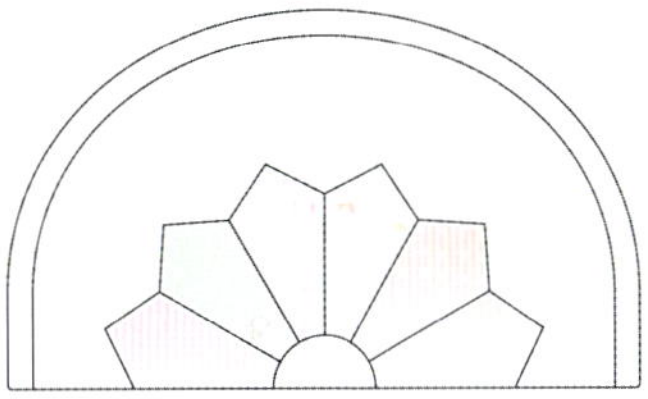

패턴 모양

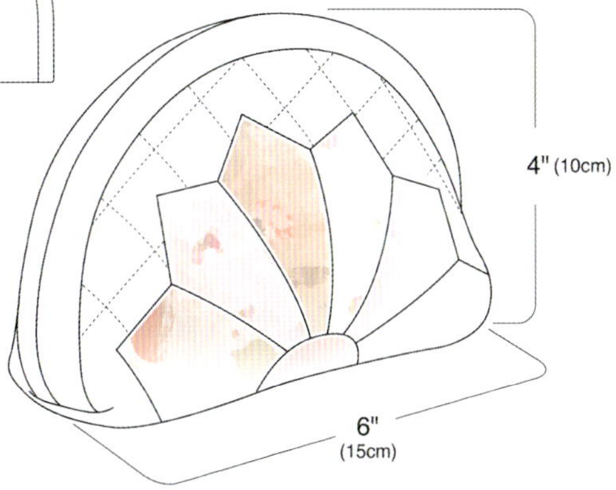

4" (10cm)

6"
(15cm)

재단(시접 포함)

❶ 패턴(6가지 리넨) 꽃잎 본 그림 12장. 원형 본 2장
❷ 겉감(아이보리색 리넨) 몸체 2장. 바닥 1장
❸ 안감(안감용 면) 몸체와 바닥 그림을 합해서(몸체+바닥+몸체) 본을 1장 그림(실물본 4면 22 핸디 파우치)
❹ 바이어스테이프(겉감용 리넨) 1½ ×30인치(4×80cm) 1줄

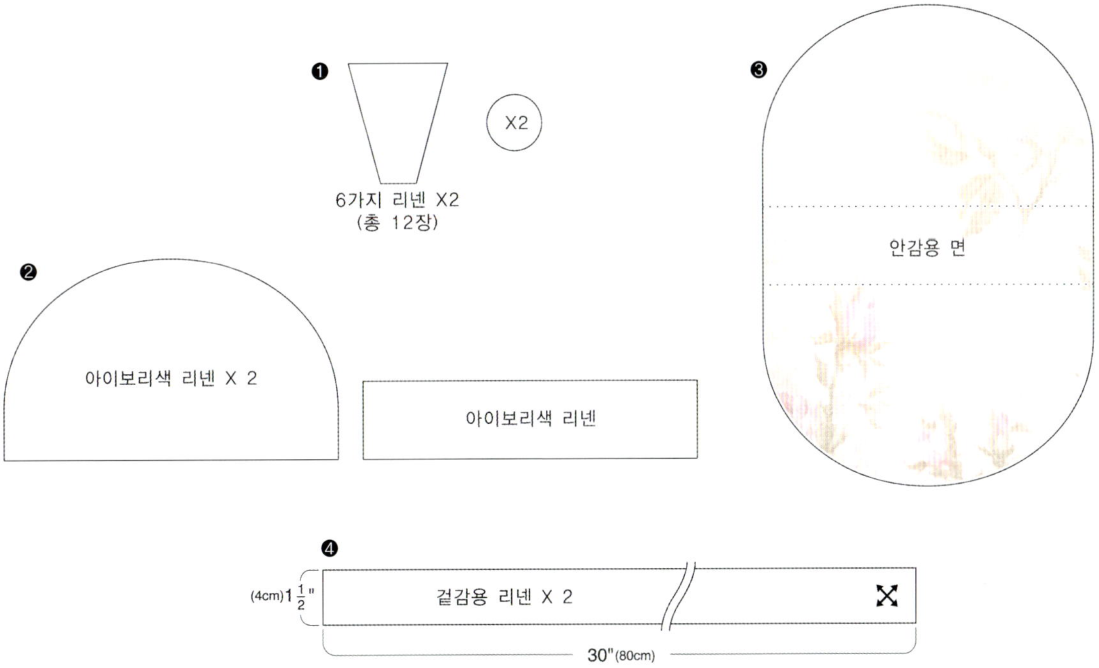

❶

X2

6가지 리넨 X2
(총 12장)

❸

안감용 면

❷

아이보리색 리넨 X 2

아이보리색 리넨

❹

(4cm)1½"

겉감용 리넨 X 2

30"(80cm)

01

드레스덴 플레이트 패턴 만들기

드레스덴 플레이트는 귀여운 국화꽃의 이미지를 응용한 기법으로 독일의 드레스덴 지방에서 구워진 접시 디자인에서 패턴을 따왔다고 합니다.
가방 안에 쏙 집어넣고 다니다 언제든지 꺼내 쓰기 쉬운 핸디 파우치를 만들어 봅니다. 양면에 드레스덴 플레이트 패턴의 절반씩을 아플리케 하여 가방에서 꺼낼 때마다 방글방글 웃는 작은 꽃잎들이 기분을 즐겁게 해줄 거예요!

1 드레스덴 플레이트 본을 보고 패턴 본을 제도합니다. 리넨 티코지 패턴 제도법을 사용해도 됩니다.

2 1번 과정에서 만든 본으로 6가지 리넨의 뒷면에 각 2장씩 모두 12장의 본을 그립니다.

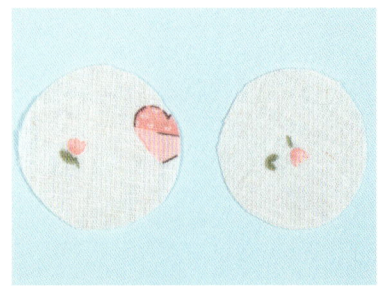

3 6가지 리넨 중 한 가지 색을 선택하여 원형 본 2장을 그리고 시접을 약 1cm 정도 두고 오립니다.

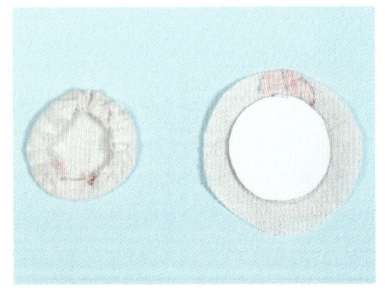

4 시침실로 홈질하여 원형 본을 집어넣고 꼭 잡아당긴 후 다림질합니다.

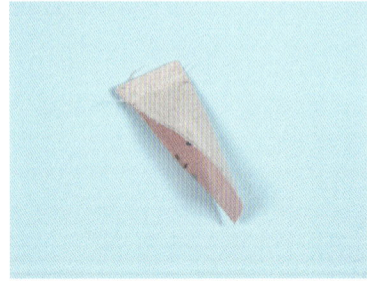

5 앞에서 자른 조각의 뒷면에서 세로로 반을 접은 후 넓은 쪽에서 ¼인치 시접으로 체인 피싱으로 박음질 합니다.

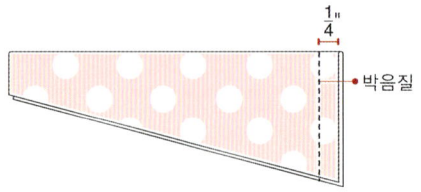

박음질

6 박음질이 끝나면 모서리 부분을 잘라주는데

모서리 시접을 잘라냅니다.

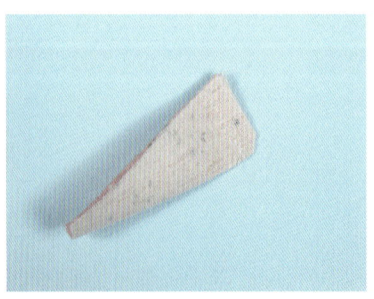

7 이렇게 해야 뒤집었을 때 모서리 부분이 날렵합니다.

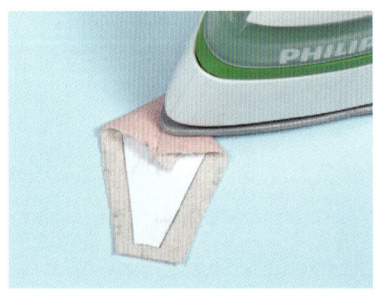

8 뒤집은 조각에 원형 크기로 자른 본을 중심에 위치하도록 집어넣으면 쉽게 정확한 모양으로 다림질됩니다.

9 앞에서 완성한 조각 6개와 4번 과정에서 완성한 원형을 사진처럼 2세트로 배열합니다.

10 6개 꽃잎의 옆선끼리 ¼인치 (0.7cm) 시접으로 박음질합니다.

체인 피싱(Chain Piecing)이란? TIP

머신으로 박음질할 때 한 개의 작업이 끝나고 다음 것을 박을 때 실을 끊지 않고 연결해서 박는 것을 체인 피싱이라고 합니다. 박음질이 끝나면 노루발을 살짝 올려 실의 장력을 풀어 실을 당겨주는데 이렇게 하면 실의 손실도 적고 작업 속도도 빨라질 뿐 아니라 작업 순서가 복잡한 패턴의 경우 혼란을 피할 수도 있습니다.

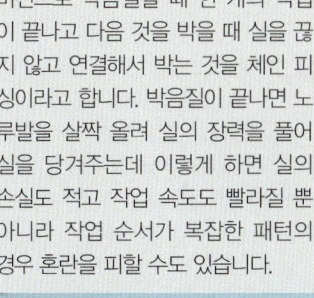

11 원형을 꽃잎 위에 올려 투명실로 아플리케 스티치합니다.
(아플리케 Ⅲ- 인비저블 스티치)

12 아플리케하고 남는 원형 부분은 일직선으로 잘라주고 반원형 드레스덴 플레이트 2세트를 완성합니다.

**02**

탑 만들고 퀼팅하기

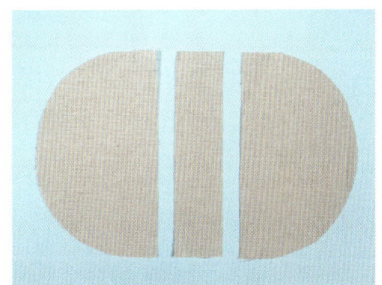

13 이이보리색 리넨 뒷면에 몸체 2장과 바닥 1장의 본을 떠 시접 없이 오립니다.

14 시접 없이 오려 몸체 면에 9번에서 완성한 드레스덴 플레이트를 올리고 투명실로 아플리케 합니다.(아플리케 Ⅲ 기법)

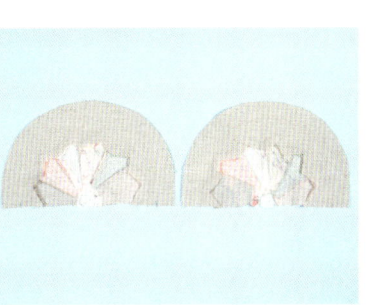

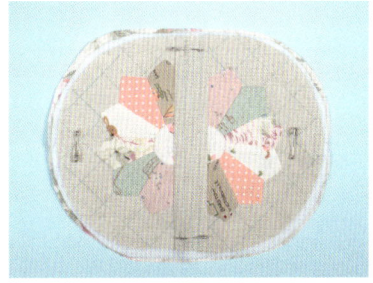

15 뒷면으로 넘겨 시접분(¼인치, 0.7cm)을 남기고 오려냅니다.

16 몸체와 바닥을 연결한 후 1인치 (2.5cm) 간격으로 퀼팅선을 그립니다.

17 안감용 면과 솜, 탑을 겹쳐 시침용 핀으로 고정한 후 워킹풋이나 프리모션 퀼팅 노루발로 퀼팅합니다.

18 가장자리를 완성선을 따라 깨끗이 잘라냅니다.

 **03**

바인딩하고 지퍼달아 완성하기

 완전히 둥근 모양이 아니므로 바인딩테이프를 제도할 때 약 30도의 경사만 주어 바이어스로 잘라도 타원형의 바인딩이 가능합니다. 이렇게 하면 원단을 많이 절약할 수 있어요.

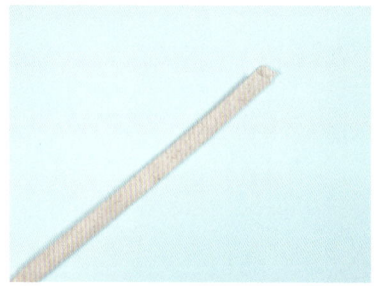

19 아이보리색 리넨을 약 30도 경사지게 1½인치 폭으로 약 30인치(4×80cm) 정도로 잘라 4겹으로 접어 바인딩테이프를 만듭니다.

20 바인딩테이프의 시작 부분의 시접을 조금 접어 앞에서 만든 18번 과정의 퀼팅 탑에 시침핀으로 고정합니다.

21 시침핀으로 고정해준 선을 따라 박음질 후

22 안감 쪽에서 공그르기 하여 완성합니다.

23 공그르기 하여 완성한 앞면의 모습입니다.

24 완성한 뒷면의 모습입니다.

25 지퍼를 열어 파우치의 중간 부분과 지퍼의 중간 부분을 시침핀으로 고정한 후 나머지 부분도 시침핀으로 고정합니다.

26 손바느질로 시침질한 부분을 홈질로 고정한 후

27 손바느질로 꼼꼼하게 세발뜨기 스티치를 하여

28 지퍼를 달아줍니다.

29 반대 방향도 같은 방법으로 시침핀으로 고정하여

30 지퍼를 달아줍니다.(지퍼를 열고 닫아 정확한 위치에 달렸는지 확인합니다)

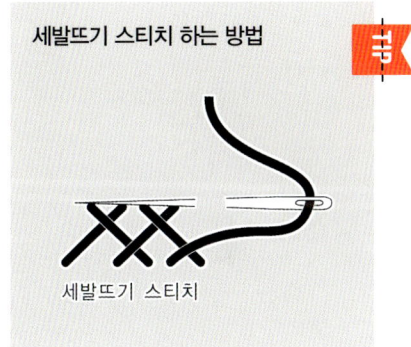

세발뜨기 스티치 하는 방법

세발뜨기 스티치

31 파우치를 반 접어 겉에서 양옆 선을 2인치(5cm)가량 공그르기 합니다. 특히 공그르기가 끝나는 부분의 매듭을 반복 박음질하여 단단히 여며줍니다.

32 파우치를 안쪽으로 뒤집어 바닥의 모서리 부분을 삼각으로 접은 뒤 옆선에서 직각으로 양옆으로 ½인치(1.3cm)씩 모두 1인치(2.5cm) 길이가 되도록 박음질합니다.

¼인치

33 32번의 시접은 ¼인치(0.7cm)의 시접을 남기고 잘라냅니다.

34 바인딩테이프로 시작과 끝부분을 접어 시접 부분에 대고 박음질한 후 공그르기 합니다.

35 핸디 파우치가 완성되었습니다.

23

드레스덴 플레이트Dresden Plate와
쎄미놀 I Seminol 기법의
리넨 티코지

23 드레스덴 플레이트Dresden Plate와 쎄미놀 I Seminol 기법의 리넨 티코지

무늬 리넨 7가지 각 ⅛마,
아이보리색 리넨 ½마,
안감용 리넨 ¾마, 파이핑 실 60인치

• 완성 작품 크기 12×2½×10인치(30×6×24cm) • 난이도 ★★★★

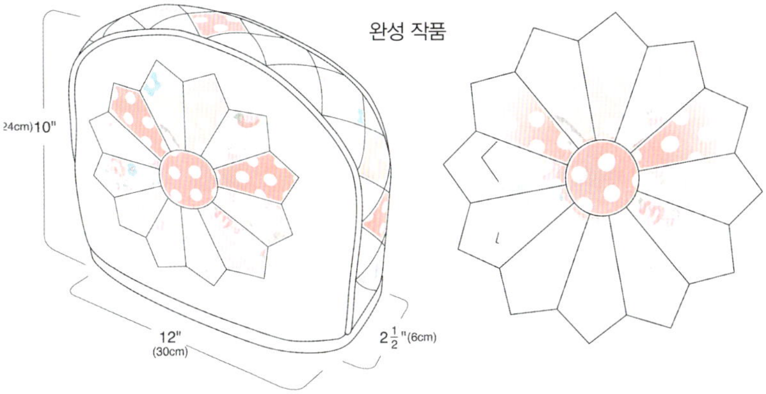

완성 작품

24cm)10"

12"
(30cm)

2½"(6cm)

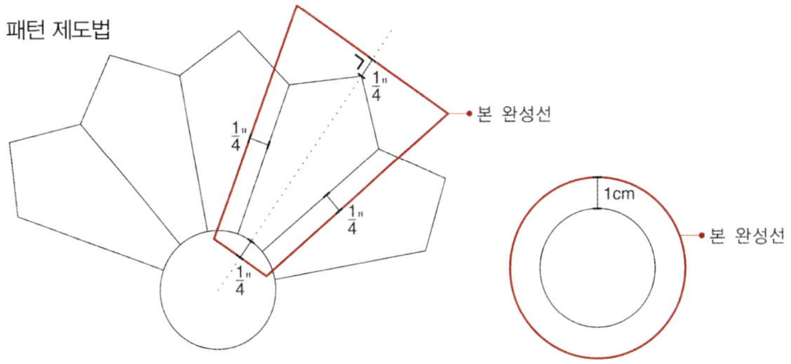

패턴 제도법

7"
¼"

¼"

¼"

¼"

• 본 완성선

1cm

• 본 완성선

❶ 드레스덴 플레이트 패턴 (무늬 리넨) 본대로 그림 24장(실물본 3면 23.리넨 티코지)

❷ 쎄미놀 I 패턴(아이보리색 리넨) 2×30인치(5×60cm) 2장 (4종류의 무늬 리넨) 2×8인치(5×20cm) 4줄

❸ 겉감(아이보리색 리넨) 본대로 그림 2장

❹ 안감(안감용 리넨) 본대로 그림 2장

❺ 안감 바이어스(안감용 리넨) 1½ ×30인치(4×70cm) 2줄

❻ 파이핑 테이프(아이보리색 리넨) 1×30인치(2.5×75cm)

❼ 바인딩 테이프(아이보리색 리넨) 2×30인치(5×75cm)

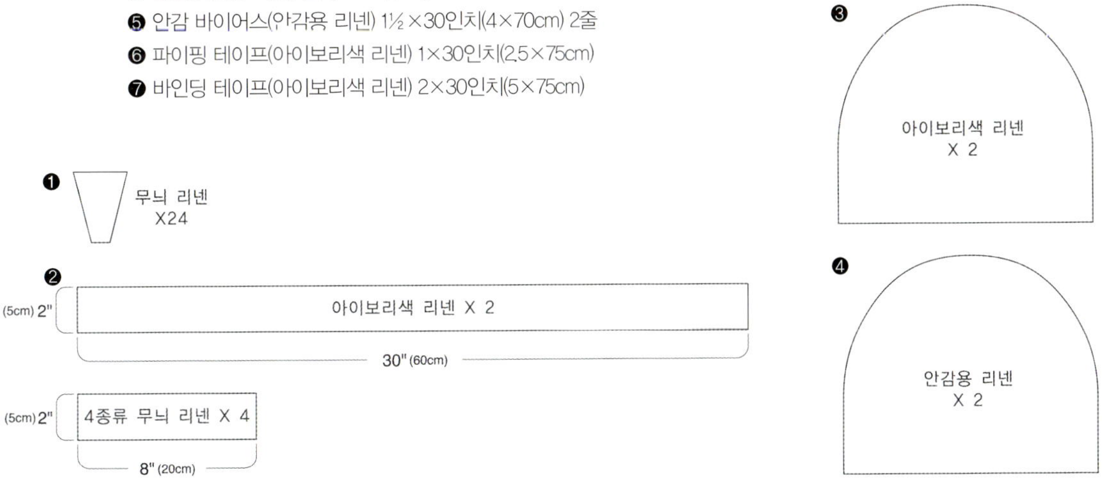

❸
아이보리색 리넨
X 2

❹
안감용 리넨
X 2

❶ 무늬 리넨
X24

❷
(5cm) 2"
아이보리색 리넨 X 2
30" (60cm)

(5cm) 2"
4종류 무늬 리넨 X 4
8" (20cm)

❺ (4cm)1½" 　　　안감용 리넨 X 2　　　✕
　　　　30"(70cm)

❻ (2.5cm)1" 　　　아이보리색 리넨 X 2　　　↔
　　　　30"(75cm)

❼ (5cm)2" 　　　아이보리색 리넨　　　↔
　　　　30"(75cm)

01

드레스덴 플레이트 패턴 만들기 및 퀼팅

쎄미뇰은 미국의 플로리다 지방 인디언들이 했던 수예기법으로 복잡해 보이지만 의외로 간단한 기법입니다. 비슷비슷하지만 다른 모양의 수많은 쎄미뇰 기법들이 있습니다. 귀여운 드레스덴 플레이트 패턴에 쎄미뇰 기법을 더하여 아늑하고 따뜻한 느낌의 티코지를 만들어 봅니다.

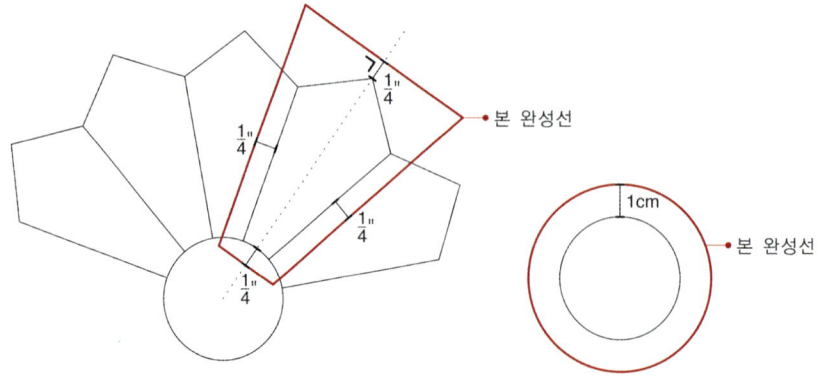

1 드레스덴 플레이트 본을 보고 패턴 본을 제도합니다.

2 앞에서 만든 본으로 무늬 리넨에 골고루 모두 24장의 본을 그립니다.

패턴 하나당 꽃잎은 12개이나 티코지의 앞면과 뒷면 2장의 패턴이 필요하므로 24개를 그리며 그림처럼 연결해서 그리면 천의 손실도 작고 빨리 그릴 수 있습니다.

3 중간의 원형도 시접을 약 1cm 정도 두고 오립니다.

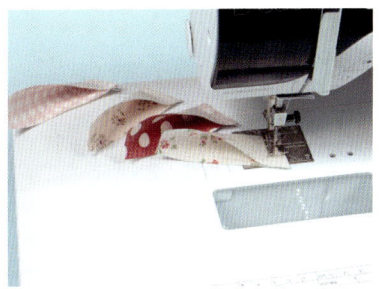

4 조각의 뒷면에서 세로로 반을 접은 후 넓은 쪽에서 ¼인치 시접으로 박음질 하는데 이때 체인피싱을 합니다.

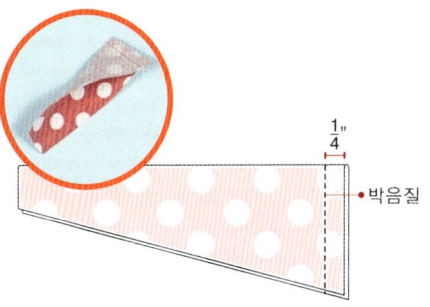

$\frac{1}{4}$"

→ 박음질

5 모든 박음질이 끝나면 실을 끊어주고

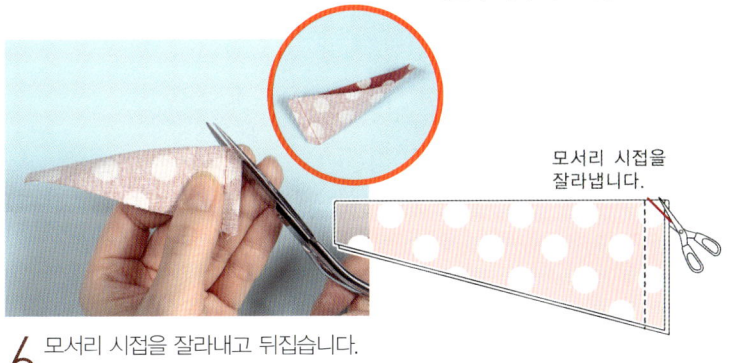

모서리 시접을 잘라냅니다.

6 모서리 시접을 잘라내고 뒤집습니다.

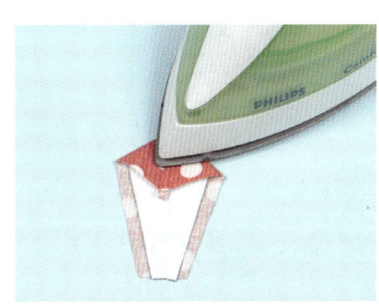

7 뒤집은 조각은 원형 크기로 자른 본을 집어넣고 좌우 시접이 똑같은 크기가 되도록 잘 맞춘후 다림질합니다.

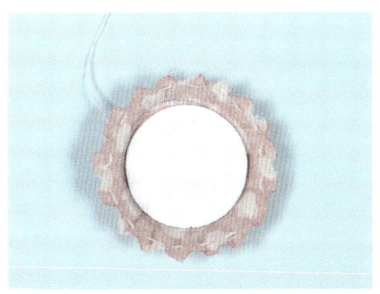

8 원형 부분을 시침질하여 본을 놓고

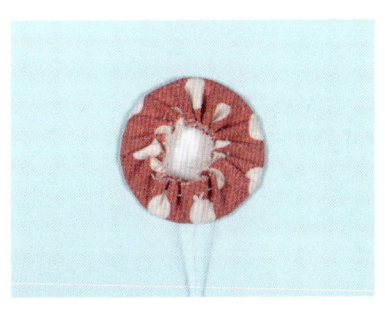

9 실을 당긴 후 다림질합니다.

10 12개의 꽃잎과 1개의 원형을 사진 처럼 배열하여

11 완성된 조각들의 옆선을 ¼인치 시 접으로 12개를 박음질하여

12 사진과 같은 모양으로 연결합니다.

13 티코지의 앞. 뒷면을 재단하여 완 성한 드레스덴 플레이트 패턴을 차 례로 올린 후

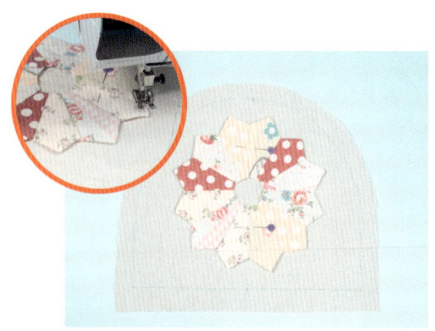

14 중심을 잘 맞춘 후 투명실로 아플리케 박음질합니다.(아플리케 노루발 사용)

15 원을 올려 투명실로 아플리케 박음질합니다.

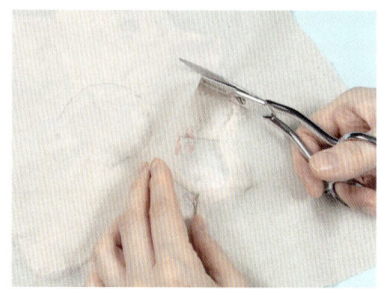

16 뒷면에서 박음질된 패턴 부분에서 시접만 남기고 커팅합니다.

시접이 있는 아플리케의 경우 박음질이 끝나면 반드시 뒤집어서 시접 부분만 남기고 커팅을 해줍니다. 이렇게 해야 패턴 부분이 솜과 맞닿아 퀼팅 했을 때 입체감이 살아나 예쁘게 완성됩니다.

17 시접만 남기고 모두 커팅해준 모습니다.

18 완성된 탑에 1인치(2.5cm) 간격으로 격자선을 그려 퀼팅 라인을 그려주고

19 안감과 솜을 대어 시침용 안전핀으로 고정한 후

20 프리 모션 퀼팅을 합니다.

 **04**

쎄미뽈 I 패턴 만들기 및 퀼팅하기

21 아이보리색 리넨 2×30인치(5×60cm) 2장과 4종류의 무늬 리넨 2×8인치(5×20cm) 4줄을 준비하여 사진처럼 아이보리 리넨과 무늬 리넨을 배치합니다.

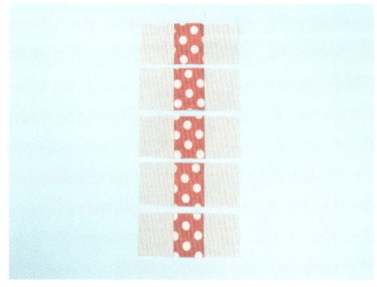

22 3개의 스트립을 연결한 후 2인치(5cm) 간격으로 커팅합니다.

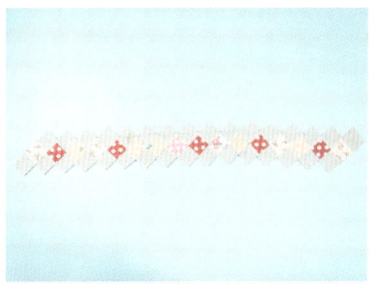

💡 옆선에 패턴이 예쁘게 자리 잡도록 하기 위하여 넉넉한 길이로 제작하여 조절하여 사용합니다.

23 무늬 리넨을 다양하게 섞은 조각들을 필요한 개수(약 13개)보다 더 넉넉하게 만들어 그림과 사진처럼 연결합니다.

24 ¼ 시접을 두고 가장자리를 정리합니다.

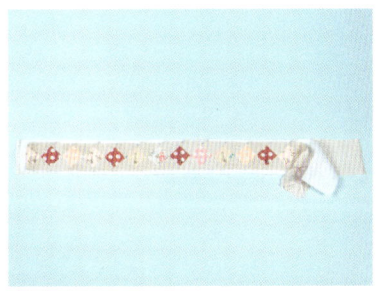

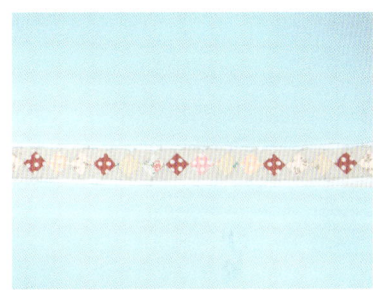

💡 앞면의 둘레와 길이를 참고하여 패턴이 예쁘게 자리하도록 확인합니다.

25 안감과 솜을 대고 시침질한 후

26 시접선을 따라 퀼팅 인 더 디치 방식으로 퀼팅합니다.

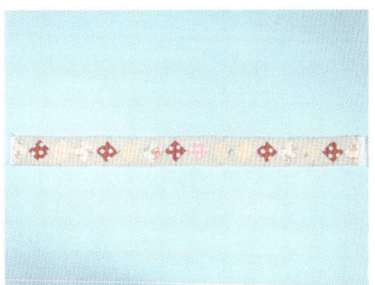

27 가장자리를 정리합니다.

 **03**

파이핑 만들어 완성하기

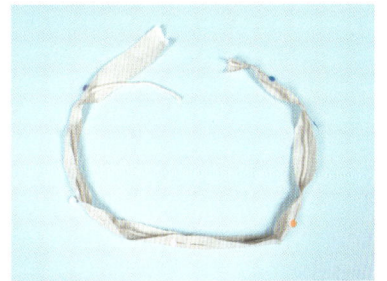

28 아이보리색 리넨을 1×30인치(2.5×70cm)로 잘라 반으로 접어 파이핑 실을 넣은 후 시침핀으로 고정하고

29 외노루발을 이용하여 파이핑 원단을 만듭니다.

TIP

외노루발은 지퍼나 파이핑 등 한쪽에 장애물이 있는 작업을 할 때 노루발이 한쪽만 있어 방해를 받지 않고 작업하기 편리하게 디자인된 노루발입니다. 바늘의 위치를 오른쪽이나 왼쪽으로 옮겨 사용합니다. 파이핑 작업을 할 때는 파이핑 전용 노루발을 사용하면 더 편리하게 작업할 수 있습니다.

30 파이핑 천을 옆면의 완성선에 시침핀으로 고정하여

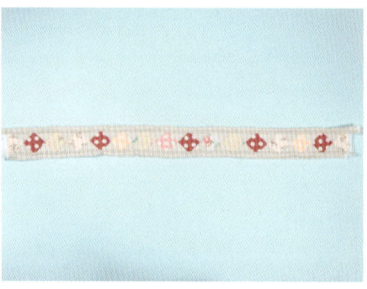

31 양면 모두 박음질 해줍니다.

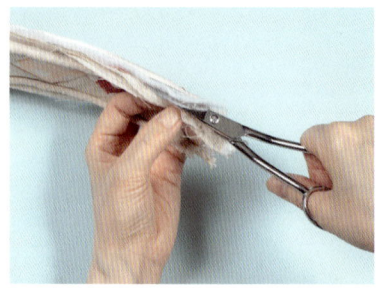

32 시접 사이의 솜을 제거해주고

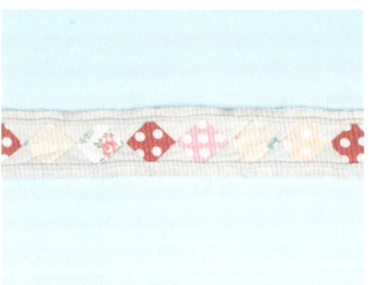

33 옆면을 완성합니다.

34 앞면과 옆면을 서로 연결하는데 이때 파이핑의 두께가 있으므로 외노루발을 이용합니다.

35 앞면과 뒷면, 옆면을 모두 연결한 후

이 부분은 곡선 부분이므로 바이어스로 천을 잘라줍니다.

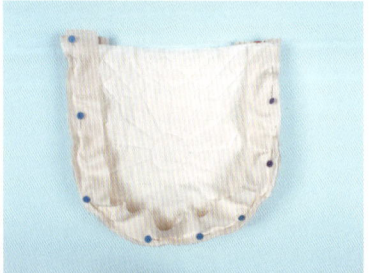

36 안감용 리넨으로 1½×30인치(4×70cm) 폭의 바이어스 2줄을 만들어 시접 부분에 대고

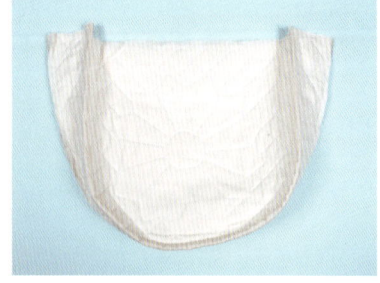

37 바이어스 처리를 해주고

38 안을 깨끗하게 정리해줍니다.

39 티코지의 아랫단에 아이보리색 리넨을 2×30인치(5×75cm) 폭으로 잘라 바인딩하여

40 티코지를 완성하였습니다.

24

드레스덴 플레이트 기법의
리넨 라운드 티코스터

24 드레스덴 플레이트 기법의 리넨 라운드 티코스터

• **완성 작품 크기** 지름 15½인치(지름 40cm) • **난이도** ★ ★ ★ ☆

준비물

아이보리색 리넨 ¼마,
6가지 리넨 조각 ⅛마씩,
아이보리색 면 ¼ 마, 퀼팅솜 ¼마

완성 작품과 패턴 크기

지름 15 ½ " (40cm)

재단(시접 포함)

❶ 패턴(6가지 리넨) 본대로 그림 12장, 본대로 그린 원 1장
❷ 가장자리 패턴(6가지 리넨) 본대로 24장(실물본 3면 리넨 라운드 티코스터)
❸ 가장자리 패턴(아이보리색 리넨) 쉘 모양 본대로 24장
❹ 겉감(아이보리색 리넨) 지름 10½인치(27cm) 원 1장
❺ 뒷감(아이보리색 면) 지름 16인치(42cm) 원 2장

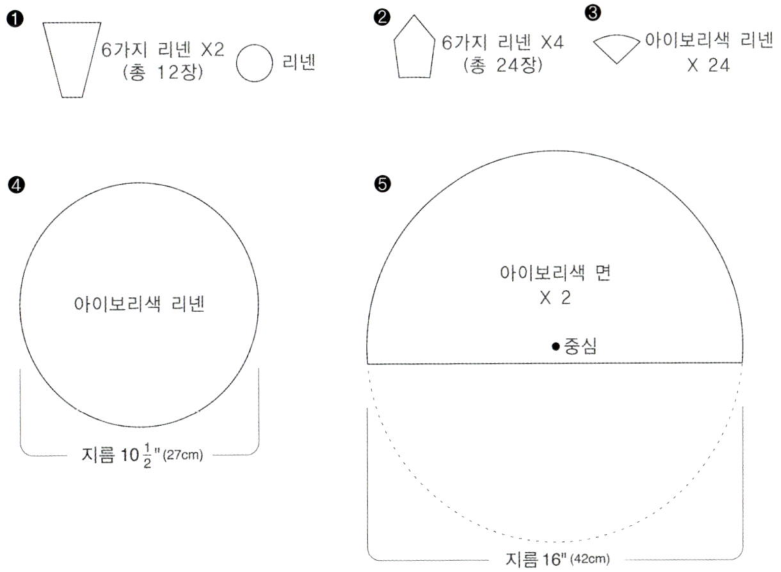

❶ 6가지 리넨 X2
(총 12장)   리넨

❷ 6가지 리넨 X4
(총 24장)

❸ 아이보리색 리넨
X 24

❹ 아이보리색 리넨
지름 10 ½ " (27cm)

❺ 아이보리색 면
X 2
•중심
지름 16" (42cm)

213

패턴 만들기

드레스덴 플레이트 기법의 티코지와
어울리게 만든 티코스터입니다. 드레
스덴 플레이트 기법을 약간 변형시킨
패턴을 가장자리에 둘러서 부드럽고
사랑스러운 느낌을 가미했습니다.
24. 리넨 티코지의 '패턴 만들기' 설명과
사진을 참고하세요.

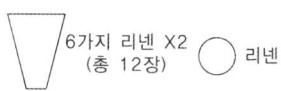

6가지 리넨 X2
(총 12장)   리넨

1 여러 가지 무늬 리넨에 드레스덴 플레
이트의 본을 대고 12장의 꽃잎 패턴을
그립니다. 중간의 원형도 시접을 약 1센티
정도 두고 오립니다.

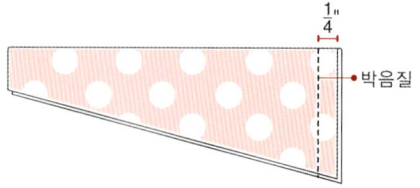

2 조각의 뒷면에서 세로로 반을 접은 후
넓은 쪽에서 ¼인치 시접으로 박음질
합니다.

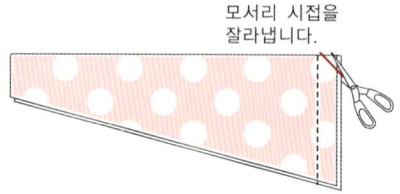

모서리 시접을
잘라냅니다.

3 모서리 부분의 시접을 자르고 뒤집습
니다.

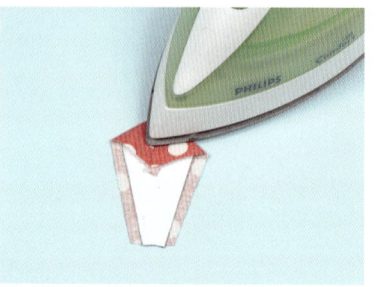

4 모서리 부분의 시접을 잘라 뒤집은 후
원형 크기로 자른 본을 집어넣어 다림
질합니다.

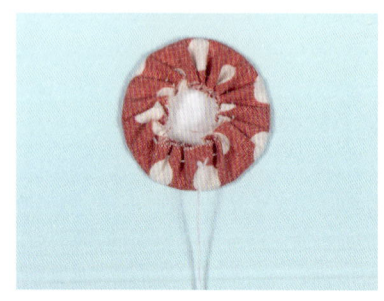

5 원형 부분을 시침질하여 본을 놓고 당
긴 후 다림질합니다.

6 12개의 꽃잎 패턴들의 옆선을 ¼인치
시접으로 12개를 박음질하여 연결합
니다.

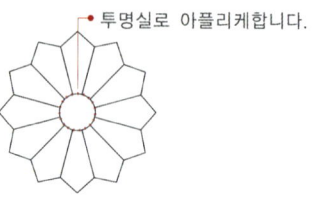

투명실로 아플리케합니다.

7 원형을 중간에 올려 투명실로 아플리
케 하여 패턴을 완성합니다.

응용 패턴 만들기

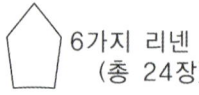

6가지 리넨 X4
(총 24장)

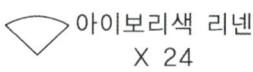

아이보리색 리넨
X 24

8 6가지 리넨을 골고루 사용하여 가장
자리 패턴 본을 놓고 24장 자릅니다.

9 아이보리색 리넨에 쉘 모양의 본을 놓
고 24장 자릅니다.

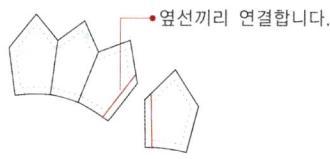

●옆선끼리 연결합니다.

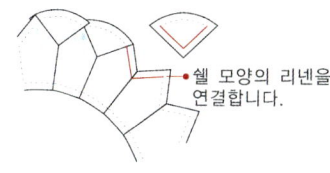

●쉘 모양의 리넨을 연결합니다.

10 8번의 가장자리 패턴끼리 옆선을 모두 연결합니다.

11 쉘 모양의 리넨으로 패턴 사이를 연결합니다.

03

티코지 탑 만들고 퀼팅하기

⓬

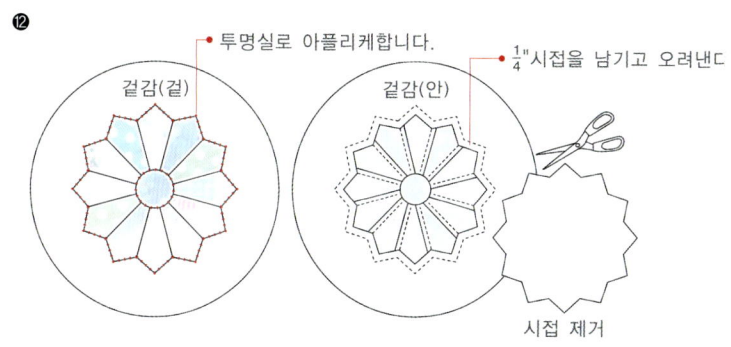

●투명실로 아플리케합니다.

겉감(겉)

$\frac{1}{4}$"시접을 남기고 오려낸다

겉감(안)

시접 제거

⓭

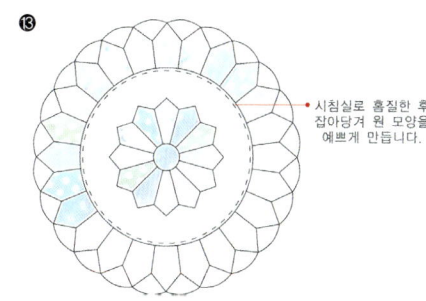

●시침실로 홈질한 후 잡아당겨 원 모양을 예쁘게 만듭니다.

⓮

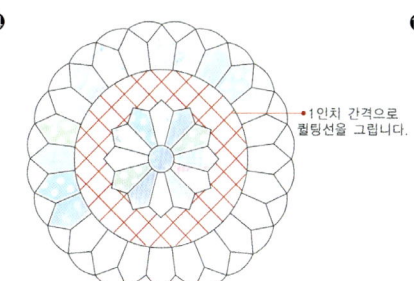

●1인치 간격으로 퀼팅선을 그립니다.

⓯

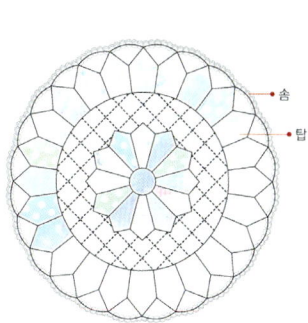

●솜
●탑

12 아이보리색 리넨으로 지름 10½인치(27cm)의 원을 잘라 드레스덴 플레이트 패턴을 얹어 투명실로 아플리케 합니다. 뒷부분은 시접 부분만 남기고 제거합니다.

13 11번 과정에서 만든 가장자리 패턴을 12번의 원형과 서로 연결합니다. (원의 가장자리를 따라 시침실로 홈질한 후 잡아 당겨 주어야 원 모양이 예쁘게 잡힙니다.)

14 완성된 탑에 1인치(2.5cm) 간격으로 퀼팅선을 그립니다.(패턴 부분은 패치워크선을 따라 퀼팅하고 아이보리색 바탕 부분만 선을 그립니다)

15 뒷감 없이 솜만 대어주고 모든 시접선과 퀼팅선을 따라 퀼팅합니다.

04

뒷감 대고 마무리하기

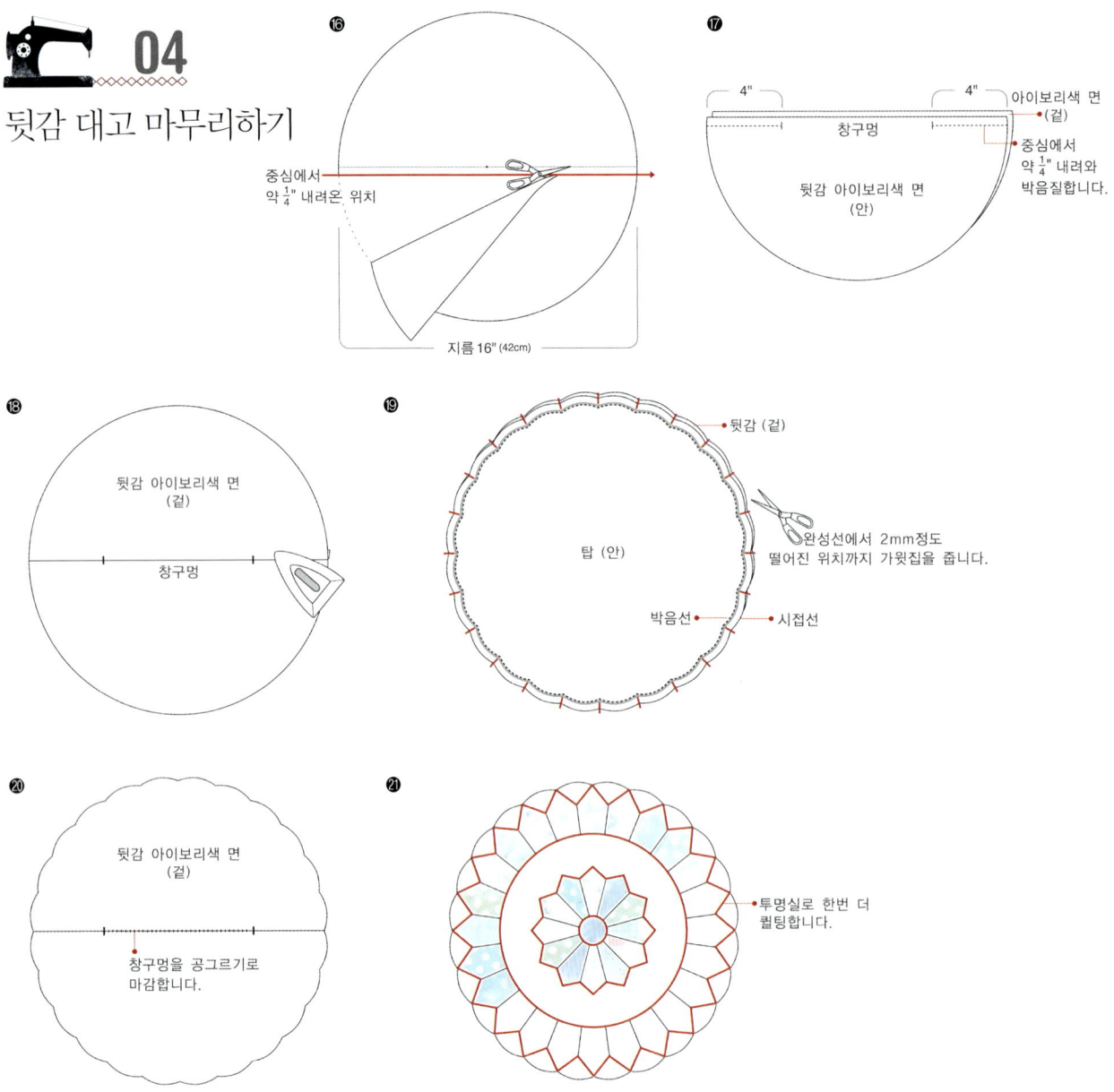

⑯ 중심에서
약 ¼" 내려온 위치

지름 16"(42cm)

⑰ 4"   4"   아이보리색 면
(겉)
창구멍
뒷감 아이보리색 면
(안)
중심에서
약 ¼" 내려와
박음질합니다.

⑱ 뒷감 아이보리색 면
(겉)
창구멍

⑲ 뒷감 (겉)
탑 (안)
완성선에서 2mm정도
떨어진 위치까지 가윗집을 줍니다.
박음선   시접선

⑳ 뒷감 아이보리색 면
(겉)
창구멍을 공그르기로
마감합니다.

㉑ 투명실로 한번 더
퀼팅합니다.

16 아이보리색 면에 지름 16인치 (42cm)의 원 2장을 그려 그림처럼 각각 잘라줍니다.

17 16번 과정에서 자른 2장의 원을 겉끼리 마주대고 안쪽에서 그림처럼 겹쳐서 가장자리 부분을 약 4인치(10cm) 가량 박음질합니다. 중간에 박음질되지 않은 부분은 창구멍이 됩니다.

18 겉쪽으로 펴서 다림질합니다.

19 퀼팅 탑과 18번에서 완성한 뒷감을 겉과 겉끼리 마주보게 하여 박음질합니다. 시접을 ¼인치 가량 남기고 가장자리를 자르고 솜은 가위를 박음선에 바싹 갖다 대어 깨끗이 정리합니다. 이때 움푹 들어간 곳마다 반드시 가윗밥을 넣어줍니다.

20 창구멍으로 뒤집은 후 창구멍을 깨끗하게 공그르기 합니다.

21 드레스텐 플레이트의 아웃라인과 둥근 선 부분을 다시 한 번 투명실로 퀼팅하여 뒷감이 들뜨지 않도록 하여 완성합니다.

25

쎄미놀 II Seminol II 기법의

모던 스마트패드,
넷북케이스

25 쎄미놀II Seminol II 기법의 모던 스마트패드, 넷북 케이스  DVD 쎄미놀 패턴 응용

준비물

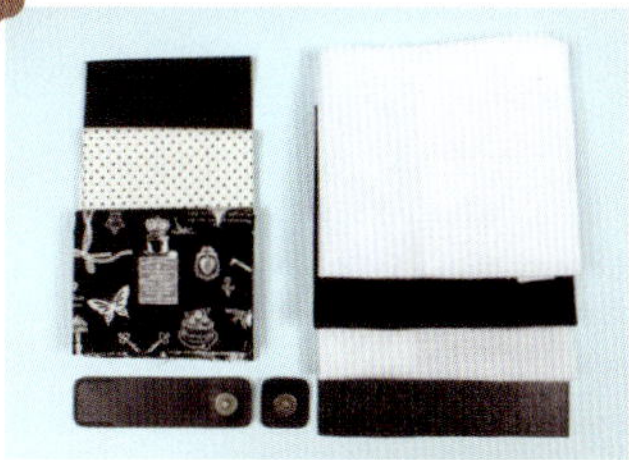

검정 무늬 면 ¼마.
흰색 도트 무늬 면 ⅔마.
흑백 무늬 면 1마. 검정솜 ¼마.
접착솜 ¼마, 퀼팅솜 ⅛마.
가방 바닥용 플라스틱판.
가죽여밈단추(사시꼬미) 1개

완성 작품

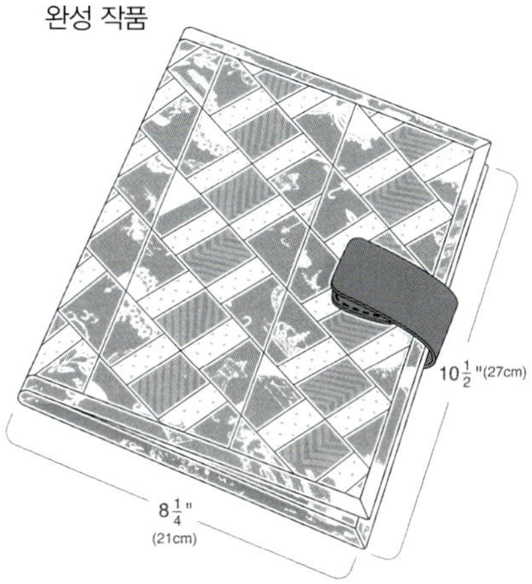

패턴 모양

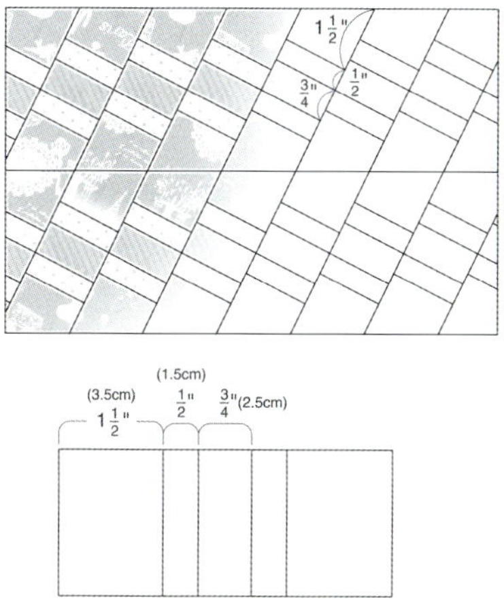

10½" (27cm)

8¼" (21cm)

1½
¾" ½
(3.5cm) (1.5cm)
1½ ½ ¾ (2.5cm)

재단(시접 포함)

❶ 패턴(흑백 무늬 면) 2×82인치(5×200cm) 2줄
❷ 패턴(흰색 도트 무늬 면) 1×82인치(2.5×200cm) 2줄
❸ 패턴(검정 무늬 면) 1½×82인치(4×200cm) 1줄
❹ 안감(흰색 도트 무늬 면) 11×16인치½(28.5cm×43.5cm)
❺ 바인딩테이프(흑백 무늬 면) 2×32인치(5×80cm)
❻ 가방 바닥용 플라스틱판 외경 7½×9½인치(19×24cm), 내경 5½×7½인치(14×19cm)

❶ 흑백 무늬 면 ×2
2"(5cm)
82"(200cm)

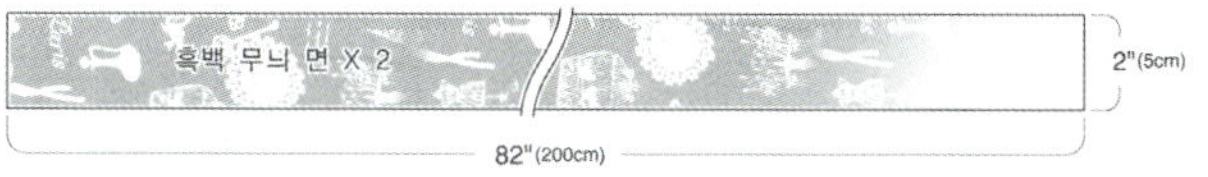

❷ 흰색 도트 무늬 면 ×2
1"(2.5cm)
82"(200cm)

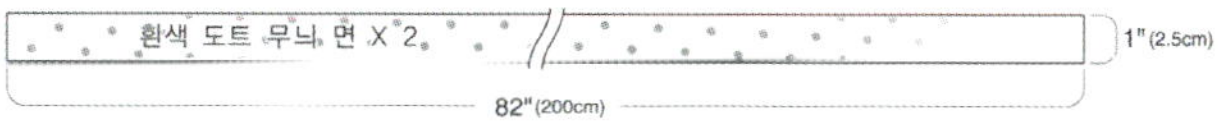

❸ 검정 무늬 면
1½"(4cm)
82"(200cm)

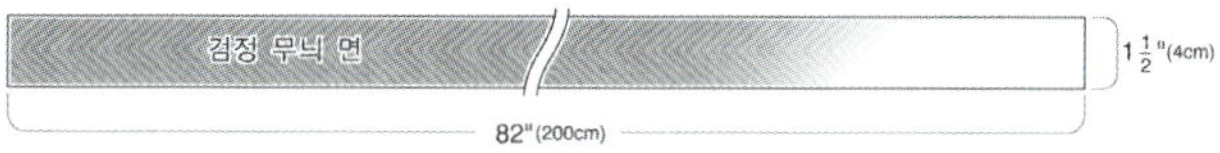

❺ 플라스틱 판
(24cm)9½"
7½"(19cm)
5½"(14cm)
7½"(19cm)

❹
11"
(29.5cm)
흰색 도트 무늬 면
16½"(43.5cm)

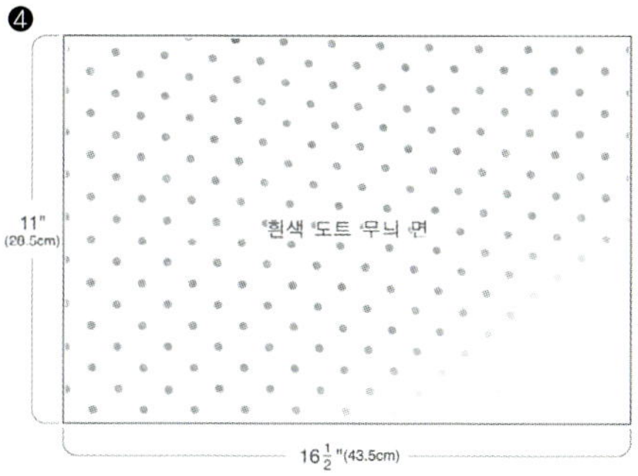

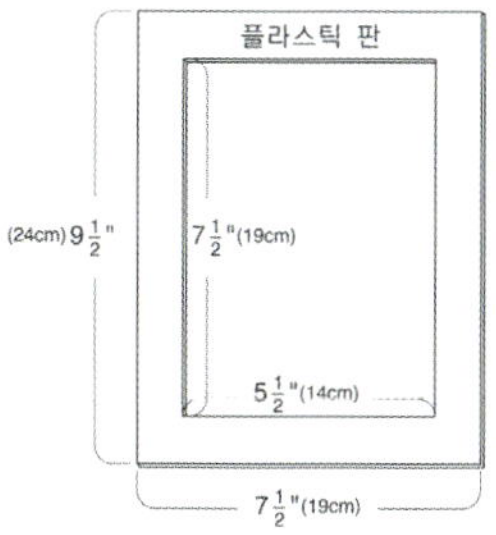

쎄미놀 II 패턴 만들기

여기서 제시하는 크기는 아이패드 2를 기준으로 작업하였으므로 본인이 가진 스마트패드의 크기를 정확히 자로 재 본인의 스마트패드에 맞게 수정하여 사용합니다.

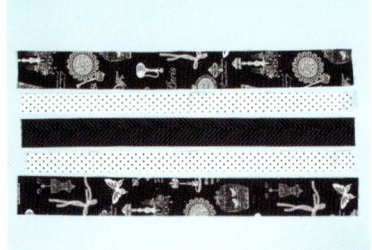

1 흑백 무늬 면 폭 2인치(5cm) 두 줄, 흰색 도트 무늬 면 폭 1인치(2.5cm) 두 줄, 검정 무늬 면 폭 1½(4cm) 1줄을 잘라 준비합니다.

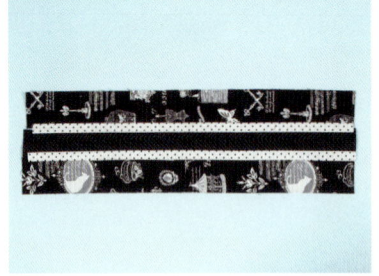

2 사진과 같은 순서로 박음질하여 연결한 다음

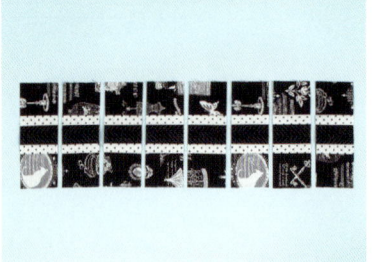

3 2인치(5cm) 간격으로 커팅합니다.

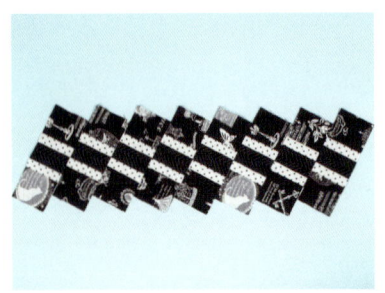

4 사진과 같은 각도로 배열을 해본 후

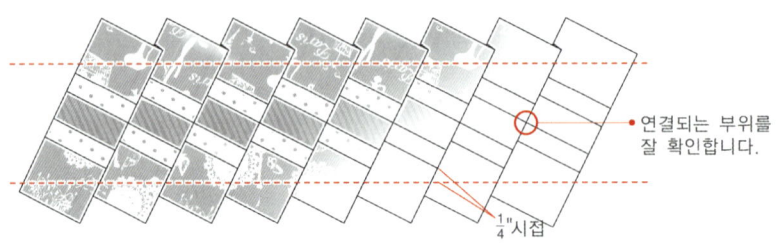

● 연결되는 부위를 잘 확인합니다.

¼" 시접

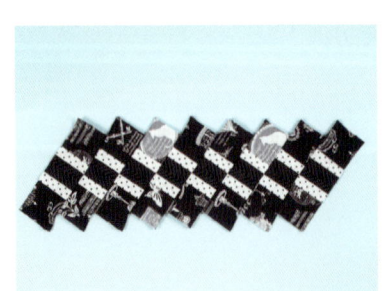

5 세미놀 패턴을 박음직하여 연결합니다.(서로 연결되는 부위를 잘 확인합니다).

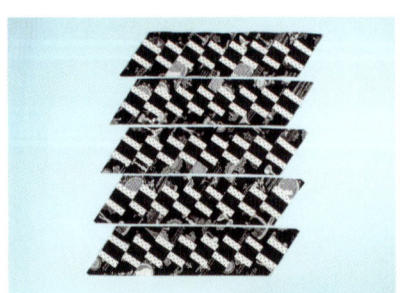
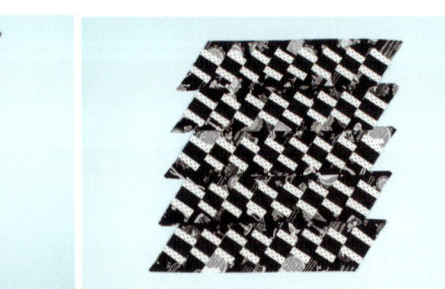

6 ¼인치 시접으로 커팅한 후 8개의 조각을 5단으로 연결합니다.

02

스마트 케이스 탑,
속지 만들기

7 완성된 탑 아래 검정솜만 깔고 시침질 한 후 퀼팅합니다.

8 퀼팅이 완성되면 11×16½인치(28.5cm ×43.5cm) 크기로 자릅니다.

9 가방 바닥용 플라스틱판을 외경 ½× 9½인치(19x24cm), 내경 5½×7½인 치(14×19cm)로 자릅니다.

10 앞의 플라스틱판에 본드를 바르고 솜을 댄 후 가장자리를 깨끗이 정 리합니다.

11 흑백 무늬 면 두 장을 11×11인치(18 ×18cm)로 자른 후 가장자리에서 1½인치(4cm) 들어온 위치에 내경을 그리 고 박음질합니다.

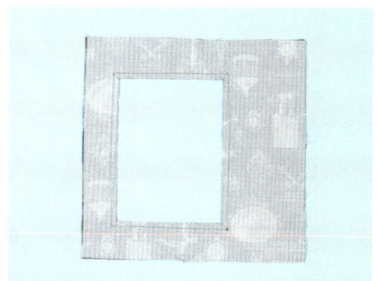

12 내경의 안쪽을 ¼인치(0.7cm) 시접 만 남기고 잘라낸 후 모서리에 가 윗밥을 넣습니다.

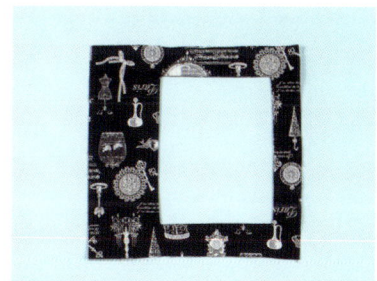

13 12번 과정에서 만든 속지를 뒤집은 후

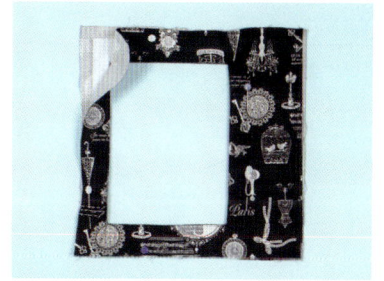

14 솜을 댄 플라스틱판을 끼워 넣습 니다.

공그르기한 넓은 시접 면은 스마트패드를 넣을 때 함께 집어넣어 스마트패드가 빠지지 않도록 고정해주는 역할을 합니다.

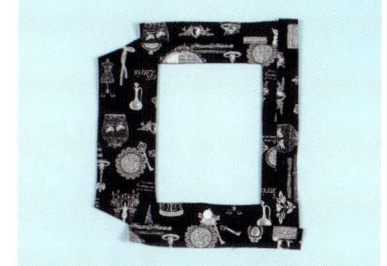

공그르기

외노루발로 플라스틱 판에 바싹 붙여 박음질합니다.

15 외노루발을 이용하여 플라스틱판을 꽉 당겨가며 박음질하여 고정시키고 왼쪽 넓 은 시접을 그림처럼 맞접어 공그르기로 완성합니다.

03

안감 만들어 완성하기

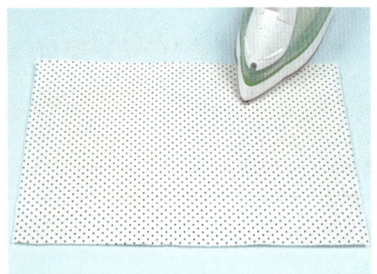

16 안감(흰색 도트 무늬 면)을 11×
16½인치(28.5cm×43.5cm)로 잘라
접착솜에 놓고 다린 후

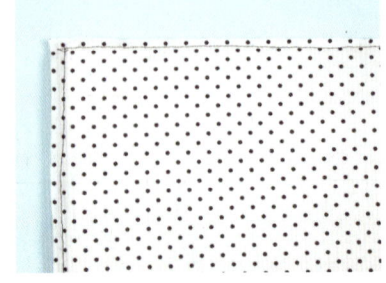

17 안감과 퀼팅탑을 안과 안을 마주
보게 대고 가장자리 부분을 ⅛인
치(0.3cm) 시접으로 박음질합니다.

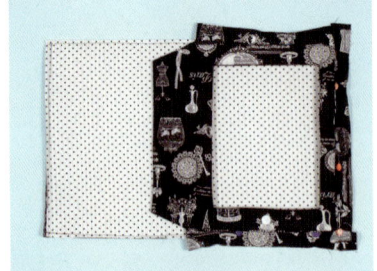

18 안감 위에 속지를 대고 시침핀으
로 고정하는데

19 스마트패드가 들어갈 수 있도록
속지의 시접을 넉넉히 줍니다.

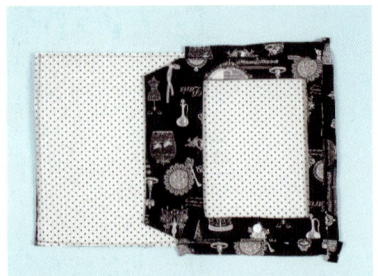

20 속지 위를 다시 한 번 ⅛인치(0.3cm)
시접으로 박음질해서 고정합니다.
남은 시접은 잘라서 정리합니다.

21 스마트패드케이스의 두께가 있으
므로 바인딩 테이프의 폭을 약간
넓게 잡아 2×32인치(5×80cm) 정도 자른
후 퀼팅 탑 쪽에서 바인딩테이프의 시작
부분을 접어 시침핀으로 고정한 후

22 끝에서 ½인치되는 위치까지만 박
음질한 후 실을 자릅니다.

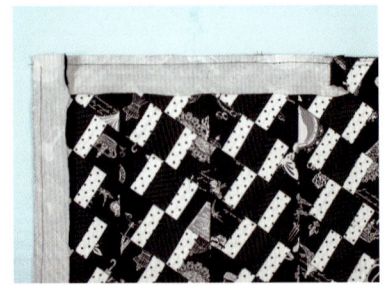

23 사진처럼 바인딩테이프를 펴준 후
처음부터 마지막 ⅓인치(1.5cm) 남
긴 지점까지 박음질합니다.

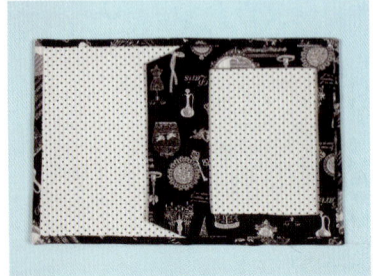

24 사면을 모두 박음질하고 공그르기
로 마무리합니다.

25 여밈단추의 위치를 잡아 손바느질로 고정합니다.

26 완성된 스마트패드 케이스입니다.

Application

스마트패드 케이스에 속지를 넣지 않고 지퍼를
달아주면 훌륭한 넷북케이스가 됩니다.

26

베들레헴 스타 Bethelehem Star 기법의

벽걸이 For My Star

26 베들레헴 스타Bethelehem Star 기법의 벽걸이 For My Star

준비물

그러데이션 되는 천 8~10종류(식서로)
각 ¼마, 바탕천 2마, 뒷감 1¼마,
새시용 장식천 ¼마, 퀼팅솜 2마

• 완성 작품 크기 42×42인치(110×110cm) • 난이도 ★ ★ ★ ☆

완성 작품

32"(85cm)
42"(110cm)
10"(25cm)
12"(30cm)
10"(25cm)
1"
(2.5cm)
1"
4"
(10cm)
34"(90cm)
(10cm)
4"
42"(110cm)

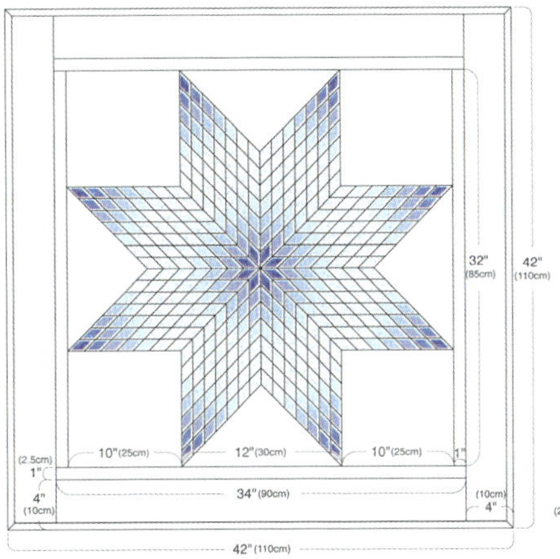

패턴 모양

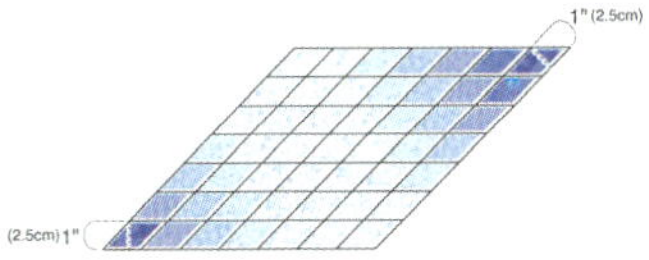

1"(2.5cm)
(2.5cm) 1"

재단(시접 포함)

❶ 패턴(그러데이션이 되도록 선택한 천 8~10종류) 1½×23인치(4×60cm) (스트립의 개수는 3번의 설명을 읽어본 후 각각
의 상황에 맞게 잘라줍니다.)

❷ 겉감(바탕천) 10½인치(26.5cm) 정사각형 4장, 밑변 12½인치(31.5cm) 삼각형 4장

❸ 새시(새시용 장식천) 1½×32½인치(4×86.5cm) 2줄, 1½×34½인치(4×91.5cm) 2줄

❹ 보더(바탕천) 4½×34½인치(11.5×91.5cm) 2줄, 4½×42½인치(11.5×111.5cm) 2줄

❺ 바인딩테이프(바탕천) 1½×약 170인치(4×1750cm)

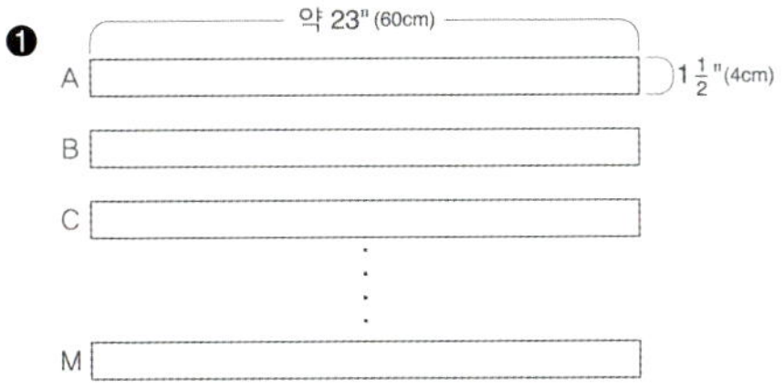

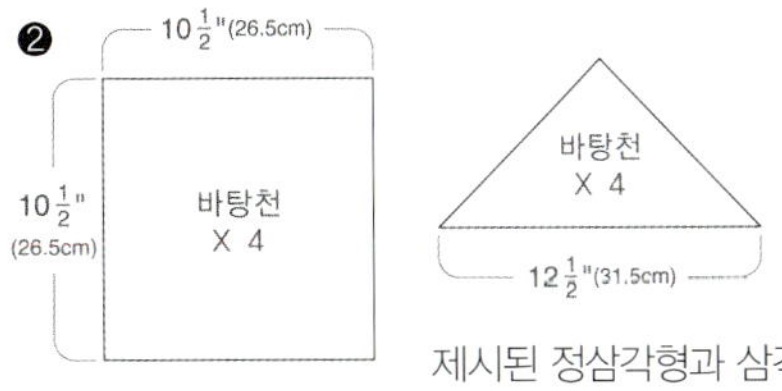

❶
약 23" (60cm)
A
1½"(4cm)
B
C
⋮
M

❷
10½"(26.5cm)
10½"
(26.5cm)
바탕천
X 4

바탕천
X 4
12½"(31.5cm)

제시된 정삼각형과 삼각형의 치수가 개인차에
따라 맞지 않을 수 있으니 재조정하여 사용하
기 바랍니다. 삼각형의 높이도 본인의 만든 베
들레헴 스타를 펴 놓고 식측하여 사용하기 권
합니다.

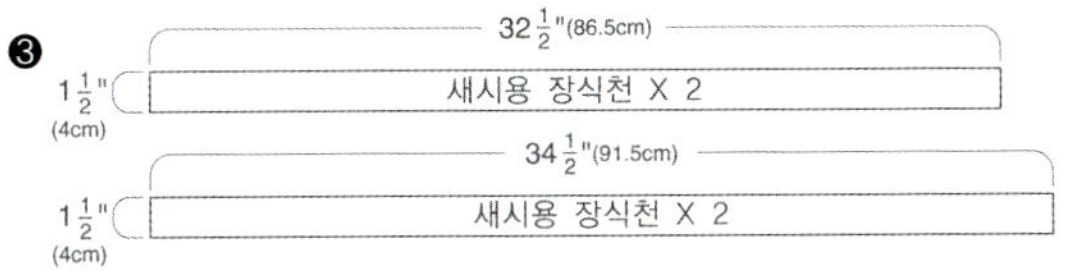

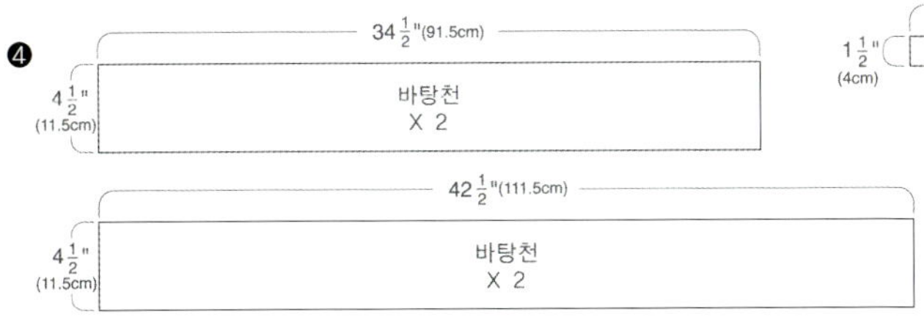

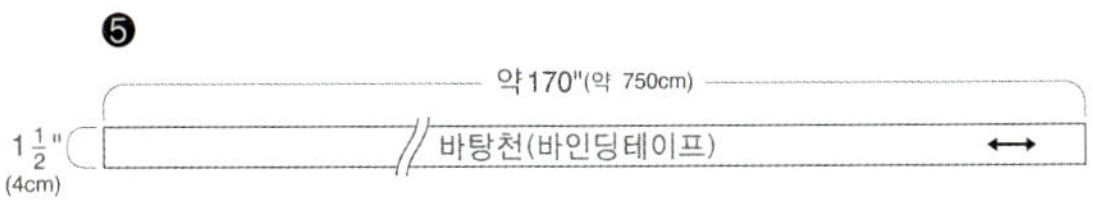

❸
32½"(86.5cm)
1½"
(4cm)
새시용 장식천 X 2

34½"(91.5cm)
1½"
(4cm)
새시용 장식천 X 2

❹
34½"(91.5cm)
4½"
(11.5cm)
바탕천
X 2

42½"(111.5cm)
4½"
(11.5cm)
바탕천
X 2

❺
약 170"(약 750cm)
1½"
(4cm)
바탕천(바인딩테이프)

225

01

베들레헴 스타 패턴 만들기

동방의 별을 의미하는 베들레헴 스타는 예수의 탄생을 알려주는 종교적인 의미에서 유래했다고 합니다. 또한 전기 없이 생활하며 자연의 빛에 의해 생활 리듬이 정해지던 아미쉬인들의 영향을 받은 것이라고도 합니다. 베들레헴 스타를 완성하는 긴 시간 동안 한 가지 소원을 빌면 이루어진다는 전설도 있으니 꼭 한 번 시도해보세요.

※베들레헴스타 패턴의 사진은 제작 과정이 같으므로 패턴 제작 기법 총정리 편 사진으로 설명합니다.

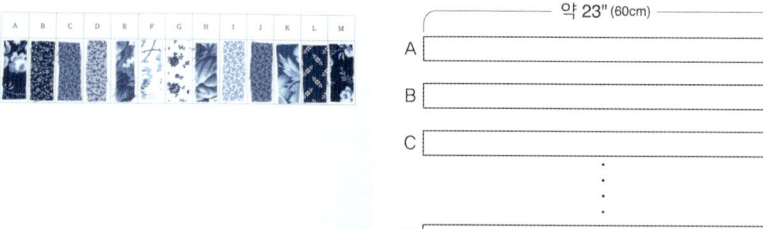

1 준비한 천을 배열하여 총 13가지의 그러데이션 배색이 나오도록 합니다.(13가지 색상이 모두 달라도 되지만 별의 중심 부분과 가장자리 부분의 색상이 몇 가지 겹쳐지도록 배열하면 통일성이 있어 안정된 느낌을 줍니다.) 배열이 정해지면 천에 A~M까지 일련번호를 매겨둡니다.

천의 종류 수는 '베들레헴 스타의 1줄 개수×2-1' 로 계산하면 됩니다. 예를 들어 7개 별인 경우 7×2-1=13종류, 5개 별인 경우 5×2-1=9 종류가 필요합니다.

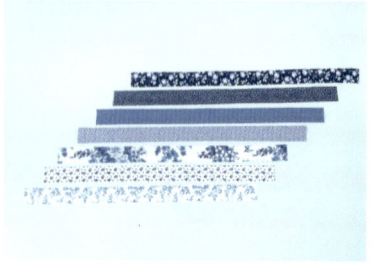

2 1번의 천을 식서로 폭 1½인치(4cm), 길이 약 23인치(60cm) 스트립으로 자릅니다. 이때 스트립의 수는 3번의 설명을 참고합니다.

3번의 표를 참고하여 A로 정해진 천은 1줄, B는 2줄, C는 3줄, D는 4줄, E는 5줄, F는 6줄, G는 7줄, H는 6줄, I는 5줄, J는 4줄, K는 3줄, L은 2줄, M은 1줄이 필요합니다. 만약 A와 M이 같은 색이라면 2줄, C와 K가 같은 색이면 6줄이 필요합니다.

1세트) A B C D E F G
2세트)　 B C D E F G H
3세트)　　 C D E F G H I
4세트)　　　 D E F G H I J
5세트)　　　　 E F G H I J K
6세트)　　　　　 F G H I J K L
7세트)　　　　　　 G H I J K L M

3 위의 표 대로 각 세트별로 천을 배열하여 총 7세트를 완성합니다.

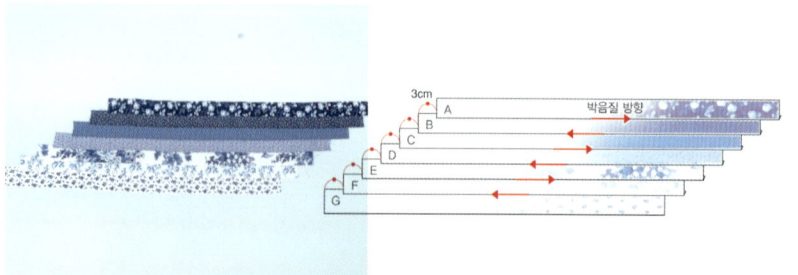

4 박음질을 할 때 그림의 순서대로 박음질하는데 약 3cm 정도씩 당겨서 박음질합니다. 또한 A와 B천을 연결할 때 → 방향이었다면 B천과 A천을 연결할 때는 ← 방향으로 연결해야 전체적으로 휘지 않습니다.

5 다림질을 할 때 1, 3, 5, 7세트가 시접 방향을 아래로 했으면 2, 4, 6 세트는 시접 방향을 위로 향하게 합니다.

 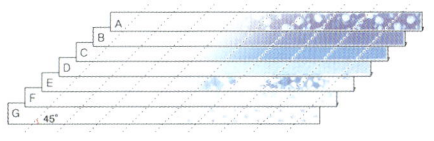

6 각 세트의 천을 박음질하여 다림질한 후 매트나 자에 표시된 45도 라인을 따라 1½인
치(4cm) 폭으로 잘라줍니다.

7 각 세트 당 8장씩 컷팅합니다.

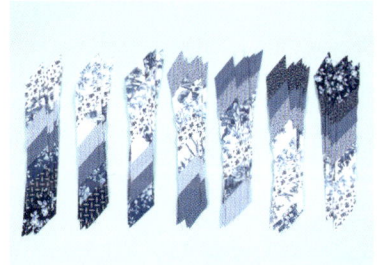

8 7세트 모두 8장씩 천을 잘라둡니다.

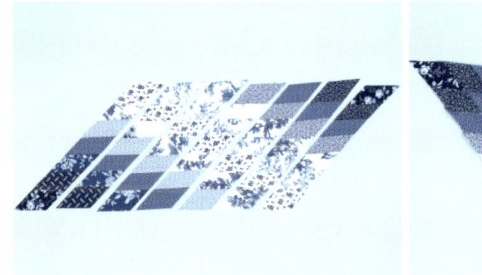 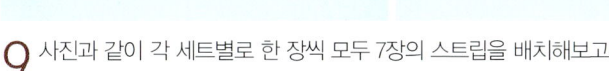

9 사진과 같이 각 세트별로 한 장씩 모두 7장의 스트립을 배치해보고

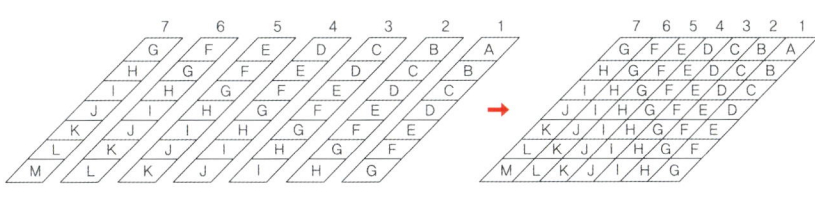

10 서로 연결하여 팔각별의 날개 한 장씩을 완성하여 모두 8개의 날개를 완성합니다.

11 날개를 연결한 뒷면의 모습입니다.

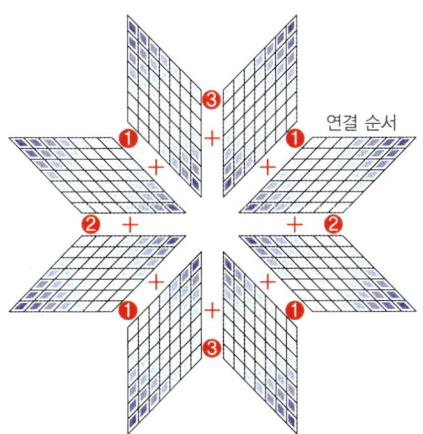 

12 8개의 날개를 연결하여 베들레헴 스타 패턴을 완성합니다.

02

벽걸이 만들기

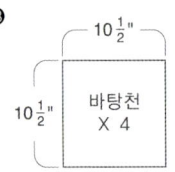

10½"

10½"

바탕천
X 4

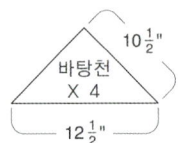

10½"

바탕천
X 4

12½"

많은 수의 조각을 연결하는 베들레헴 스타는 개인마다 완성된 크기가 약간씩 차이가 날 수 있으므로 제시된 정사각형과 삼각형의 치수가 맞지 않으면 각자 재조정하여 사용하면 됩니다.

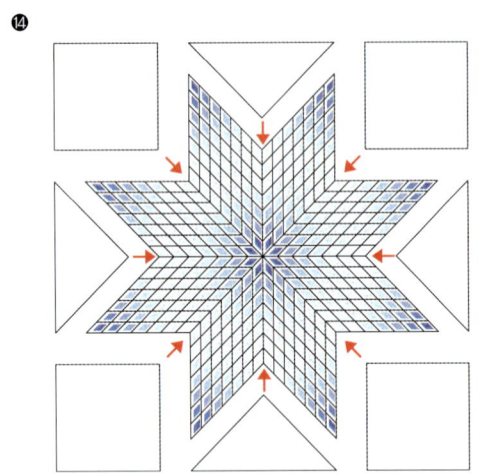

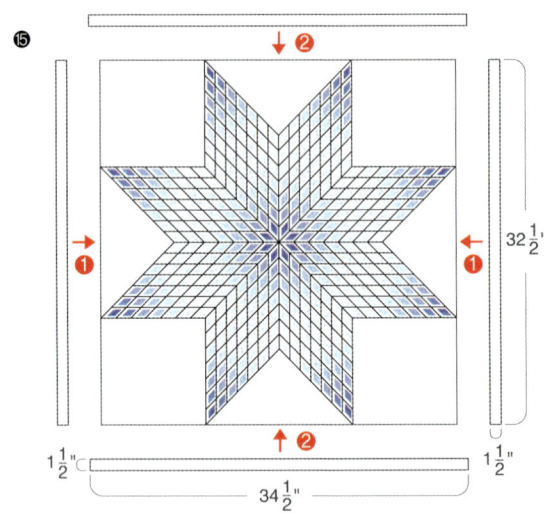

32½"

1½"   1½"

34½"

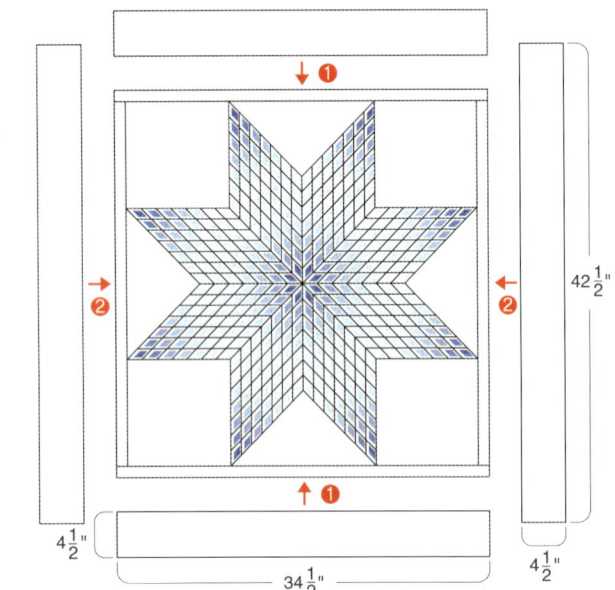

42½"

4½"   4½"

34½"

13 바탕천을 그림의 크기로 정사각형 4장과 삼각형 4장을 잘라 준비합니다.

14 베들레헴 스타패턴과 사각형, 삼각형 패턴을 서로 연결하고

15 쌔쉬용 장식천을 1½×32½인치(4×86.5cm) 2줄, 1½×34½인치(4×91.5cm) 2줄을 잘라 사면을 둘러 박음질한 후

16 바탕천을 4½×34½인치(11.5×91.5cm) 2줄, 4½×42½인치(11.5×111.5cm) 2줄로 잘라 보더를 연결합니다.

쌔쉬와 보더 천의 길이는 사면의 길이에 맞추어 직각으로 커팅하여 사용합니다.

17 완성된 탑의 바탕천에 1인치(2.5cm) 간격으로 퀼팅선을 그린 후 뒷감과 솜을 대고 시침용 안전핀으로 고정한 후(퀼팅을 할 때 패턴은 시접선을 따라 퀼팅 인 더 디치 방식으로 퀼팅하고, 바탕 부분은 퀼팅선을 따라 퀼팅합니다.) 퀼팅을 하여 가장자리에 바인딩테이프를 1½×약 170인치(4×1750cm)로 잘라 시침핀으로 고정한 후 박음질과 공그르기를 하여 마무리합니다.

27

바젤로Bargello 기법의
소잉 머신 커버

27 바젤로Bargello 기법의 소잉 머신 커버

 DVD 바젤로 기법

준비물

그러데이션이 되는 면 12가지 각 ¼마,
베이지색 면 ⅓마
안감용 리넨 ⅔마, 가방용 솜 ⅔마

• **완성 작품 크기** 21×9½×11(53×24×29cm, 가로×세로×높이) • **난이도** ★★★☆

완성 작품

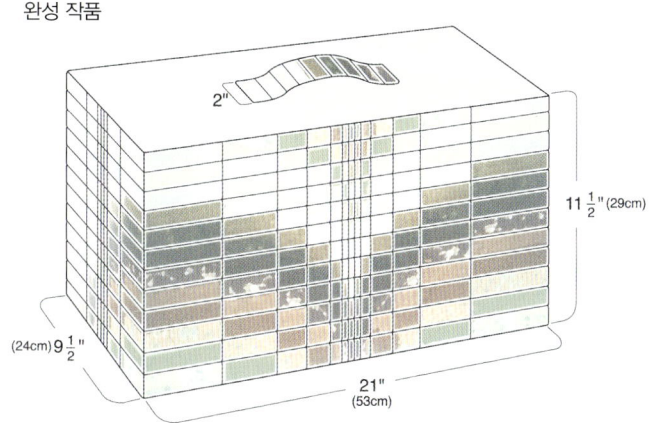

재단(시접 포함)

❶ 패턴(그러데이션이 되는 면 12가지) 1½×총 85인치(4×총 220cm) 각 1줄
❷ 겉감(베이지색 면) 21½×10인치(54.5×25.5cm) 1장
❸ 안감(안감용 리넨) 21½×12½인치(54.5×31.5cm) 2장, 11×12½인치(27×31.5cm) 2장, 21½×10인치(54.5×25.5cm) 1장
❹ 손잡이(그러데이션이 되는 면 9가지) 1½×2½인치(4×6.5cm) 각 1줄
❺ 손잡이 뒷감(베이지색 면) 2½×9½인치(6.5×24.5cm) 1장

❶

1½" (4cm) | 그러데이션이 되는 12종류의 면 각 1줄

총 85" (총 220cm)

❷

10" (25.5cm)

베이지색 면

21½" (54.5cm)

231

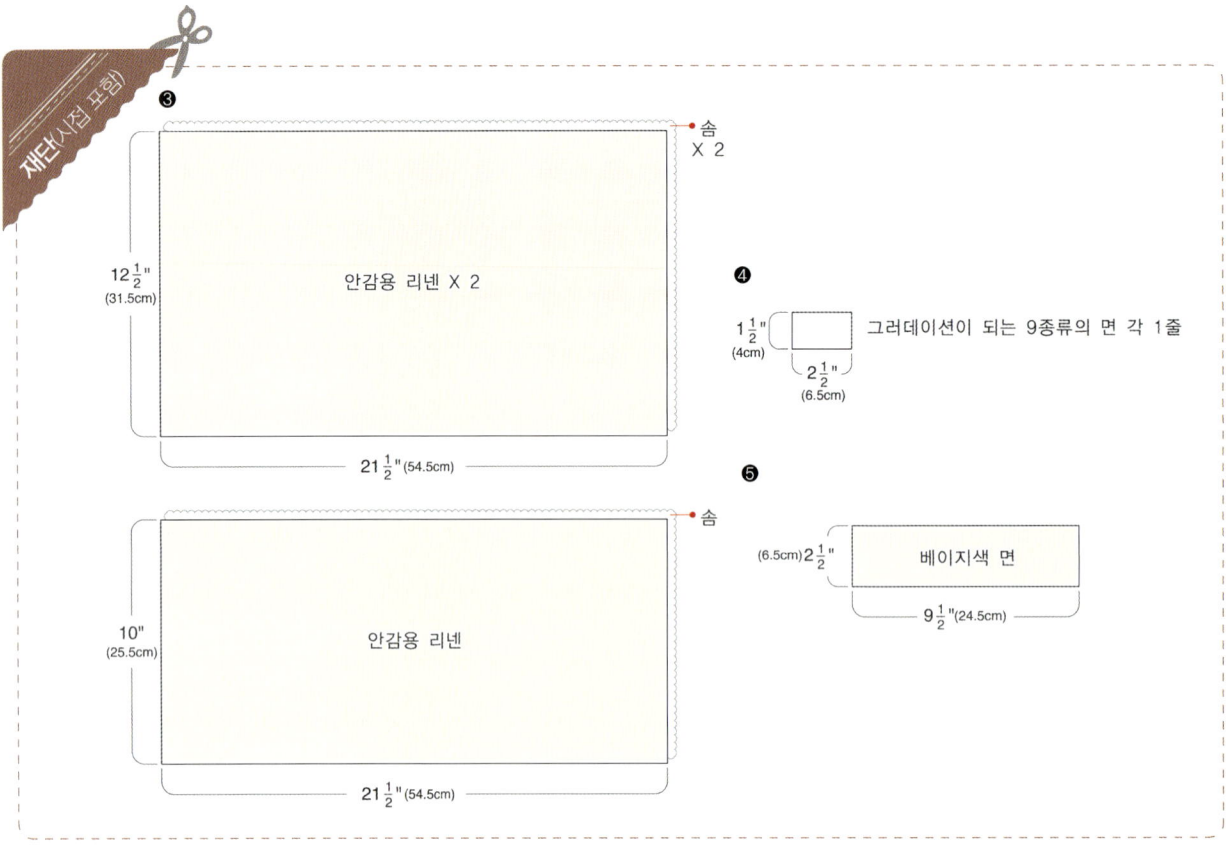

❸

솜
X 2

안감용 리넨 X 2

12 1/2"
(31.5cm)

21 1/2" (54.5cm)

❹

1 1/2"
(4cm)

2 1/2"
(6.5cm)

그러데이션이 되는 9종류의 면 각 1줄

❺

솜

(6.5cm)2 1/2"

베이지색 면

9 1/2"(24.5cm)

안감용 리넨

10"
(25.5cm)

21 1/2" (54.5cm)

01

바젤로 패턴 만들기

바젤로란 캔버스에 수를 놓아 불꽃처럼 굽이치는 플로렌스 자수와 관련된 용어입니다. 그러데이션 되는 천들을 리드미컬하게 배열하여 표현한 굽이치는 물결 모양의 디자인이 멋스러운 패턴입니다.

1 그러데이션이 되는 면 12가지를 식서 방향으로 각각 1½인치(4cm) 폭으로 잘라 준비합니다.

2 색 배열을 미리 정하여 맞춰둔 후 순서대로 박음질합니다. 이때 색상표를 미리 만들어 두면 작업할 때 편리합니다.

3 박음질이 끝나면 시접을 두 단씩 서로 마주보도록 다림질합니다.

4 다림질이 끝나면 패턴의 뒷면에서 첫째단과 마지막 단을 합쳐서 박음질하여 원통형으로 만듭니다.

02

전면 패턴,
측면 패턴 만들기

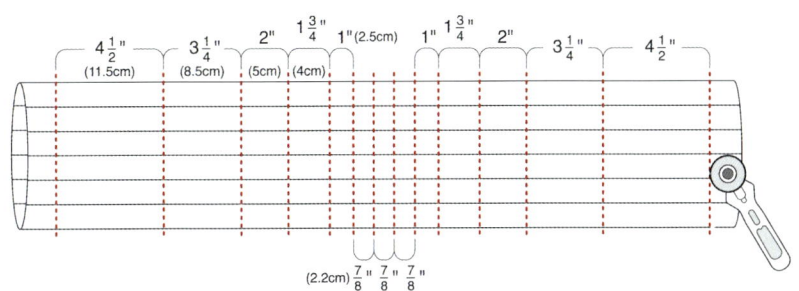

컷팅을 할 때 천이 모자라면 4번과 같은 세트를 또다시 만들어서 사용해야 합니다.

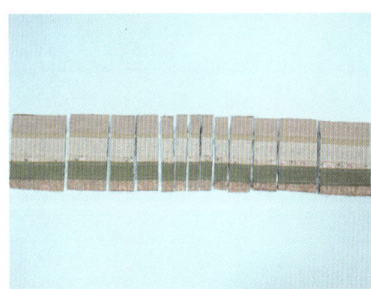

5 매트에 4번 과정에서 만든 원통형 탑을 가지런히 놓은 후 4½인치, 3¼인치, 2인치, 1¾인치, 1인치, ⅞인치, ⅞인치, ⅞인치, 1인치, 1¾인치, 2인치, 3¼인치, 4½인치(11.5cm, 8.5cm, 5cm, 4.5cm, 2.5cm, 2.2cm, 2.2cm, 2.2cm, 2.5cm, 4.5cm, 5cm, 8.5cm, 11.5cm) 크기로 자릅니다.

3	4	5	6	7	8	9	8	7	6	5	4	3
2	3	4	5	6	7	8	7	6	5	4	3	2
1	2	3	4	5	6	7	6	5	4	3	2	1
12	1	2	3	4	5	6	5	4	3	2	1	12
11	12	1	2	3	4	5	4	3	2	1	12	11
10	11	12	1	2	3	4	3	2	1	12	11	10
9	10	11	12	1	2	3	2	1	12	11	10	9
8	9	10	11	12	1	2	1	12	11	10	9	8
7	8	9	10	11	12	1	12	11	10	9	8	7
6	7	8	9	10	11	12	11	10	9	8	7	6
5	6	7	8	9	10	11	10	9	8	7	6	5
4	5	6	7	8	9	10	9	8	7	6	5	4

물결무늬가 나올 수 있도록 시접 부분에 표시를 합니다. 이때 어떤 색의 배열을 할 것인지 그림을 그려 표시한 후 순서대로 시접을 땁니다.

천은 식서 방향으로 재단하세요. TIP
식서 방향으로 천을 자르지 않았을 경우 여러 단의 천을 박음질하면 전체적인 모양이 휠 수 있으니 주의해야 합니다. 박음질하는 방향을 한번은 →방향이면 그 다음 단은 ←방향으로 서로 엇갈리도록 박음질하면 휘는 것을 조금 막을 수 있습니다.

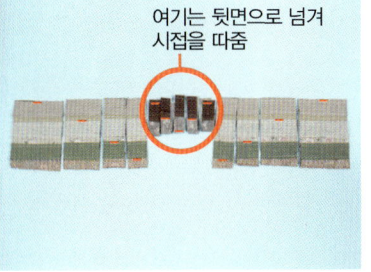

여기는 뒷면으로 넘겨 시접을 따줌

 5번 과정에서 컷팅한 천을 크기순으로 배열한 후 시접 부분에 펜으로 시접을 따야할 부분을 표시합니다.

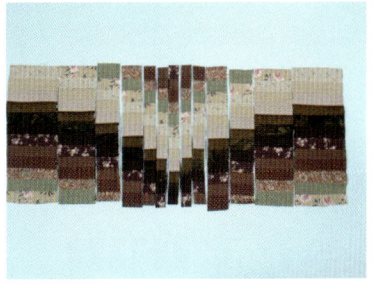

7 시접 부분에 표시한대로 시접을 따서 펴줍니다.

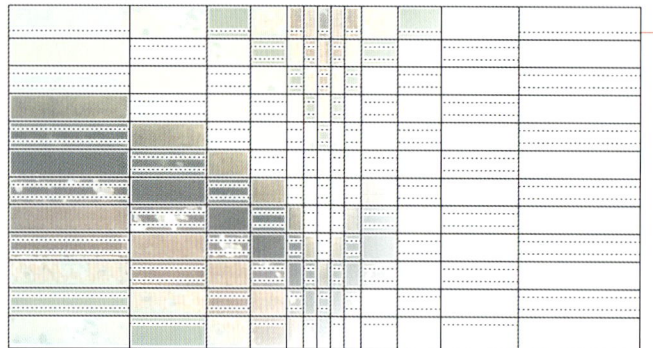

8 순서대로 박음질합니다. 이때 3번에서 두 단끼리 마주보고 다림질하였으므로 시접이 자연스레 엇갈립니다.

9 이렇게 전면으로 사용할 패턴 2장을 완성합니다.

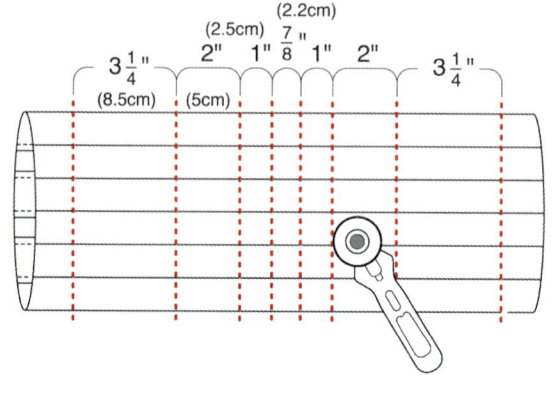

10 매트에 4번에서 만든 원통형 탑을 가지런히 놓은 후 그림에 표시한 크기로 컷팅합니다.

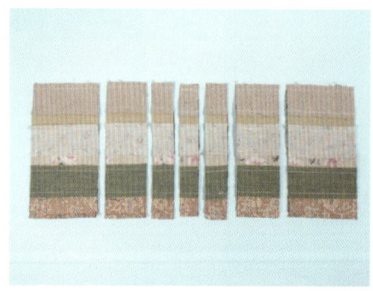

11 자른 천을 크기순으로 배열한 후 따야 할 시접을 펜으로 표시합니다.

2	1	12	11	12	1	2
1	12	11	10	11	12	1
12	11	10	9	10	11	12
11	10	9	8	9	10	11
10	9	8	7	8	9	10
9	8	7	6	7	8	9
8	7	6	5	6	7	8
7	6	5	4	5	6	7
6	5	4	3	4	5	6
5	4	3	2	3	4	5
4	3	2	1	2	3	4
3	2	1	12	1	2	3

시접을 제대로 따는 방법 TIP
미리 표를 만들어 색상 배열을 정한 후 시접을 땁니다.

12 순서대로 시접을 따서 펴줍니다.

13 순서대로 박음질합니다. 측면으로 사용할 패턴 2개를 만듭니다.

03
전면, 측면 퀼팅 탑 만들기

이때 퀼팅라인은 이음선을 따라 해도 되고 (quilting in the ditch), 원하는 물결선을 그려서 해도 됩니다.

14 전면 패턴 2장과 측면 패턴 2장에 빳빳한 가방용 솜을 대고 퀼팅합니다.

창구멍

15 안감용 리넨을 21½×12½인치(54.5×31.5cm) 2장, 11×12½인치 (27×31.5cm) 2장을 잘라 14번의 퀼팅 탑과 겉과 겉을 마주대고 창구멍을 남기고 ¼인치 시접으로 박음질합니다.

16 시접 부분의 솜을 제거하고 모서리를 제거하여 뒤집은 후

이때 창구멍은 패턴 방향의 위쪽으로 오도록 합니다. 아랫부분은 완성선이 되지만 윗부은 다른 면과 공그르기 하므로 지저분한 면이 감춰질 수 있습니다.

17 창구멍을 공그르기로 손바느질하여 막고 다림질합니다.

04
상단 부분 퀼팅 탑 만들기

18 베이지색 면을 21½×10인치 (54.5 ×25.5cm) 크기로 잘라 1인치 (2.5cm) 간격으로 퀼팅라인을 그린 후 가 방용 솜을 댑니다.

이때 따로 퀼팅라인을 그리지 않고 씨임 가이드를 이용하여 퀼팅해도 됩니다.

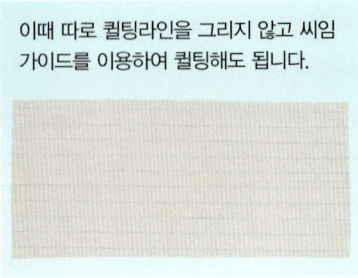

19 가방용 솜을 대고 퀼팅합니다.

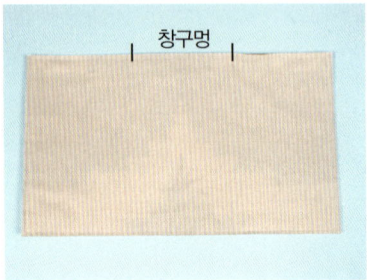

창구멍

20 안감용 리넨을 21½×10인치(54.5 ×25.5cm) 크기로 1장 잘라 19번 과정의 퀼팅 탑과 겉과 겉을 마주대고 창 구멍을 남기고 박음질합니다.

21 시접 부분의 솜을 제거하고 모서리 부분의 시접을 잘라낸 후 창구멍으 로 뒤집어 공그르기로 창구멍을 막아줍니다.

05
손잡이 만들고 옆선 이어 완성하기

손잡이용 패턴은 따로 만들지 말고 전면 혹은 측면 패턴에서 쓰고 남은 패턴을 이용하면 편 리합니다.

22 그러데이션이 되는 면 9가지를 1½×2½인치(4×6.5cm) 각 1줄씩 잘라 연결한 후 안감용 솜을 대고 퀼팅합 니다.

23 가장자리 솜을 잘라 정리합니다.

24 베이지색 면을 2½×9½ 인치(6.5 ×24.5cm) 크기로 잘라 23번의 퀼팅 탑과 겉과 겉을 마주보게 포갠 후 창구멍을 남기고 박음질합니다.

25 시접 부분의 솜을 제거하고 모서리 시접 부분을 제거한 후

26 창구멍으로 뒤집어 공그르기로 창구멍을 막은 후 다림질합니다.

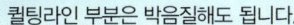
퀼팅라인 부분은 박음질해도 됩니다.

27 21번에서 완성한 커버 상단 부분의 중심에 2×6½인치(5×16cm) 선을 표시하여 26번 과정에서 만든 손잡이를 크기에 맞도록 시침핀으로 고정한 후 공그르기로 연결합니다.

28 전면과 측면을 공그르기로 서로 연결합니다. 이때 두 번씩 공그르기 하여 단단하게 이어줍니다.

전선 부분이 지나갈 수 있도록 공간을 남깁니다.

29 우측 뒤쪽 측면은 4½인치(12cm) 가량 공그르기 하지 않고 남겨둡니다.

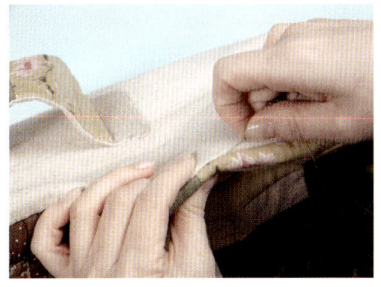

30 측면 연결이 끝나면 상단 부분과 연결합니다. 마찬가지로 두 번씩 공그르기 합니다.

31 바젤로 기법을 이용한 소잉 머신 커버가 완성되었습니다.

28

크레이지 퀼트Crazy Quilt 기법의
퓨전 조각보 가리개

28 크레이지 퀼트Crazy Quilt 기법의 퓨전 조각보 가리개

준비물

• **완성 작품 크기** 지름 27½인치×49인치(71×122cm) • **난이도** ★ ★ ☆ ☆

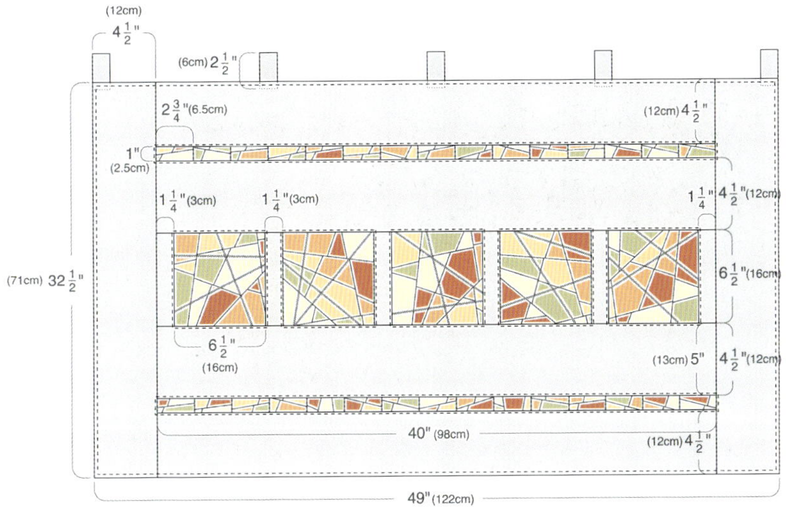

(12cm)
4 ½ "

(6cm) 2 ½ "

2 ¾ "(6.5cm)

(12cm) 4 ½ "

1"
(2.5cm)

1 ¼ "(3cm)   1 ¼ "(3cm)

1 ¼ " 4 ½ "(12cm)

(71cm) 32 ½ "

6 ½ "(16cm)

6 ½ "
(16cm)

(13cm) 5"   4 ½ "(12cm)

40" (98cm)

(12cm) 4 ½ "

49" (122cm)

단색면(다섯 가지 색) 각 ¼마 ,
바탕천 1마, 뒷감 1¼마

재단<small>(시접 포함)</small>

❶ 패턴(다섯 가지 단색 면) 9×9인치(27×27cm) 5장, 5×5인치(13×13cm) 12장

❷ 겉감(바탕천) 7×1¾인치(17.5×4.5cm) 6장

❸ 겉감(바탕천) 5½×40½인치(14.5×99.5cm) 2장

❹ 겉감(바탕천) 5×40½인치(13.5×99.5cm) 2장

❺ 겉감(바탕천) 5×28인치(13.5×72.5cm) 2장

❻ 뒷감 28×49½인치(72.5×125cm) 1장

❼ 고리(바탕천) 2×6인치(5×15cm) 5장

❶ 패턴

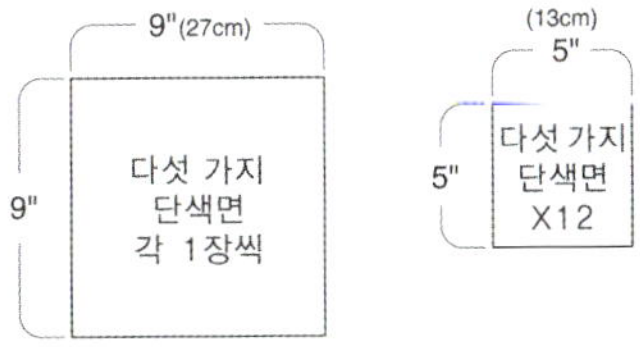

9" (27cm)

다섯 가지
단색면
각 1장씩

9"

(13cm)
5"

다섯 가지
단색면
X12

5"

❷ 겉감

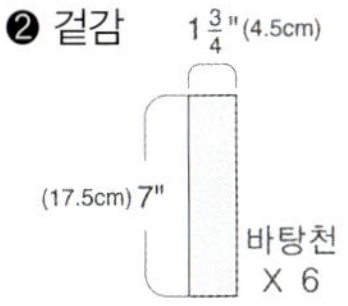

1 ¾ "(4.5cm)

(17.5cm) 7"

바탕천
X 6

❸ 겉감

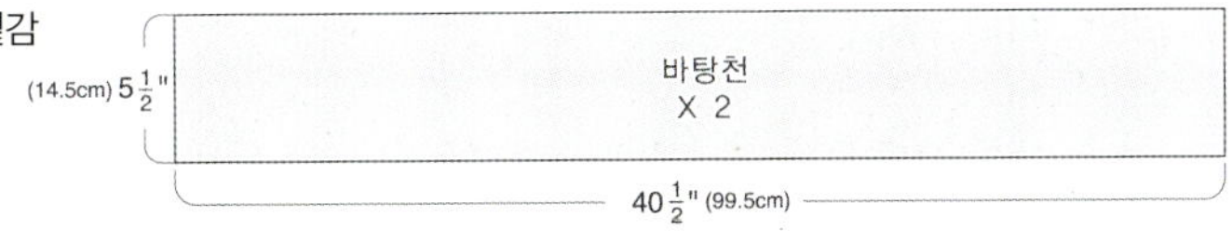

(14.5cm) 5 ½ "

바탕천
X 2

40 ½ " (99.5cm)

❹ 겉감

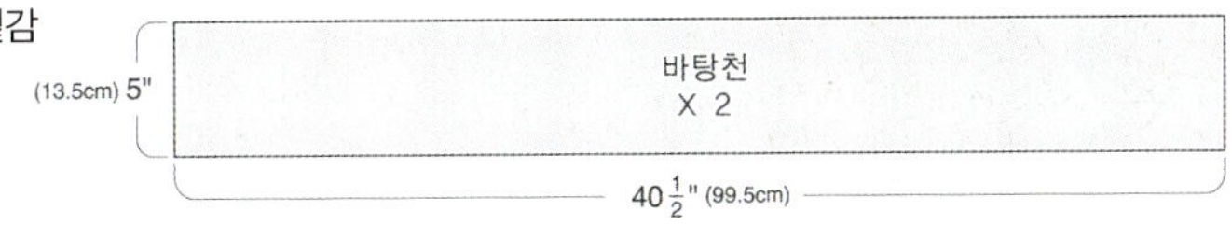

(13.5cm) 5"

바탕천
X 2

40 ½ " (99.5cm)

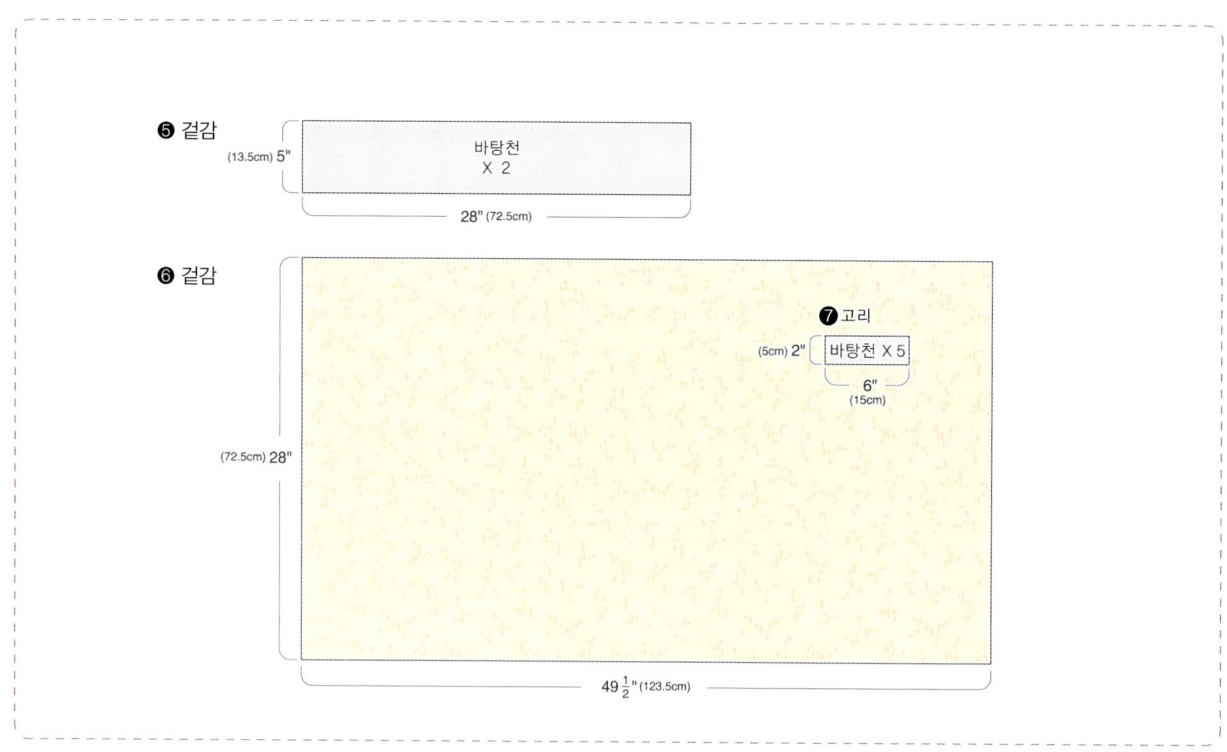

❺ 겉감

(13.5cm) 5"

바탕천
X 2

28" (72.5cm)

❻ 겉감

❼ 고리

(5cm) 2"

바탕천 X 5

6"
(15cm)

(72.5cm) 28"

49 ½ " (123.5cm)

01
크레이지 패턴 만들기

크레이지 퀼트는 도자기를 구웠을 때 깨진 조각을 보고 힌트를 얻어 만들어졌다고 합니다. 빅토리아 시대(1835~1901년)에 모직과 벨벳, 견등 화려한 천과 색실자수, 오브제를 사용한 디자인으로 크게 유행하였습니다. 늘 규칙적인 형태의 퀼트 패턴만 보아오다 불규칙한 모양을 보고 신선한 충격을 받았다고 합니다. 신기하게도 전통 조각보의 형태가 크레이지 퀼트와 비슷한 모양과 느낌을 가지고 있어 여기서는 크레이지 퀼트 기법으로 전통조각보의 형태를 재현해보았습니다.
5부 패턴 제작 기법 총정리 편에 제작 방법에 대한 사진 설명이 있으니 참고하세요

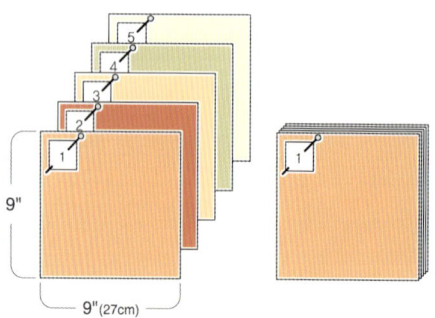

9"

9"(27cm)

1 다섯 가지 단색 면을 9×9인치(27× 27cm)로 잘라 잘 간추려 겹쳐놓고 왼쪽 상단부에 1~5번까지 번호가 적힌 작은 종이를 차례로 핀으로 고정합니다.

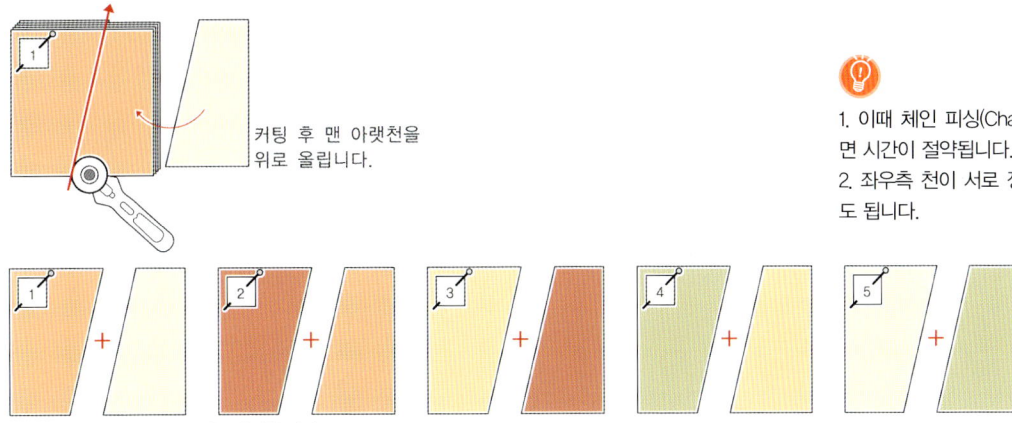

커팅 후 맨 아랫천을
위로 올립니다.

1. 이때 체인 피싱(Chain Piecing)으로 연결하
면 시간이 절약됩니다.
2. 좌우측 천이 서로 정확하게 연결되지 않아
도 됩니다.

1 +   2 +   3 +   4 +   5 +

바뀌어진 순서대로 조각을 연결합니다.

2 로터리 커터로 첫 번째 커팅을 한 후 번호가 적히지 않은 쪽의 천 중 맨 마지막 장을
위로 올린 후 좌우측 천을 다섯 장 모두 연결합니다.

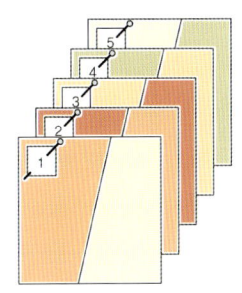

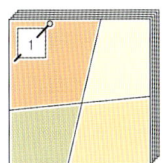

3 박음질이 끝나면 다림질로 시접을 정
리하고 다시 번호순으로 천을 정리합
니다.

시접의 방향은 어느 쪽으로 하던 상관이 없습
니다.

4 로터리 커터로 두 번째 커팅을 한 후
번호가 적히지 않은 쪽의 천 중 맨 마
지막 장을 위로 한 장 올리고, 또다시 한
장을 올린 후 좌우측 천을 서로 연결합니다.

5 박음질이 끝나면 다림질로 시접을 정
리하고 다시 번호순으로 천을 정리합
니다.

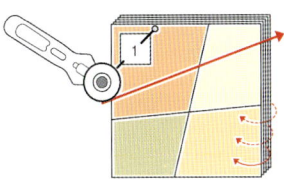

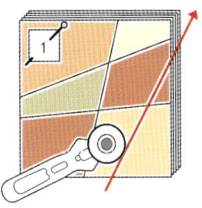

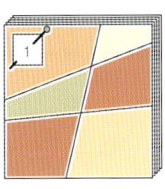

6 로터리 커터로 세 번째 커팅을 한 후 번호가 적히지 않은 쪽
의 천 중 맨 마지막 장을 위로 한 장 올리고, 또다시 한 장을
올리고, 또다시 한 장을 올려 좌우측 천을 서로 연결합니다.

7 박음질이 끝나면 다림질로 시접을 정리하고 다시 번호순으로
천을 정리합니다.

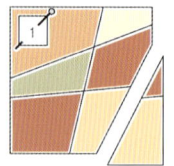 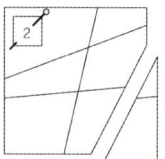 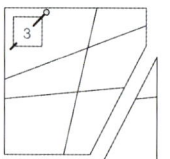 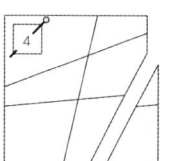 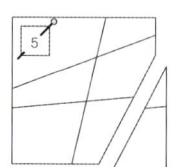

8 로터리 커터로 네 번째 커팅한 후에는 번호를 무시하고 좌우측 천을 늘어놓고 천이 잘 섞이도록 배치를 하여 박음질합니다.

 네 번째 커팅할 즈음에는 한 패턴 안에 겹쳐지는 천이 많아지게 되므로 규칙을 무시하고 임의로 서로 어울리는 배색을 하는 것이 좋습니다. 커팅을 할 때에는 너무 작은 조각이 생기지 않도록 조심해야 합니다.

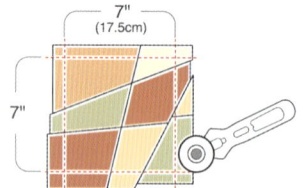

9 보기 좋게 네 번 혹은 다섯 번 커팅을 한 후 박음질이 모두 끝나면 7인치 (17.5cm) 정사각형으로 가장자리를 정리합니다.

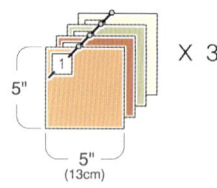

10 단색 면을 섞어서 5×5인치(13× 13cm) 크기로 12장을 자릅니다. 4 장씩 1세트로 위의 순서로 크레이지 퀼트 패턴을 만듭니다. 이때 조각이 작으므로 커팅은 3~4회만 해도 됩니다.

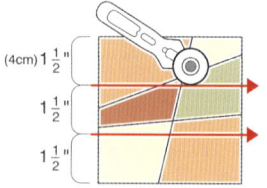

11 10번 과정에서 만든 패턴의 가장자리를 정리한 후 1½인치(4cm) 길이로 삼등분합니다.

 삼등분하여 연결해서 사용하므로 가장자리 크기가 정확하지 않아도 상관없습니다.

벽걸이 탑 만들기

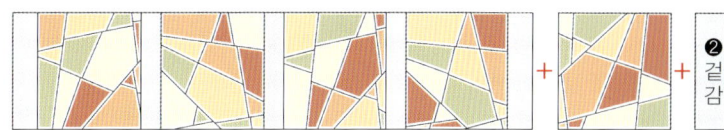

12 바탕천을 7×1¾인치(17.5×4.5cm) 크기로 6장 잘라 크레이지 퀼트 패턴 5장과 교대
로 박음질합니다.

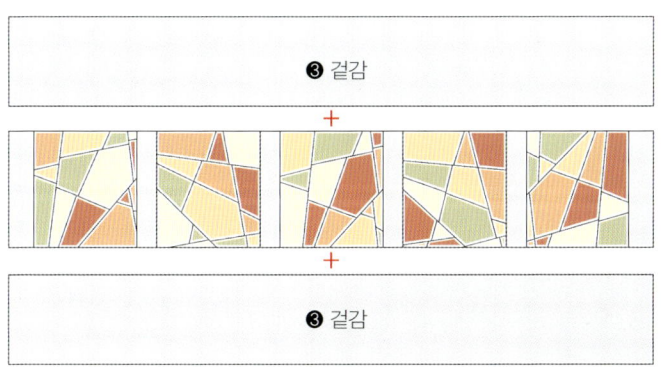

13 바탕천을 5½×40½인치(14.5×
99.5cm) 크기로 2장 잘라 그림처럼
연결합니다.

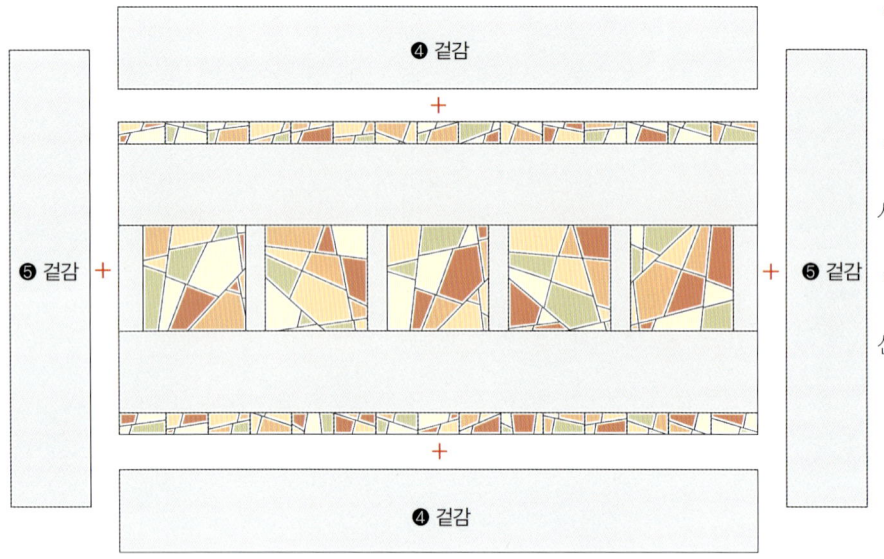

X 2

40 $\frac{1}{2}$ " (99.5cm)

14 11번 과정에서 완성된 패턴을 40½인치(99.5cm) 길이로 두 줄 연결합니다.(약 15장 연결)

❹ 겉감

❺ 겉감

❺ 겉감

❹ 겉감

15 13번 과정과 14번 과정에서 완성한 패턴을 연결한 후

16 바탕천을 5×40½인치(13.5×99.5cm) 크기로 두 장 잘라 다시 그림처럼 연결합니다.

17 바탕천을 5×28인치(13.5×72.5cm) 크기로 두 장 잘라 옆선을 연결하여 탑을 완성합니다.

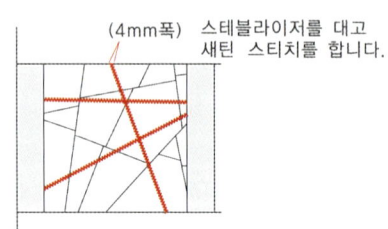

(4mm폭) 스테블라이저를 대고 새틴 스티치를 합니다.

18 크레이지 퀼트 패턴 아래에 스테블라이저를 대고 4mm 폭의 새틴 스티치로 박음질한 후 스테블라이저를 찢어 제거합니다.(머신 아플리케 기법 l을 참고하세요)

03

고리 만들어 완성하기

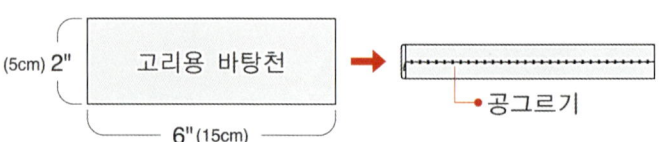

(5cm) 2" 고리용 바탕천

공그르기

6" (15cm)

19 바탕천으로 2×6인치(5×15cm) 사각형 5장을 잘라 고리를 만듭니다.

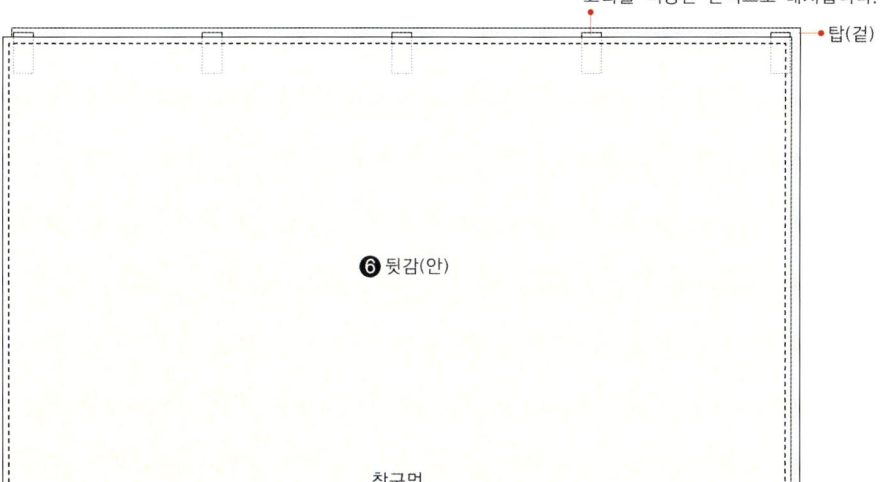

고리를 적당한 간격으로 배치합니다.

→ 탑(겉)

❻ 뒷감(안)

창구멍

20 28×49½인치(72.5×123.5cm) 크기로 뒷감을 잘라 18번의 탑과 겉과 겉을 대고 창
구멍을 남기고 맞박아줍니다. 이때 다섯 개의 고리를 적당한 간격으로 배치하여 함
께 박음질합니다.

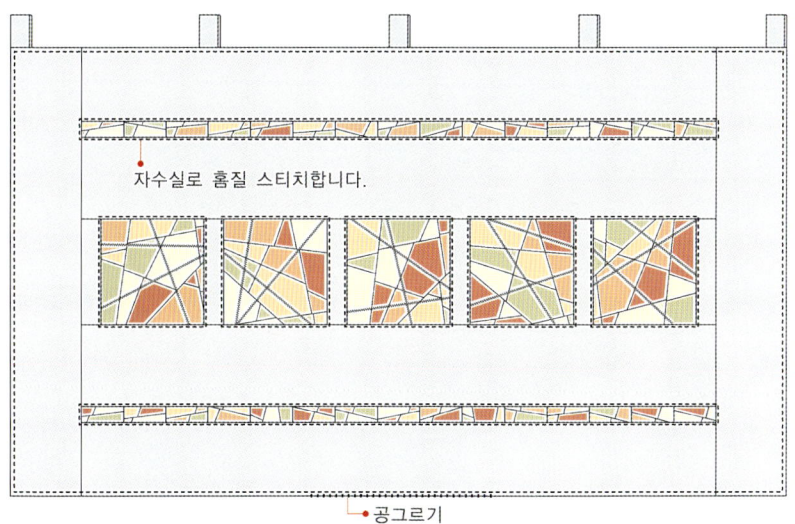

자수실로 홈질 스티치합니다.

공그르기

21 창구멍으로 뒤집어 공그르기로 마감한 후 자수실로 홈질하여 장식스티치를 합니다.
크레이지 퀼트 기법의 퓨전 조각보 가리개가 완성되었습니다.

 홈질 스티치는 머신에 내장된 스티치가 있으
면 윗실에 투명 실을 끼우고 보빈에 원하는 색
상의 실을 끼워 박음질해도 됩니다.

머신퀼트 **100**배 즐기기

29
하와이언 퀼트 벽걸이
Hawaiian Quilt

29 하와이언 퀼트 Hawaiian Quilt 벽걸이

• 완성 작품 크기 21×21인치(53×53cm) • 난이도 ★★★☆

바탕천 2/3마, 무늬 천 2/3마,
뒷감 2/3마, 솜 1마,
하와이언 퀼트 본(제품을 구하지 못했을
땐 부직포와 퓨저블웹(양면접착심지)을
이용하면 됩니다)

완성 작품

재단(시접 포함)

❶ 바탕천 21×21인치(53cm×53cm)
❷ 무늬천 18×18인치(45cm×45cm)
❸ 뒷감과 솜 각각 21×21인치(53cm×53cm)
❹ 바인딩테이프(바탕천)1½×50인치(4cm×215cm)

❶
21"
(53cm)
바탕천
21" (53cm)

❷
18"
(45cm)
무늬 천
18" (45cm)

❸
21"
(53cm)
뒷감
21" (53cm)
솜

❹
1½"
(4cm)
바탕천
50"(약 215cm)

01

하와이언 퀼트 패턴 만들기

하와이언 퀼트는 2가지 색만을 사용하여 하와이 특유의 식물 패턴(팬 나무와 파파야 잎, 야자 나뭇잎, 풀고사리 잎, 무화과 나뭇잎) 등을 디자인한 것이 특징입니다. 또한 하와이 왕조를 기념하기 위한 깃발, 왕관 등의 문장을 모티브로 하기도 하였습니다.

초기에는 흰색 바탕에 붉은색으로 디자인한 퀼트가 많았으며 물결무늬처럼 퍼져나가는 에코 퀼팅 라인(Echo Quilting Line)을 사용하여 파도가 부딪혀 퍼져나가는 물결을 표시하는 특징이 있습니다. 이때 퀼팅 라인은 그려서 하지 않습니다.

본문에서는 제품으로 나온 부직포 본을 사용한 제작 기법과 제품을 구하지 못하였을 경우 대체 가능한 다른 방법 두 가지를 소개합니다.

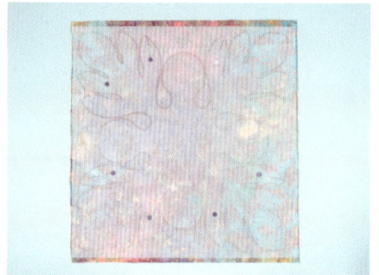

1 부직포 본과 무늬 천을 겉과 겉끼리 마주보게 하여 시침핀으로 고정합니다.

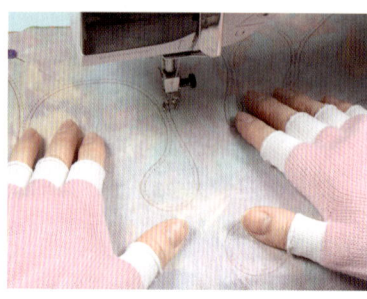

2 완성선을 따라 박음질합니다. 프리모션 퀼팅으로 박음질해도 되고 일반 노루발로 박음질해도 됩니다.

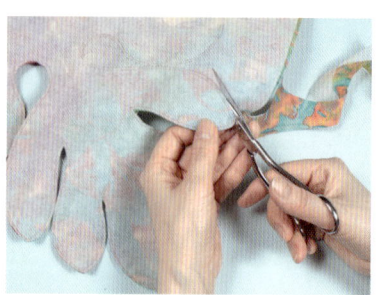

3 시접을 약 0.5cm 남기고 잘라줍니다.

창구멍을 낼 부분

4 시접을 남겨 모두 잘라준 모습입니다.

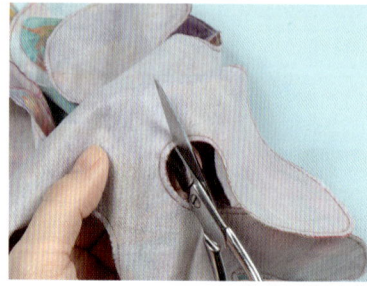

5 오목한 부분에 모두 가위집을 세심하게 넣어줍니다.

6 부직포 중간에 약 6인치 가량 창구멍을 내 잘라 뒤집어줍니다.

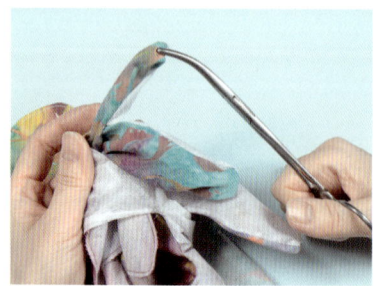

7 이때 길고 가느다란 잎사귀 부분이 잘 뒤집어 지지 않으면 겸자를 사용하여 뒤집어 줍니다.

8 패턴을 판판하게 잘 정리하여 바탕천에 올린 다음 시침핀으로 고정하여 다림질합니다.

 본에 있는 접착제가 있어 다림질을 하면 바탕천에 달라붙게 됩니다.

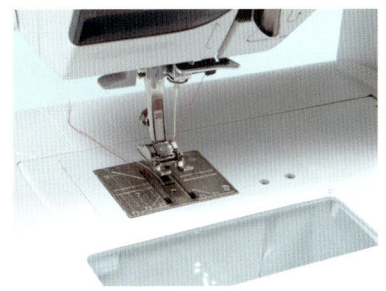

9 바닥에 홈이 있는 아플리케 노루발을 머신에 장착하고

10 투명실을 사용하여 인버저블 스티치로 아플리케합니다.

11 투명실로 아플리케 스티치 하여 거의 손으로 한 것처럼 보입니다.

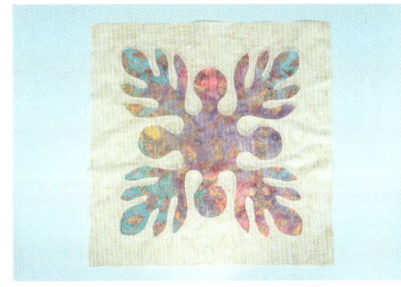

12 아플리케한 패턴의 뒷면을 시접 분량(1/4인치)을 남기고 모두 잘라줍니다.

02

탑 만들고 퀼팅하기

13 뒷감과 솜을 대고 탑을 올린 후 시침용 안전핀으로 시침질한 후 패턴의 안쪽과 바깥쪽 모두 패턴의 모양을 따라 약 1/4인치 간격으로 에코 모양으로 번져 나가는 모양으로 퀼팅합니다.(이때 퀼링라인은 그려서 해도 되지만 패턴의 모양을 따라 자연스레 퀼팅하면 됩니다)

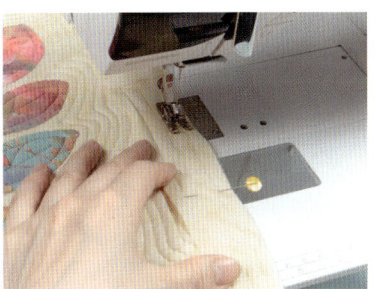

14 본인의 취향에 따라 간격을 달리 해도 상관없습니다. 퀼팅이 끝난 후 바인딩테이프를 둘러 박음질하여

15 공그르기로 마무리하여 완성합니다.

하와이언 퀼트 본을 구할 수 없을 때 사용하는 방법

상품으로 나온 하와이언 퀼트 본을 구할 수 없을 때 사용하는 방법입니다.

❶ 아플리케할 천의 뒷면에 하와이언 퀼트 패턴을 그립니다.

❷ ①의 천과 같은 크기로 뒷감을 잘라 겉과 겉을 마주보게 포개어 박음질한 후 앞의 2번에서 8번까지의 과정을 다시 해주고 뒤집어줍니다.

❸ 퓨저블 웹(양면접착심지)에 하와이언 패턴을 그려 오린 다음 거칠거칠한 면이 ②의 뒷면에 오도록 얹어서 다림질합니다. 열이 약간 식으면 종이를 떼냅니다.

❹ 바탕천 위에 ③의 하와이언 패턴을 겉이 위로 오도록 올린 후 다림질하여 고정시킨 후 투명실로 인버저블 아플리케 스티치를 합니다.

❺ 뒷면에서 0.7cm 시접 분량을 남기고 바탕천을 오려냅니다. 패턴에 퓨저블웹을 바로 붙여서 오린 후 바탕천 위에 올려 사용하면 편리하지만 입체감이 드러나지 않습니다. 번거롭더라도 이 방법을 사용하면 핸드아플리케를 한 것과 거의 다름없는 볼륨감 있는 하와이언 퀼트가 완성됩니다.

❶
아플리케 할 천의 뒷면에 하와이언 패턴을 그립니다.
무늬천(안)

❷
뒷감(겉)
무늬천(안)
두장의 천의 겉과 겉을 맞대고 포갠 후 완성선을 따라 박음질합니다.
시접 0.5cm를 두고 자른 후 뒷감의 가운데에 창구멍을 내어 뒤집어 줍니다.

❸
다림질 후 종이를 떼냅니다.
패턴 뒷면
퓨저블웹

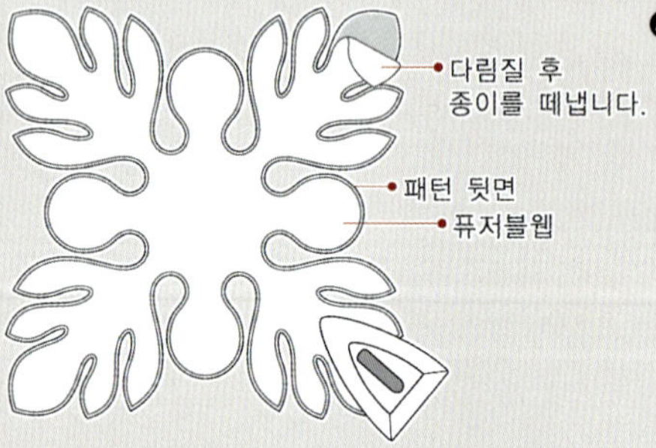

❹
패턴 앞면 (겉)
바탕천 (겉)
바탕천 위에 패턴을 놓고 고정시킨 후, 아플리케합니

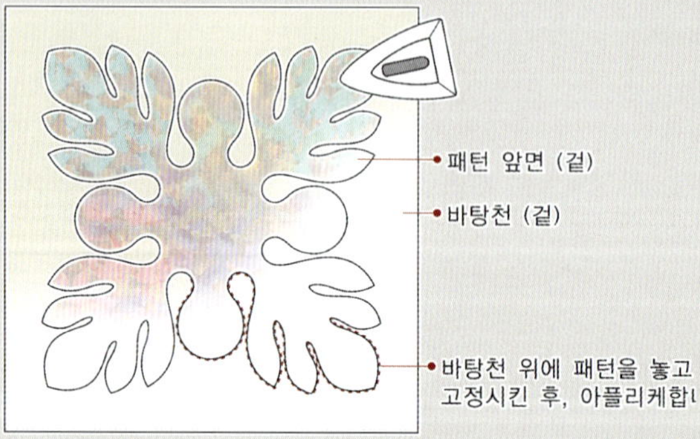

❺
바탕천 (안)
패턴 앞면 (안)
박음선
뒷면에서 0.7cm 시접 분량을 남기고 바탕천을 오려냅니다.(실선이 가위질을 하는 선)

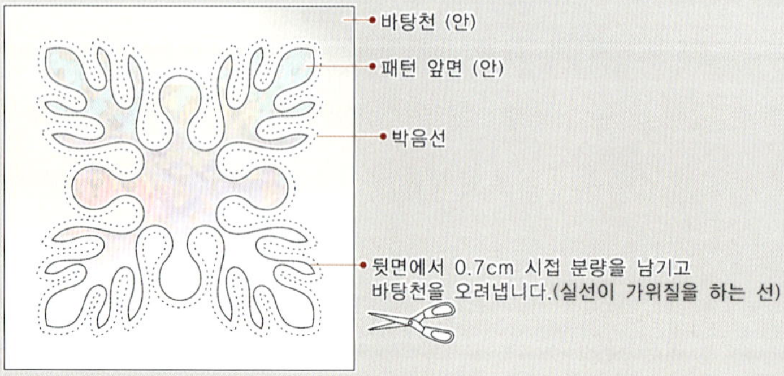

30

머신 트라푼토Trapunto와
프리 모션 퀼팅Free Motion Quilting 기법의

화이트퀼트

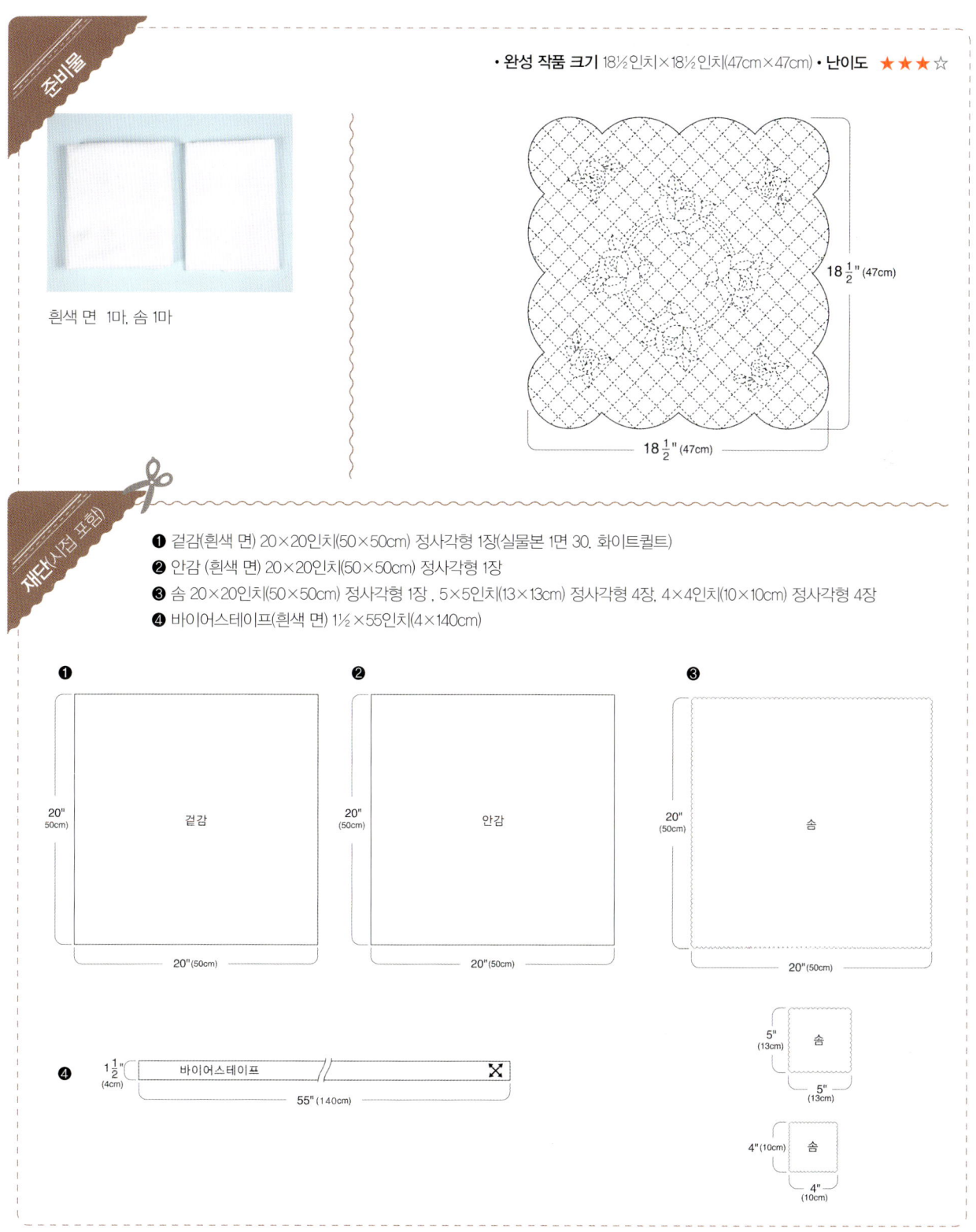

준비물

흰색 면 1마, 솜 1마

• 완성 작품 크기 18½인치×18½인치(47cm×47cm) • 난이도 ★★★☆

18 $\frac{1}{2}$ "(47cm)

18 $\frac{1}{2}$ "(47cm)

재단(시접 포함)

❶ 겉감(흰색 면) 20×20인치(50×50cm) 정사각형 1장(실물본 1면 30. 화이트퀼트)
❷ 안감 (흰색 면) 20×20인치(50×50cm) 정사각형 1장
❸ 솜 20×20인치(50×50cm) 정사각형 1장 , 5×5인치(13×13cm) 정사각형 4장, 4×4인치(10×10cm) 정사각형 4장
❹ 바이어스테이프(흰색 면) 1½ ×55인치(4×140cm)

❶

20"
(50cm)

겉감

20"(50cm)

❷

20"
(50cm)

안감

20"(50cm)

❸

20"
(50cm)

솜

20"(50cm)

❹ 1 $\frac{1}{2}$ "
(4cm)

바이어스테이프

55"(140cm)

5"
(13cm)

솜

5"
(13cm)

4"(10cm)

솜

4"
(10cm)

01
머쉰 트라푼토 하기

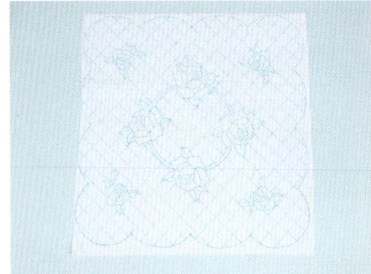

1 흰색 면에 본을 대고 수성펜으로 도안을 모두 그립니다.(실물본 1면 30. 화이트퀼트)

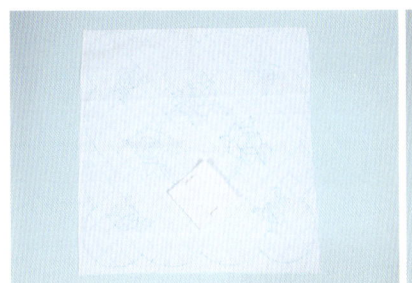
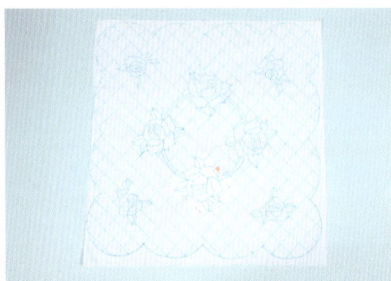

2 트라푼토를 넣을 장미꽃 도안 아래쪽에 솜을 대고 시침질합니다.

TIP

머신퀼팅 시 마트에서 파는 끈끈이 장갑을 사서 손가락 부위를 잘라 사용하면 퀼팅 작업을 할때 어깨와 손에 무리한 힘을 덜 주게 되어 작업이 용이합니다. 비싼 수입 퀼팅용 장갑을 굳이 사지 않아도 기능면에서 전혀 뒤지지 않는답니다.

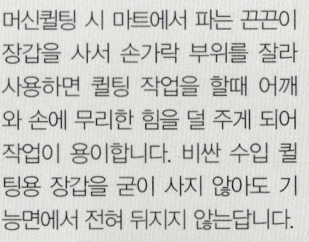
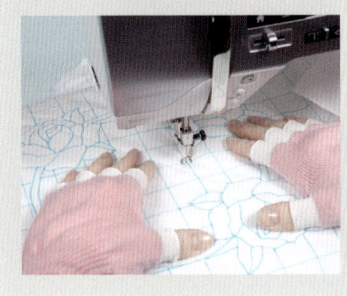

트라푼토할 때 솜은 약간 도톰한 것이 좋으나 너무 두꺼우면 주변이 당겨서 쭈그러지게 됩니다. 평상시 퀼팅할 때 사용하는 솜을 써도 효과가 좋답니다.

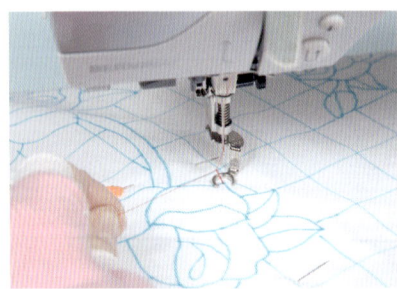

3 머신을 프리 모션 모드로 맞추어 놓고 프리 모션 노루발을 장착합니다. 윗실로 투명식(혹은 흰색실)을 끼우고 퀼팅 시작 전에 반드시 윗실을 왼손으로 잡고 밑실을 끌어올리는데

4 이때 휠을 사용하기 보다는 니들업(needle-up) 스위치를 이용하는 것이 좋습니다.

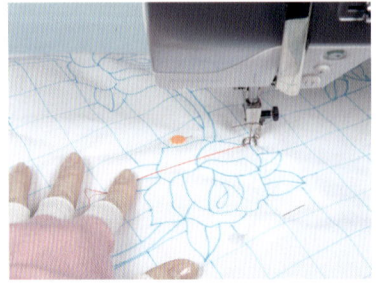
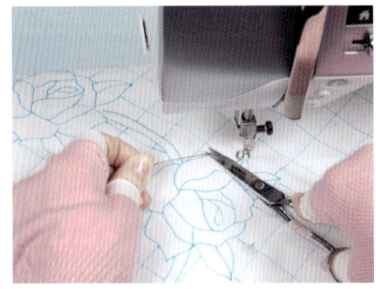

5 끌어올린 밑실과 윗실을 손가락으로 잡고 고정한 후 같은 위치에서 3~4번 제자리 박음질을 하여 매듭을 지어줍니다.

6 약 2~3cm 정도 퀼팅을 한 후 윗실과 아랫실을 가위로 잘라 정리해서 작업에 방해를 주지 않게 합니다.

7 트라푼토할 도안의 가장자리 라인만 퀼팅합니다.

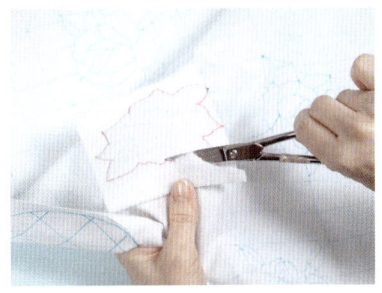

8 퀼팅이 끝나면 뒤집어서 가위를 바싹 갖다 대어 솜을 깨끗하게 정리합니다.

 이때 혹시 실이 잘리더라도 한 번 더 박음질해 줄 것이므로 걱정하지 않아도 됩니다. 단 천에 손상이 가지 않도록 주의해야 해요!

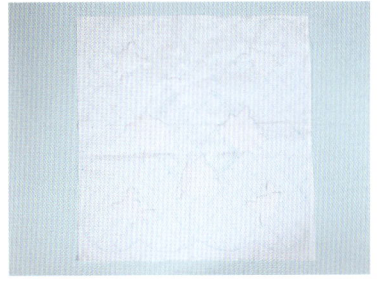

9 트라푼토를 넣을 곳에 모두 미리 작업을 해둡니다.

**02**

퀼팅하기

10 트라푼토가 모두 끝나면 뒷감과 솜을 대고 3중 구조를 만듭니다.

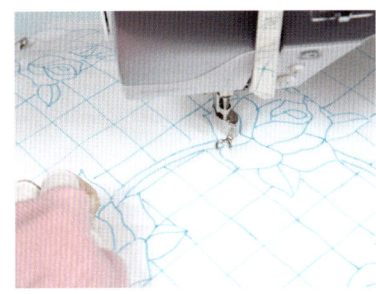

11 윗실로 흰색 실을 끼운 후 윗실을 잡고 아랫실을 끌어올린 후 사용합니다.

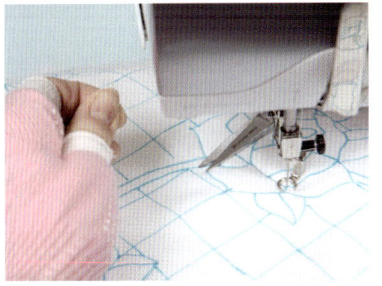

12 제자리 박음질로 매듭을 짓고 약간 퀼팅한 후 남은 실을 잘라냅니다.

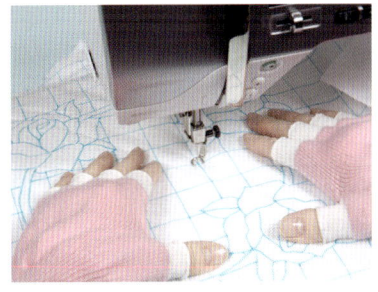

13 퀼팅 탑의 중간부터 퀼팅하기 시작합니다.

14 퀼팅이 끝나면 가장자리선을 따라 커팅하여 정리합니다.

 트라푼토를 하여 박음선이 한 번 지나간 자리도 다시 한 번 더 본을 따라 똑같은 방법으로 퀼팅합니다.

03
바인딩하고 마무리하기

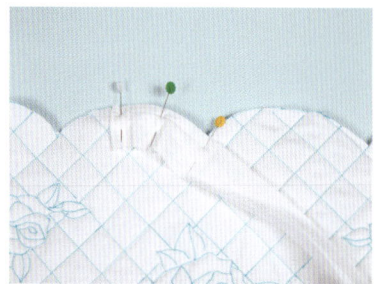

15 흰색 면을 45도 정바이어스로 1½×55인치(4×140cm)로 잘라 바인딩 테이프를 만들어 겉감 위에 시침질합니다.

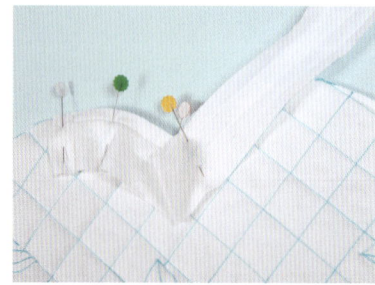

16 이때 움푹하게 패인 부분의 시접을 사진처럼 세심하게 잘 접어주어야 합니다.

17 시침핀을 뽑아가며 박음질하는데

18 움푹하게 패인 부분의 접힌 시접 부분에 다다르면 매듭을 짓고 실을 끊어준 후, 접힌 시접 부분을 박음질하지 않고 넘기고 다시 다음 시접을 박음질합니다.

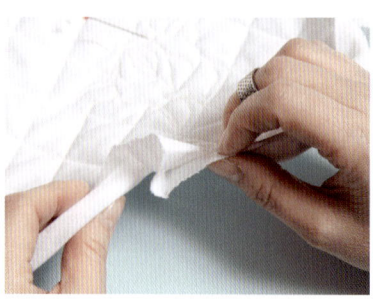

19 시접 박음질 후 뒷면에서 시침핀으로 고정한 후 공그르기를 합니다. 이때 움푹 파인 부분의 시접을 잘 꺾어 접어서 주름이 생기지 않도록 조심합니다.

20 시작과 끝부분이 만나는 지점부터 공그르기를 합니다.

21 움푹 파인 곳의 공그르기를 할 때 접혀진 시접이 단단히 잘 고정되도록 주의합니다.

22 공그르기한 후 분무기로 물을 뿌리고 수건으로 꾹꾹 눌러가며 수성펜으로 그린 그림을 지워줍니다.

23 화이트퀼트가 완성된 모습입니다.

31

정사각형 성당 창문Cathedral Window 기법의

그레이스 쿠션

31 정사각형 성당 창문Cathedral Window 기법의 그레이스 쿠션

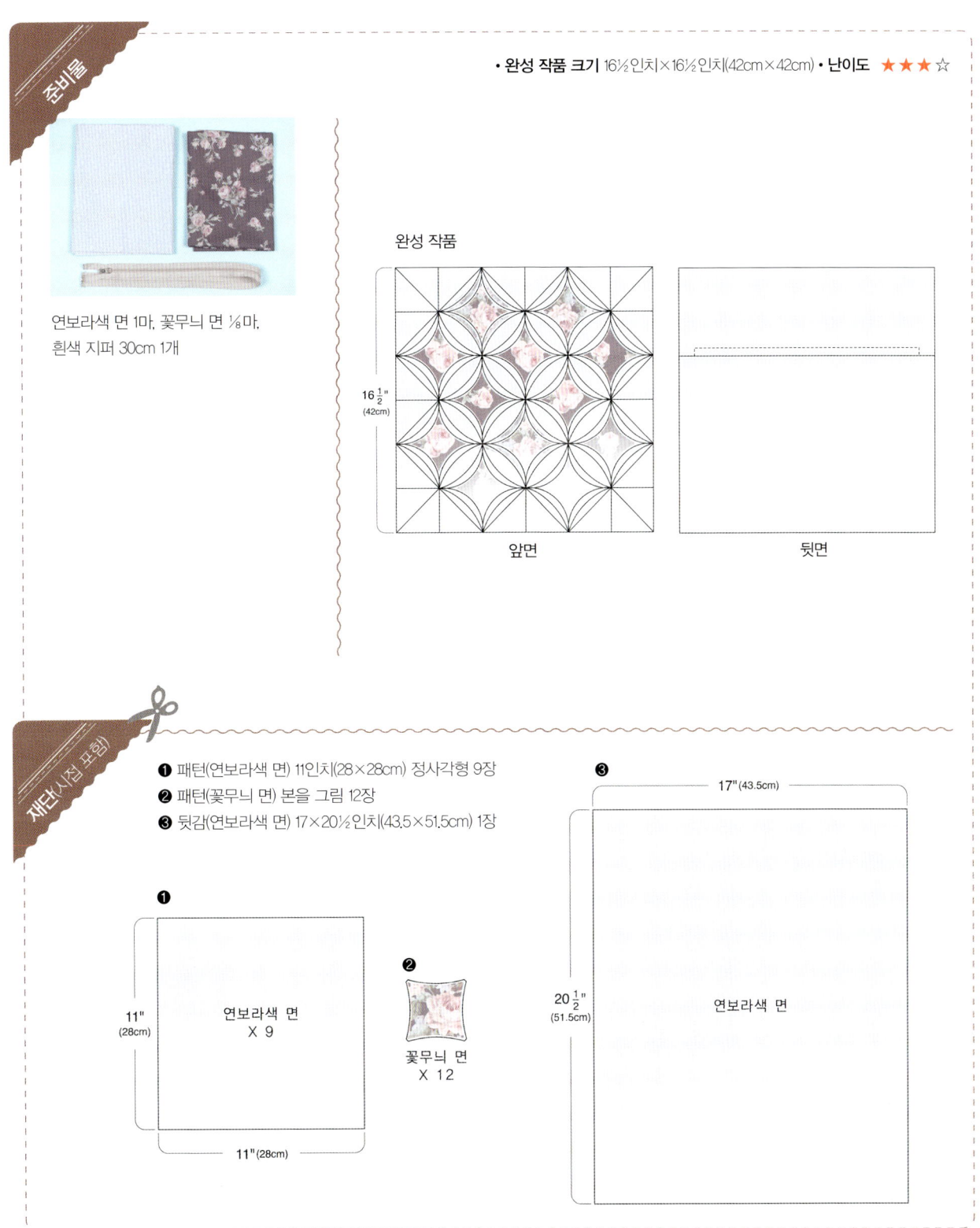

• 완성 작품 크기 16½인치×16½인치(42cm×42cm) • 난이도 ★★★ ☆

연보라색 면 1마, 꽃무늬 면 ⅛마,
흰색 지퍼 30cm 1개

완성 작품

16 1/2 "
(42cm)

앞면   뒷면

❶ 패턴(연보라색 면) 11인치(28×28cm) 정사각형 9장
❷ 패턴(꽃무늬 면) 본을 그림 12장
❸ 뒷감(연보라색 면) 17×20½인치(43.5×51.5cm) 1장

❸ ── 17"(43.5cm) ──

❶
11"
(28cm)   연보라색 면
            X 9

            11"(28cm)

❷
꽃무늬 면
X 12

20 1/2 "
(51.5cm)   연보라색 면

261

성당 창문 패턴 만들기

성당 창문은 3중 구조를 가진 퀼트 기법은 아니지만 패치워크가 들어가므로 퀼트의 한 기법으로 사용됩니다. 우리나라 조각보 기법의 '여의주 문양'과 모양과 제작 방법이 일치합니다. 성당의 아름다운 스테인드글라스의 조각 패턴을 보고 만든 기법입니다.

💡 창구멍은 중간 시접 부분부터 ½지점까지 남겨야 하며 ½지점을 넘어서면 겉으로 드러나 보기 싫게 됩니다.

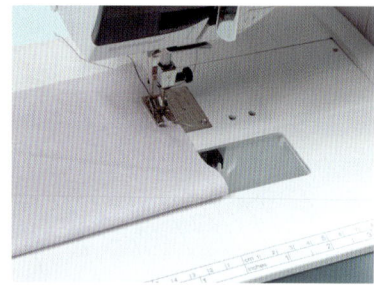

1 연보라색 면을 11인치(28×28cm) 정사각형으로 9장을 잘라 안쪽에서 ¼인치 시접으로 박음질합니다.

2 양쪽 모두 박음질한 후

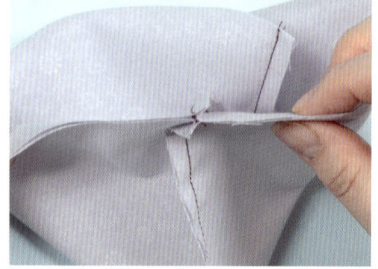

3 중간 부분을 벌리는데 이때 가운데 시접은 서로 엇갈리게 하여

4 박음질합니다. 이때 창구멍을 남깁니다.

5 모서리 부분을 가위로 잘라주고

6 뒤집어서 다려줍니다.

7 창구멍은 투명 실이나 비슷한 색의 실을 사용하여 일자로 박음질합니다.

💡 뒷면에 박음선이 남아도 나중에 가려지게 되므로 신경 쓰지 않아도 됩니다.

8 사면을 그림처럼 접어서 중간 부분을 십자형으로 박아 사각형 모양을 만들어줍니다. 이때 실은 투명 실이나 비슷한 색의 실을 사용합니다.

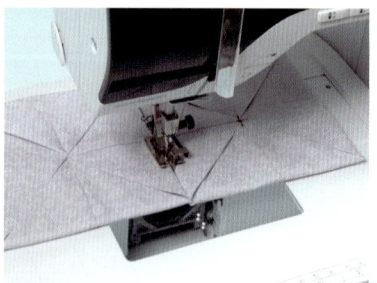

9 9개의 정사각형을 만들어서 연결합니다.

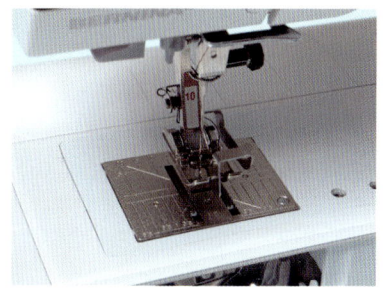

10 이때 중간 부분에 있는 에지노루발(10번 노루발)을 사용하여 연결하며 지그재그 스티치합니다.(폭 2mm, 간격 3~4mm) 이때 시작과 끝부분은 반드시 매듭 스위치를 눌러 매듭을 지어줍니다.

11 옆선끼리 연결한 후 단끼리 연결합니다.

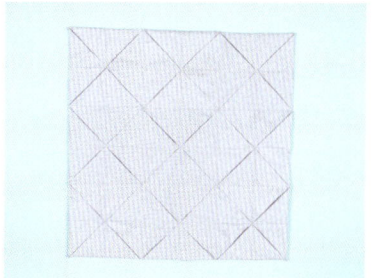

12 9장을 모두 연결한 모습입니다.

13 사각형 중간 부분에 들어갈 모양 천을 12장 재단합니다.

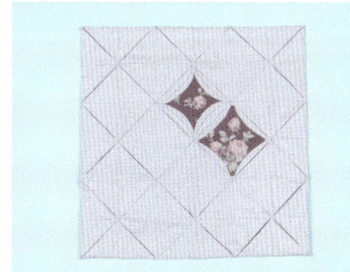

14 모양 천을 사각형 중간 부분에 앉히고

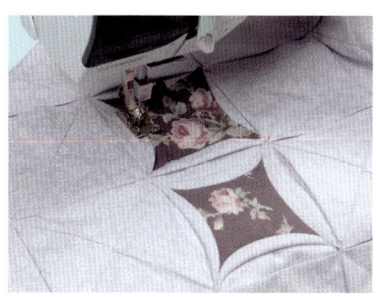

15 사각형의 한 면씩을 안쪽으로 벌려 투명실로 아플리케 스티치 합니다.

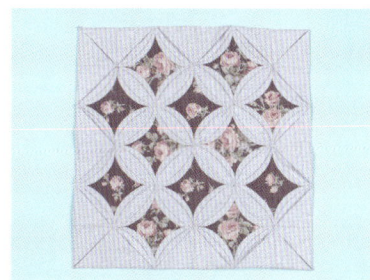

16 탑을 완성해준 모습입니다.

 아플리케 스티치는 투명실을 사용하고 아플리케 III 기법을 사용합니다.

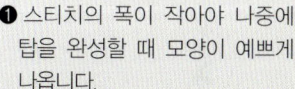

❶ 스티치의 폭이 작아야 나중에 탑을 완성할 때 모양이 예쁘게 나옵니다.

❷ 폭이 좁은 지그재그 스티치를 해야 하므로 사각형을 연결할 때는 서로 바짝 붙도록 손으로 안쪽을 향해 살짝 밀어줍니다.

❸ 수작업이라 정사각형의 크기가 정확하게 일정치 않으므로 옆선을 일자박기로 연결하는 것보다 완성된 정사각형끼리 지그재그 스티치로 연결하면 크기를 서로 조절하여 박음질 할 수 있어 편리합니다.

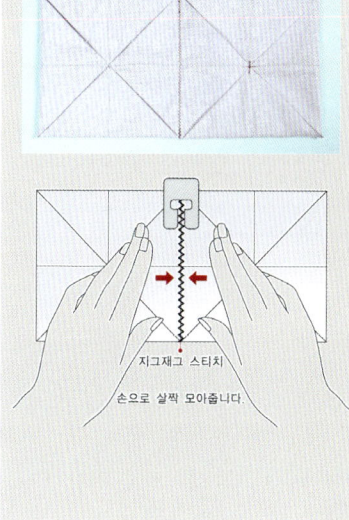

지그재그 스티치

손으로 살짝 모아줍니다.

02

쿠션 만들고
뒷감 지퍼 달기

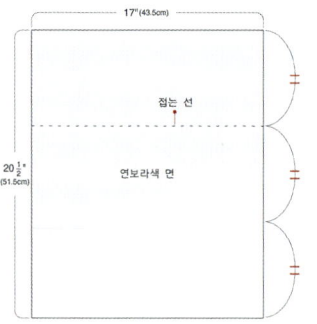

17 뒷감(연보라색 면)을 17×20½인치 (43.5×51.5cm) 크기로 잘라 쿠션 뒷면을 준비한 다음 뒷면에서 ⅓위치에 선을 그은후 접어줍니다.

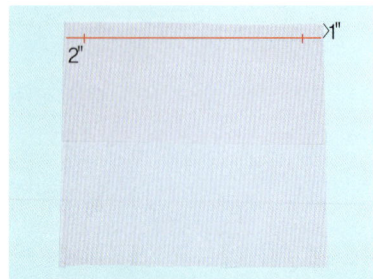

18 위에서 1인치(2.5cm) 내려온 위치에 선을 긋고 양쪽에서 2인치 (5cm) 위치에 점을 표시합니다.(이때 2인치는 시접을 포함했을 때이고 완성선에서는 1인치 정도에 표시합니다.)

19 가장자리 양쪽 2인치(5cm)까지만 박음질하고 가운데 부분은 시침질합니다.

20 접힌 부분을 가위로 잘라줍니다. 앞쪽의 시접은 앞쪽으로 넘겨 다림질합니다.

21 뒤쪽의 시접은 2mm 남기고 뒤로 넘겨 다림질합니다.

22 2mm 남긴 시접 부분에 지퍼를 놓고 시침핀으로 고정하고

23 외노루발로 박음질합니다.

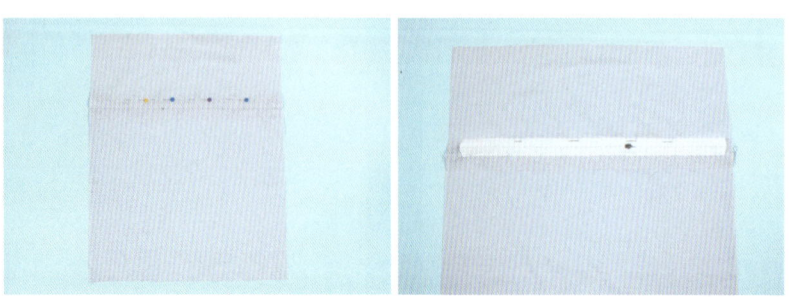

24 앞쪽의 면을 뒤로 넘겨 ¾인치(2cm) 선을 그어준 후 지퍼를 시침질하고

25 ㄷ자 모양으로 지퍼 부분을 박음질하여 지퍼달기를 완성합니다. 시침실은 모두 제거합니다.

03

마무리하여 완성하기

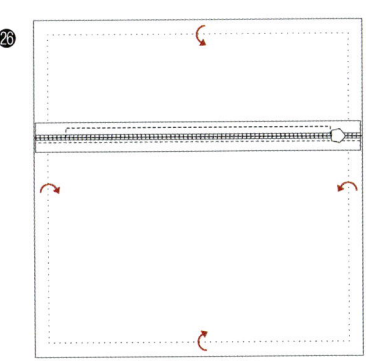

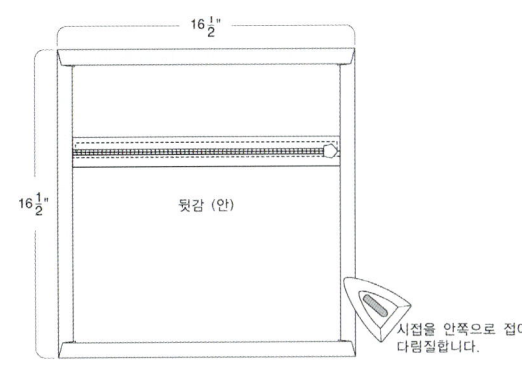

16 1/2"

16 1/2"

뒷감 (안)

시접을 안쪽으로 접어
다림질합니다.

26 쿠션 뒷면의 시접을 완성선을 따라 다림질하여

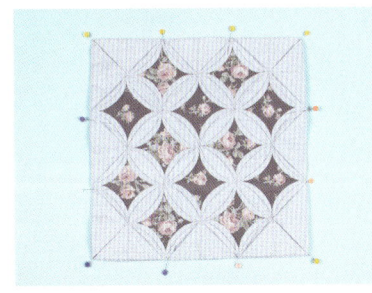

27 쿠션의 탑과 뒷감이 모두 겉이 바깥으로 나오도록 하여 시침핀으로 고정합니다.

성당 창문은 시접이 없는 기법입니다. 그래서 겉감과 안감을 연결할 때 시접 부분을 서로 연결할 수 없으므로 이와 같은 바느질법을 사용하였습니다.

28 같은 색의 실을 사용하여 10번 과정에서 사용한 폭이 좁은 지그재그스티치로 가장자리를 두 번 정도 튼튼하게 박음질합니다.

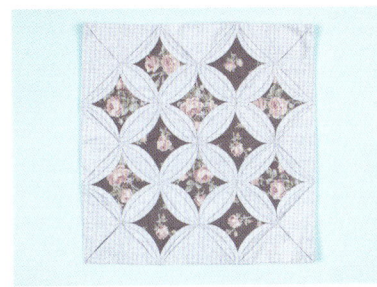

29 성당 창문 기법을 활용한 쿠션이 완성되었습니다.

32
직사각형 성당 창문 기법의
레이스 테이블 러너

33

페이퍼 파운데이션 피싱
Paper Foundation Piecing 기법의
패브릭 카드

32 직사각형 성당 창문 기법의 레이스 테이블 러너

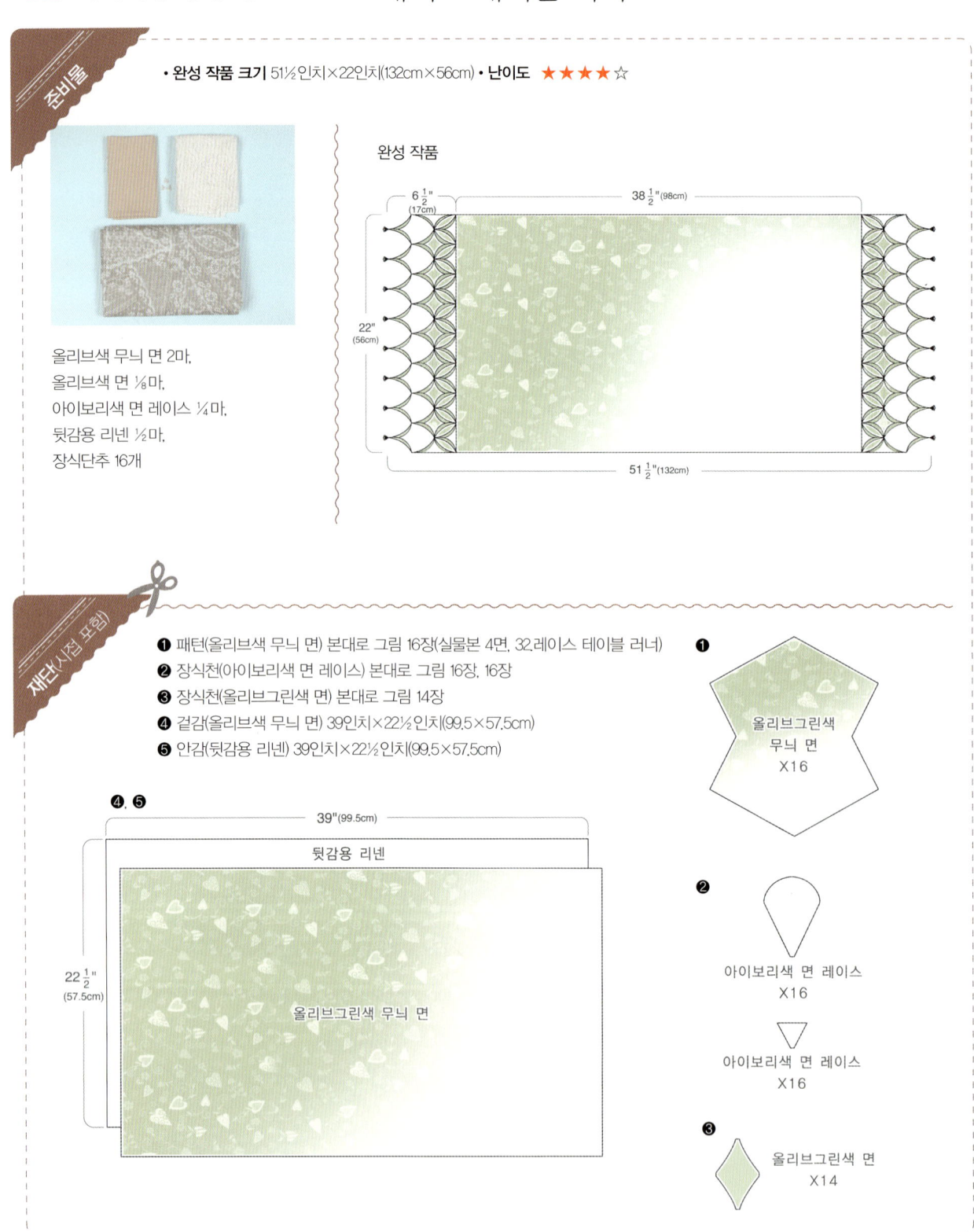

• 완성 작품 크기 51½인치×22인치(132cm×56cm) • 난이도 ★★★★☆

완성 작품

6½"(17cm)

38½"(98cm)

22"(56cm)

51½"(132cm)

올리브색 무늬 면 2마,
올리브색 면 ⅛마,
아이보리색 면 레이스 ¼마,
뒷감용 리넨 ½마,
장식단추 16개

❶ 패턴(올리브색 무늬 면) 본대로 그림 16장(실물본 4면, 32.레이스 테이블 러너)
❷ 장식천(아이보리색 면 레이스) 본대로 그림 16장, 16장
❸ 장식천(올리브그린색 면) 본대로 그림 14장
❹ 겉감(올리브색 무늬 면) 39인치×22½인치(99.5×57.5cm)
❺ 안감(뒷감용 리넨) 39인치×22½인치(99.5×57.5cm)

❹.❺
39"(99.5cm)

뒷감용 리넨

22½"(57.5cm)

올리브그린색 무늬 면

❶
올리브그린색
무늬 면
X16

❷
아이보리색 면 레이스
X16

아이보리색 면 레이스
X16

❸
올리브그린색 면
X14

01

직사각형 성당 창문 패턴 만들기

성당창문 패턴으로 가장 많이 사용되는 패턴이 직사각형 패턴입니다. 패턴들을 연결한 후 맨 마지막 줄의 조각을 아래로 늘어뜨려 비즈 등을 달아 장식하는데 여기서는 아름다운 테이블보로 제작하여 보았습니다. 가운데 들어가는 장식천이 레이스라 작업이 약간 어려울 수 있으나 투명실로 잘 마무리하면 됩니다.

1 주어진 본을 따라 사진과 같은 조각을 16장 준비합니다.(실물본 4면)

2 본에 있는 골선을 따라 안쪽에서 반 접은 후 양 옆선을 ¼인치 시접으로 박음질합니다.

3 옆선을 벌려(지시선) 중간 부분의 시접이 서로 엇갈리게 만든 후 창구멍을 남기고 박음질합니다.

4 모서리 부분을 제거하고 뒤집어 다림질을 한 후 창구멍을 박음질합니다.

5 직사각형의 사면을 모아서 단단히 박음질합니다.

6 5번 과정에서 만들어진 사각형들은 중간에 칸이 있는 엣지 노루발을 사용하여 두 장씩 투명실로 지그재그스티치(폭 2.2 mm, 간격 3~4mm)로 연결합니다. 이때 시작과 끝부분은 반드시 매듭스위치를 눌러 매듭을 지어줍니다.

 투명실이 없으면 바탕색을 사용해도 됩니다.

7 직사각형 벽걸이를 제작할 때는 사진과 같이 연결한 후

8 중간에 장식할 천을 본을 보고 오려서 사진과 같은 위치에 올린 후

9 투명실로 아플리케 스티치하여 완성합니다.

레이스 테이블 러너
성당 창문 패턴
연결하기
(31.그레이스 쿠션의 정사각형 성당 창문
패턴 만들기를 참고합니다)

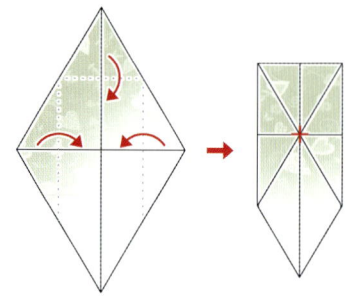

10 올리브색 무늬 면으로 직사각형 성당 창문을 16장 제작합니다. 이때 5번의 과정에서 네 면을 모으지 않고 세 면만 모아서 단단히 박음질합니다.

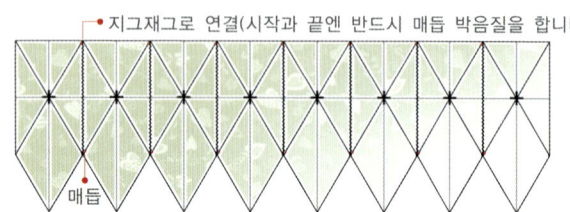

지그재그로 연결(시작과 끝엔 반드시 매듭 박음질을 합니다.)

매듭

11 8장씩 일렬로 연결하여 두 세트를 만듭니다.

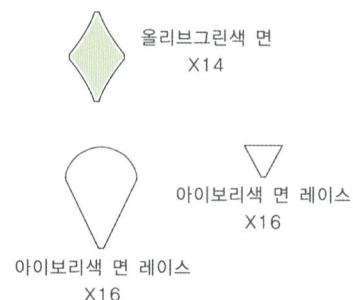

올리브그린색 면
X14

아이보리색 면 레이스
X16

아이보리색 면 레이스
X16

12 올리브그린 색 면에 14장의 본을 그리고 아이보리색 면 레이스에 2종류의 본을 각각 16장씩 그려 오립니다.

이 부분은 남겨두고 테이블보를 연결한 후 아플리케합니다.

올리브그린색 면

아이보리색 면 레이스

13 그림처럼 각각의 위치에 장식 천을 대고 아플리케 합니다.

윗부분의 면 레이스는 패턴과 직사각형 테이블보를 연결한 후 아플리케 스티치합니다.

03

테이블 러너
몸체 만들어 완성하기

뒷감에 리넨을 사용한 이유는 면보다 **빳빳하**
여 무게감이 있기 때문입니다. 만일 뒷감도 면
을 쓰길 원하면 얇은 심을 면에 놓고 다려서
사용하는 것이 좋습니다.

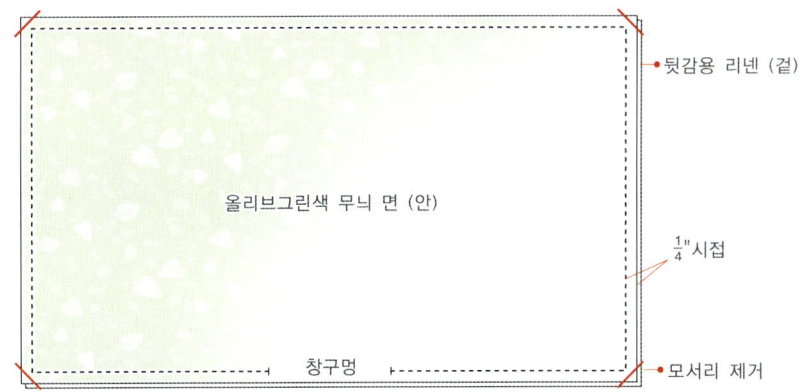

- 뒷감용 리넨 (겉)

올리브그린색 무늬 면 (안)

$\frac{1}{4}$" 시접

창구멍

- 모서리 제거

14 올리브색 무늬 면과 뒷감용 리넨을 39인치×22½인치(99.5×57.5cm) 크기로 잘라
겉과 겉을 마주보고 박음질하여 뒤집어 공그르기 합니다.

- 투명실로 지그재그 스티치를 2회하여 연결합니다.

15 패턴과 직사각형 테이블보를 투명실로 지그재그 스티치 하여 연결합니다. 이때 스
티치는 폭 2.2mm, 간격 3~4mm로 조정하고 두 번 정도 박음질하여 튼튼하게 연결
되도록 합니다.

- 투명실로 3면을 모두 지그재그 스티치합니다.

16 13번에서 남겨둔 패턴 윗부분의 면 레이스의 아플리케 스티치를 장식단추를 달아줍
니다.

33 페이퍼 파운데이션 피싱Paper Foundation Piecing 기법의 패브릭 카드

• **완성 작품 크기** 4인치×7인치(10cm×18cm) • **패턴 모양과 크기** 2½×2½인치(6.5×6.5cm) • **난이도** ★ ★ ☆ ☆ ☆

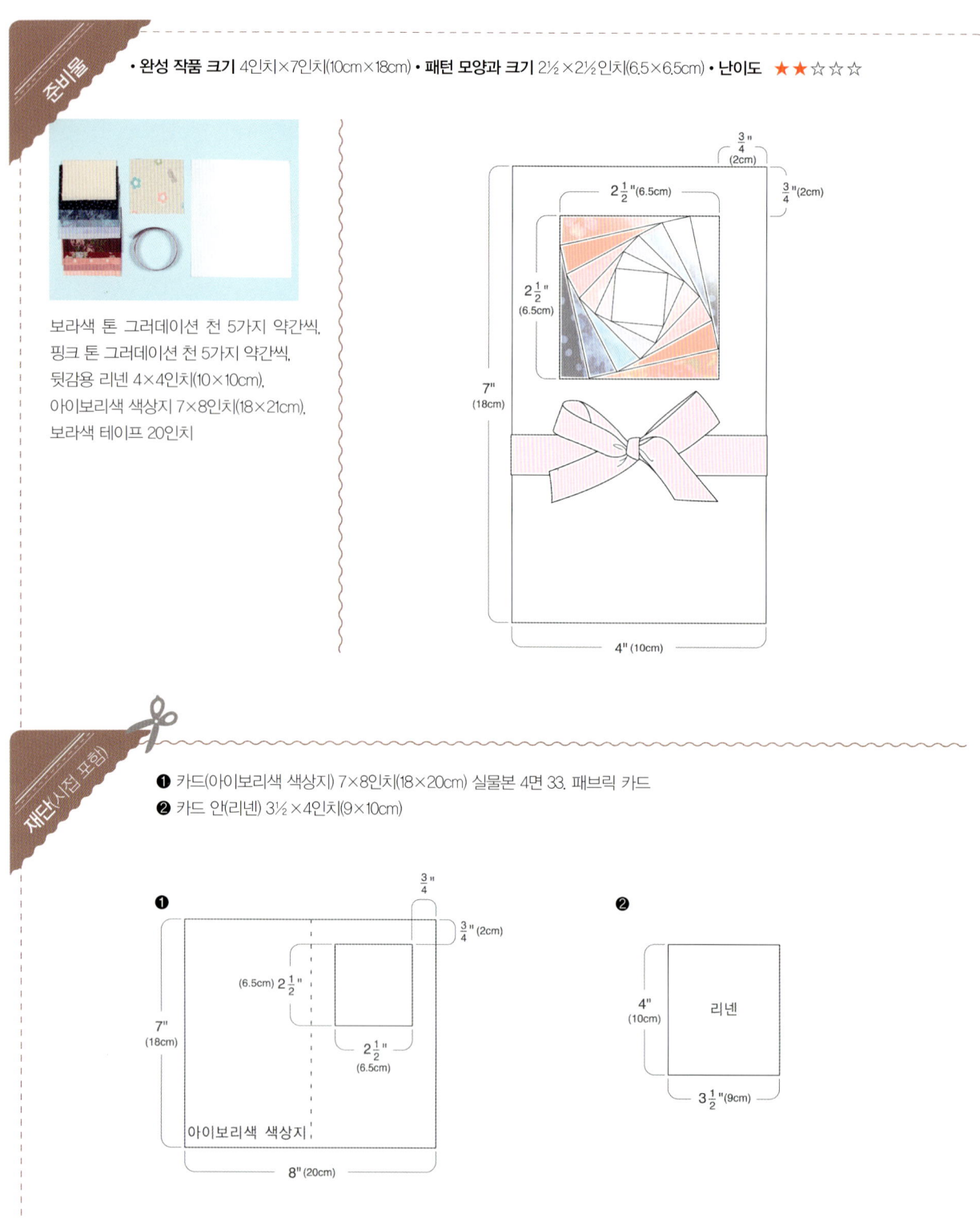

보라색 톤 그러데이션 천 5가지 약간씩,
핑크 톤 그러데이션 천 5가지 약간씩,
뒷감용 리넨 4×4인치(10×10cm),
아이보리색 색상지 7×8인치(18×21cm),
보라색 테이프 20인치

❶ 카드(아이보리색 색상지) 7×8인치(18×20cm) 실물본 4면 33. 패브릭 카드
❷ 카드 안(리넨) 3½×4인치(9×10cm)

패턴 만들기

종이에 그려져 있는 본을 놓고 번호 순서대로 박음질해가는 기법입니다. 직선 박음질, 특히 삼각형의 뾰족한 부분을 패치워크하기에 더없이 간단하고 쉬운 기법이어서 Mariner's Compass 패턴을 할 때 특히나 쉽게 할 수 있는 기법입니다. 하지만 이 기법을 사용할 때는 완성된 모양이 본의 모양과 반대로 완성된다는 점에 반드시 유의하고 디자인해야 합니다.

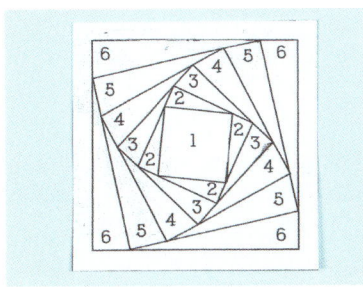

1 실물 패턴의 가장자리를 ¼인치 (0.7cm) 시접선을 그려서 자릅니다.(실물본 4면)

2 얇은 카드를 사용하여 완성선마다 미리 꺾어두면 작업하기 편합니다.

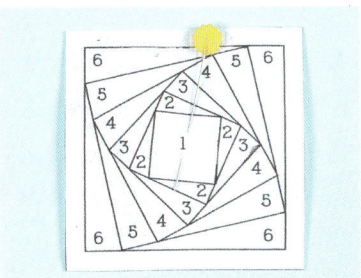

3 1번 블록의 크기에서 시접을 더한 크기의 조각 천을 잘라 1번 블록의 뒤쪽에 갖다 대고 시침핀으로 고정합니다.

• 1번 천의 크기는 1번 블록을 덮고 시접 분량이 남는 만큼의 크기로 자릅니다.

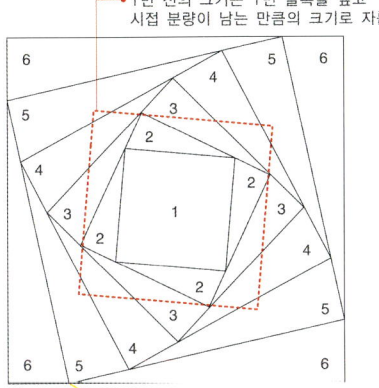

4 1번 블록에 대는 천은 겉이 바깥쪽(종이 반대쪽)을 향하게 합니다.

5 2번 블록에 댈 천을 잘라 1번 천과 겉과 겉끼리 마주보게 한 후 종이 본을 넘겨보아 적당한 시접 분량이 남아있나 확인합니다.

조각을 연결할 때 종이까지 같이 박음질하였다가 작업이 끝난 후 종이를 모두 뜯어내야 하므로 작업 후 박음선이 느슨해지지 않도록 스티치 간격을 촘촘히 박아야 합니다.

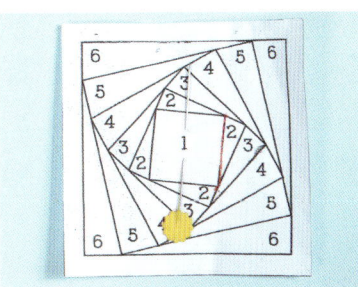

6 완성선에서 완성선까지만 박음질합니다. 이때 스티치 간격은 1.5mm 정도로 줄여서 박아야 합니다.

7 박음질 후 종이 본을 넘겨서 시접을 ¼인치(0.7cm)로 잘라 정리합니다.

273

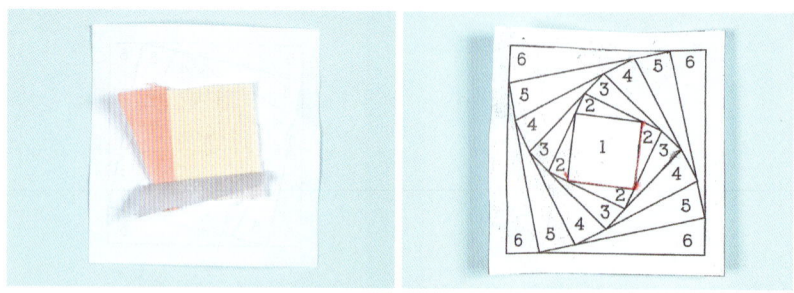

8 2번 천을 넘겨 다림질합니다.(작은 조각은 손톱 끝으로 꼭꼭 눌러서 꺾어주어도 됩니다)

9 옆에 있는 2번 조각도 같은 방법으로 연결합니다.

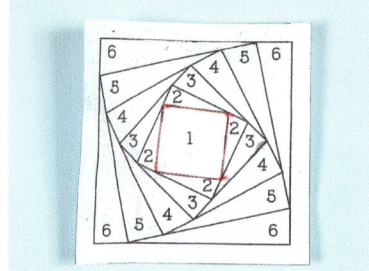

10 사면의 2번 블록을 모두 연결합니다. 이와 같이 번호 순서대로 박음질을 합니다.

11 작업이 모두 끝나면 종이 본에 맞추어 가장자리를 깨끗이 정리합니다.

12 종이를 모두 뜯어냅니다.

TIP

페이퍼리스 파운데이션 피싱
(paperless foundation piecing)

작업이 끝난 후 종이를 뜯는 작업이 번거로우면 중간 중간 종이 본을 넘긴 후 종이 본에 바늘 끝을 바싹 갖다 대어 박음질하여 주어도 됩니다. 이렇게 작업하는 것을 페이퍼리스 파운데이션 피싱(paperless foundation piecing)이라고 합니다.

 **02**

카드 만들기

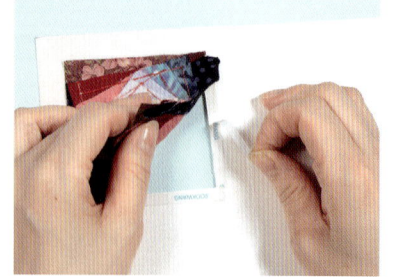

13 아이보리색 색상지를 7×8인치(18×20cm) 크기로 자른 후 오른쪽 면에 2½(6.5cm) 정사각형을 잘라냅니다.

14 카드종이 안쪽에서 잘라낸 정사각형의 네 면에 양면테이프를 붙이고

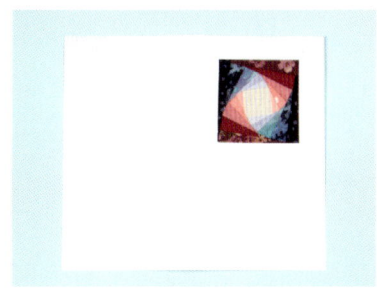

15 11번 과정에서 완성한 패턴을 붙입니다.

16 패턴의 뒷면을 가려주기 위하여 리넨 천을 3½×4인치(9×10cm) 크기로 잘라 가장자리를 핑킹가위로 잘라 정리한 후

17 양면테이프나 풀을 사용하여 패턴 부분을 가리도록 붙여줍니다.

18 완성된 카드는 봉투대신 예쁜 리본을 묶어서 완성해줍니다.

19 사진에 나오는 것처럼 다양한 형태의 모양을 표현한 멋진 카드를 만들 수 있습니다.

Application

카드 만들기 활용

다양한 기법으로 만들어본 크리스마스 카드입니다.
패브릭을 이용하여 직접 카드를 만들어 보세요.
훨씬 포근하고 다정한 느낌이 납니다.

34

원형 성당 창문 기법의
컵코스터와 쿠키트레이

34-1 원형 성당 창문 기법의 컵코스터

준비물

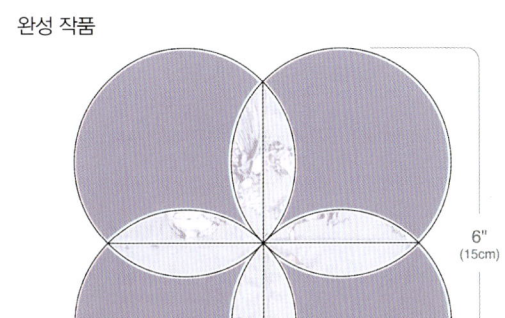

연보라색 면 ¼마, 보라색 면 ¼마,
의류용 접착심 ¼마
(쿠키 트레이와 세트로 만들려면 흰색
도트무늬 면 ¼마, 밤색 도트무늬 면 ¼
마를 사용합니다)

• **완성 작품 크기** 7인치×7인치(17.5cm×17.5cm) • **난이도** ★ ★ ☆ ☆

완성 작품

6"
(15cm)

지름 3½"(8.5cm)

재단(시접 포함)

❶ 연보라색 면 지름 4인치(10cm) 원 4장(실물본 4면 컵코스터 본)
❷ 보라색 면 지름 4인치(10cm) 원 4장
❸ 의류용 접착심지 3½(8.5cm)인치 지름의 원 4장

❶

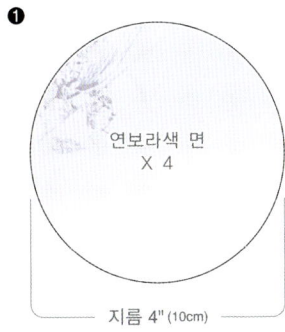

연보라색 면
X 4

지름 4" (10cm)

❷

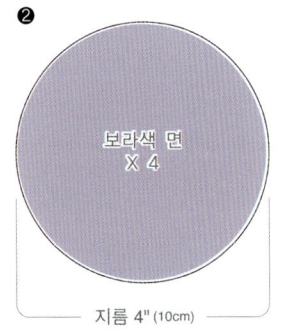

보라색 면
X 4

지름 4" (10cm)

❸

의류용 접착심지
X 4

지름 3½"(8.5cm)

01

원형 성당 창문
패턴 만들기

여기에서 만드는 작품은 원래의 성당 창문 기법과는 제작 방법이 조금 다르지만 둥근 모양의 패턴이 연결된 모양이 성당 창문의 기법과 비슷하여 원형 성당 창문으로 불립니다. 원형 패턴의 앞뒤 색깔을 달리하여 재미있는 효과를 볼 수 있는 패턴입니다. 성당 창문을 변형하여 다양한 효과를 주기로 합니다.

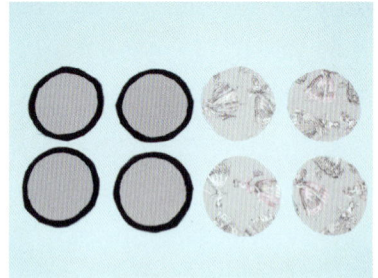

1 지름 4인치(10cm) 원을 연보라색 면 4장, 보라색 면 4장으로 준비하고, 의류용 접착심지는 3½인치(8.5cm) 지름의 원으로 4장 잘라 준비합니다.

2 두 가지 색의 원을 겉과 겉을 포개어 접착심지를 위에 올려 다림질한 후 원의 가장자리를 박음질합니다.

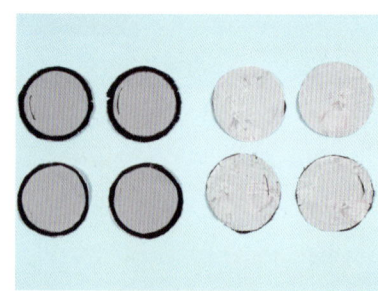

3 4개의 원을 모두 박음질한 후 원둘레의 시접 부분을 약 1cm 간격으로 촘촘히 가윗밥을 넣어주고, 창구멍은 그림의 위치에서 잘라줍니다.

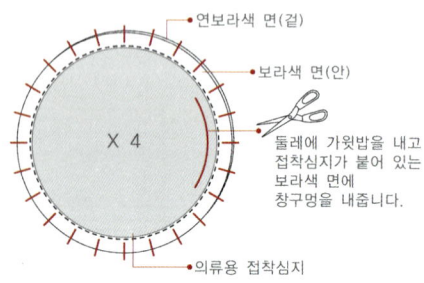

- 연보라색 면(겉)
- 보라색 면(안)

X 4

둘레에 가윗밥을 내고 접착심지가 붙어 있는 보라색 면에 창구멍을 내줍니다.

- 의류용 접착심지

창구멍이 난 쪽이 겉면이 됩니다. 창구멍은 반드시 가장자리 주변에 냅니다.

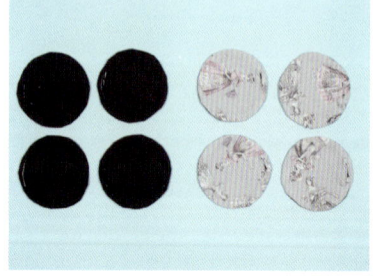

4 창구멍으로 뒤집어 가장자리를 예쁘게 정리해서 다림질합니다. 창구멍은 정리할 필요 없습니다.

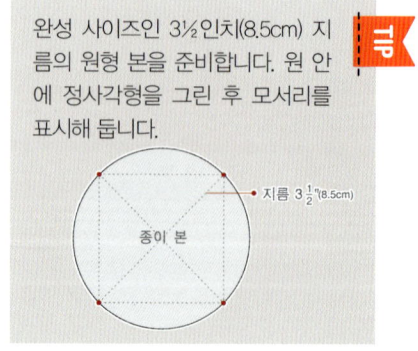

TIP

완성 사이즈인 3½인치(8.5cm) 지름의 원형 본을 준비합니다. 원 안에 정사각형을 그린 후 모서리를 표시해 둡니다.

지름 3½"(8.5cm)

종이 본

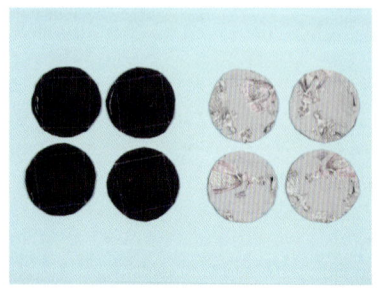

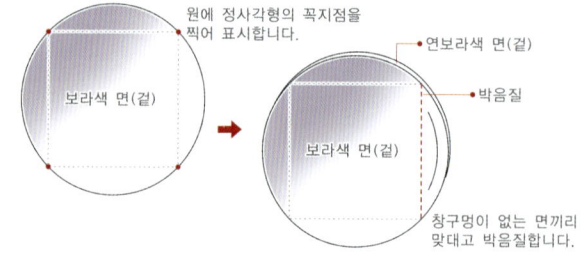

원에 정사각형의 꼭지점을 찍어 표시합니다.

- 연보라색 면(겉)
- 박음질

보라색 면(겉)

보라색 면(겉)

창구멍이 없는 면끼리 맞대고 박음질합니다.

5 원 위에 본대로 정사각형을 그리고 같은 색 4장끼리 꼭짓점을 연결하여 박음질합니다. 이때 창구멍이 없는 면끼리 마주 댑니다.

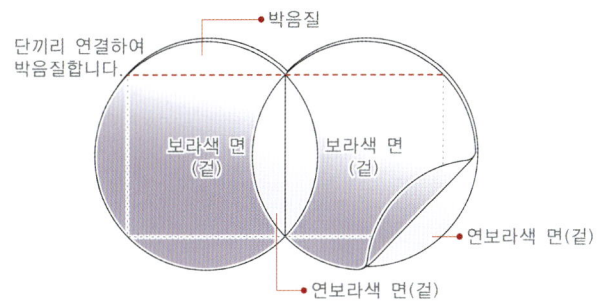

박음질
단끼리 연결하여 박음질합니다.
보라색 면 (겉)   보라색 면 (겉)
연보라색 면(겉)
연보라색 면(겉)

6 두 개씩 먼저 연결한 후 단끼리 연결합니다.

7 반달 모양의 시접 부분은 투명실로 아플리케 스티치를 합니다.

8 원형 성당 창문 패턴을 완성하였습니다.

9 패턴이 완성됨과 동시에 컵코스터가 완성됩니다.

34-2 쿠키 트레이

• **완성 작품 크기** 4인치×6인치×1인치(10cm×15cm×2.5cm) • **난이도** ★ ★ ☆ ☆

완성 작품

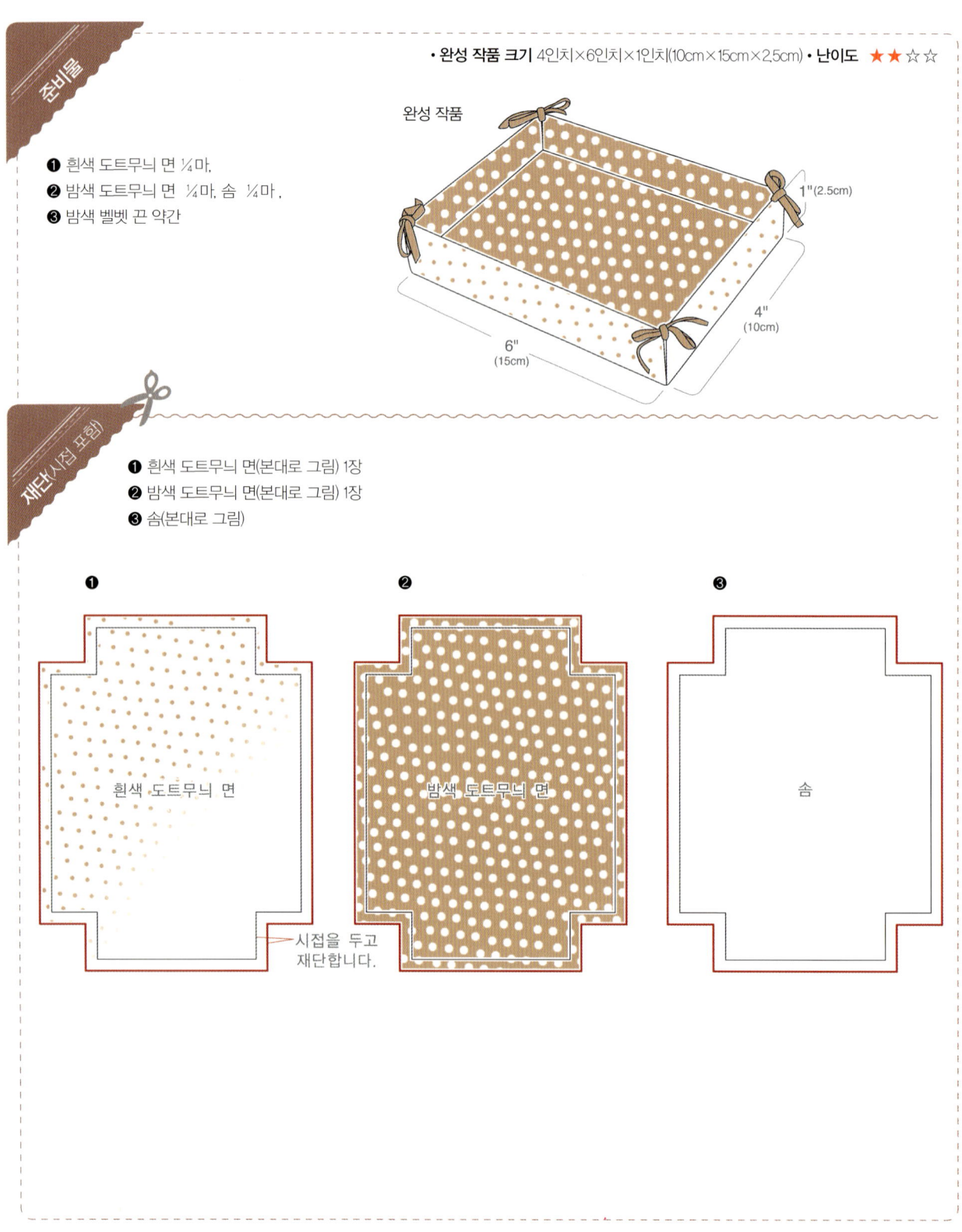

1"(2.5cm)

4"
(10cm)

6"
(15cm)

❶ 흰색 도트무늬 면 ¼마.
❷ 밤색 도트무늬 면 ¼마. 솜 ¼마.
❸ 밤색 벨벳 끈 약간

❶ 흰색 도트무늬 면(본대로 그림) 1장
❷ 밤색 도트무늬 면(본대로 그림) 1장
❸ 솜(본대로 그림)

❶ 흰색 도트무늬 면

❷ 밤색 도트무늬 면

❸ 솜

시접을 두고
재단합니다.

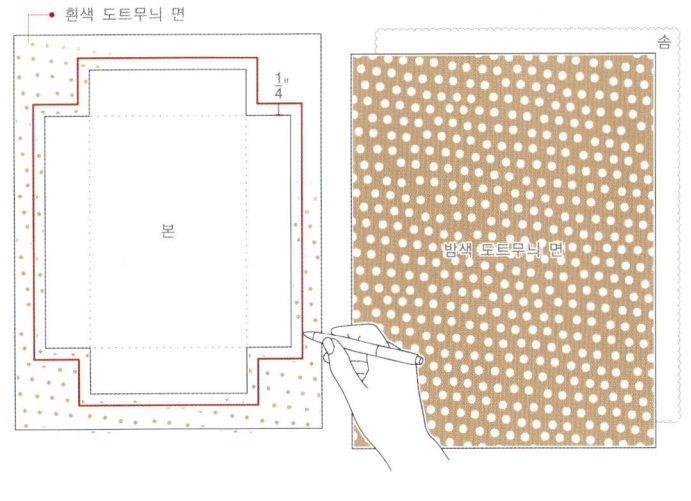

흰색 도트무늬 면

1/4"

본

솜

밤색 도트무늬 면

1 흰색 도트무늬 면과 밤색 도트무늬 면
에 본대로 그림을 그린 후 시접 ¼인치
(0.7cm)를 두고 자릅니다. 솜도 같은 크기
로 자릅니다.

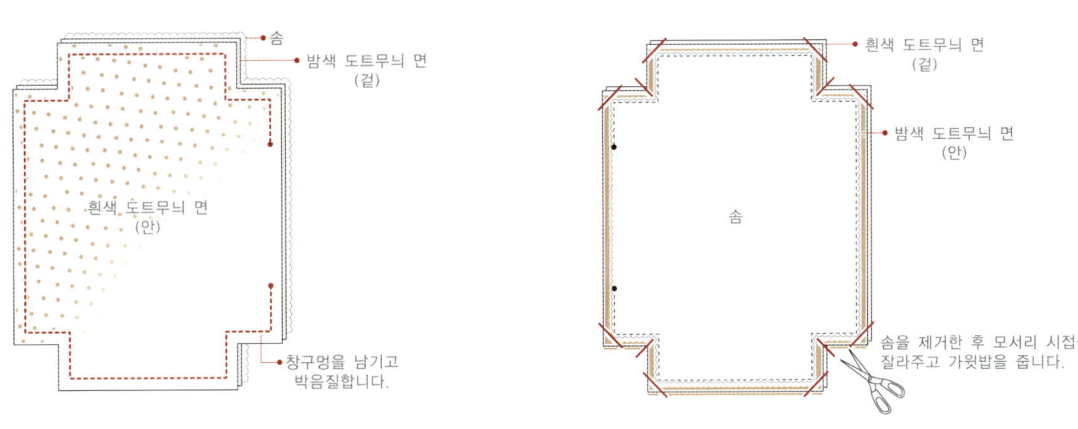

솜

밤색 도트무늬 면
(겉)

흰색 도트무늬 면
(안)

창구멍을 남기고
박음질합니다.

흰색 도트무늬 면
(겉)

밤색 도트무늬 면
(안)

솜

솜을 제거한 후 모서리 시접을
잘라주고 가윗밥을 줍니다.

2 흰색 면과 밤색 면을 겉과 겉끼리 마주대고 포개어 맨 밑에
솜을 댄 후 완성선을 따라 창구멍을 남기고 박음질합니다.

3 시접 부분이 솜을 제거하고 튀어나온 모서리 시접은 잘라주
고 들어간 시접에는 가윗밥을 줍니다.

4 창구멍으로 뒤집은 후 공그르기로 창
구멍을 막고 다림질하여 모양을 정리
합니다. 모서리 부분끼리 단단히 박음질한
후 벨벳 끈으로 리본을 만들어 달아 완성
합니다.

35

원형 성당 창문 기법의
라운드 벌룬백

35 원형 성당 창문 기법의 라운드 벌룬백

• 완성 작품 크기 16×16인치(40×40cm, 가로×세로, 손잡이 길이 미포함) • 난이도 ★★★★

검정색 면 1마, 연두색 무늬 면 1마,
솜 1마, 연두색 손잡이 1쌍

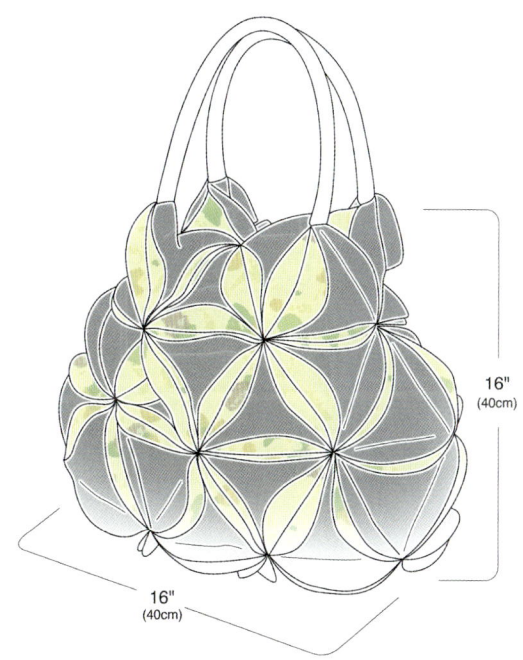

16"
(40cm)

16"
(40cm)

❶ 겉감(검정색 면) 지름 4½인치(11.5cm) 원 52장(실물본 4면 35 라운드 벌룬백)
❷ 안감(연두색 무늬 면) 지름 4½인치(11.5cm) 원 52장
❸ 솜 지름 4인치(10cm) 원 52장

❶

검정색 면
X 52

지름 4 ½"(11.5cm)

❷
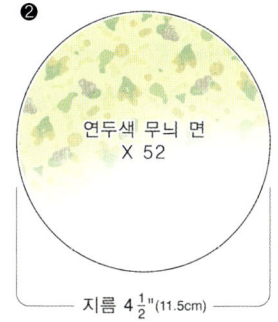
연두색 무늬 면
X 52

지름 4 ½"(11.5cm)

❸
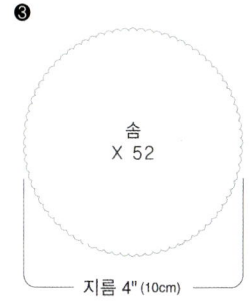
솜
X 52

지름 4"(10cm)

01

원형 성당 창문 패턴 만들기

원형 성당 창문 패턴을 재미있게 연결하여 재미있는 입체 모양의 가방을 만들어 보세요.

1 솜과 검정색 원, 연두색 무늬 원을 차례로 포개어

2 창구멍을 남기고 원 둘레를 박음질한 후

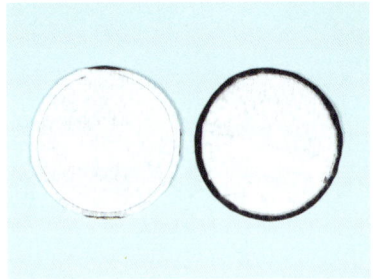

3 시접 부분의 솜을 깨끗이 잘라 정리합니다.

4 시접에 1cm 간격으로 가윗밥을 넣어줍니다.

 가윗밥을 많이 넣어주어야 원의 모양이 동그랗고 예쁘게 나와요.

5 창구멍으로 뒤집어주고

6 공그르기로 창구멍을 막아줍니다.

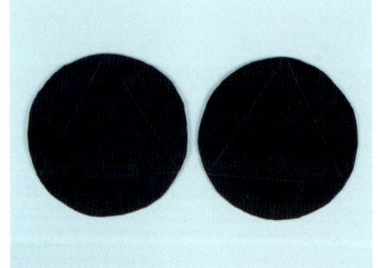

7 원 안에 삼각형을 그려 세 개의 꼭지점을 표시한 다음

 미리 삼각형 본을 만들어 두면 편리합니다.

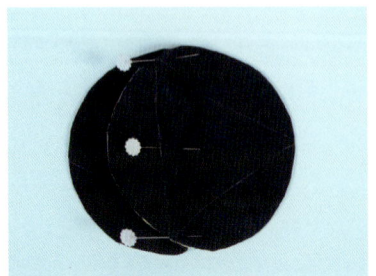

8 연두색 무늬 면끼리 마주보게 시침핀으로 고정한 후

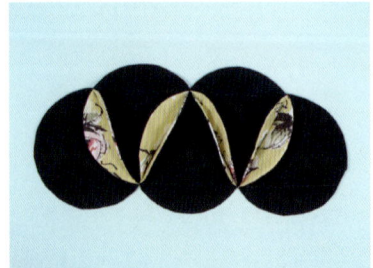

9 선을 따라 박음질합니다.

02

가방 만들기

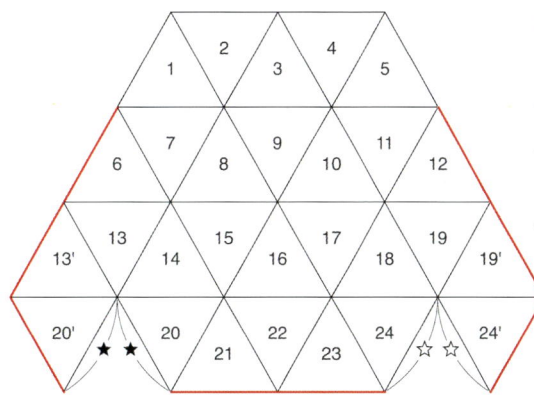

	2		4	
1		3		5
6	7	9	11	12
	8		10	
13	15	17	19	
13'	14	16	18	19'
20'	20	22	24	24'
	21	23		

1) 1~24까지는 2세트를 제작하고
   13' 19' 20' 24'는 1세트만 제작합니다.

2) ★표와 ☆표끼리 연결합니다.

3) 1~24까지는 가방의 앞면과 뒷면이 되고
   13' 19' 20' 24'는 옆면이 됩니다.

4) 붉은 선을 따라 앞,뒷면을 연결합니다.

10 전체적인 전개도의 그림의 번호 순서에 따라 앞뒷면을 각각 연결합니다.

11 붉은 선을 따라 전개도의 앞뒷면을 연결시키면

12 전체적으로 둥근 볼륨을 가진 가방 몸체가 완성됩니다.

13 전개도에 표시된 자리에 손잡이를 다는데 사진처럼 손잡이를 안감 쪽에서 달아주고 1, 2번 원과 3, 4번 원으로 손잡이를 감싸서 손바느질로 고정합니다.

14 라운드 벌룬백이 완성됩니다.

36

리버스 아플리케Reverse Applique 기법의
오리엔탈백

36 리버스 아플리케Reverse Applique 기법의 오리엔탈백

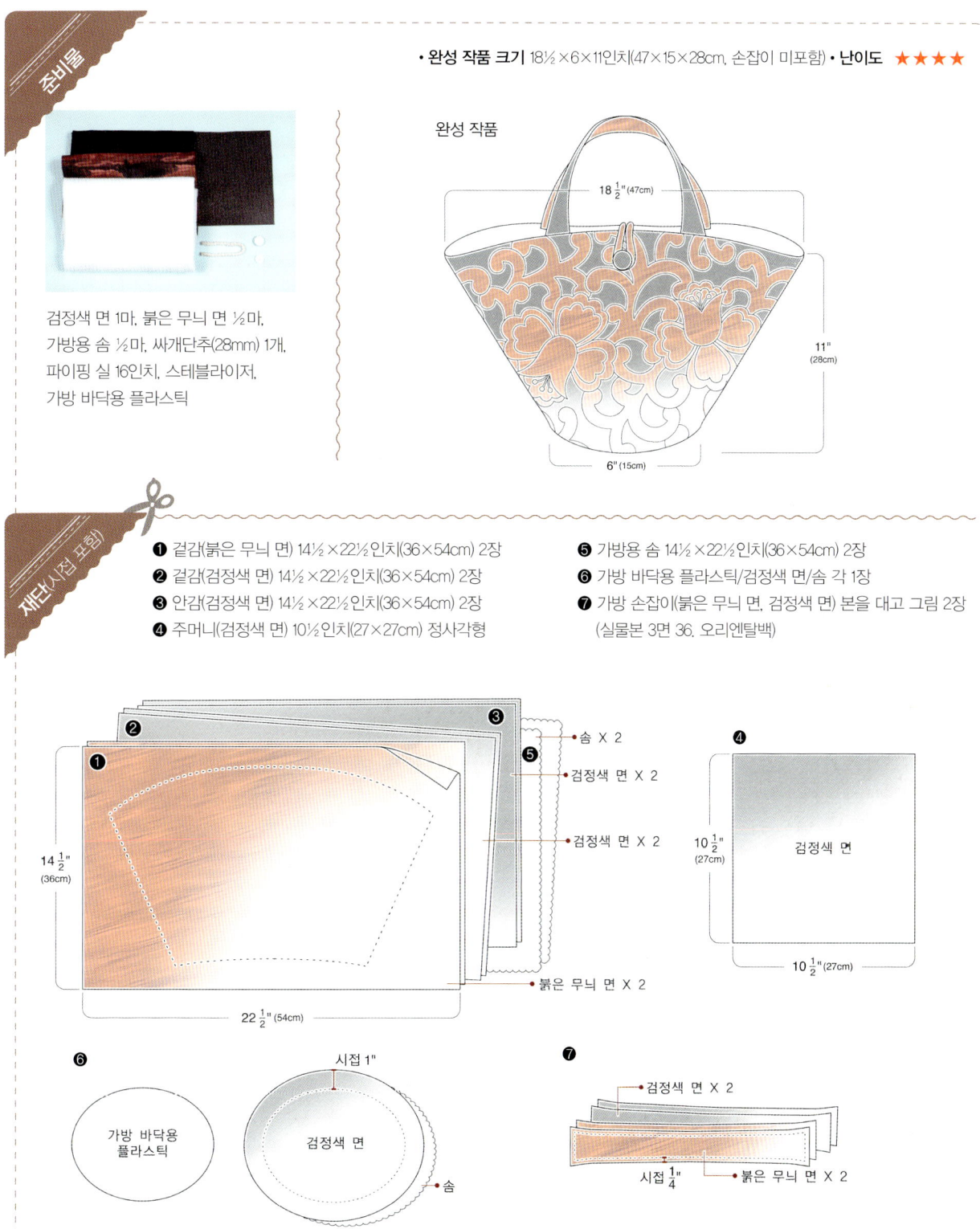

준비물

• **완성 작품 크기** 18½×6×11인치(47×15×28cm, 손잡이 미포함) • **난이도** ★★★★

완성 작품

18 ½" (47cm)

11"
(28cm)

6" (15cm)

검정색 면 1마, 붉은 무늬 면 ½마,
가방용 솜 ½마, 싸개단추(28mm) 1개,
파이핑 실 16인치, 스테블라이저,
가방 바닥용 플라스틱

재단(시접 포함)

❶ 겉감(붉은 무늬 면) 14½×22½인치(36×54cm) 2장
❷ 겉감(검정색 면) 14½×22½인치(36×54cm) 2장
❸ 안감(검정색 면) 14½×22½인치(36×54cm) 2장
❹ 주머니(검정색 면) 10½인치(27×27cm) 정사각형

❺ 가방용 솜 14½×22½인치(36×54cm) 2장
❻ 가방 바닥용 플라스틱/검정색 면/솜 각 1장
❼ 가방 손잡이(붉은 무늬 면, 검정색 면) 본을 대고 그림 2장
   (실물본 3면 36, 오리엔탈백)

❷ ❸
❶ ❺

솜 X 2
검정색 면 X 2
검정색 면 X 2

14 ½"
(36cm)

22 ½" (54cm)

붉은 무늬 면 X 2

❹

10 ½"
(27cm)

검정색 면

10 ½" (27cm)

❻

가방 바닥용
플라스틱

시접 1"

검정색 면

솜

❼

검정색 면 X 2

시접 1/4"   붉은 무늬 면 X 2

리버스 아플리케 탑 만들기

장식할 패턴을 바탕천 위에 올려서 공 그르기 하는 아플리케 기법과 반대로 여러 겹의 천을 겹쳐놓은 후 표현하고 싶은 패턴을 오려내가며 표현하는 기법으로 리버스 아플리케라고 합니다. 핸드퀼트의 몰라mola와 유사한 기법입니다.

'스테블라이저'는 머신의 스티치가 예쁘게 박음질이 되도록 도와주는 보조용품입니다. 종이처럼 생겨서 다 사용한 후에는 찢어버리면 됩니다. 마크심을 생각하면 됩니다.

1 붉은 무늬 면은 본의 크기보다 약 1½ 인치 크게 자르고 흰색 먹지를 대고 도안을 올려 본을 뜹니다.

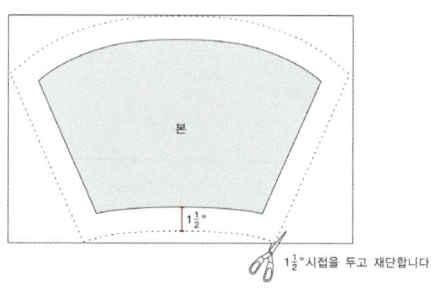

1½"시접을 두고 재단합니다.

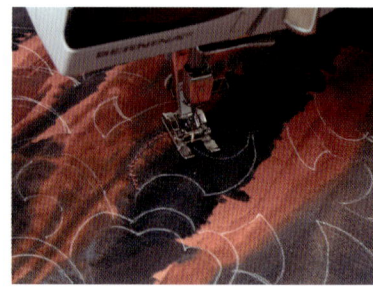

2 붉은 무늬 면 아래에 같은 크기의 검정색 면을 대고 그 아래에 스테블라이저(stabilizer)를 깔아줍니다.

3 본을뜬 라인을 따라 폭 1.5mm, 간격 1.5mm로 맞추어 지그재그 스티치를 합니다.(노루발은 바닥에 홈이 있는 아플리케 노루발을 사용)

4 모든 선을 따라 지그재그 스티치를 해줍니다.

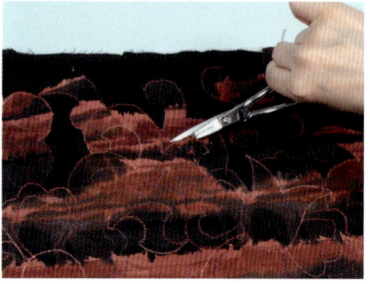

5 패턴 부분을 남기고 바탕 부분의 천을 가위로 바짝 잘라냅니다.

실이 거의 터질 만큼 바짝 잘라야 6번 과정에서 새틴 스티치로 덧입힐 때 천이 스티치 바깥으로 나오지 않아 깨끗한 스티치가 됩니다.

6 지그재그 스티치를 폭 2.0mm, 간격 0.6mm로 맞추어 새틴 스티치로 모든 선을 다시 박음질합니다.

7 새틴 스티치로 모든 선을 박음질해준 모습입니다.

스티치의 간격은 실의 굵기에 따라 조정해서 사용해야 합니다.

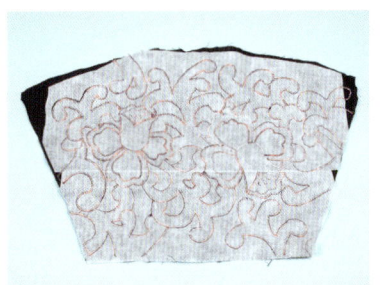

8 새틴 스티치가 끝나면 뒷면의 종이를 모두 뜯어내어

9 깨끗이 정리합니다.

10 빳빳한 가방용 솜을 대고 검정 투명실로 퀼팅합니다. 투명사를 사용할 때는 바탕색에 따라 흰색과 검정색 중 골라서 사용합니다.

**02**

오리엔탈 백 옆면, 바닥, 안감 만들기

11 검정색 면에 가방 바닥 본을 그려 1인치(2.5cm) 시접을 두고 오린 후 1인치 간격으로 퀼팅선을 그립니다.

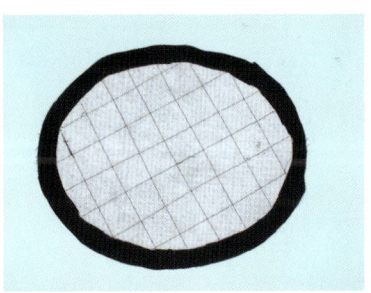

12 가방용 솜을 대고 검정 실로 퀼팅한 후 시접 부분의 솜을 잘라냅니다.

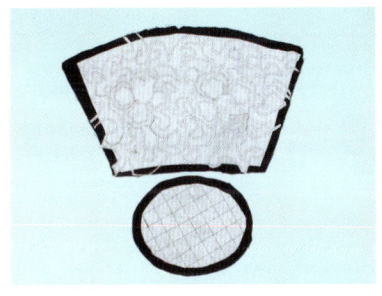

13 가방 앞면과 뒷면의 시접 부분의 솜도 깨끗이 잘라 정리합니다.

14 검정색 면으로 겉감과 같은 크기로 안감을 재단하고 주머니의 위치를 잡아줍니다.

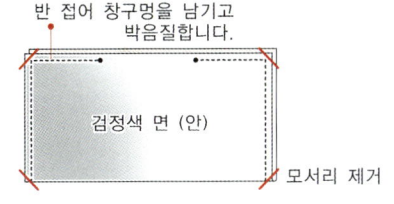

반 접어 창구멍을 남기고 박음질합니다.

검정색 면 (안)

모서리 제거

15 검정색 면을 10½인치(27×27cm) 정사각형으로 잘라 반 접어 창구멍을 남기고 삼면을 박음질한 후 뒤집어 공그르기 하여 주머니 천을 만듭니다.

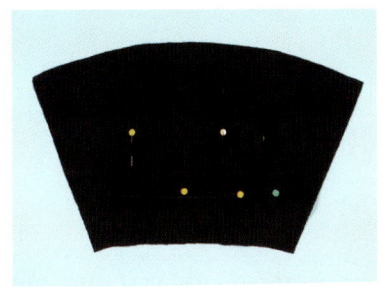

16 핸드폰이 들어갈 자리를 입체적으로 접어서 시침핀으로 주머니의 위치를 잡아주고

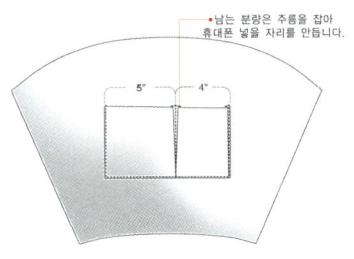

남는 분량은 주름을 잡아 휴대폰 넣을 자리를 만듭니다.

5"   4"

17 주머니를 박음질하여 달아줍니다.

03
가방 몸체 만들기

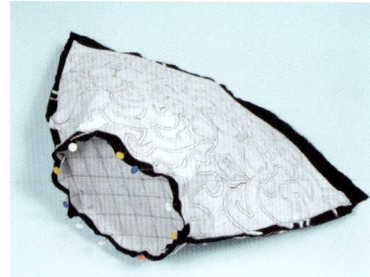

18 앞면과 뒷면의 옆선을 연결한 다음 바닥면을 몸체와 시침핀으로 고정하여

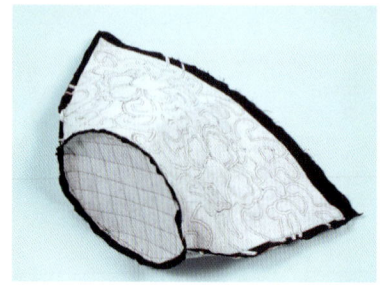

19 바닥면과 몸체를 박음질하여 연결합니다.

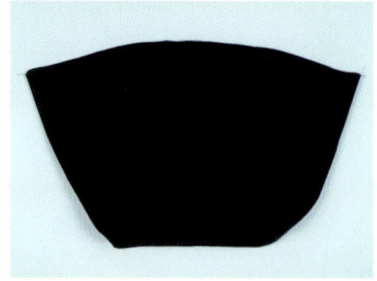

20 안감도 옆면과 바닥면을 연결합니다.

21 가방의 윗면을 다림질로 꺾어준 후

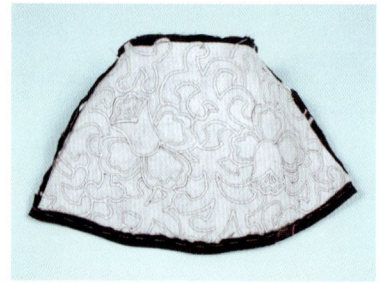

22 꺾어준 곳들을 시침질합니다.

04
손잡이와 끈 만들어 완성하기

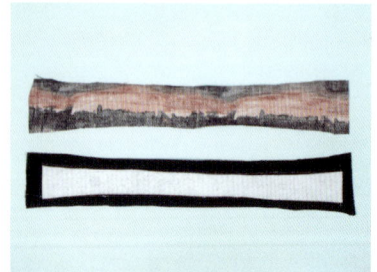

23 검정색 면과 붉은 무늬 면에 가방 손잡이 본을 2장 그린 후 시접 ¼ 인치(0.7cm)를 두고 자르고 솜은 시접 없이 2장 자릅니다.

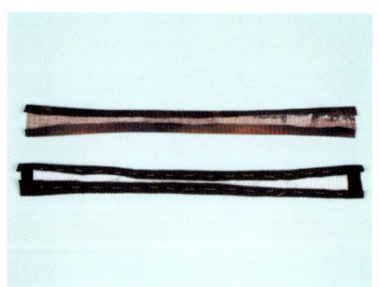

24 사진처럼 솜을 올린 면은 시침질하고 나머지 면은 완성선을 따라 다림질합니다.

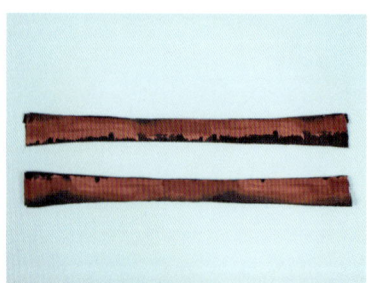

25 두 개의 면을 안끼리 마주보게 겹쳐서 공그르기 하여 손잡이를 완성합니다.

26 두꺼운 파이핑 실을 천으로 감싸 공그르기해서 끈을 만들어 줍니다.(파이핑실을 감쌀 정도로 천을 자름)

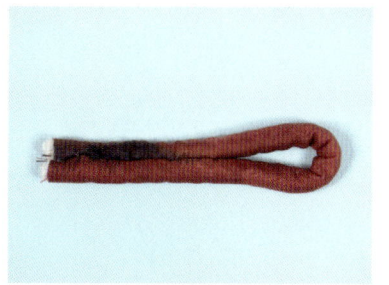

27 끈을 겹쳐서 윗부분을 공그르기로 붙여줍니다.

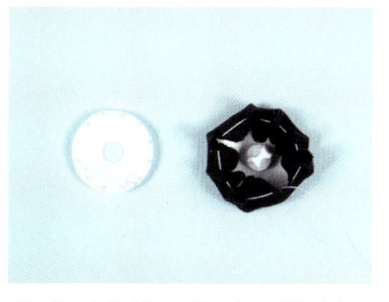

28 싸개단추도 만들어 준비합니다.

29 가방 몸체에 본 크기대로 자른 플라스틱을 가방 바닥에 깔고

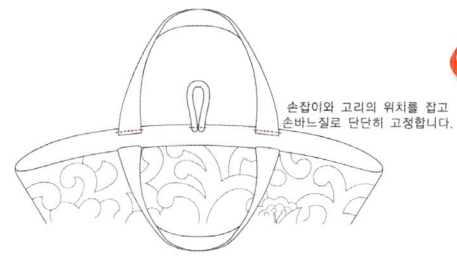

손잡이와 고리의 위치를 잡고 손바느질로 단단히 고정합니다.

다른 색의 원단으로 오리엔탈백을 만들어보세요.
원단을 다른 색으로 선택하여 만들어보세요. 전혀 다른 느낌의 가방이 됩니다.

30 손잡이와 끈의 위치를 잡아 단단히 박음질 하고 이때 바느질한 땀이 가방 겉면에 드러나지 않게 조심합니다.

31 가방 안감을 가방 몸체에 집어넣고 가방 윗부분을 공그르기 합니다. 이때 안감의 윗부분이 겉감의 윗부분보다 약 0.5cm 가량 밑으로 내려오도록 합니다. 안감을 공그르기 하면서 손잡이와 끈도 함께 공그르기 합니다.

32 끈의 위치에 맞추어 싸개단추를 달아준 후 가방을 완성합니다.

37

사선 슬래시Slash 기법의
테디 베어

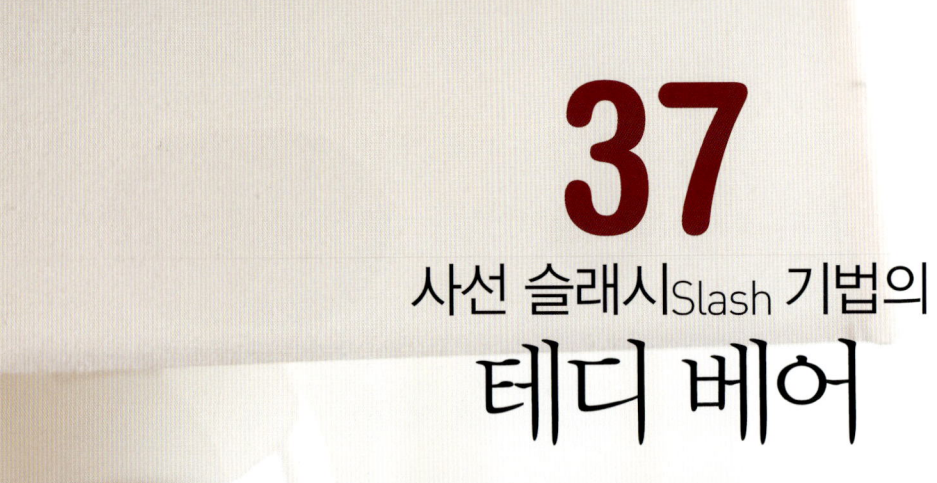

37 사선 슬래시Slash 기법의 테디 베어

• 완성 작품 크기 10×14인치(25×35cm) • 난이도 ★★★☆

완성 작품

꽃무늬 리넨 ½마,
분홍색 꽃무늬 면 ½마,
초록색 꽃무늬 면 ½마,
흰색 옥스퍼드 면 ½마,
10mm 브라운 컬러 눈 2개,
20mm 단추 4개, 솜, 리본

❶ 패턴(꽃무늬 리넨, 분홍색 꽃무늬 면, 초록색 꽃무늬 면, 흰색 옥스퍼드 면) ½마 크기
❷ 얼굴, 몸통, 팔, 다리, 귀(슬래쉬 원단) 본에 나온 수량대로 그림(실물본 2면 37. 테디 베어)
❸ 손바닥, 발바닥, 귀(분홍 꽃무늬면) 본에 나온 수량대로 그림

패턴 모양

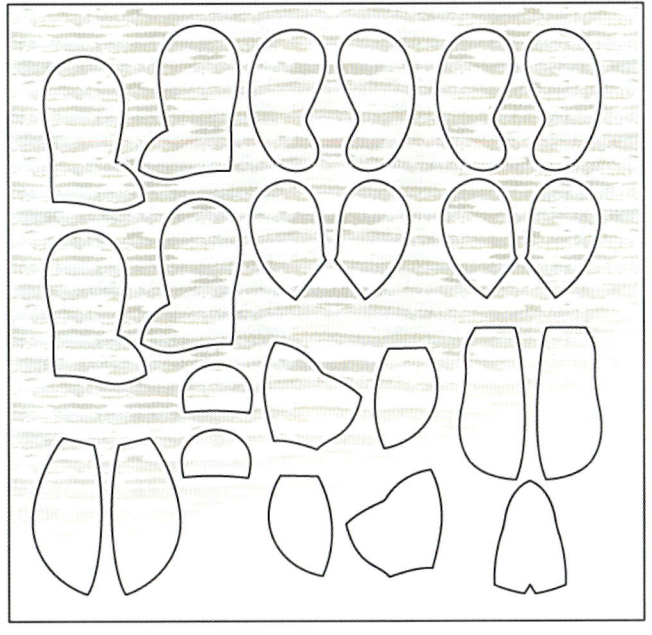

01
슬래쉬 원단 만들기

테디 베어Teddy Bear라는 이름의 유래는 곰 사냥을 좋아했던 미국의 26대 대통령 테오도르 루즈벨트Theodore Roosevelt가 사냥터에서 새끼 곰을 놓아준 일이 기사화되면서입니다. 우직한 대통령과 곰의 이미지가 결부되어 생각되었고, 독일의 완구회사인 "쉬타이프"에서 미국에 수출하게 될 곰 인형에 루즈벨트 대통령의 애칭인 테디 Teddy를 곰 인형의 상표로 사용하는 것을 허락받아 "테디 베어"라는 이름이 탄생하게 되었다고 합니다.

여기서 사용된 슬래쉬 기법은 섬유를 여러 겹 겹쳐 박음질하고 잘라서 벨벳 천과 같은 효과를 내는 기법입니다. 겹치는 천의 색상과 수량에 따라 작가가 의도하는 다양한 효과를 낼 수 있습니다.

1 꽃무늬 리넨, 분홍색 꽃무늬 면, 초록색 꽃무늬 면, 흰색 옥스퍼드 면을 차례로 겹쳐놓은 후

2 중심에 45도선을 그어줍니다.

3 기본 노루발의 에지를 45도선에 대고 기본 노루발 간격(약 ⅜인치)으로 전체면을 박음질합니다.

맨 위의 꽃무늬 리넨을 제외하고 맨 아래 흰색 옥스퍼드천은 사방 여유 1인치(2.5cm)를 주고, 그 외의 천들은 사방 ½인치(1.5cm)씩 여유를 줍니다.

4 슬래쉬 전용 커터나 가위로 맨 아래 흰색 옥스퍼드천만 남기고 잘라줍니다.

5 슬래쉬 원단을 물에 적셔 세탁기에 30분 정도 돌려 탈수한 후 뻣뻣한 솔로 문질러 자연스레 보풀이 일어나게 하여 건조시킵니다.

슬래쉬 전용 커터가 없다면?
슬래쉬 전용 커터가 없으면 가위로 잘라주면 됩니다.

TIP

02
테디 베어 재단하고
머리 만들기

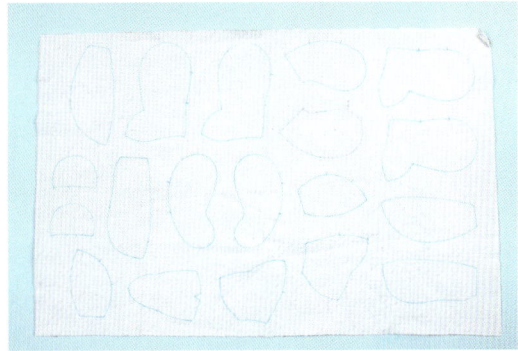

6 얼굴, 몸통, 팔, 다리, 귀 패턴을 슬래쉬 원단 뒷면에 배치하여 그려줍니다.

이때 각 패턴의 슬래시 모양이 45도로 이루어지려면 패턴 중 각 1개씩은 대칭으로 90도로 그려주어야 합니다.

7 손바닥, 발바닥, 귀 패턴을 분홍 꽃무늬면 뒷면에 배치하고 그려줍니다.

8 그려준 패턴을 시접을 두고 잘라준 후 그림대로 배치해줍니다.

9 귀는 2장씩 겉면끼리 맞대고 박음질하여

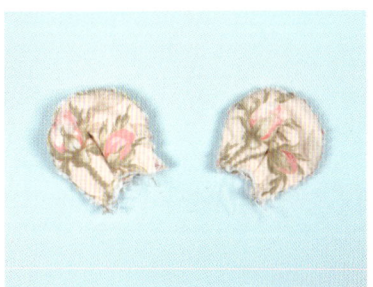

10 뒤집은 후 중심으로 주름을 잡아놓습니다.

11 볼 2장과 이마 1장을 사진과 같은 순서로 배열한 후

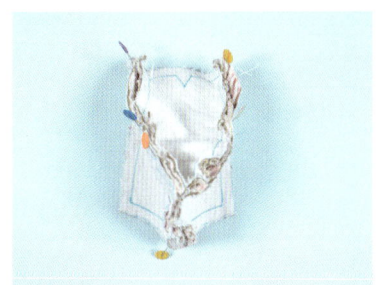

12 앞코, 이마, 턱선 순으로 박아줍니다

13 뒷머리 부분을 박아줍니다

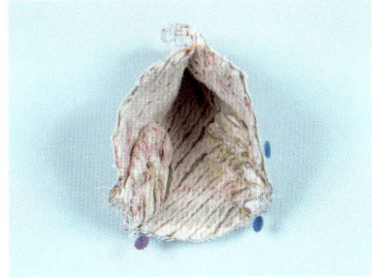

14 주름잡아놓은 귀를 귀 위치에 고정해줍니다.

15 머리를 겉면끼리 맞대어

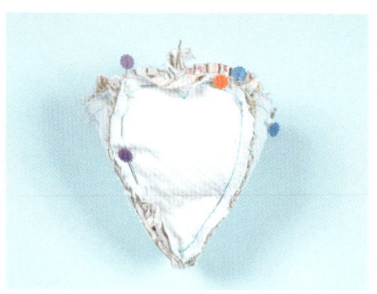

16 아래에서 위로 귀와 함께 박음질합니다.

17 박음질한 머리는 목 부분을 이용하여 뒤집어줍니다.

03
표정 연출하기

18 솜을 넣기 전 눈 위치를 송곳으로 구멍을 뚫어줍니다.

19 눈 위치에 눈을 끼우고

20 와셔를 손으로 눌러주어 꽉 끼워 고정시킵니다.

21 뒤집은 후 솜을 넣고, 'ᴗ'자 모양의 웃는 입수를 놓습니다.

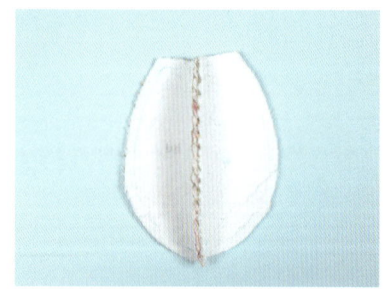

22 배판을 겉면끼리 맞대고 박아줍니다.

23 등판을 겉면끼리 맞대고 박아줍니다.

24 연결해 놓은 등판과 배판을 겉면끼리 맞대어 목 부분을 남겨두고 박아주고

25 뒤집어 솜을 넣어줍니다.

코와 입수를 놓는 방법

〈코 수 놓는 법〉

가로, 세로, 가로 순으로 세 번 겹쳐 수를 놓습니다. 가로로 수를 놓을 때는 코수의 역삼각형의 크기를 정하고 위에서부터 아래로 조금씩 길이를 줄여놓고, 세로로 수를 놓을 때는 중심에서 시작해 왼쪽과 오른쪽을 교대로 놓습니다.

〈입 수 놓는 법〉

U자 웃는 입

❶번으로 바늘을 빼서 원하는 길이로 ❷번으로 바늘을 집어넣습니다. 원하는 각도와 길이만큼 ❸번으로 바늘을 뺀 뒤 수실을 곡선으로 늘어뜨려 ❹번으로 바늘을 넣습니다. ❺번으로 바늘을 빼서 ❻번으로 바늘을 넣고 매듭집니다.

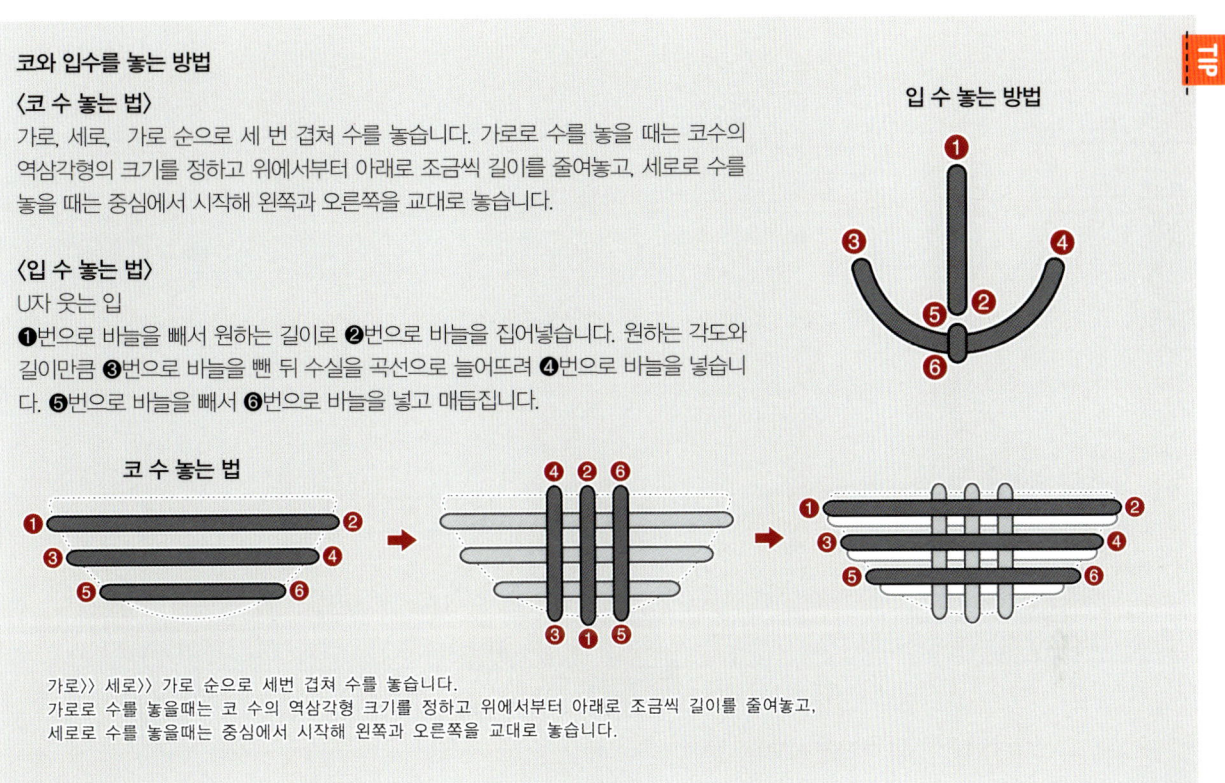

가로〉〉 세로〉〉 가로 순으로 세번 겹쳐 수를 놓습니다.
가로로 수를 놓을때는 코 수의 역삼각형 크기를 정하고 위에서부터 아래로 조금씩 길이를 줄여놓고,
세로로 수를 놓을때는 중심에서 시작해 왼쪽과 오른쪽을 교대로 놓습니다.

04
팔과 다리 만들기

26 안팔과 손바닥의 연결 위치를 잡아 시침핀으로 고정하고

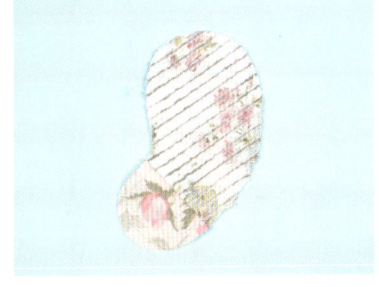

27 안팔과 손바닥을 연결해줍니다.

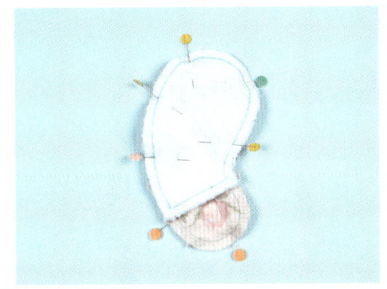

28 안쪽 팔과 겉의 팔을 겉면끼리 맞대어 창구멍을 남기고 박아줍니다.

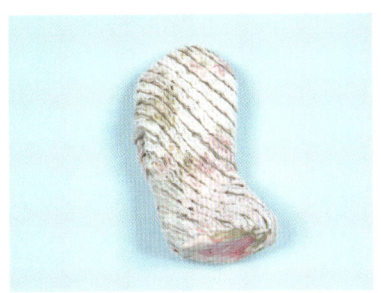

29 창구멍으로 뒤집어준 후 솜을 넣고 창구멍을 공그르기로 막아줍니다.

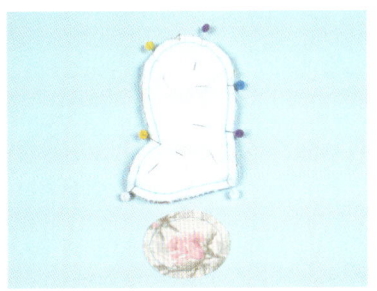

30 다리는 각각 겉면끼리 맞대어 창구멍을 남기고 박아줍니다.

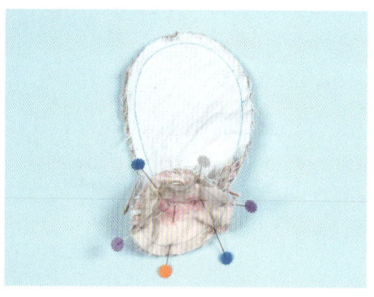

31 발바닥을 돌려 박은 후

32 남겨놓은 창구멍을 통해 뒤집어줍니다.

33 뒤집어준 다리에 겸자를 이용하여 솜을 넣어주고

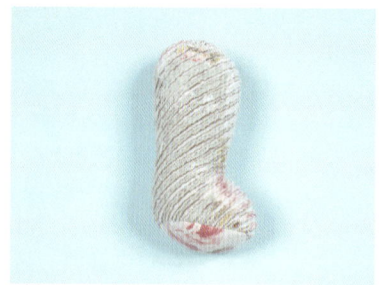

34 창구멍을 공그르기로 막아줍니다

05
연결하여 완성하기

35 머리. 몸. 팔. 다리를 배열해둡니다.

36 머리와 몸을 공그르기로 연결합니다.

37 왼쪽 팔에서 실을 꿴 바늘에 단추를 끼어 오른쪽 팔로 잇습니다.

38 오른쪽 팔 바늘에 다른 단추를 걸어준 다음 왼쪽 팔의 처음 단추 위치로 다시 바늘을 꽂아줍니다.

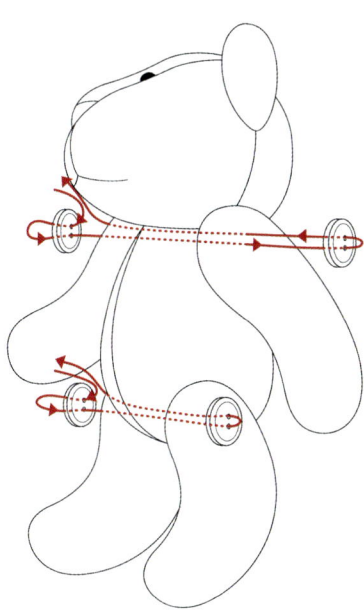

40 다리도 같은 방법으로 단추와 함께 연결해줍니다.

41 다리를 모두 연결해준 모습입니다.

39 이를 2~3회 반복합니다.

42 슬래시 기법을 이용한 테디 베어 곰 인형을 완성하였습니다.

38

X자형 슬래쉬Slash 기법의
라운드 빅 토트백

38 X자형 슬래쉬Slash 기법의 라운드 빅 토트백

• **완성 작품 크기** 17×6×15인치(43×15×38cm, 가로×세로×높이) • **난이도** ★★★☆

준비물

무늬면 ½마, 오렌지색 면 ½마,
흰색 면 1마, 진청색 면 ½마,
안감용 면 ½마, 퀼팅솜 1½마,
가방 바닥 징(소꼬발) 4개, 손잡이 1쌍,
베이지색 플라스틱 지퍼(70cm 이상) 1개

완성 작품

15" (38cm)

6" (15cm)

17" (43cm)

재단 (시접 포함)

❶ 패턴(무늬 면) 20×30인치(50×75cm) 1장
❷ 패턴(오렌지색 면) 20×30인치(50×75cm) 1장
❸ 패턴(흰색 면) 20×30인치(50×75cm) 2장
❹ 패턴(진청색 면) 20×30인치(50×75cm) 1장
❺ 안감(안감용 면) 20×30인치(50×75cm) 1장
(실물본 4면 38. 라운드 빅 토트백)

❻ 주머니(안감용 면) 12×12인치(30×30cm) 1장, 8×8인치 20×20cm) 1장
❼ 지퍼 마감 테이프(안감용 면) 1×30인치(2.5×80cm) 2줄
❽ 가방 바닥용 플라스틱 6×12인치(15×30cm) 1장
❾ 바이어스테이프(무늬 면) 1½×60인치(4×160cm)

❶❷❸❹❺

무늬 면 1/오렌지색 면 1
흰색 면 X 2/진청색 면 1/안감용 면 1

20" (50cm)

30" (75cm)

❻
안감용 면
12" (30cm)
12" (30cm)

안감용 면
8" (20cm)
8" (20cm)

❼
안감용 면 X 2
1" (2.5cm)
30" (80cm)

❽
가방 바닥용 플라스틱
6" (15cm)
12" (30cm)

❾
무늬 면
1½" (4cm)
60" (160cm)

01
슬래쉬 원단 만들기

다섯 겹 이상의 섬유를 겹쳐 정방형 사각형으로 박음질한 후 X자형으로 커팅하여 만들어내는 기법입니다. 사선형 슬래쉬보다 더 많은 천을 겹쳐야 해서 천의 소모가 많은 단점이 있지만 여러 가지 색의 천이 섞여 만들어내는 아름다운 색상의 조화와 포근하고 부드러운 특유의 질감으로 사랑받는 기법입니다. 섬유의 올이 잘 풀리는 부드러운 천을 선택해야 효과를 잘 살릴 수 있습니다.

1 무늬 면에 1인치(2.5cm) 간격으로 가로 세로 줄을 그립니다. 맨 위에 무늬 면을 놓고 다음에 오렌지색 면, 흰색 면을 2장 올려 4장을 겹쳐줍니다.

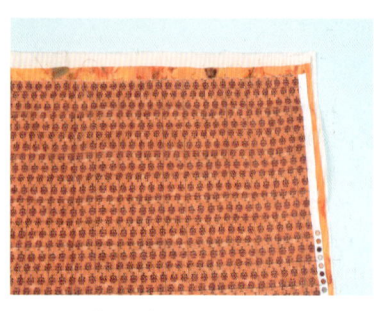

2 1인치(2.5cm) 간격으로 가로와 세로로 선을 그은 곳을 모두 박음질합니다.

3 모든 사각형 칸을 로터리 칼로 X자로 잘라줍니다.

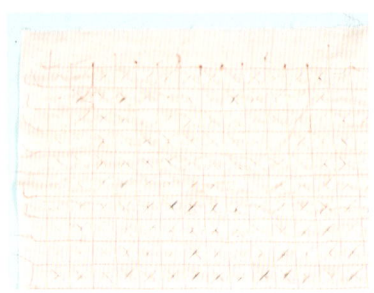

4 모든 칸을 X자로 자른 후

5 진청색 면을 바닥에 대고 다시 모든 선을 박음질합니다.

6 슬래쉬 원단을 물에 적셔 세탁기에 30분 정도 돌려 탈수한 후 뻣뻣한 솔로 문질러 자연스레 보풀이 일어나게 하여 건조시킵니다.

혹 잘못하여 실을 끊더라도 그냥 둡니다. 곧 다시 박음질해야 하니까요. 이때 크기가 작은 로터리칼을 사용하면 작업이 더 편리합니다. **TIP**

02

토트백 몸체 만들기

7 슬래쉬 탑에 본을 뜬 후 시접을 두고 자릅니다. 가방솜은 완성 크기로 자릅니다.(실물본 4면 38. 라운드 빅 토트백)

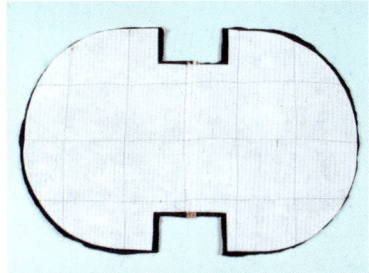

8 탑에 솜을 대고 몇 군데의 선만 박음질을 하여 솜과 퀼팅 탑을 고정하여 줍니다.

9 안감용 면에 본을 떠 시접을 두고 자르고 주머니는 12×12인치(30×30cm), 8×8인치(20×20cm) 크기로 자릅니다.

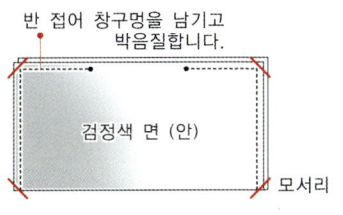

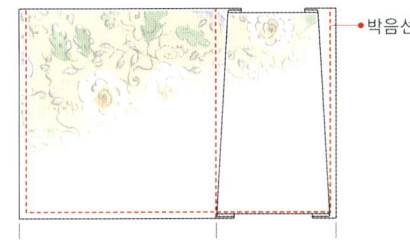

10 주머니용 안감을 뒷면에서 반 접어 창구멍을 남기고 박음질합니다. 모서리를 제거하고 창구멍으로 뒤집어 다림질한 후 공그르기로 창구멍을 막아줍니다.

11 안감의 윗부분에서 약 5인치 내려온 위치에 주머니를 시침핀으로 고정하는데 큰 주머니의 경우 핸드폰이 들어갈 곳은 주름을 잡아 볼륨 있게 만듭니다.

12 주머니를 박음질하여 고정합니다.

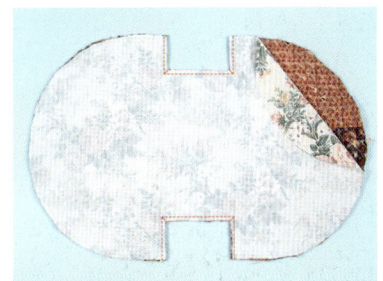

13 안감과 겉감을 겉과 겉이 마주 보도록 포개어 가방 밑바닥이 될 부분을 ¼인치 시접으로 박음질하고 모서리에 가윗밥을 줍니다.

14 13번을 뒤집어 판판히 펴서 정리합니다.

 **03**

가방 바닥, 가방 몸체 만들기

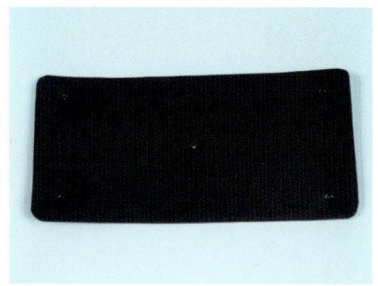

15 플라스틱을 6×12인치(15×30cm)로 잘라 모서리를 둥글게 정리하고 가방 바닥 징(소꼬발)이 들어갈 부분을 5군데 정해 송곳으로 구멍을 뚫습니다.

16 과정의 가방 바닥 부분에 플라스틱 가방 바닥을 밀어 넣고

17 가방 바닥 징을 집어넣어서

18 안쪽에서 마무리를 합니다.

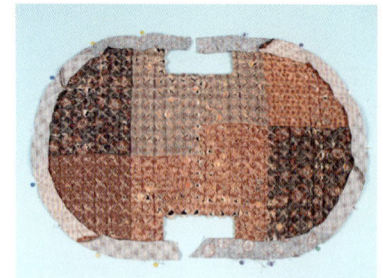

19 둥근 가방선의 가장자리는 30도 경사로 자른 1½인치(4cm) 바이어 스테이프를 시침질하여 박음질한 후

20 뒷면에서 공그르기 하는데 이때 시작 부분과 끝 부분의 시접을 접어줍니다.

21 공그르기를 끝내준 앞뒷면의 모습입니다.

22 ㄷ 자형의 바닥끼리 공그르기를 하여 몸체를 완성합니다.

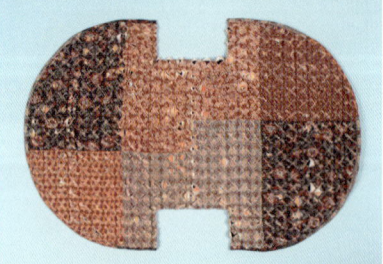

지퍼, 손잡이 달아 완성하기

23 가방 윗부분에 지퍼를 시침핀으로 고정하여

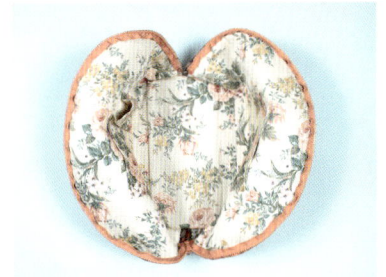

24 지퍼를 손바늘질로 홈질한 후

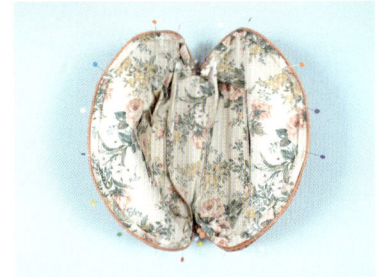

25 안감용 천을 1×30인치(2.5×80cm) 지퍼 마감 테이프로 2장 잘라 아래위 시접을 꺾어주고 지퍼 시접 부분에 대고 공그르기 합니다. 시작과 끝부분의 시접도 접어 공그르기 합니다.

26 지퍼 부분의 시접이 깨끗이 정리된 모습입니다.

27 지퍼의 시작과 끝 지점의 양쪽가장자리는 가방의 겉에서 바닥에서 약 10센티 정도 공그르기 하여 줍니다.

28 가방 안쪽의 지퍼 부분도 지퍼마감테이프를 공그르기 하여 깨끗이 마무리된 모습입니다.

29 손잡이의 위치를 정하여 손바느질로 박음질하는데

30 가방 안쪽으로 들어온 바늘을 약 1mm 정도 땀을 두고 다시 들어왔던 손잡이 스티치 구멍으로 빼줍니다.

31 손잡이를 달면서 반박음질을 하다보면 가방 안감 부분이 지저분해지게 되어 다시 천을 대는 수고를 하기도 합니다. 이런 경우 위의 사진처럼 박음질하면 안감 부분에 표가 덜나서 깨끗하게 바느질할 수 있습니다.

39

도트 앤 바이어스Dot & Bias 기법의
블랙 앤 블루 쿠션

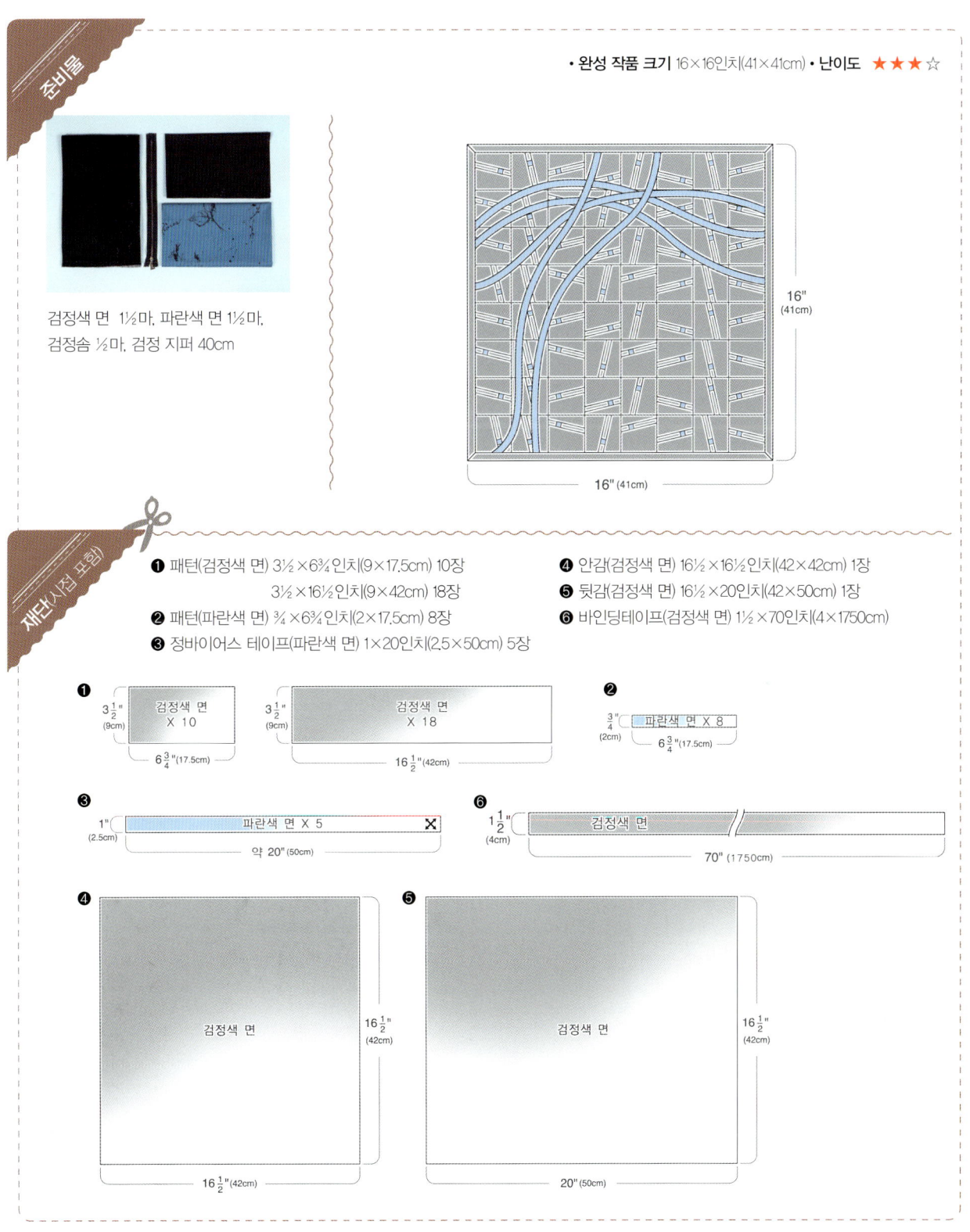

준비물

• **완성 작품 크기** 16×16인치(41×41cm) • **난이도** ★★★☆

검정색 면 1½마, 파란색 면 1½마,
검정솜 ½마, 검정 지퍼 40cm

16"
(41cm)

16" (41cm)

재단(시접 포함)

❶ 패턴(검정색 면) 3½×6¾인치(9×17.5cm) 10장
　　3½×16½인치(9×42cm) 18장
❷ 패턴(파란색 면) ¾×6¾인치(2×17.5cm) 8장
❸ 정바이어스 테이프(파란색 면) 1×20인치(2.5×50cm) 5장

❹ 안감(검정색 면) 16½×16½인치(42×42cm) 1장
❺ 뒷감(검정색 면) 16½×20인치(42×50cm) 1장
❻ 바인딩테이프(검정색 면) 1½×70인치(4×1750cm)

❶
3½"
(9cm)
검정색 면
X 10
6¾"(17.5cm)

3½"
(9cm)
검정색 면
X 18
16½"(42cm)

❷
¾"
(2cm)
파란색 면 X 8
6¾"(17.5cm)

❸
1"
(2.5cm)
파란색 면 X 5
약 20"(50cm)

❻
1½"
(4cm)
검정색 면
70"(1750cm)

❹
검정색 면
16½"
(42cm)
16½"(42cm)

❺
검정색 면
16½"
(42cm)
20"(50cm)

01

도트 앤 바이어스
패턴 만들기

작은 정사각형의 도트가 흩뿌려진 느낌의 패턴입니다. 리드미컬하고 자유롭게 움직이는 듯한 바이어스 테이핑 작업을 함께 즐겨보세요.

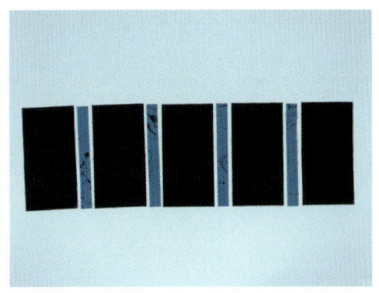

1 검정색 면을 3½ ×6¾(9×17.5cm)인치로 10장, 파란색 면을 ¾ ×6¾인치(2× 17.5cm) 8장 잘라 우선 검정색 면 5장과 파란색 면 4장을 사진처럼 배열하여

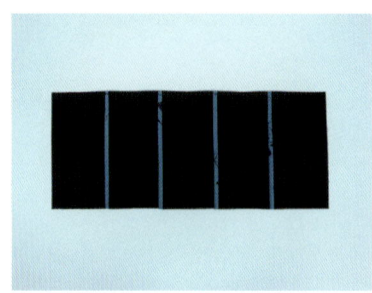

2 ¼인치 시접으로 박음질합니다.

3 시접은 가름솔로 다려줍니다. 이렇게 두 세트를 만들어 둡니다.

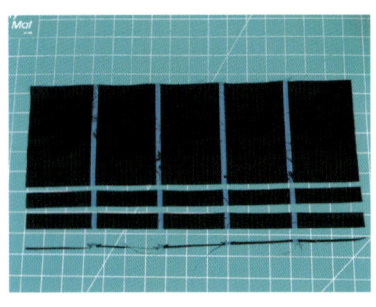

4 ¾인치(2cm) 폭으로 커팅하면 한 세트에서 8줄이 생깁니다.

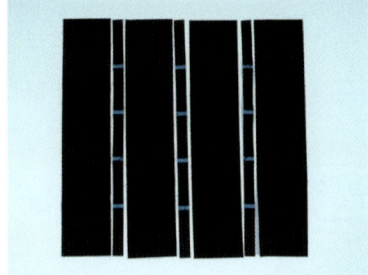

5 3½ ×16½인치(9×42cm) 크기의 검정색 면을 18장 잘라 이 중 9장과 4번의 스트립 8장을 사진처럼 배치하여

6 박음질하여 연결하고 모두 2세트를 만듭니다.

7 이때 시접은 편안하게 한쪽으로 넘겨 다림질합니다.

8 투명한 2½인치(6.5cm) 정사각형 본을 만들어 파란색의 도트가 무작위로 자리하게 본을 그립니다.(모두 64개의 정사각형을 그립니다)

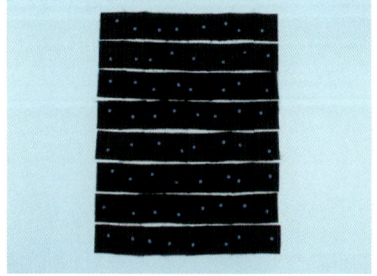

9 64개의 정사각형을 8개식 8줄로 박음질하여 탑을 완성합니다.

탑 퀼팅하고 바이어스테이프로 장식하기

이때 파란색 도트 부분도 투명 실이나 같은 색의 실로 반드시 퀼팅 해주어야 나중에 도트 부분이 뜨지 않습니다.

10 검정색 안감을 16½×16½인치(42×42cm)로 자른 후 검정솜과 탑을 올린 후 시침질합니다.

11 퀼팅라인은 삼각선의 기하학적인 퀼팅라인으로 프리 모션 퀼팅합니다.

12 11번 과정의 퀼팅 탑에 바이어스 장식을 해줄 부분을 그려줍니다.

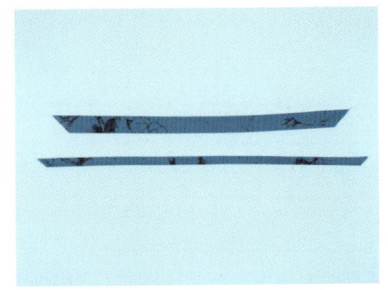

13 파란색 면을 폭 1인치(2.5cm) 길이 약 20인치(50cm)의 정바이어스로 잘라 반을 접어 다림질합니다.

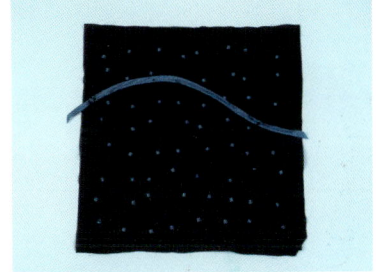

14 앞에서 그린 선을 따라 바이어스 테이프를 시침핀으로 고정한 후 ¼ 인치 노루발로 박음질합니다. 남은 시접은 잘라 정리합니다.

15 바이어스테이프를 겉으로 꺾어 검정색 투명실로 인비저블 아플리케 스티치합니다.

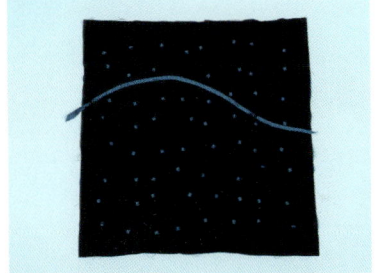

16 투명실로 인비저블 아플리케 스티치를 해준 모습입니다.(09. 머신아플리케 Ⅲ 블라인드 햄 스티치 동영상 강의 참고)

17 나머지도 같은 방법으로 겉면을 완성합니다.

03

뒷면 지퍼 달아 완성하기

18 검정색 면을 16½×20인치(42×50cm) 크기로 잘라 쿠션 뒷면을 준비한 다음 뒷면의 안쪽에서 ⅓선을 표시합니다.

19 ⅓선을 따라 접어 포갠 후 위에서 1인치(2.5cm) 내려온 위치에 지퍼선을 긋고 옆선에서 2인치(5cm) 위치에 표시합니다.(이때 2인치는 시접을 포함했을 때이고 완성선에서는 1인치 정도에 표시)

20 가장자리 양쪽 2인치(5cm)까지만 박음질하고 가운데 부분은 시침질합니다.

21 접힌 부분을 가위로 잘라줍니다.

22 앞쪽의 시접은 앞쪽으로 넘겨 다림질 합니다.

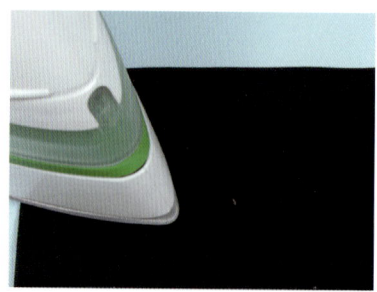

23 뒤쪽의 시접은 뒤로 2mm 남기고 다림질합니다.

24 2mm 남긴 시접 부분에 지퍼를 놓고 시침핀으로 고정한 후

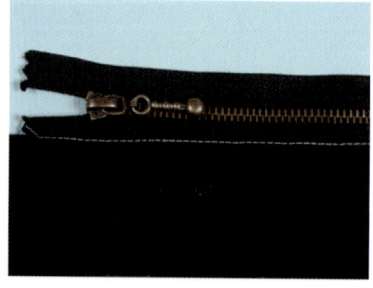

25 지퍼 노루발로 교체하여 박음질합니다.

26 지퍼 노루발을 이용해 지퍼를 달아준 모습입니다.

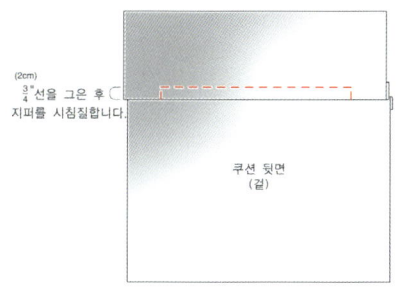

27 앞쪽의 면을 뒤로 넘겨 ¾인치(2cm) 선을 그어준 후 지퍼를 시침질하여

28 ㄷ자 모양으로 지퍼 부분을 박음질합니다.

 이때 겉면과 뒷면을 먼저 한번 박음질한 후 바인딩테이프를 박음질하는 것이 좀 더 수월합니다.

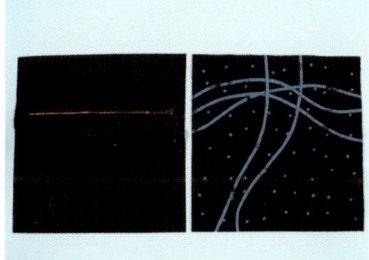

29 겉면과 뒷면을 안끼리 마주보도록 포갠 다음

30 바인딩테이프를 달면서 함께 박음질합니다.

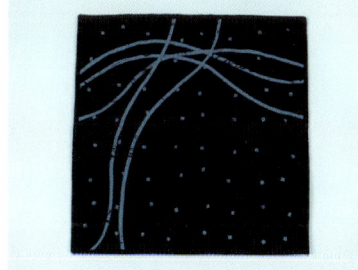

31 바인딩테이프로 가장자리를 정리하여 완성합니다.

40

지그재그 패치워크Zigzag Patchwork 기법의
패더 레오파드백

40 지그재그 패치워크Zigzag Patchwork 기법의 패더 레오파드백

• **완성 작품 크기** 16×5½×12인치(40×14×30cm, 가로×세로×높이) • **난이도** ★★★★

무늬면 4종류 각 ⅛마,
인조가죽 3종류 각 ⅛마,
고동색 벨벳 ⅛마, 안감용 면 ½마
양면접착심지(퓨저블 웹) 2마, 검정솜 1
마, 플라스틱 가방 바닥, 깃털 1.5미터,
가방 손잡이용 끈 90cm,
가박 바닥 징 5개, 자석단추 1쌍

완성 작품

12" (30cm)

16" (40cm)

5½" (14cm)

❶ 패턴(무늬면 4종류) 2×3인치(5×7.5cm) 각 13장
❷ 패턴(인조가죽 3종류) 2×3인치(5×7.5cm) 각 13장
❸ 패턴(벨벳) 2×3인치(5×7.5cm) 13장
❹ 검정솜 15×18인치(38×45cm) 2장
❺ 양면접착지 15×18인치(38×45cm) 2장
❻ 안감1(고동색 벨벳) 본을 대고 그림
　　(실물본 2면 40. 패더 레오파드백)

❼ 안감2(안감용 면) 본을 대고 그림 2장
❽ 주머니(안감용 면) 10×10인치(25×25cm) 1장
❾ 가방덮개(고동색 벨벳, 인조가죽, 검정솜) 본을 그림 각 1장
❿ 손잡이(고동색 벨벳) 3×20인치(8×50cm) 2장
　　(손잡이용 속 끈) 18인치(45cm) 길이 2줄

(5cm)
2"
3"
(7.5cm)

❶ 무늬 면 4종류 각 13장
❷ 인조 가죽 3종류 각 13장
❸ 벨벳 13장

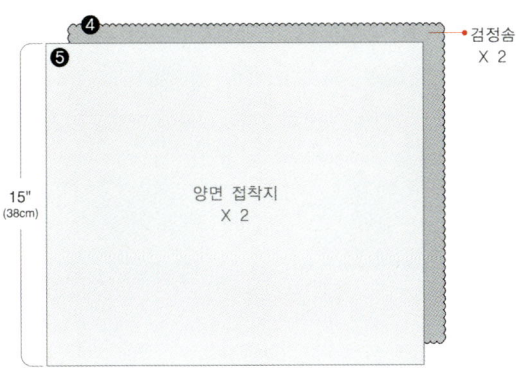

❹
❺
검정솜
X 2

15" (38cm)

양면 접착지
X 2

18"(45cm)

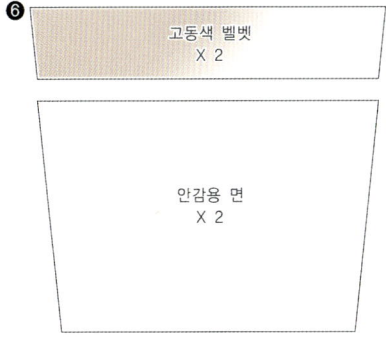

❻
고동색 벨벳
X 2

안감용 면
X 2

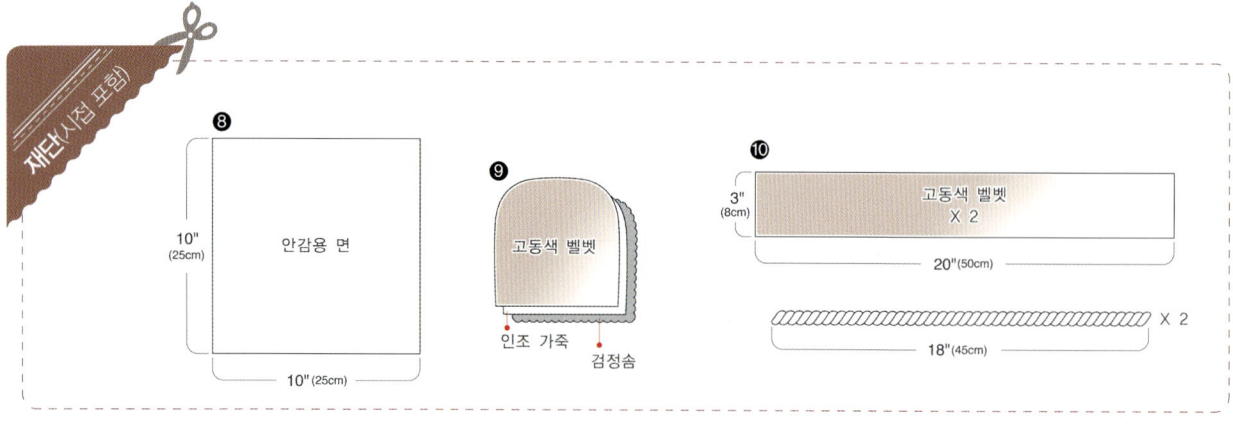

⑧
10"
(25cm)
안감용 면
10" (25cm)

⑨
고동색 벨벳
인조 가죽   검정솜

⑩
3"
(8cm)
고동색 벨벳
X 2
20"(50cm)

X 2
18"(45cm)

01
지그재그 패치워크 하기

지그재그 패치워크 기법을 이용하면 작은 조각들을 쉽고 빠르게 연결할 수 있습니다. 소재를 가리지 않는 머신퀼트의 장점을 가장 잘 살릴 수 있는 기법이며 어떤실을 선택하는가에 따라 분위기를 다양하게 연출할 수 있습니다.

1 무늬 면 4종류와 인조가죽 3종류, 벨벳 천을 2×3인치(5×7.5cm) 크기로 모두 합하여 100장 정도 자릅니다.

2 검정 솜을 15×18인치(38×45cm)로 2장 잘라 양면접착심지를 올리고 다림질하여 다린 후 종이를 떼어냅니다.

3 1번 과정에서 자른 조각들을 색이 서로 겹치지 않게 잘 배열한 후 다림질하여 천을 솜에 고정시킵니다.

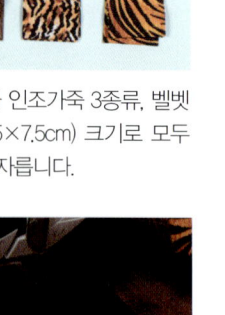

4 중간에 날이 있는 엣지 노루발로 지그재그를 폭 6mm, 간격 0.6~0.8mm 정도로 조정하여 박음질합니다.

💡 이때 조각들 위에 3번 과정에서 걷어낸 종이를 버리지 않고 두었다가 위에 놓고 다림질하면 양면접착지의 끈끈한 점성이 다리미에 묻는 것을 방지할 수 있습니다.

5 가로줄과 세로줄 모두 지그재그 스티치를 하는데 사방의 가장자리 부분은 스티치 하지 않습니다.

6 지그재그 스티치가 끝나면 가장자리의 솜을 깨끗이 잘라 정리합니다.

7 각 조각의 ½지점, 즉 처음 조각만 1인치(2.5cm) 간격으로, 그다음은 2인치(5cm) 간격으로 컷팅합니다.

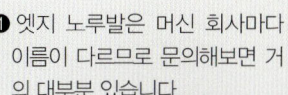

TIP

❶ 엣지 노루발은 머신 회사마다 이름이 다르므로 문의해보면 거의 대부분 있습니다.

❷ 지그재그 스티치의 폭과 간격은 본인의 취향에 따라 조절하여 쓰면 되고, 실도 마찬가지인데 윤기가 나는 레이온사가 효과가 더 좋아요.

❸ 혹시 지그재그 스티치가 예쁘게 안 나오거나 스티치 땀이 뜨면 바늘을 한번 교환하여 사용해보세요.

8 7번 과정에서 자른 조각을 서로 섞어 같은 색끼리 최대한 겹치지 않게 배열한 후

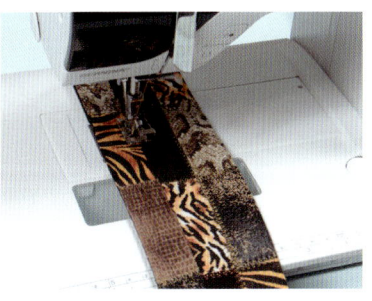

9 다시 지그재그 스티치를 해주어 조각들을 연결합니다.

10 가로줄도 같은 방법으로 각 조각의 ½ 지점을 커팅하여

11 같은 색끼리 겹치지 않게 조각의 배열을 섞어주고

12 지그재그 스티치로 연결합니다. 모두 2장의 패턴을 완성합니다.

02

가방 몸체 만들어 마무리하기

13 벨벳 천과 인조가죽 천에 덮개 부분 본을 2장 그려 시접을 두고 자르고, 검정 솜은 시접 없이 2장 자릅니다.

14 인조 가죽과 벨벳 천을 겉과 겉이 마주보도록 겹치고 그 위에 검정 솜을 올려 박음질하여

15 뒤집어서 모양을 잡습니다.

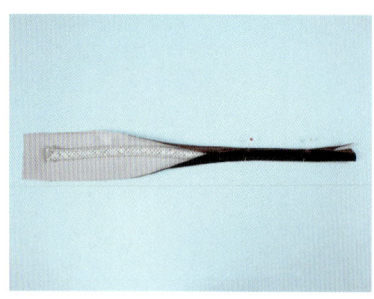

16 고동색 벨벳을 3×20인치(8× 50cm)로 두 장 자르고 손잡이용 속 끈은 18인치(45cm) 길이로 두 줄 잘라

17 시접을 접어 공그르기 합니다.

18 완성한 탑 위에 가방 본을 그린 후 시접을 두고 2장 자릅니다. 안감용 고동색 벨벳도 안감의 본을 그린 후 시접을 두고 2장 자릅니다.

19 가방 뒷면에는 덮개와 손잡이를 박음질로 고정합니다.

이때 손잡이 부분이 두꺼우므로 외노루발을 이용하여 바짝 밀면서 박음질하면 좀 더 수월합니다.

20 18번 과정에서 잘라둔 벨벳 천을 겉과 겉을 마주보도록 겹쳐 박음질하여 손잡이와 덮개 부분을 고정합니다.

21 가방 앞면에는 손잡이만 박음질로 고정하여

22 앞면과 뒷면을 겉끼리 마주보도록 포개어 가방 옆선을 박음질하여 잇고 바닥의 모서리 부분을 접어 5인치 폭으로 박음질한 후

23 ¼인치(0.7cm) 시접을 두고 잘라냅니다.

24 벨벳 부분을 안으로 밀어 넣고 시침질하여 고정합니다.

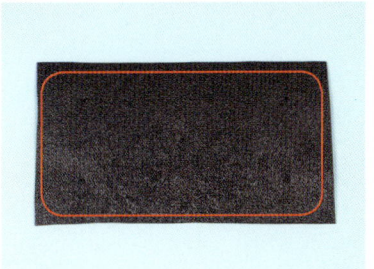

25 플라스틱 가방 바닥에 구멍을 뚫고 모서리 부분을 둥글게 잘라냅니다.

26 플라스틱 가방 바닥을 밀어 넣고 가방 바닥 징을 고정시킵니다.(38. 라운드 빅 토트백 17번 과정 참고)

안감용 면
X 2

27 안감용 면에 안감 2 본을 2장 그려 시접을 두고 오린 다음

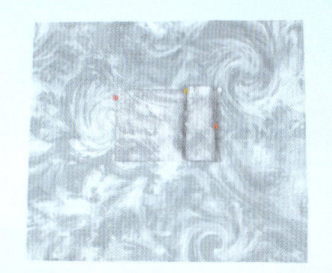

28 10×10인치(25×25cm)의 주머니 천을 잘라 주머니를 만들어 붙입니다.(9. 베이직 쇼퍼백의 17번 안감 대기 부분을 참고하여 같은 방법으로 제작)

29 옆선을 박음질하고 바닥의 모서리 부분을 박음질하여 남은 시접을 정리합니다. 안감의 윗선의 시접을 뒷면으로 꺾어 다림질해 둡니다.

30 가방 몸체에 안감을 끼워 넣고 윗부분을 공그르기합니다.

31 가방 덮개 부분과 가방 안감 부분에 자석단추를 달고

32 가방의 윗부분에 깃털을 투명실로 감침질합니다.

만약 깃털을 달기 싫으면 손잡이의 길이를 1인치(2.5cm) 정도 줄입니다.

33 지그재그 패치워크 기법을 이용한 깃털 가방을 완성한 모습입니다.

41

기본 겹보자기 기법의
모시 차받침

41 기본 겹보자기 기법의 모시 차받침

준비물

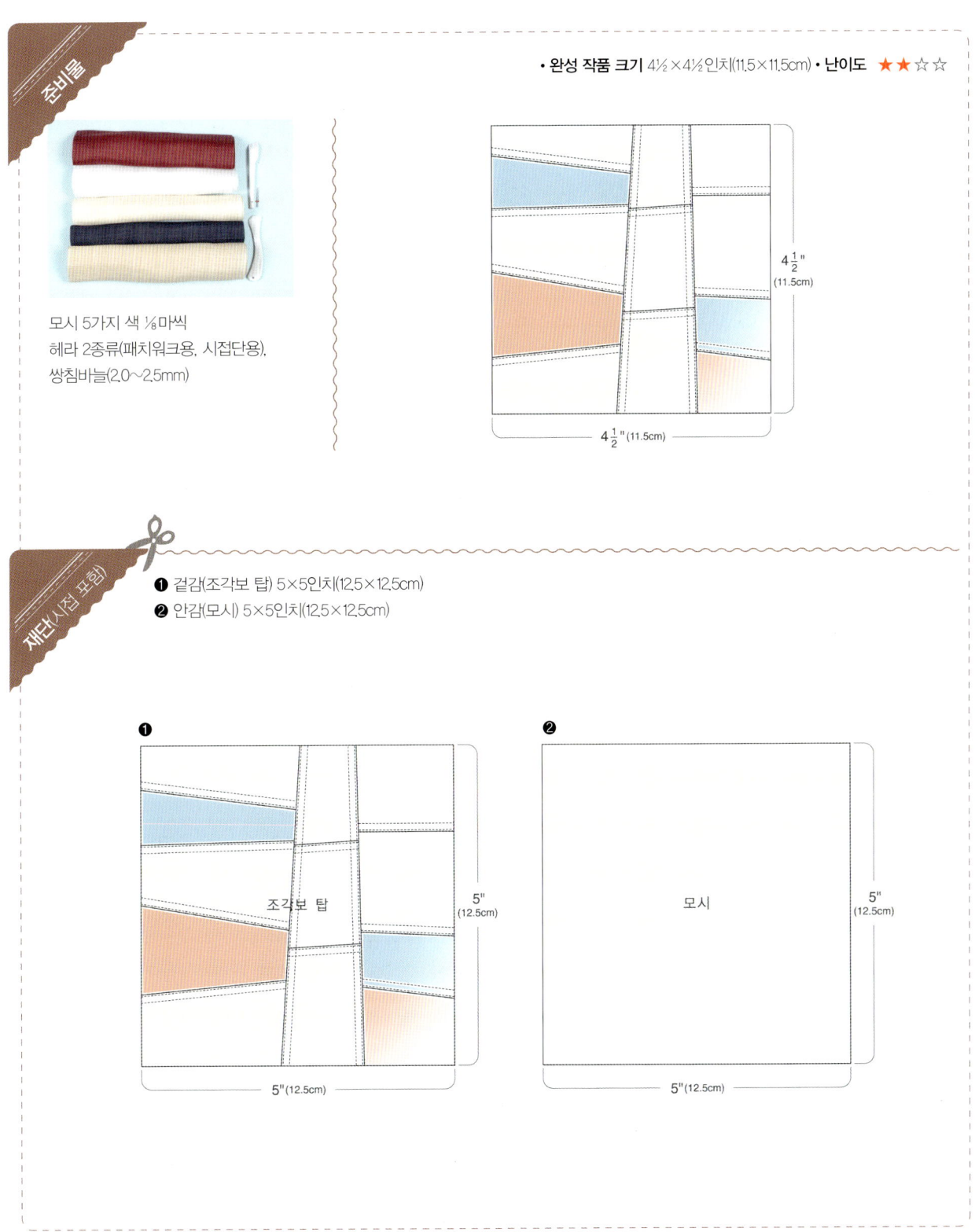

모시 5가지 색 ⅛마씩
헤라 2종류(패치워크용, 시접단용),
쌍침바늘(2.0~2.5mm)

• 완성 작품 크기 $4\frac{1}{2} \times 4\frac{1}{2}$인치(11.5×11.5cm) • 난이도 ★★ ☆ ☆

$4\frac{1}{2}$"
(11.5cm)

$4\frac{1}{2}$" (11.5cm)

재단(시접 포함)

❶ 겉감(조각보 탑) 5×5인치(12.5×12.5cm)
❷ 안감(모시) 5×5인치(12.5×12.5cm)

❶

조각보 탑

5"
(12.5cm)

5"(12.5cm)

❷

모시

5"
(12.5cm)

5"(12.5cm)

01
조각보 만들기

조각보는 패치워크로 이루어지는 퀼트의 속성을 가지고 있어 퀼트 기법에 넣었습니다. 이미 이웃나라 일본에서는 퀼트 잡지, 퀼트 컨테스트에 보자기 카테고리가 따로 있을 정도로 우리나라의 아름다운 보자기에 매료되어 있습니다. 한국의 전통미를 가진 보자기를 만들고 싶었지만 시간도 오래 걸리고 손바느질에 자신이 없었던 분이셨다면 이 책에서 제시하는 3가지 머신 보자기 기법을 한 번 시도해 보세요. 정말 놀랍고도 빠르고 아름답게 완성되는 보자기의 매력에 푹 빠질 거예요.

기본 겹보자기 기법은 두 줄로 감침질하여 완성되는 보자기의 형태를 본떠 쌍침으로 쉽게 만드는 기법입니다. 쌍침을 처음 써보는 분은 빠른 작업 속도의 매력에 깜짝 놀랄 거예요. 하지만 뒷면이 앞면과 다르게 박음질되므로 반드시 뒷감을 대서 뒷면을 가려주어야 합니다. 처음 하는 보자기 기법이라 쉽고 편하게 만들어서 일상생활에서 많이 활용해보라고 작은 차받침을 만들어 보았습니다. 여러 개를 만들어 장식용으로 사용해도 근사합니다.

1 모시를 적당한 크기로 잘라 ¼인치 (0.5cm) 시접을 헤라로 눌러 금을 그어 줍니다.

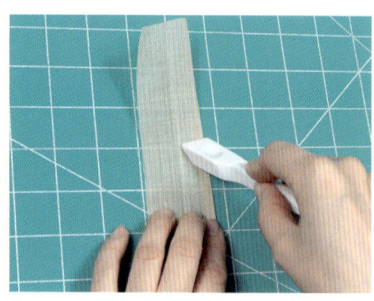

2 시접단용 헤라로 시접을 꺾어 눌러줍니다.

3 시접이 꺾인 모시를 시접을 안 꺾은 모시와 서로 겹쳐 실과 바늘로 시침질하되 시접 분량만큼만 겹칩니다.

보자기는 조각 잇기 과정에서는 따로 세심한 재단을 하지 않고 자투리 천을 모아 임의로 크기를 만들어 나갑니다.

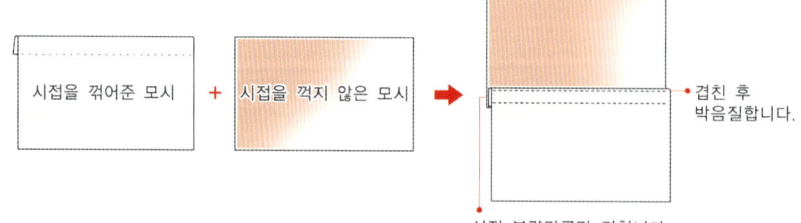

시접을 꺾어준 모시 + 시접을 꺽지 않은 모시 → 겹친 후 박음질합니다.

시접 분량만큼만 겹칩니다.

4 쌍침으로 바늘을 바꿔 끼우고

5 시접 부분을 박음질합니다.

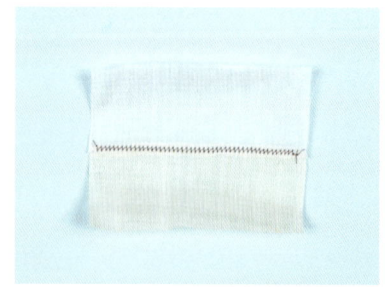

6 뒷면의 모습입니다. 뒷면은 앞면과 다른 모습으로 박음질하므로 반드시 뒷감 처리를 해야 합니다.

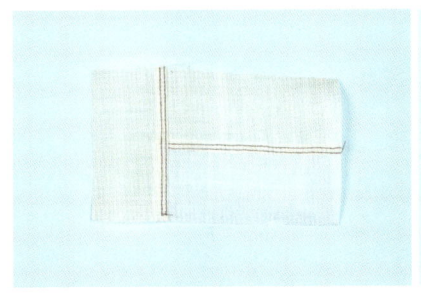

7 어울리는 배색을 해주고 같은 방법으로 조각끼리 연결하여 5×5인치(12.5×12.5cm) 크기의 탑을 완성합니다.

02

차받침 만들기

8 5×5인치(12.5×12.5cm) 크기의 모시 를 잘라 뒷감을 준비합니다.

9 6번 과정에서 만든 탑과 안감을 겉과 겉을 마주보게 대고 창구멍을 2인치 (5cm) 가량 남기고 박음질합니다.

10 모서리 부분을 잘라주고

11 뒤집어 창구멍을 공그르기한 후 컵 받침을 완성합니다.

12 모양을 달리해서 다양한 형태의 모 시 조각보 만들기에 도전해보세요.

쌍침을 사용할 때 실은 반드시 2개 를 동시에 사용하여야 합니다. 머 신에는 대부분 2개의 실을 동시에 사용할 수 있도록 실걸이대가 있 습니다. 실을 끼울 때는 동시에 2 개의 실을 순서대로 끼우고 마지 막 바늘 부분에 와서만 양쪽으로 각각 실을 끼우면 됩니다. 이 기법으로 박음질 했을 때 그림 처럼 뒷모습은 앞모습과 달리 지 그재그 무늬가 나타나 예쁘지 않 으므로 반드시 뒷면을 감춰주는 마무리를 하여야 합니다.

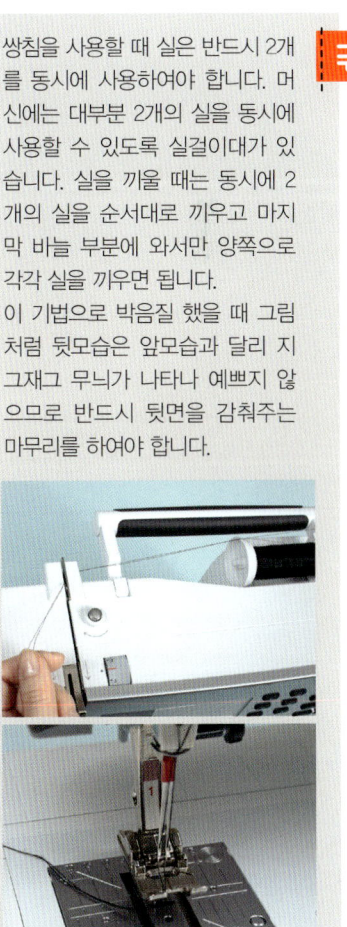

42-1
쌈솔 홑겹 보자기 기법의
모시조각보 (소)

42-1 쌈솔 홑겹 보자기 기법의 모시조각보

• **완성 작품 크기** 작은 모시조각보 17½×17½인치(45×45cm) 큰 모시조각보 49×42인치(100×107cm) • **난이도** ★ ★ ★ ★

작은 모시조각보
흰색 모시(40cm 폭) 1마,
아이보리색 모시(40cm 폭) 1마

큰 모시조각보
흰색 모시(40cm 폭) 8마,
아이보리색 모시(40cm 폭) 8마

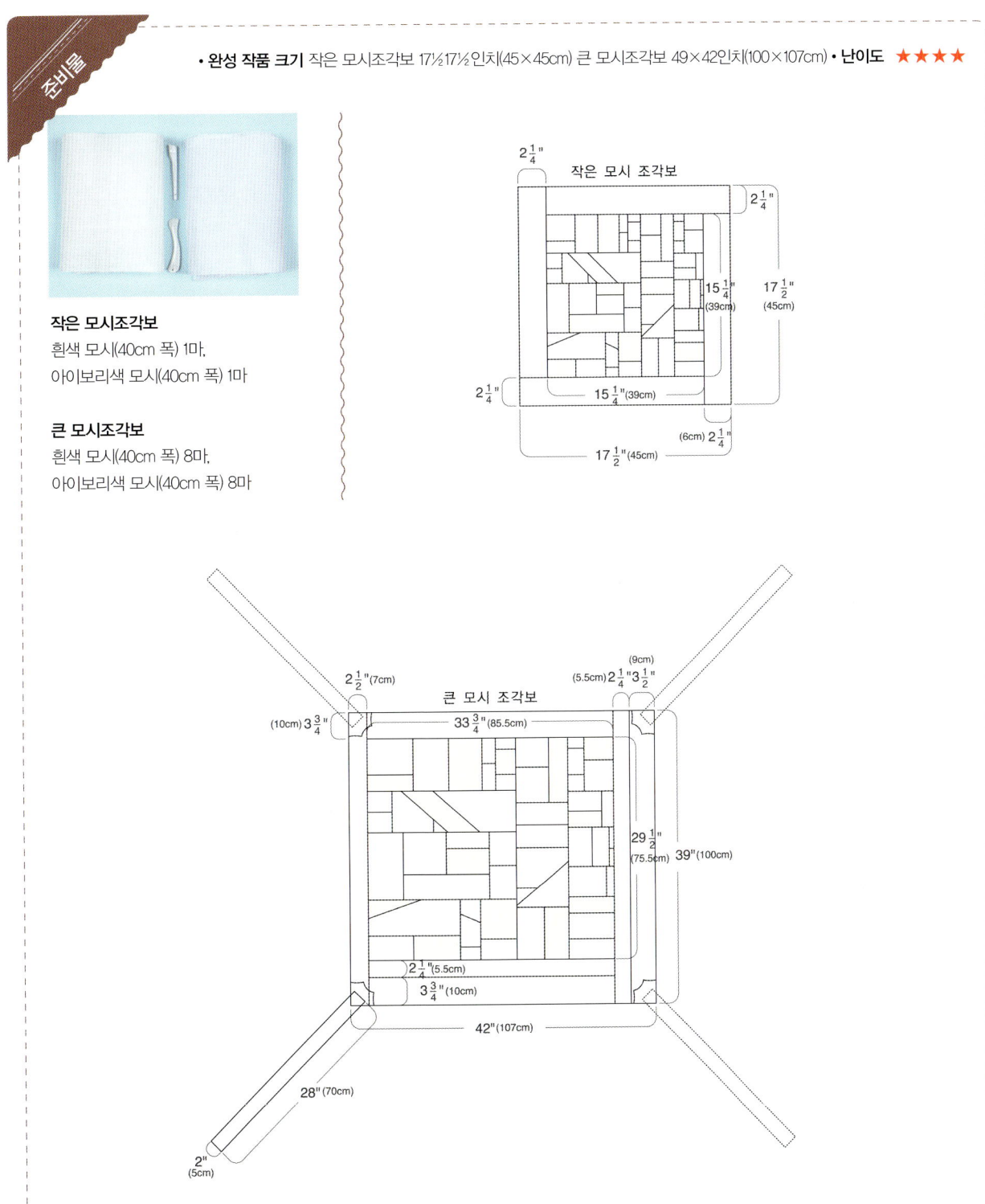

작은 모시 조각보

$2\frac{1}{4}$"

$2\frac{1}{4}$"

$15\frac{1}{4}$" (39cm) $17\frac{1}{2}$" (45cm)

$2\frac{1}{4}$" $15\frac{1}{4}$"(39cm)

(6cm) $2\frac{1}{4}$"

$17\frac{1}{2}$"(45cm)

큰 모시 조각보

$2\frac{1}{2}$"(7cm) (5.5cm)$2\frac{1}{4}$"$3\frac{1}{2}$" (9cm)

(10cm)$3\frac{3}{4}$ $33\frac{3}{4}$"(85.5cm)

$29\frac{1}{2}$" (75.5cm) 39"(100cm)

$2\frac{1}{4}$"(5.5cm)
$3\frac{3}{4}$"(10cm)

42"(107cm)

28"(70cm)

2" (5cm)

❶ 조각보, 특히 머신으로 만드는 조각보의 경우 정확한 재단은 어렵습니다. 단 조각을 자를 때는 생각하는 사이즈보다 약간 크게 조각을 잘라 작업을 하도록 합니다. 특히 보더 부분의 조각은 더 넉넉하게 재단합니다.

❷ 큰 모시조각보 끈 : 2½×28½인치(6.5×71cm) 4줄

❸ 큰 모시조각보 박쥐 문양 : 본을 떠 시접을 두고 자름(실물본 2면 42. 모시조각보)

❶
15 $\frac{3}{4}$" (40.5cm)
15 $\frac{3}{4}$" (40.5cm)

❸
34 $\frac{1}{4}$" (87cm)
30" (77cm)

❷
2 $\frac{3}{4}$" (7.5cm)
X 4
15 $\frac{3}{4}$" (46.5cm)

❹
34 $\frac{1}{4}$" (87cm)
2 $\frac{3}{4}$" (7cm)

34 $\frac{1}{4}$" (87cm)
4 $\frac{1}{4}$" (11.5cm)
X 2

39 $\frac{1}{2}$" (101.5cm)
2 $\frac{3}{4}$" (7cm)

39 $\frac{1}{2}$" (101.5cm)
3" (8.5cm)

39 $\frac{1}{2}$" (101.5cm)
4" (10.5cm)

❺
2 $\frac{1}{2}$" (6.5cm)
끈 X 4
28 $\frac{1}{2}$" (71cm)

❻
박쥐 문양 X 4
시접 0.5cm 두고 자릅니다.

01 조각보 만들기

이 기법은 앞면과 뒷면이 모두 깨끗이 박음질되므로 뒷감을 따로 댈 필요가 없습니다. 얼핏 보아서는 머신으로 한 것으로 보이지 않고 전통 기법의 조각보처럼 앞면과 뒷면을 모두 사용할 수 있습니다. 청바지 등의 옆선을 튼튼히 박음질하기 위해 개발된 쌈솔노루발을 적절히 사용하여 조각보 제작에 활용하였습니다. 머신의 다양한 스티치와 노루발을 이용하여 퀼트에 응용하는 머신퀼트의 매력을 잘 보여주는 기법입니다.

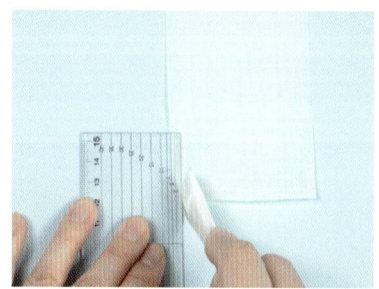

1 모시를 적당한 크기로 잘라 시접자를 이용해서 0.5cm 폭을 헤라로 금을 그어줍니다.

2 연결할 모시의 안과 안을 마주보게 하고 약 0.5cm 간격을 벌려서 시작 부분을 살짝 접어줍니다.

3 쌈솔 노루발을 장착합니다.

4 노루발 사이로 아래쪽 모시가 꺾이도록 위치시켜 박음질합니다.

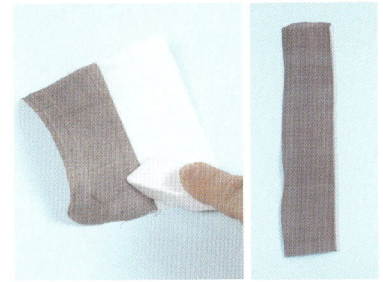

5 4번의 시접을 시접단용 헤라를 이용하여 펴줍니다.

박은 시접을 꺾을 때 막대 헤라를 이용하면 다림질이나 손톱을 이용하지 않아도 쉽게 꺾어집니다.

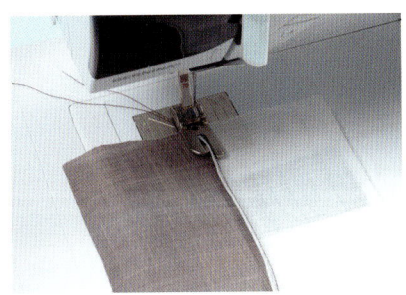

6 박음질한 솔기 부분을 노루발 사이로 세워 다시 박음질합니다.

7 연결한 모시의 겉모습입니다.

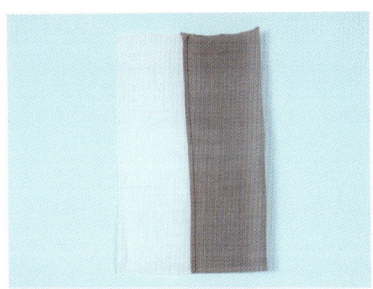

8 연결한 모시의 안쪽 모습입니다.

9 연결된 조각을 또다시 연결하려면 안과 안을 마주보게 하고 0.5cm 가량 간격을 벌립니다.

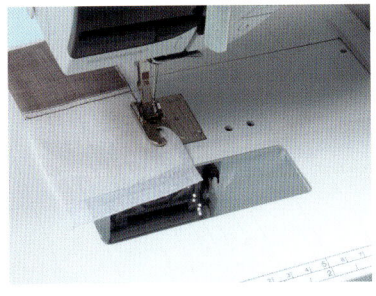

10 노루발 사이에 위치시켜 박음질합니다.

11 박음질한 시접을 막대헤라로 꺾어줍니다.

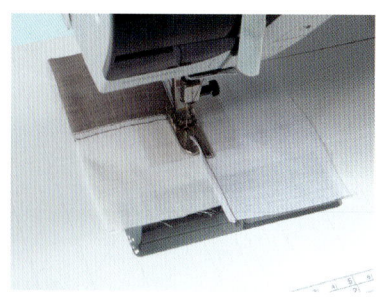

12 노루발 사이에 솔기를 세워 박음질
합니다.

13 연결한 모시의 겉모습입니다.

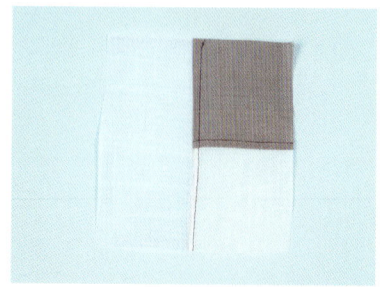

14 연결한 모시의 안쪽 모습입니다.

모시를 연결할 때 겉과 안을 신경 써서 연결
해야 합니다.

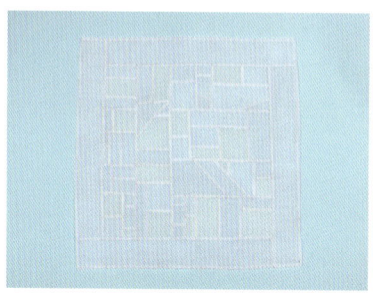

15 이와 같은 방식으로 모시를 모두
연결한 모습입니다.

가장자리 정리하여
완성하기

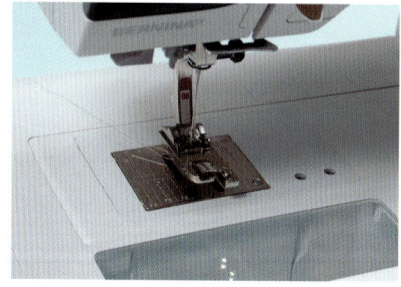

16 가장자리는 말아박기 노루발을 이용하여 안쪽 면에서 박음질합니다.

말아박기 노루발은 가장자리 부분을 두 번 말
아박아 마무리할 때 사용하는 노루발입니다.

17 가장자리를 깨끗이 정리하고 완성
한 모습입니다.

42-2

쌈솔 홑겹

모시 조각보 (대)

3면을 말아박기하여 시접을 정리합니다.

1 42–1의 쌈솔홑겹 보자기 기법으로 완성한 작품의 그림을 보고 조각보를 완성합니다. 2½×28½인치(6.5×71cm) 크기의 모시를 4장 잘라 삼면을 말아박기한 후 시접을 정리합니다.

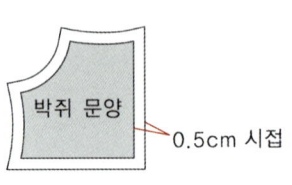

박쥐 문양
0.5cm 시접

2 모시에 4개의 박쥐 문양의 본을 떠 0.5cm의 시접을 두고 자릅니다. (실물 본 2면 42. 모시조각보 실물본 참고)

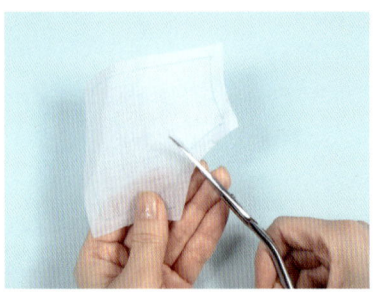

3 곡선 부분에 가윗밥을 넣은 후

 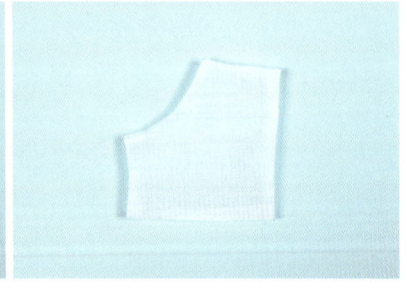

4 완성선을 따라 접어줍니다.

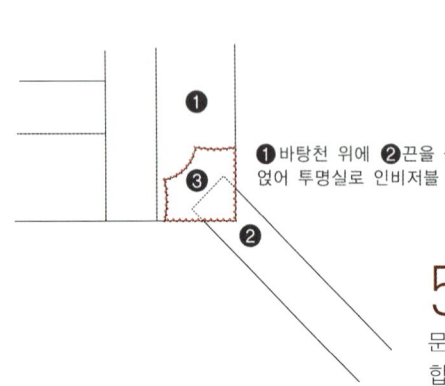

❶바탕천 위에 ❷끈을 올리고 ❸박쥐문양을 얹어 투명실로 인비저블 아플리케합니다.

5 조각보의 4군데 모서리에 끈의 시접 정리가 되지 않은 쪽을 올리고 박쥐 문양을 얹어 투명실로 아플리케하여 완성 합니다.

6 큰 모시조각보를 완성하였습니다.

43

감침질 겹보자기 기법의

옥사조각보

43 감침질 겹보자기 기법의 옥사조각보

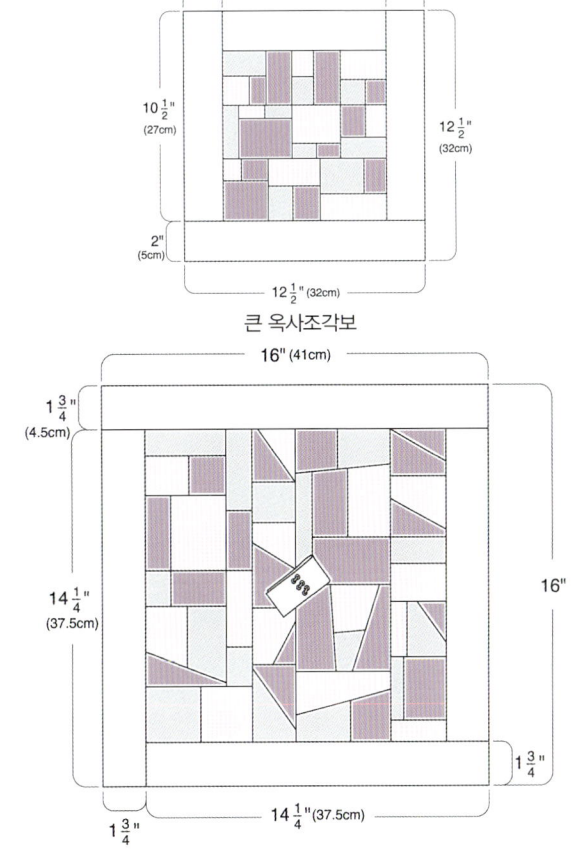

준비물

• **완성 작품 크기** 작은 옥사 조각보 12½×12½ 인치(32×32cm), 큰 옥사조각보 16×16인치(41×41cm) • **난이도** ★ ★ ★ ☆

작은 옥사조각보

(5cm)
2"   8 ½ "(22cm)   (5cm) 2"

10 ½ "
(27cm)

12 ½
(32cm)

2"
(5cm)

12 ½ "(32cm)

큰 옥사조각보

16"(41cm)

1 3/4 "
(4.5cm)

14 1/4 "
(37.5cm)

16"

1 3/4 "

1 3/4 "   14 1/4 "(37.5cm)

작은 옥사조각보

아이보리색 옥사 1마, 자주색 옥사 ⅛마.

큰 옥사조각보

아이보리색 옥사 1마.
연분홍 옥사 ⅛마, 연회색 옥사 ⅛마.
연자주색 ⅛마, 진한 자주색 ⅛마
헤라 2가지(패치워크용, 시접단용)

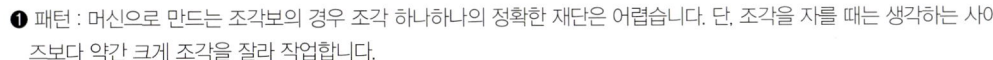

재단(시접 포함)

❶ 패턴 : 머신으로 만드는 조각보의 경우 조각 하나하나의 정확한 재단은 어렵습니다. 단, 조각을 자를 때는 생각하는 사이
즈보다 약간 크게 조각을 잘라 작업합니다.

❷ 작은 옥사조각보 보더 : 아이보리색 옥사 2½×9인치(6×23cm) 1장,
2½×11인치(6×28cm) 2장, 2½×13인치(6×33cm) 1장

❸ 작은 옥사조각보 뒷감 : 아이보리색 옥사 13×13인치(33×33cm) 정사각형 1장

❹ 큰 옥사조각보 보더 : 아이보리색 옥사 2¼×13인치(5.5×33cm) 1장
2¼×14¾인치(5.5×38.5cm) 2장, 2¼×16½인치(5.5×42cm) 1장

❺ 큰 옥사조각보 뒷감 : 아이보리색 옥사 16½×16½인치(42×42cm) 1장

❻ 큰 옥사조각보 장식띠 : 아이보리색 옥사 1¾×6인치(4×15cm) 1장

❼ 큰 옥사조각보 박쥐장식 : 연분홍 옥사, 연회색 옥사, 진한 자주색 옥사 1×1인치(2.5×2.5cm) 각 1장

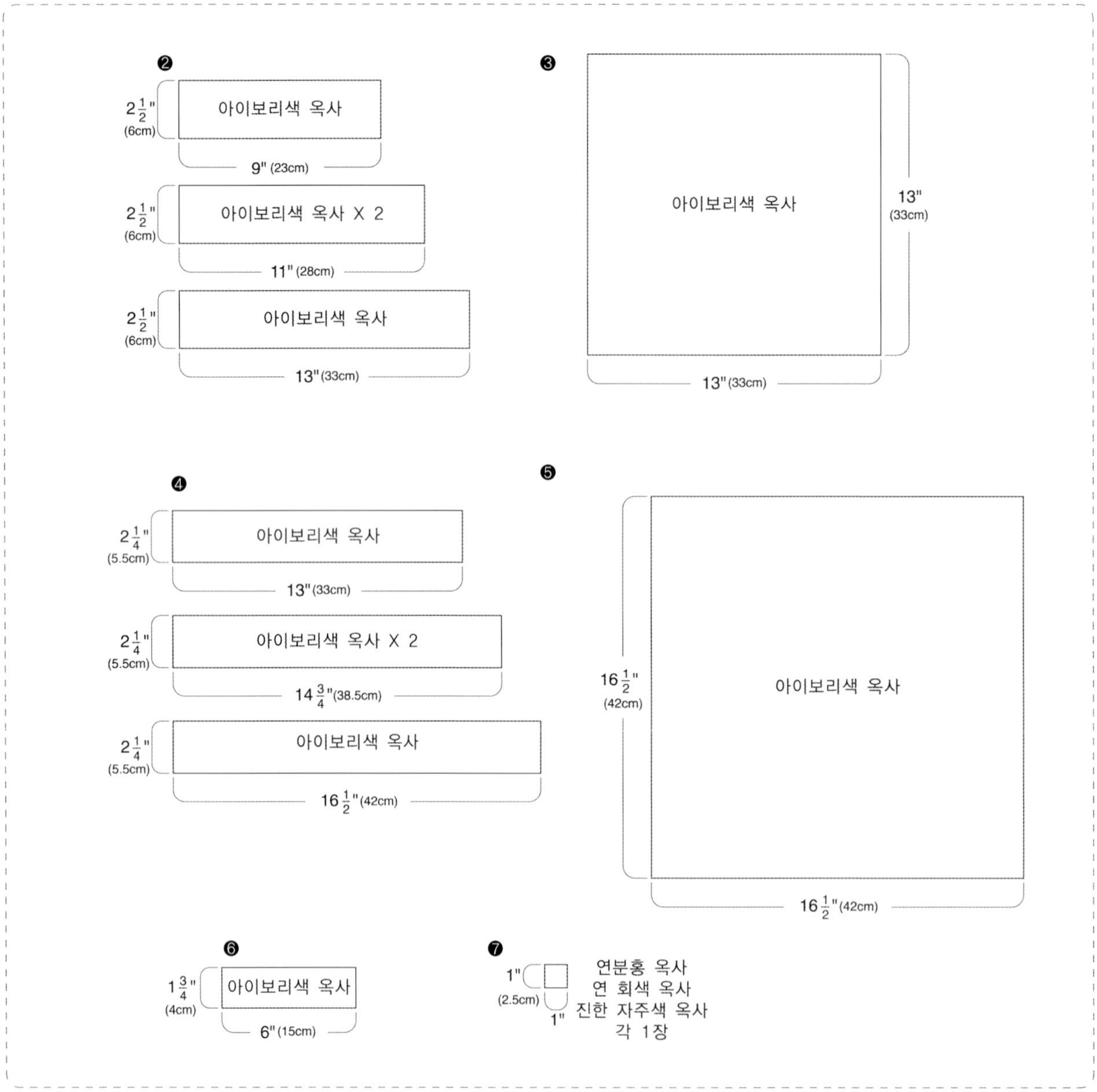

❷

2 $\frac{1}{2}$ "
(6cm)

| 아이보리색 옥사 |

9" (23cm)

2 $\frac{1}{2}$ "
(6cm)

| 아이보리색 옥사 X 2 |

11" (28cm)

2 $\frac{1}{2}$ "
(6cm)

| 아이보리색 옥사 |

13" (33cm)

❸

| 아이보리색 옥사 |

13"
(33cm)

13" (33cm)

❹

2 $\frac{1}{4}$ "
(5.5cm)

| 아이보리색 옥사 |

13" (33cm)

2 $\frac{1}{4}$ "
(5.5cm)

| 아이보리색 옥사 X 2 |

14 $\frac{3}{4}$ "(38.5cm)

2 $\frac{1}{4}$ "
(5.5cm)

| 아이보리색 옥사 |

16 $\frac{1}{2}$ "(42cm)

❺

16 $\frac{1}{2}$ "
(42cm)

| 아이보리색 옥사 |

16 $\frac{1}{2}$ "(42cm)

❻

1 $\frac{3}{4}$ "
(4cm)

| 아이보리색 옥사 |

6" (15cm)

❼

1"
(2.5cm)

1"

연분홍 옥사
연 회색 옥사
진한 자주색 옥사
각 1장

01

감침질 겹보자기 패턴
만들기

전통 보자기 기법에서 많이 사용하는 감침질을 머신에서 찾아낸 스티치와 기존의 노루발을 이용하여 감쪽같이 재현해낸 기법입니다. 머신의 깜짝 놀랄만한 응용력을 보여주는 기법입니다.

보자기에서 사용하는 실크실 효과를 주기 위해 레이온사를 대신 사용하여 손바느질로 만든 작품과 구별하기 힘들 정도의 완성도가 뛰어난 작품을 만들 수 있는 기법입니다.

1 두 장의 옥사 조각을 적당한 크기로 잘라 시접 약 0.5cm 부분에 패치워크용 헤라로 금을 그어줍니다.

2 시접단용 헤라를 이용하여 금을 그어준 시접을 꺾어줍니다.

3 시접 꺾은 조각들을 겉끼리 마주보게 포개어 엣지 노루발의 중간 날 부분에 시접 끝을 바싹 갖다 대고 지그재그 스티치(폭 1mm, 간격 0.6~0.8mm)를 합니다.

4 박음질이 끝난 시접을 펴줄 때 시접단용 헤라를 이용하여 판판하게 펴줍니다.

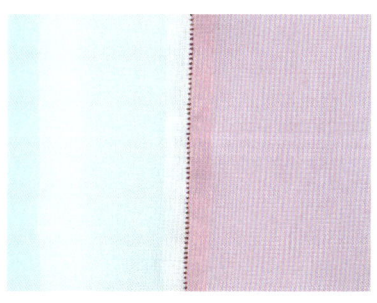

5 마치 박음질선이 일정한 감침질을 해준 것 같은 스티치가 생깁니다.

잘못 박음질된 부분은 리퍼로 따기가 힘들기 때문에 잘라서 버립니다. 그래서 조각을 자를 때는 생각한 사이즈보다 더 넉넉하게 잘라서 사용하는 게 좋습니다.

 02

작은 옥사조각보 만들기

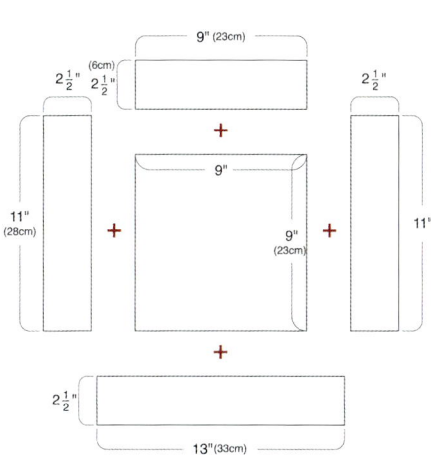

6 같은 방법으로 조각 잇기를 하여 9×9인치(23×23cm) 크기의 탑을 완성합니다. 보더 부분은 2½×9인치(6×23cm) 1장, 2½×11인치(6×28cm) 2장, 2½×13인치(6×33cm) 1장을 재단하여 조각 잇기 할 때와 같은 방법으로 연결합니다.

조각보에 보더 부분을 대는 이유는 한 장의 옥사로 탑 부분을 감싸서 연결하는 전통보자기의 디자인을 모방하기 위해서입니다.

 TIP

엣지 노루발의 장점과 지그재그 스티치의 간격

❶ 엣지 노루발은 중간에 날이 있어 두 개의 원단을 맞붙일 때 양쪽에 똑같이 스티치하기에 유용한 노루발입니다. 감침질 보자기 기법을 할 때 중간의 날 부분이 두 조각의 원단을 겹쳐 정확하게 박음질하는 데 큰 도움을 줍니다.
❷ 지그재그 스티치의 간격은 사용하는 실의 굵기와 본인의 취향에 따라 조절하여 쓰는 게 좋습니다.

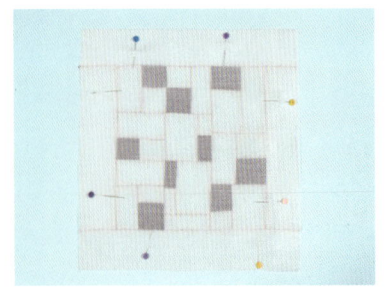

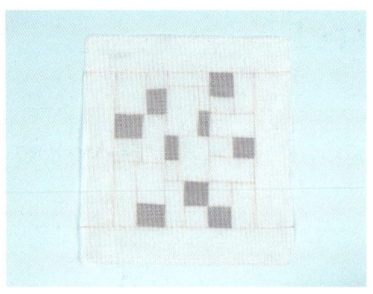

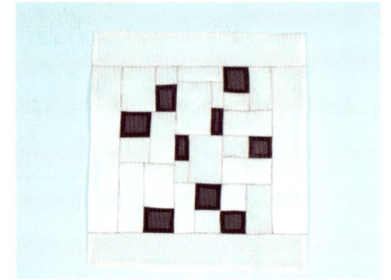

7 아이보리색 옥사를 13×13인치(33× 33cm)인치 정사각형으로 한 장 잘라 5번의 탑과 겉과 겉을 마주보게 하여 시침 핀으로 고정한 후 창구멍을 남기고 박음질 합니다.

8 박음질을 마치면 모서리를 잘라내고 뒤집어서

9 창구멍을 공그르기 하여 조각보를 완 성합니다.

03

큰 옥사조각보 만들기

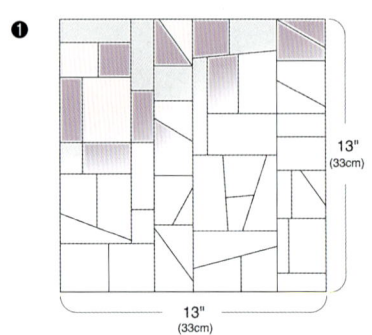

❶

13"
(33cm)

13"
(33cm)

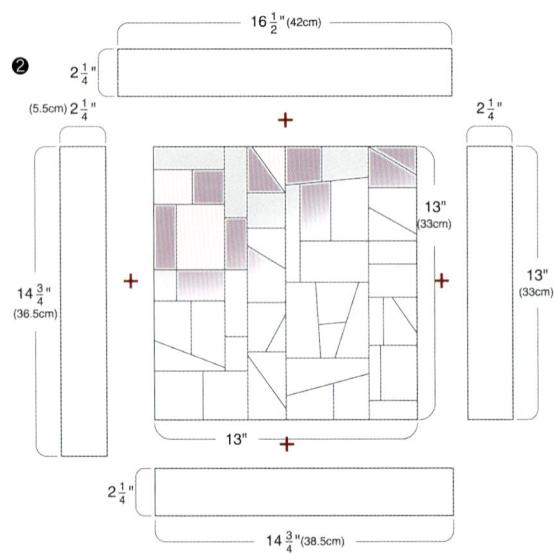

❷

16½"(42cm)

2¼"

(5.5cm) 2¼"

2¼"

14¾"
(36.5cm)

13"
(33cm)

13"
(33cm)

2¼"

13"

14¾"(38.5cm)

❸

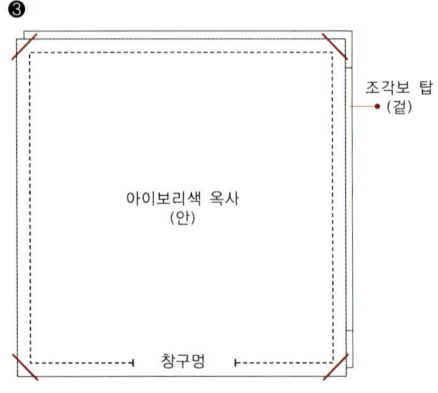

아이보리색 옥사
(안)

조각보 탑
(겉)

창구멍

1 감침질 보자기 패턴을 연결하여 13× 13인치(33×33cm) 크기의 탑을 완성합 니다.

2 아이보리색 옥사를 2¼×13인치(5.5 ×33cm) 1장, 2¼×14¾인치(5.5× 38.5cm) 2장, 2¼×16½인치(5.5×42cm) 1 장을 재단하여 보더 부분을 연결합니다.

3 아이보리색 옥사 16½×16½인치(42 ×42cm) 크기로 한 장 잘라 2번의 탑 과 겉과 겉을 마주보게 하여 시침핀으로 고정한 후 창구멍을 남기고 박음질합니다. 모서리를 잘라내고 뒤집어 창구멍을 공그 르기 합니다.

장식끈과 박쥐 만들기

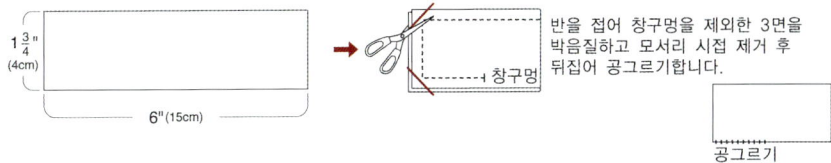

반을 접어 창구멍을 제외한 3면을 박음질하고 모서리 시접 제거 후 뒤집어 공그르기합니다.

$1\frac{3}{4}$" (4cm)

6" (15cm)

창구멍

공그르기

4 아이보리색 옥사를 1¾×6인치(4×15cm) 크기로 잘라 겉과 겉끼리 마주대고 창구멍을 남기고 박음질한 후 뒤집어 창구멍을 공그르기 합니다.

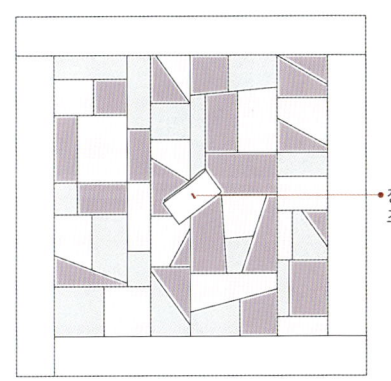

• 장식끈을 반 접어 조각보에 고정합니다.

5 장식끈을 반 접어 조각보 한 가운데에 손바느질로 고정합니다.

6 연분홍 옥사, 연회색 옥사, 진한 자주 색 옥사를 각각 1×1인치(2.5×2.5cm) 크기로 1장씩 자릅니다.

7 양쪽 모서리를 각각 손끝으로 비비듯 이 말아서

8 반 접어 꺾은 후 실로 꽉 묶어줍니다.

9 아래 시접 부분은 잘라버립니다.

10 돌돌 말려진 모서리 부분을 펴주 면 박쥐 모양이 나타납니다. 장식 끈 위에 3개의 박쥐 모양을 고정시켜

11 큰 옥사조각보를 완성하였습니다.

PART 5

한눈에 보는
머신퀼트 패턴 제작 기법 총정리

소품 제작 과정과 함께 소개하였던 패턴 기법들을 기법만 한눈에 찾아보기 쉽게 간략하게 다시 정리한 장입니다.
'완성 치수+ㅁ'로 객관적인 사이즈 표시만 제시하였으나 일부 패턴들은 이와 같은 방법으로 표시하기에 마땅치 않아
10인치(25cm) 정사각형 샘플러를 완성하는 사이즈를 기준으로 사이즈를 게재하였습니다.(시접 포함하여 10½인치
(26.5cm) 정사각형) 색상도 블루와 화이트 톤으로 제한하여 패턴 모양이 선명하게 잘 드러나도록 하였습니다.

레일 펜스 Rail Fence 패턴

퀼트 패턴의 이름은 미국의 식민지시대부터 서부개척시대 때 지어진 것이 많습니다. 일상생활에서 흔히 접하는 사물이나 시대정서가 많이 반영되어 있습니다. 레일 펜스는 기찻길 옆의 울타리 모양과 닮았다고 해서 지어진 이름입니다. 트리플(Triple)이라고도 불립니다.

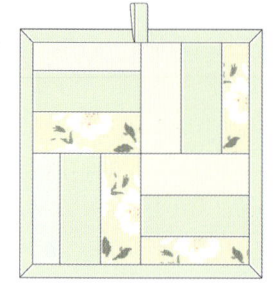

 ## 제작 과정

준비물 면 원단 3가지 색(A, B, C)

1 3가지 색의 원단을 식서로 '완성 치수 +½인치(1.5cm)' 폭으로 자릅니다.

2 ¼인치 노루발(37번)을 사용하여 A, B, C 순서로 연결한 후 '완성 치수+½인치 (1.5cm)' 크기로 자릅니다.

3 시접은 한쪽 방향으로 꺾어주면 레일 펜 스가 완성됩니다. 레일 펜스를 원하는 모 양으로 배치하여 다양한 모양을 표현할 수 있습니다.

1

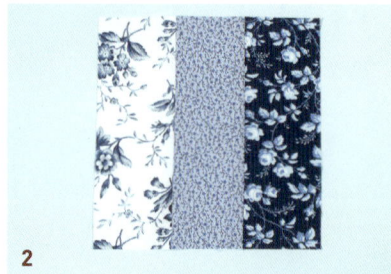

2

3

2 나인 패치 Nine Patch 패턴

나인 패치 패턴은 퀼트에 있어서는 영어의 A, B, C
와 같다고 할 수 있습니다. 9개의 조각으로 구성되어
나인 패치라고 불리는 이 패턴을 배우며 초보자는 정
확한 패치워크, 기초적인 색 배합, 시접 방향 꺽기
등 본격적인 퀼트 수업에 입문하게 됩니다.

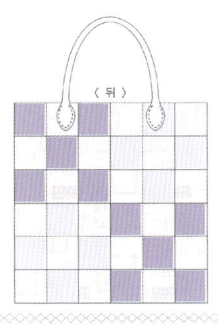
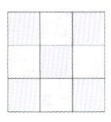

제작 과정

준비물 면 원단 3가지 색(A, B, C)

1 2가지 색의 원단(A, B)을 각각 '완성 치수
+½인치(1.5cm)' 폭으로 3줄씩 자릅니다.

2 그림처럼 A B A, B A B 형태로 배열하여
¼인치 시접을 두고 박음질합니다.

3 한 세트의 시접은 서로 마주보게, 다른
한 세트는 바깥쪽을 향하게 하여 다림질
합니다.

4 로터리 커터를 이용하여 '완성 치수+½인
치(1.5cm)' 폭으로 잘라주고

5 사진과 같이 배치하여 연결합니다.

6 완성한 나인 패치 패턴의 앞면과 뒷면 시
접의 모습입니다.

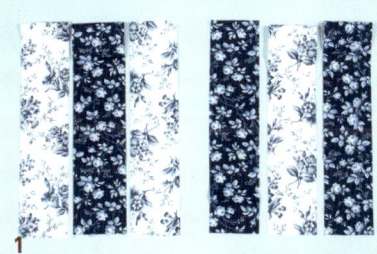
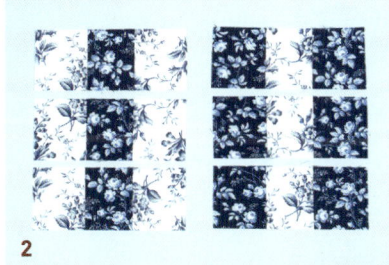
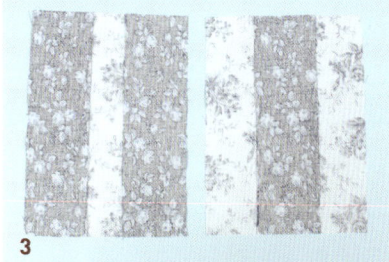
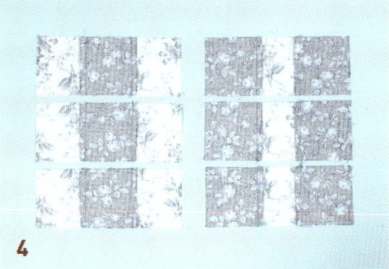

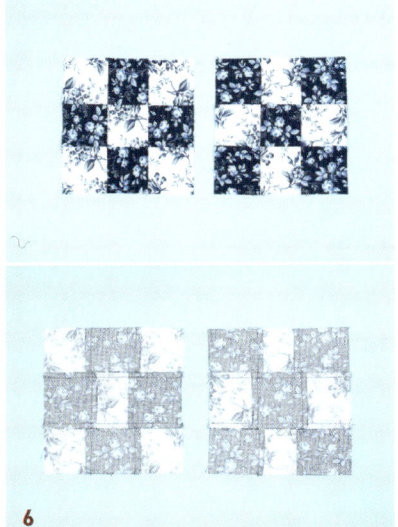

3 로그 캐빈Log Cabin 패턴

개척시대 미국인들이 많이 살았던 통나무집을 형상화한 패턴입니다. 집의 한 가운데 화덕이 있었고, 그 위에 굴뚝이 있었으므로 패턴의 중심부를 침니(chimnet)라고 합니다. 그래서 주로 노란 색이나 붉은색을 사용하여 불빛을 나타내기도 합니다. 색상과 패턴 배열에 따라 다양한 형태를 연출해내는 퀼트의 묘미를 보여주는 패턴입니다.

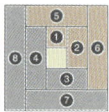

 ## 제작 과정

준비물 면 원단 3가지 색(A, B, C)

1 중심 부분(chimney)에 들어갈 원단을 '완성 치수 +½인치(1.5cm)' 폭으로, 나머지 원단 두 가지 색은 '완성 치수+½인치(1.5cm)' 스트립으로 잘라 준비합니다.
2 중심이 될 원단을 정사각형으로 잘라 스트립과 ¼인치 시접으로 연결합니다.
3 스트립을 펴서 다림질한 후 자릅니다.

TIP 스트립을 펴지 않고 접은 상태에서 중심부(chimney)의 크기에 맞춰 커팅하면 스트립을 폈을 때 사이즈가 정확하지 않을 수 있으므로 주의합니다.

4 3번의 조각을 스트립과 다시 연결합니다.
5 시접을 펴서 다림질한 후 자릅니다.
6 5번 과정의 조각을 스트립과 연결하여
7 다림질한 후 잘라줍니다.
8 같은 방법으로 연결하여 완성한 앞면의 모습입니다.
9 완성한 뒷면 시접의 모습입니다.

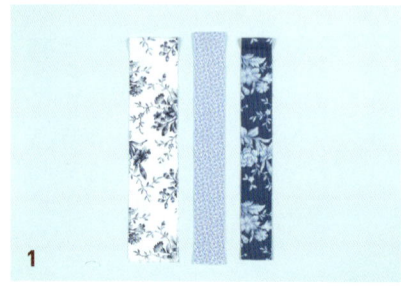

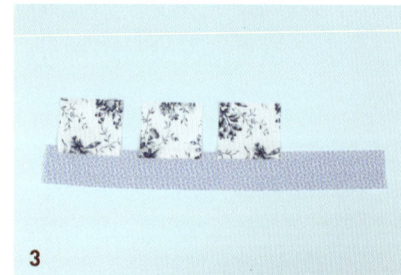
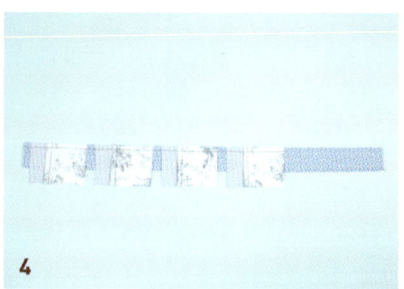
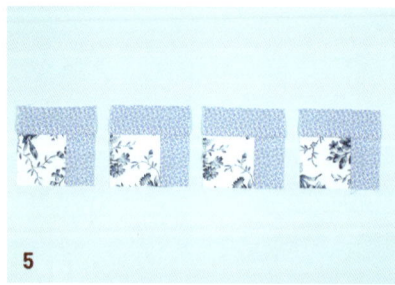
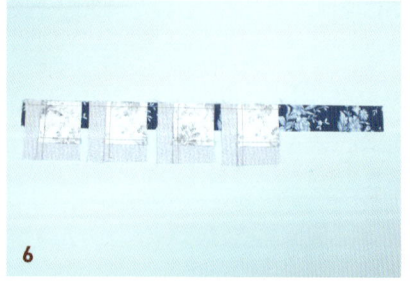
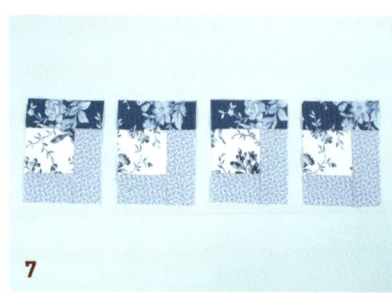

4 정방형사등분 패턴

정사각형을 사등분하여 삼각형 4개가 합쳐진 패턴입니다. 핸드퀼트에서도 많이 사용하는 패턴으로 머신을 이용해 작업하면 쉽고 빠르게 완성할 수 있습니다.

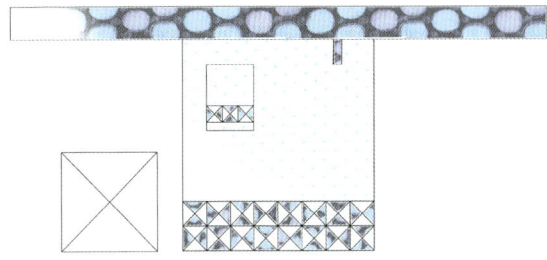

 ## 제작 과정

준비물 배색되는 면 원단 2가지(A, B)

1 A, B 두 원단을 '완성 치수+1¼인치 (3.5cm)'의 정사각형으로 두 장 자릅니다.

2 1번의 정사각형 2장 중 한 장의 뒷면에 대각선을 긋고 겉과 겉끼리 포갠 후 노루발의 에지가 대각선 줄에 닿도록 하여 양쪽으로 ¼인치 시접으로 박음질합니다.

3 박음질이 끝난 후 로터리 커터나 가위로 대각선을 따라 자릅니다.

4 시접을 같은 색 원단으로 꺾고 다림질합니다.

5 완성된 두 가지 패턴을 준비한 후

6 서로 반대되는 색끼리 마주보게 겹친 후 대각선 줄을 긋고 노루발의 에지가 대각선에 닿도록 하여 양쪽으로 ¼인치 시접으로 박음질합니다.

7 다시 대각선 줄을 따라 자르면 동시에 두 개의 패턴이 완성됩니다.

8 위의 방법으로 네 개의 패턴을 만든 후 네 조각을 연결한 앞면의 모습입니다.

9 연결한 뒷면 시접의 모습입니다.

1

2

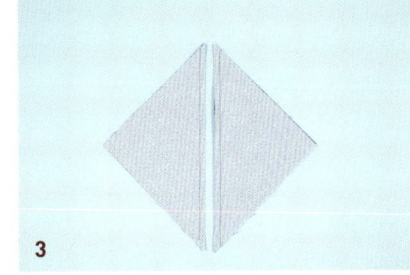

3

4

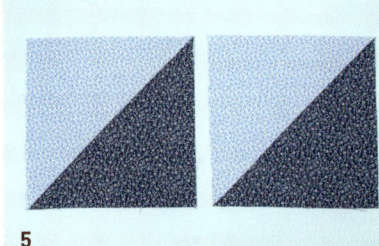

5

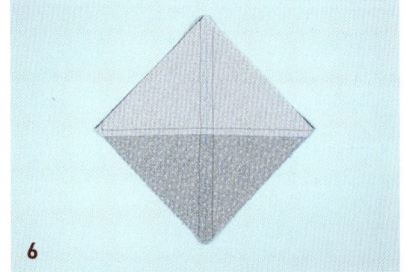

6

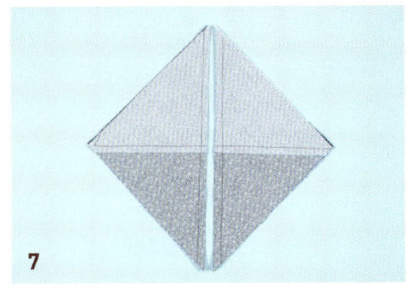

7

8

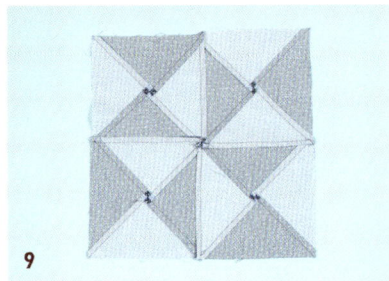

9

5 플라잉 기스Flying Geese 패턴

식민지 개척시대의 사람들은 힘든 노동을 해야만 했지요. 일을 하다
틈틈이 쉬며 하늘을 올려다보다 자유롭게 날아가는 거위 떼들을 보
고, 그 자유로움을 동경하여 붙여진 이름이라고 합니다. 퀼트에서 삼
각형은 주로 새를 의미합니다.

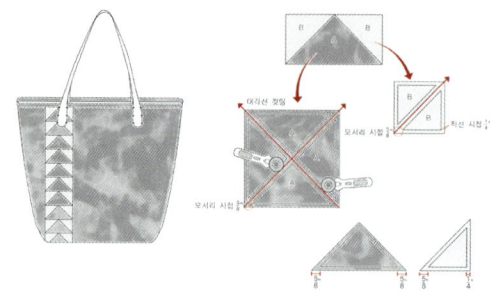

제작 과정

준비물 면 원단 2가지(패턴색 A, 바탕색 B)

1 패턴색 A를 '완성 치수+1¼인치(3.5cm)'
크기의 정사각형으로 자르고, 바탕색 B는
'완성 치수+⅞인치(2.5cm)' 크기의 정사
각형으로 자릅니다.(이때 바탕색 B 정사
각형은 패턴색 A정사각형 개수의 4배를
준비하여야 합니다.)

2 패턴색 A의 정사각형은 X 자로 자르고
바탕색 B의 작은 정사각형은 대각선으로
잘라 준비합니다.

3 큰 삼각형 패턴에 작은 삼각형을 사진처
럼 겉과 겉을 포개어 ¼인치 시접으로 박
음질합니다.

4 박음질한 후 시접을 펴서 다림질하고

5 남은 한쪽 면에 작은 삼각형을 포개어 박
음질합니다.

6 플라잉 기스 패턴의 한 조각을 완성하였
습니다.

7 서로 연결하여 원하는 패턴을 완성합니다.

8 삼각형 패턴을 자신만의 방식으로 배치
하면 다양한 형태로 변형할 수 있습니다

TIP 이때 체인 피싱(Chain Piecing)으로 한
쪽의 삼각형을 모두 박음질한 후 시접
을 펴서 다림질하고 다시 남은 한쪽의
삼각형을 체인 피싱으로 연결하면 시간
이 절약됩니다.

1

2

3

4

5

6

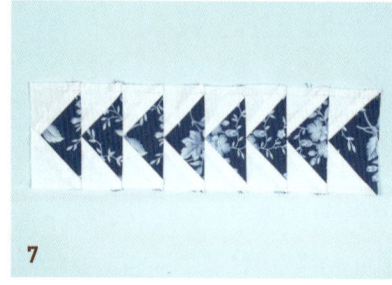

7

8

6 머신아플리케I 새틴 스티치 Satin Stitch

여기서는 4가지의 머신아플리케 기법을 소개합니다. 이 기법을 모두 숙지한 후 상황에 맞게 응용하면 거의 모든 아플리케 스티치가 가능합니다. 새틴 스티치는 지그재그 스티치의 폭과 간격을 조절하여 사용합니다. 이때 반드시 바탕천 뒷면에 스테블라이저(stablizer)를 대줍니다. 그래야 바탕천이 오그라들지 않고 판판하게 스티치됩니다.

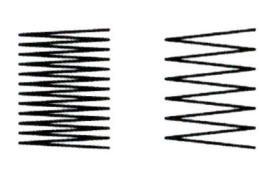

 제작 과정

준비물 바탕색 원단 A, 패턴색 원단 B

1 마분지에 둥근 원을 그려 본을 만든 후 아플리케할 B 원단에 본을 대고 원을 그린 후 시접을 두고 자릅니다.

2 시접 부분에 두꺼운 실로 홈질을 한후

3 마분지 본을 집어넣고 홈질한 실을 잡아 당겨 다림질합니다.

4 마분지 본을 꺼내고 아플리케할 원이 완성되면

5 바탕천 A에 아플리케 해줄 위치를 확인한 후

6 바탕천 뒷면에 tear-away 스테블라이저를 반드시 대줍니다.(없을 땐 종이를 사용해도 됩니다.)

7 지그재그 스티치의 폭과 간격을 조절하여 알맞은 새틴 스티치(satin stitch)를 찾아낸 후 박음질합니다. 그리고 뒷면의 스테이블라이저를 찢어서 제거하고

TIP 새틴 스티치의 간격은 실의 굵기에 따라 달라지나 0.4~0.7mm 정도면 적당합니다.

8 시접 분량(¼인치, 0.7cm)을 남기고 바탕천을 가위로 오려 제거합니다.

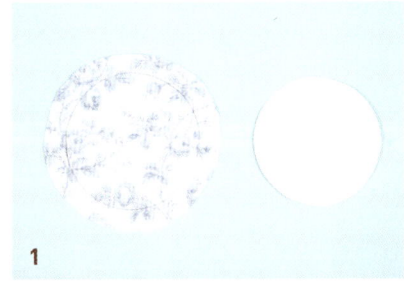

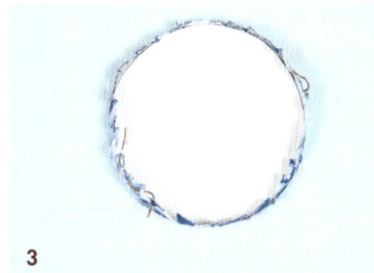

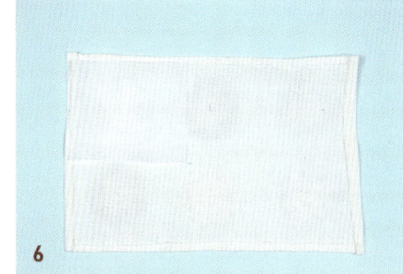
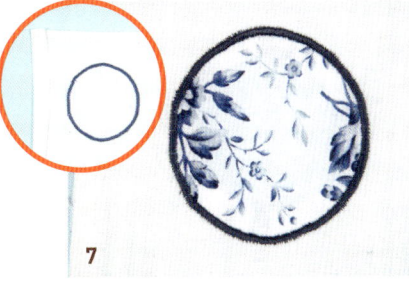
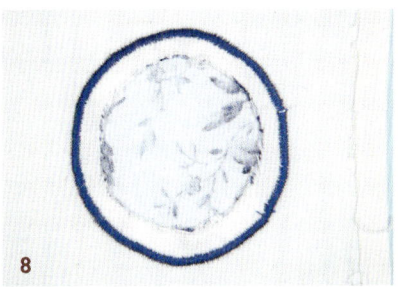

7 머신아플리케II 버튼홀 스티치Buttonhole Stitch

블랭킷 스티치(Blanket Stitch)라고도 부르는 버튼홀 스티치는 스티치의 폭과 간격을 조절하여 핸드 스티치를 한 듯한 느낌을 낼 수 있습니다. 유사한 형태의 모양 스티치를 같은 방법으로 할 수 있으며 거울 이미지 버튼을 연습할 수 있습니다.

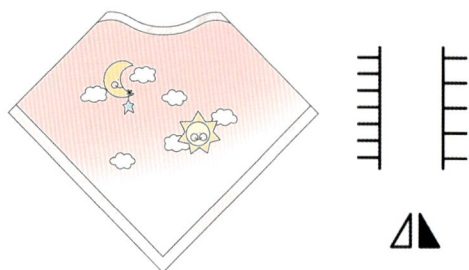

제작 과정

준비물 바탕색 원단 A, 패턴색 원단 B

1 아플리케할 원단 B를 둥글게 잘라줍니다.

TIP 머신아플리케 I(Satin Stitch)의 과정과 같이 마분지에 본을 그려 작업하면 훨씬 편하게 작업할 수 있습니다.

2 시접을 두고 둥근 원 모양으로 만듭니다.
3 바탕천 A에 아플리케 위치를 잡은 후
4 버튼홀 스티치를 선택하여 박음질합니다. 이때 스티치 모양이 원하는 방향과 다르면 미러 이미지 버튼을 눌러 방향을 바꿔줍니다.

TIP 버튼홀 스티치를 예쁘게 하려면 최대한 핸드스티치와 비슷하게 보이도록 조절합니다. 간격을 너무 좁게 하지 않고 도톰한 실을 사용하면 예쁜 모양이 나옵니다.

5 뒷면의 시접(¼인치, 0.7cm)을 남기고 바탕천을 제거합니다.

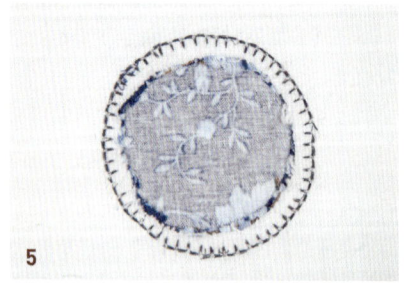

8 머신아플리케III 인비저블 스티치 Invisible Stitch

투명실을 이용하여 불라인드햄 스티치의 폭과 간격을 미세하게 줄여 아플리케하면 실이 거의 보이지 않아 마치 공그르기로 아플리케한 것처럼 보이는 스티치입니다. 아플리케 패턴의 색과 모양만 온전히 드러내고 싶을 때도 사용합니다.

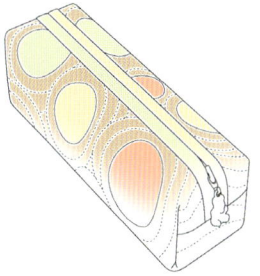

인비저블 스티치

블라인드햄 스티치

 ## 제작 과정

준비물 바탕색 원단 A, 패턴색 원단 B

1 아플리케할 원단 B를 둥글게 잘라

TIP 머신아플리케 1(Satin Stitch)의 과정과 같이 마분지에 본을 그려 작업하면 훨씬 편하게 작업할 수 있습니다.

2 시접을 두고 둥근 원 모양으로 만듭니다.
3. 바탕천 A에 아플리케 위치를 잡은 후
4 투명 실을 사용하여 블라인드햄 스티치의 간격과 폭을 적당히 조절하여 박음질합니다.

TIP 1 최대한 원단에 스티치 자국이 표시나지 않아 핸드 아플리케 한 것처럼 보이기 위해 블라인드햄 스티치를 사용합니다.
  2 투명실은 눈에 보이지 않아 실이 엉켜도 모르고 박음질하다 바늘이 부러지기도 합니다. 머신의 보조장치를 이용하여 투명실을 사용하고 실이 엉키지 않도록 조심합니다.

5 아플리케가 끝나면 시접을 남기고 바탕천을 제거합니다.

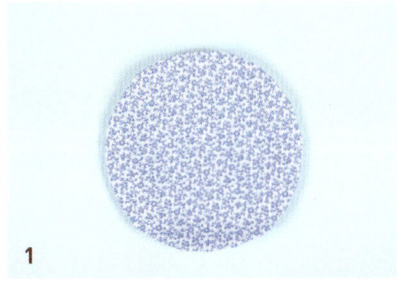
1

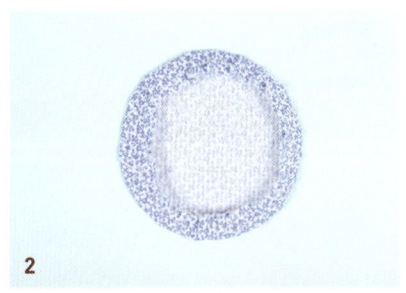
2

3

4

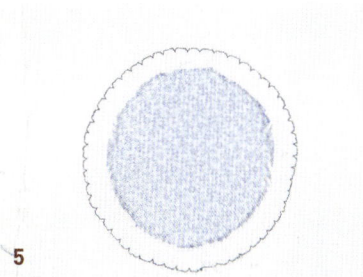
5

9 머신아플리케IV 퓨저블 웹을 이용한 스티치

퓨저블 웹(Fusible Web, 양면 접착지)을 이용하여 시접 없이 아플리케 패턴을 마무리하는 기법입니다. 정교하거나 미세한 패턴을 아플리케할 때 주로 사용하나 퀼팅 후 입체감이 없다는 단점도 있습니다.

제작 과정

준비물 바탕색 원단 A, 패턴색 원단 B

1 원단 B에 도안을 그립니다.
2 원단의 뒷면에 퓨저블 아플리케할 웹을 놓고 다림질한 후
3 종이를 제거한 후 B원단에 그린 도안대로 오려 바탕색 원단 A에 놓고 다리면 바탕천에 접착이 됩니다.
4 시간이 지나면 접착력이 떨어질 수 있으므로 반드시 적당한 아플리케 스티치로 박음질해줍니다.
5 네 가지 아플리케 기법을 이용하여 머신 아플리케를 완성한 모습입니다.

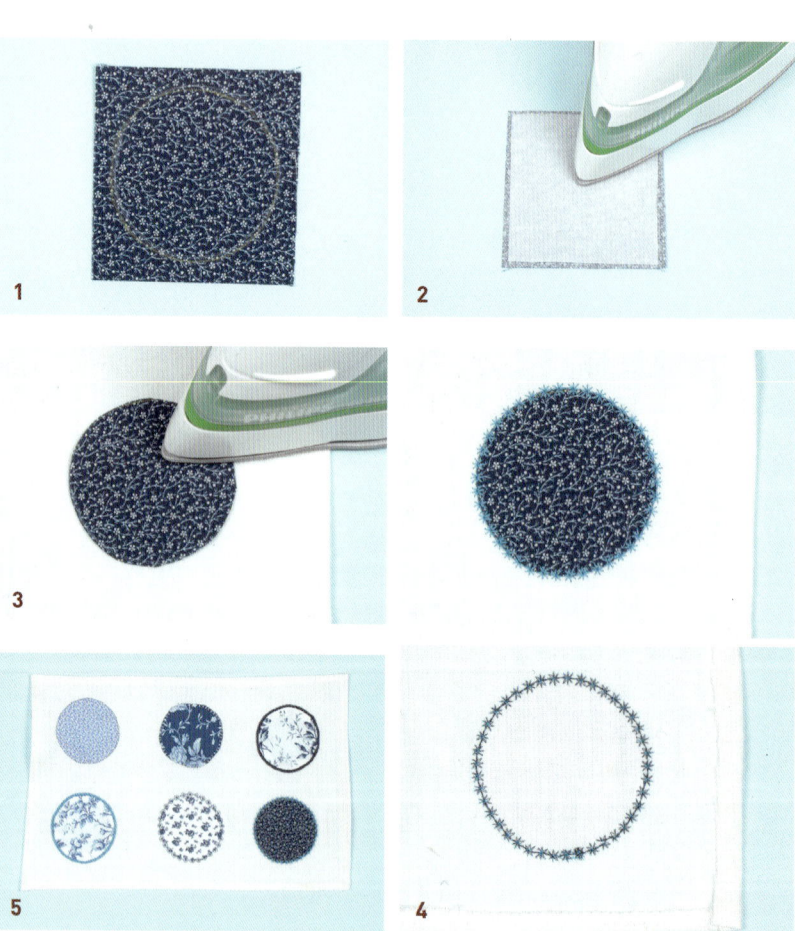

10 삼각형 Triangle 패턴

매트나 자에 있는 60도선을 활용하여 패턴을 만드는 방법입니다. 간단한 모양이지만 조각을 연결할 때 삼각형 모서리 부분을 뾰족하게 잘 살아나도록 박음질합니다.

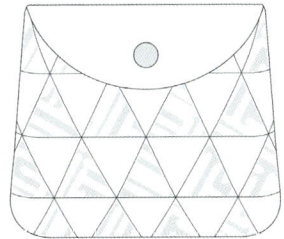
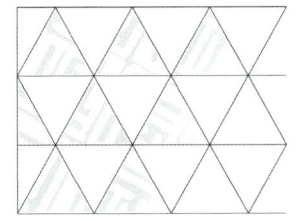

 제작 과정

준비물 면 원단 2가지 (A, B)

1 두 가지 색의 원단을 '완성 치수+½인치 (1.5cm)' 폭으로 자릅니다.

2 두 줄의 스트립을 잘 포갠 후 아래와 위쪽에 ¼인치 시접으로 박음질합니다.

3 매트나 자에 나와 있는 60도선을 따라 잘라줍니다. 이때 박음선이 기준이 되는 것에 주의하여야 합니다.

4 컷팅된 조각은 같은 색상 쪽으로 시접을 넘겨 다림질한 후 사진처럼 배열하여

5 옆선끼리 연결합니다. 이때 바이어스 테이프 연결할 때처럼 양끝의 시접을 ¼인치 폭만큼 엇갈리게 합니다.

6 옆선끼리 연결한 뒷면 시접의 모습입니다.

7 옆선끼리 연결한 후 단끼리 연결하여 완성합니다.

8 단끼리 연결한 뒷면 시접의 모습입니다.

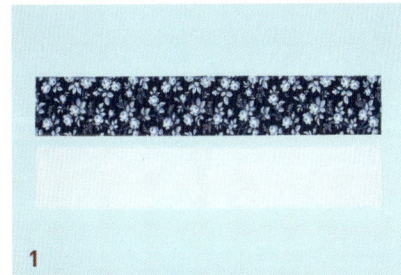
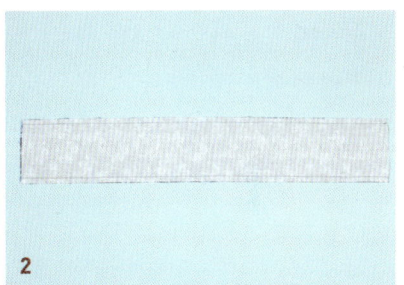
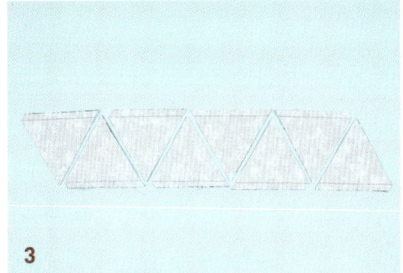

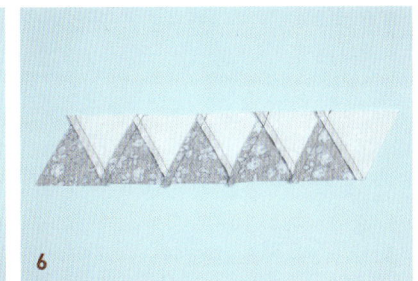

11 사다리꼴Trapezoid 패턴

사다리꼴 패턴을 만들면 동시에 두 가지 모양의 패턴
들이 생깁니다. 두 가지 다른 모양의 패턴을 연결할
때 조심해야 하며 기하학적인 문양이 아름다운 패턴
입니다.

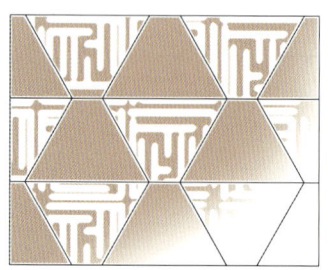

 ## 제작 과정

준비물 면 원단 2가지(A, B)

1 두 가지 원단을 '완성 치수+½인치
(1.5cm)' 폭으로 자릅니다.

2 A와 B 두 줄의 스트립을 잘 포갠 다음 한
쪽 가장자리만 ¼인치 시접으로 박음질
합니다.

3 매트나 자에 있는 60도선에 맞추어 잘라
줍니다.

4 서로 다른 두 가지 패턴이 생기는데 시접
을 같은 색의 원단으로 꺾은 다음 사진과
같이 배열하여 연결합니다.

TIP 박음질을 한꺼번에 시작 선에서 끝부
분까지 하려면 시접이 접히거나 하는
문제가 생기므로 중간 부분에서 끝 부
분 쪽으로 두 번 나누어서 하는 것이
오히려 편리합니다.

5 옆선끼리 연결한 후 단끼리 연결하여 완
성한 앞면과 뒷면 시접의 모습입니다.

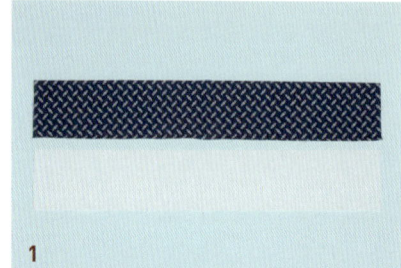

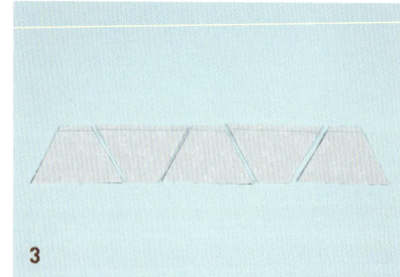

12 프렌드쉽 스타Friendship Star 패턴

프렌드쉽 스타 패턴은 삼각형 기법과 나인패치 기법이 한데 섞인 별 모양의 아름다운 패턴입니다. 플라잉 기스와는 다른 모양의 직각이등변삼각형을 이용하여 만든 패턴입니다.

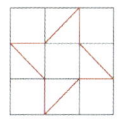
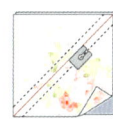
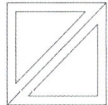

 제작 과정

준비물 패턴색 원단 A, 바탕색 원단 B

1 패턴색 원단 A는 '완성 치수+⅞인치 (2.5cm)' 정사각형 2장과 '완성 치수+½인치(1.5cm)' 정사각형 1장, 바탕색 원단 B는 '완성 치수+⅞인치(3.5cm)' 정사각형 2장과 '완성 치수+½인치(1.5cm)' 정사각형 4장을 자릅니다.

2 A, B 큰 정사각형 두 장(완성 치수+⅞인치(2.5cm)) 중 한 장에 대각선 줄을 긋고 겉과 겉끼리 마주보게 겹친 후

3 대각선 줄에 ¼인치 노루발의 에지가 닿도록 하여 양쪽으로 박음질합니다.

4 로터리 커터나 가위를 사용하여 대각선 줄을 따라 자른 후 패턴 원단 B쪽으로 시접을 꺾어 다림질합니다.

5 4번에서 생긴 4개의 조각과 작은 정사각형을 사진처럼 배열하여

6 나인 패치 패턴을 연결하는 방법과 같은 방법으로 서로 연결합니다.

7 연결한 프렌드십 스타 패턴 뒷부분 시접의 모습입니다.

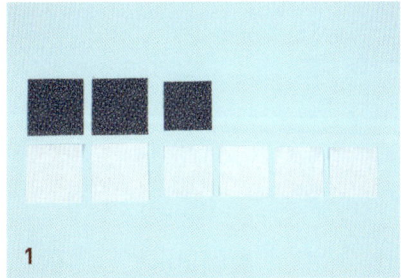
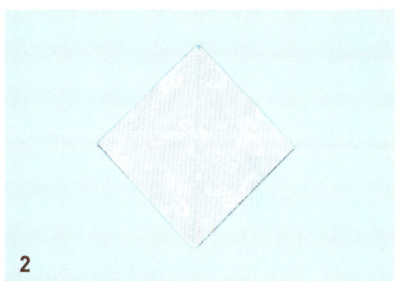
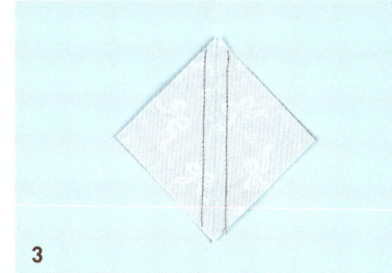
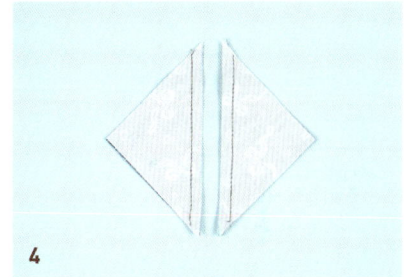
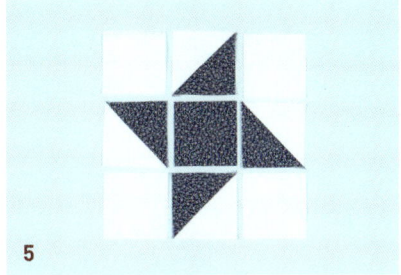
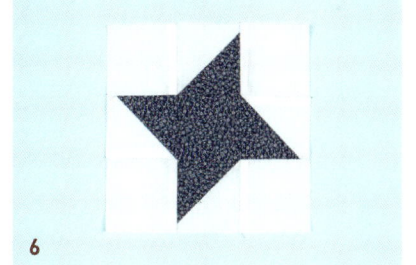
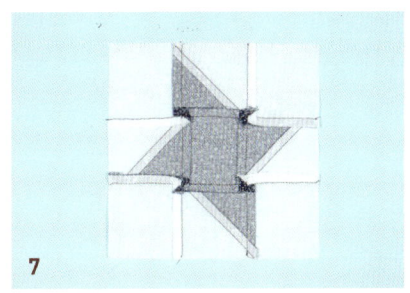

직선 마름모 Square in Square 패턴

직선 마름모 패턴은 사각형의 도안 안에 또 다른 사각형의 도안이 겹쳐
져 있는 재미있는 패턴입니다. 2가지 색을 사용할 때와 3가지 색을 사용
할 때 다른 모양의 패턴이 나오므로 주의합니다.

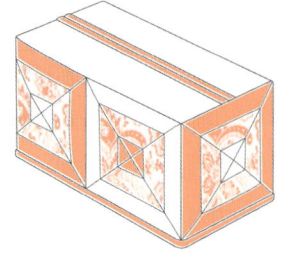
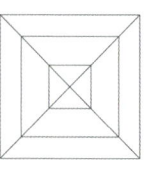

제작 과정

준비물 면 원단 2가지(A, B)

1 '완성 치수+⅗인치(1.5cm)' 폭의 스트립을
A원단 2줄, B원단은 1줄을 자릅니다.

2 ¼인치 시접을 두고 박음질하여 서로 연
결합니다.

3 매트나 자에 있는 45도 선을 따라 직각
으로 잘라줍니다.

4 사진과 같이 조각들을 배열하여 연결합
니다.

5 조각 4개를 모아 사진과 같은 순서로 배
치한 후

6 박음질로 연결하여 1개의 패턴을 완성
한 모습입니다.

7 직선 마름모 패턴의 뒷부분의 모습입
니다.

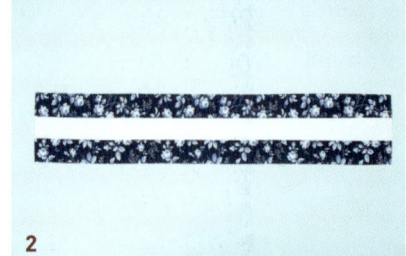

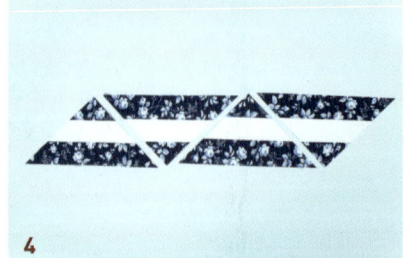

 **14** 입체 보타이Boe Tie 패턴

남자의 턱시도에 착용하는 나비넥타이를 본떠 만든 보
타이 패턴을 입체적으로 표현한 기법입니다. 1900년대
들어와 생긴 남성 취향의 패턴으로 퀼트에서 남성적인
패턴은 꽤 귀한 편이라 남아 이불 등에 많이 사용되었다
고 합니다.

 제작 과정

준비물 패턴색 원단 A, 바탕색 원단 B

1 패턴색 원단 A는 '완성 치수+½인치
(1.5cm)' 크기로 정사각형 3장, 바탕천 B는
'완성 치수+½인치(1.5cm)' 크기의 정사각
형 2장을 자릅니다.

2 패턴색 A의 정사각형을 겉이 바깥쪽으로
나오도록 반을 접어 중간에 두고 바탕천
B정사각형과 패턴색 A정사각형을 마주
보게 겹칩니다

3 지시선대로 ¼인치 시접으로 박음질합니
다.

4 다른 한쪽 방향에는 패턴색과 바탕색이
2번과 서로 반대되도록 겹쳐서 박음질합
니다.

5 중간에 반접어 둔 정사각형을 벌려서 마
주보는 시접이 서로 엇갈리도록 잘 포갠
후 박음질합니다.

6 박음질한 후 펴면 입체 보타이가 만들어
집니다.

7 패턴을 원하는 형태로 배치하여 사용합
니다.

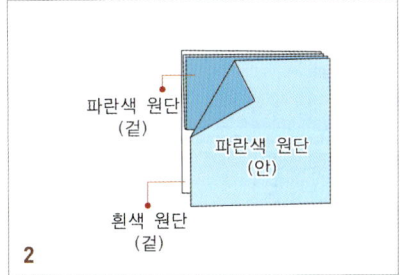
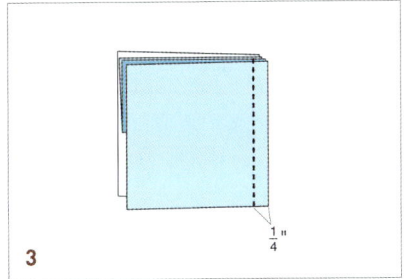
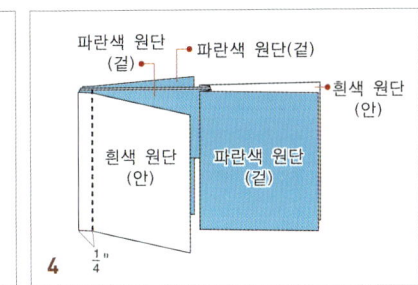

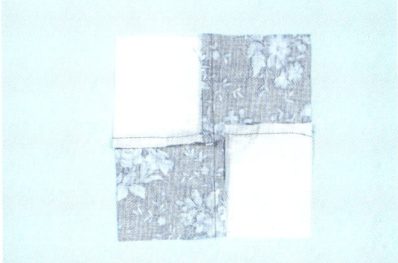
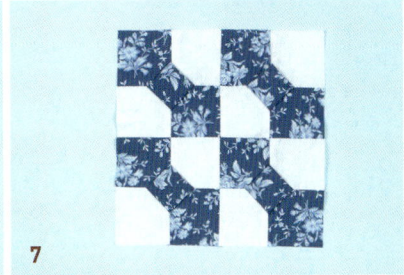

15 평면 보타이Boe Tie 패턴

남자의 턱시도에 착용하는 나비넥타이를 본떠 만든 평면 보타이 패턴은 앞에서 본 입체 보타이와 달리 입체감이 없는 보타이 패턴입니다.

 제작 과정

준비물 패턴색 원단 A, 바탕색 원단 B

1 패턴색 A는 '완성 치수+½인치(1.5cm)' 크기의 정사각형 2장. '(완성 치수+½인 치)×½인치'((완성 치수+1.5)×½) 크기의 정사각형 2장을 자릅니다. 바탕천 B는 '완 성 치수+½인치(1.5cm)' 크기의 정사각형 2장을 자릅니다.

TIP 5인치 크기의 패턴을 만들 경우 : 패턴 색과 바탕색 3인치 정사각형 각 2장씩. 패턴색 2인치 정사각형 2장을 자릅니 다.

2 작은 패턴색 A 정사각형의 뒷면에 대각 선으로 줄을 긋고 바탕색 B의 정사각형 과 겉과 겉끼리 모서리를 맞추어 겹친 다 음 선을 따라 박음질합니다.

3 시접 ¼인치를 남기고 모서리 부분을 제 거한 후

4 시접을 꺾어 다림질합니다.

5 사진과 같은 모양으로 배열하여 ¼인치 시접으로

6 박음질하여 패턴을 만든 후 연결한 패턴 앞면과 뒷면 시접의 모습입니다.

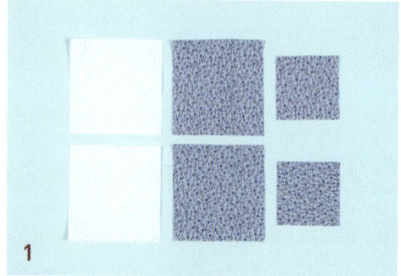
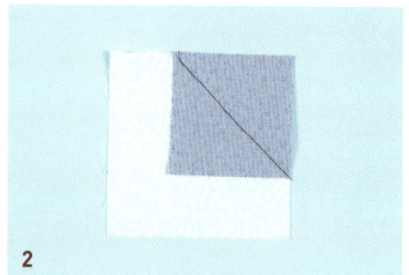
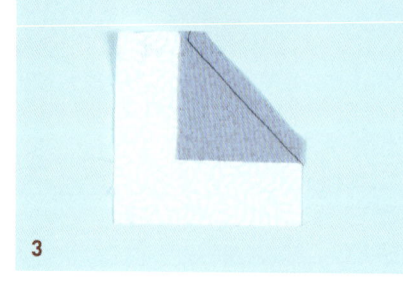
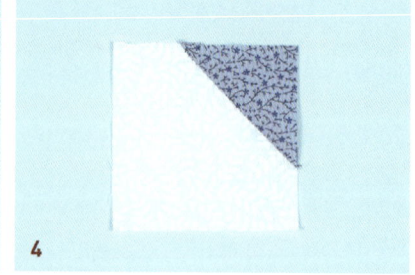
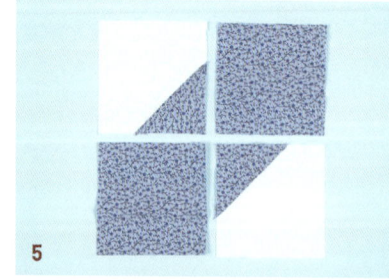

16 술주정뱅이 길 Drunkard's Path 패턴

술에 취해 비틀거리며 걷는 술주정꾼의
움직임을 표현한 술주정뱅이 길 패턴은
19세기 후반 금주 운동이 한창이던 때
기독교도 부인들이 금주운동으로 주류
불매 운동을 펼치는 과정에서 프레젠테
이션 퀼트로 사용되기도 했습니다.

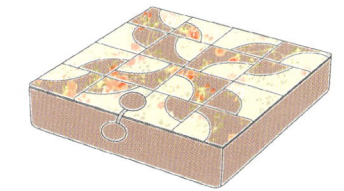
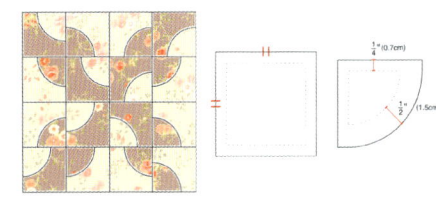

 제작 과정

준비물 패턴색 원단 A, 바탕색 원단 B

1 바탕색 원단 B를 '완성 치수+½인치
(1.5cm)' 크기의 정사각형으로 1장 자릅니
다.
2 패턴색 A 원단으로 부채꼴 모양의 본을
따라 직선 부분은 ¼인치(0.7cm) 시접을
두고 곡선 부분은 ½인치(1.3cm) 시접을
두고 자릅니다.

TIP 이때 부채꼴 모양의 패턴의 크기는 정
사각형 패턴의 ⅔ 정도의 크기가 적당
합니다.

3 곡선 부분을 홈질하여 원형 본을 놓고 당
겨서 다림질한 후 모양을 완성합니다.
4 바탕천 위에 3번의 조각을 모서리를 맞
추어 올려놓고
5 투명실로 블라인드햄 스티치를 하여 연
결합니다. 뒷면의 바탕천은 시접 부분을
남기고 제거합니다.
6 술주정뱅이길 패턴은 다양한 모습의 베
리에이션이 가능한 패턴이므로 원하는
모양으로 배치한 후 연결합니다. 완성한
패턴의 앞뒷면의 모습입니다.

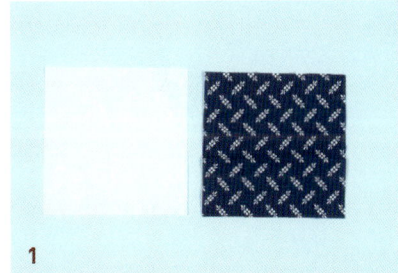

1

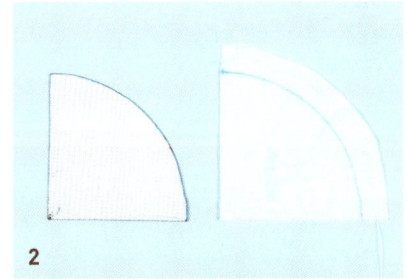

2

3

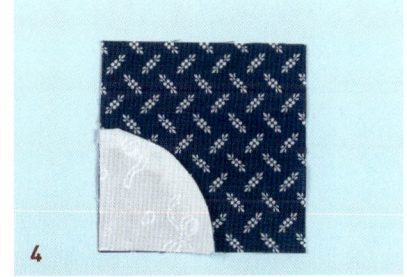

4

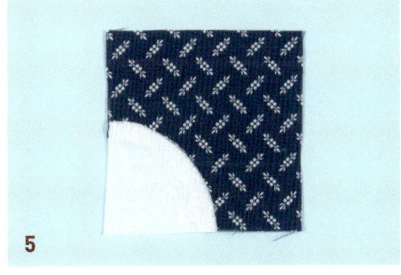

5

6

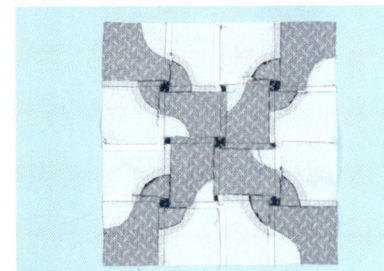

17 다이아몬드Diamond 패턴

마름모 패턴이라고도 불리는
다이아몬드 패턴은 45°뿐 각도
아니라 다양한 각도로 시도해
볼 수 있는 패턴입니다.

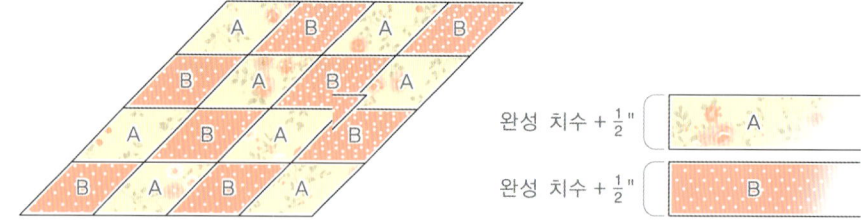

완성 치수 + $\frac{1}{2}$ "   A

완성 치수 + $\frac{1}{2}$ "   B

제작 과정

준비물 어울리는 면 원단 2가지(A, B)

1 두 종류의 원단을 '완성 치수+½인치
  (1.5cm)' 폭의 스트립으로 자릅니다.
2 ¼인치 시접으로 연결한 후 펴서 다림질
  합니다.
3 매트에 잘 편 후 45도 라인으로 '완성 치
  수 +½인치(1.5cm)' 폭으로 컷팅합니다.
4 컷팅된 조각을 그림처럼 배열하여 연결
  합니다.
5 단과 단을 연결하여 패턴을 완성합니다.
6 완성한 다이아몬드 패턴의 뒷면 시접의
  모습입니다.

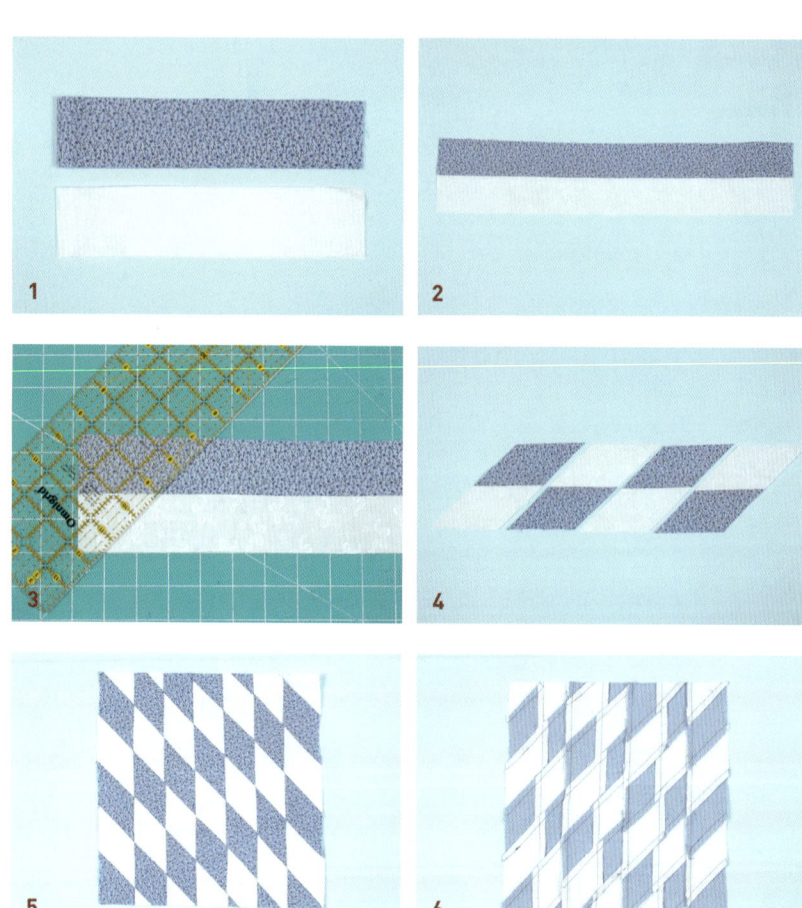

18 스파이럴Spiral 패턴

반대 방향의 두 가지 사선 모양의 패턴을 연결하는 기법을 스파이럴 기법이라고 합니다. 작은 양의 패턴을 만들 때는 만들기-I의 방법을 사용하면 되고, 많은 양의 패턴을 만들 때는 만들기-II의 방법을 사용하면 편리합니다.

 ## 제작 과정

준비물 어울리는 색의 면 원단 6가지(A, B, C, D, E, F)

1 6가지 면을 '완성 치수+½인치(1.5cm)' 폭의 스트립으로 2장씩 자릅니다.
2 3cm씩 당기면서 순서대로 박음질하는데 방향이 서로 다른 2세트를 만듭니다.
3 각 세트를 서로 다른 방향으로 시접을 꺾어 다림질한 후 45도선에 맞추어 '완성 치수+½인치(1.5cm)' 폭으로 컷팅합니다.
4 사진처럼 서로 다른 방향의 스트립끼리 마주보도록 배열한 후
5 박음질 하여 연결합니다.
6 필요한 모양으로 트리밍합니다.
7 완성한 스파이럴 패턴의 뒷면의 모습입니다.

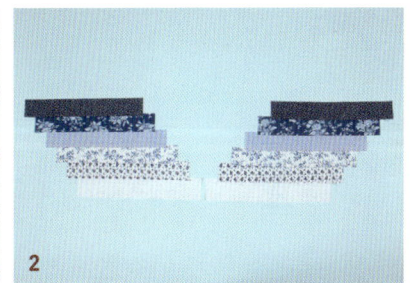

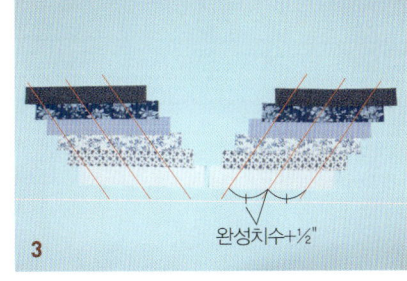
완성치수+½"

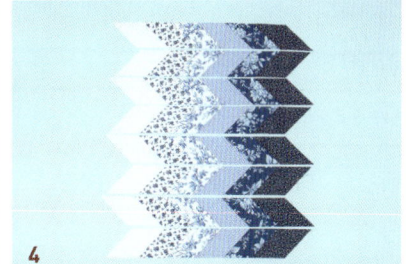

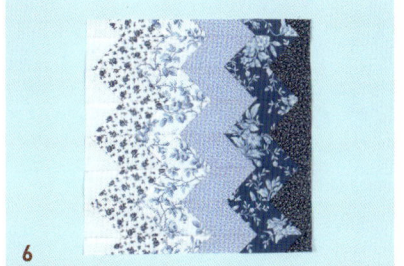

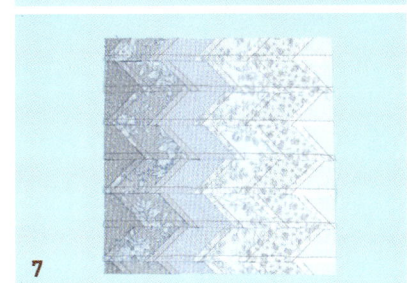

19 파인애플Pineapple 패턴

파인애플 패턴은 로그 캐빈 패턴을 응용하여 만든 패턴입니다. 네모난 블록으로 완성된 파인애플 패턴을 서로 연결하였을 때 나타나는 모양이 파인애플과 비슷하여 붙여진 이름입니다.

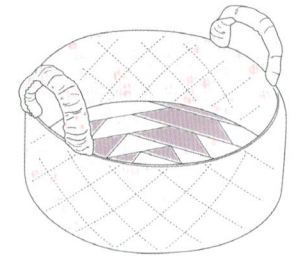
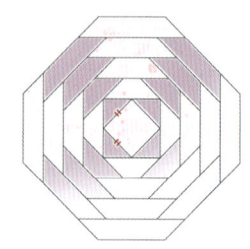

제작 과정

준비물 어울리는 면 원단 2가지(A, B)

1 중심에 들어갈 원단 A를 원하는 크기의 정사각형으로 잘라 준비한 후, A, B 두 가지 색 모두 '완성 치수+½인치(1.5cm)' 폭의 스트립으로 잘라 준비합니다.

TIP 10×10인치(25×25cm) 샘플러의 경우 : 중심이 되는 면 2×2인치(5×5cm) 정사각형 1장. 두 가지 원단은 1½인치(4cm) 스트립으로 자릅니다.

2 정사각형의 A원단과 B원단의 스트립을 겉과 겉이 마주보게 겹치고 ¼인치 시접으로 박음질합니다. 양쪽 모두 박음질한 다음 시접을 펴서 다림질한 후 정사각형 크기와 동일하게 자릅니다.

3 B원단의 스트립으로 다른 양쪽도 같은 방법으로 박음질하고 컷팅합니다.

4 사각형의 대각선을 따라 모서리에서 ¼인치 시접을 두고 커팅합니다. 이때 직각을 잘 맞추어야 합니다.

TIP 이때 모서리에 깎이는 부분이 생겨도 원래 그렇게 되는 것이니 당황하지 마세요.

5 A원단의 스트립으로 사면을 박음질하고 똑같은 작업을 합니다.

6 사각형의 대각선을 따라 모서리에서 ¼인치 시접을 두고 커팅합니다.

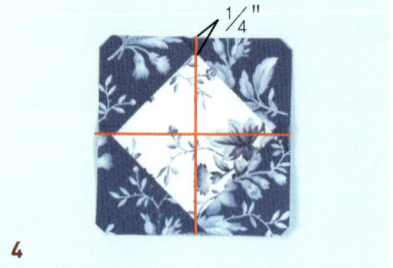

7 패턴의 형태가 나타나기 시작하면 사면에만 스트립을 연결하고 모서리 부분은 연결하지 않습니다.

8 팔각형 형태를 따라 컷팅합니다.

9 위의 방법으로 정사각형의 둘레를 총 8회(혹은 원하는 회수) 반복해 연결합니다.

TIP 사진처럼 정사각형의 패턴으로 마무리하려면 모서리 부분만 더 연결한 후 크기에 맞게 자르면 됩니다.

10 완성한 파인애플 패턴의 뒷면의 모습입니다.

7

8

9

10

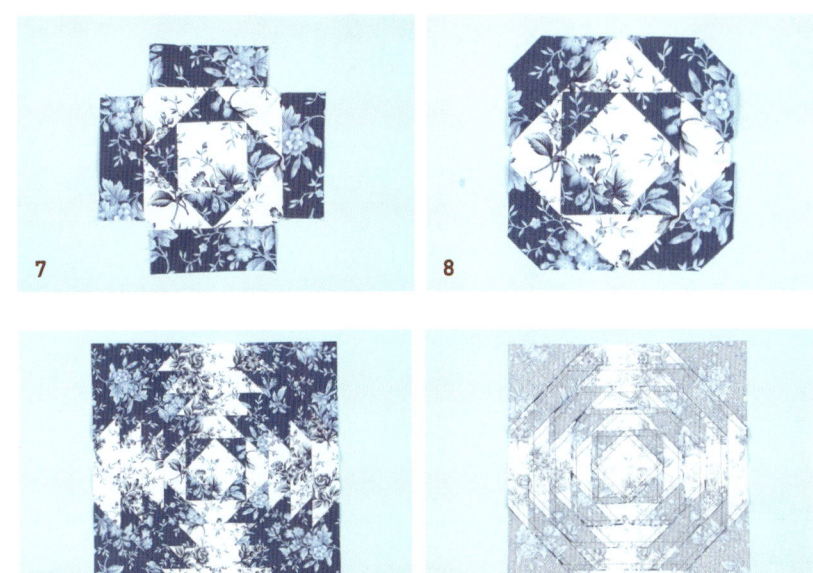

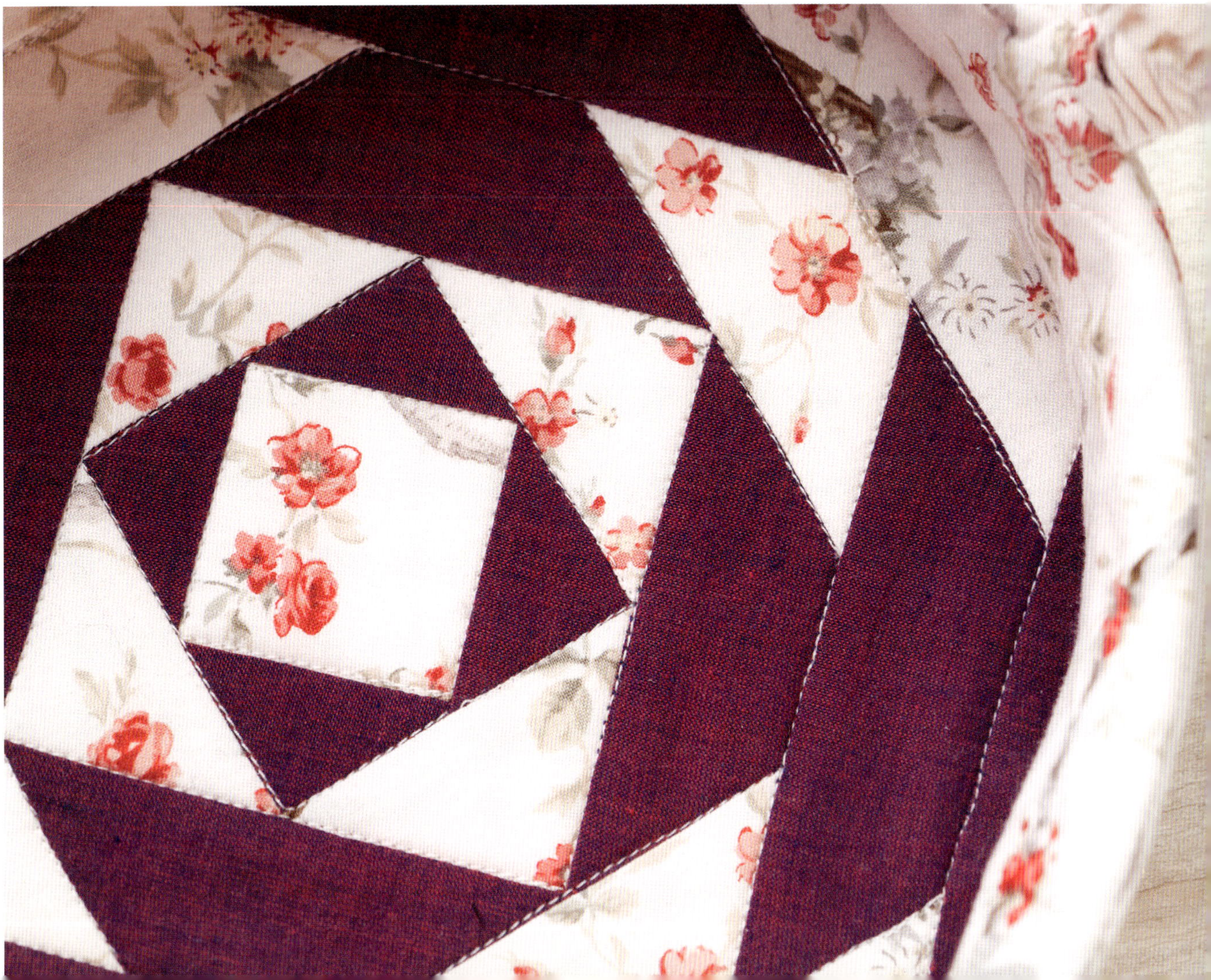

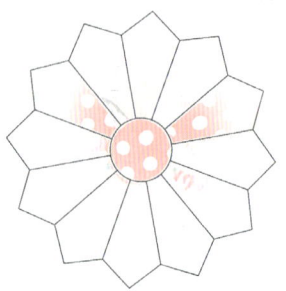
 드레스덴 플레이트Dresden Plate

드레스덴 플레이트는 귀여운 국화꽃의 이미지를 응용한 기법으로 독일의 드레스덴 지방에서 구워진 접시 디자인에서 패턴을 따왔다고 합니다. 꽃잎의 끝이 뾰족한 모양과 둥근 모양이 있는데 둥근 꽃잎의 드레스덴 플레이트는 '술주정뱅이 길' 패턴을 응용하면 됩니다.

 ## 제작 과정

준비물 바탕천, 비슷한 면 원단 3가지 이상

1 드레스덴 플레이트 본을 만듭니다.
2 본을 놓고 사진처럼 재단하면 천의 손실을 줄이며 빠르게 재단할 수 있습니다.
3 안쪽 면이 바깥쪽으로 나오도록 하여 세로로 반을 접어
4 ¼인치 시접으로 체인 피싱합니다.
5 모서리 부분을 잘라낸 후 뒤집어 다림질합니다. 이때 원형 본을 집어넣어 좌우측 시접이 ¼인치씩 되도록 자리를 잡아줍니다.
6 옆선을 서로 이어 12개의 조각을 연결합니다.
7 중심 부분의 원은 본을 그려 시접 분량을 약 1cm 남기고 잘라 홈질한 후 본을 넣고 잡아당겨 다림질합니다.
8 바탕천 위에 배열을 한 후
9 투명실로 아플리케 Ⅲ 기법(인비저블 스치티)으로 아플리케하고 뒷면의 바탕천은 시접 분량을 남기고 제거합니다.

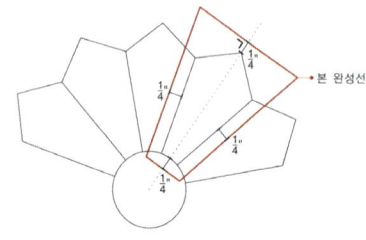
1

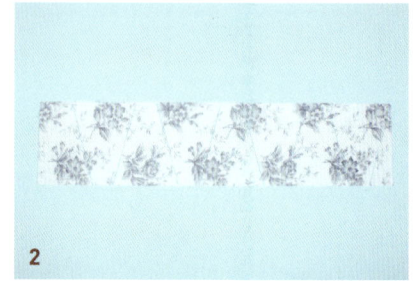
2

3

4

5

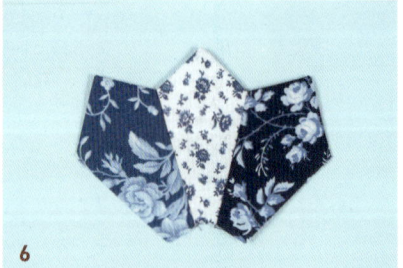
6

7

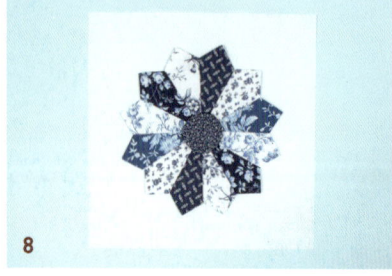
8

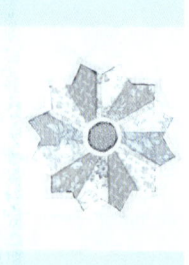
9

21 쎄미놀 Seminol I 패턴

쎄미놀은 미국의 플로리다 지방 인디언들이 했던 수예 기법으로 복잡해 보이지만 의외로 간단한 기법입니다. 비슷비슷하지만 다른 모양의 수많은 쎄미놀 기법들이 있습니다.

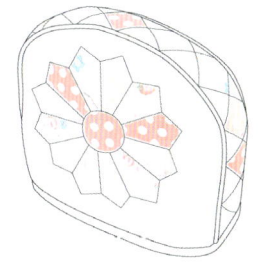
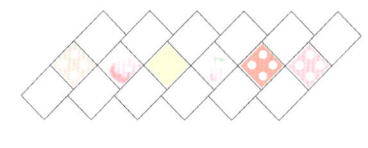

 ## 제작 과정

준비물 어울리는 면 원단 3가지(A, B, C)

1 '완성 치수+½인치(1.5cm)' 크기의 스트립으로 A원단 2줄과 와 B원단 1줄을 자릅니다. C 원단은 약 1인치(2.5cm) 스트립으로 자릅니다.

2 사진처럼 A, B, A 원단을 배열한 후 ¼인치 시접으로 연결합니다.

3 '완성 치수+1½인치(1.5cm)' 폭으로 컷팅합니다.

4 사진처럼 패턴 모양을 배열하여

5 박음질하여 연결합니다.

6 모서리 부분의 시접 ¼인치를 남겨두고 컷팅합니다. 단과 단을 연결할 때는 1인치 스트립을 중간에 넣고 연결합니다.

TIP 바젤로의 컷팅된 면이 바이어스 상태라 연결 시 늘어남을 방지하기 위하여 중간에 식서로 자른 스트립을 끼웁니다.

7 연결이 끝나면 로터리 커터와 자를 이용해 가장자리를 정리합니다.

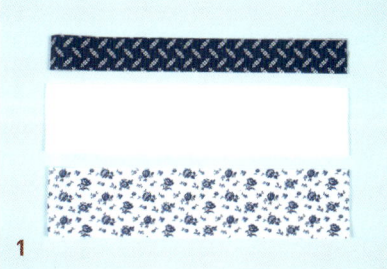
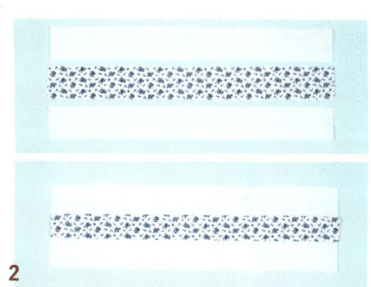
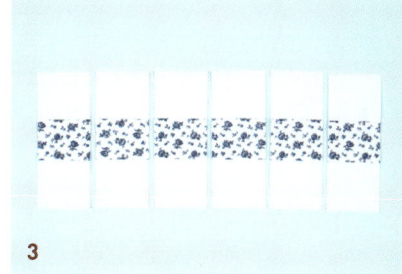
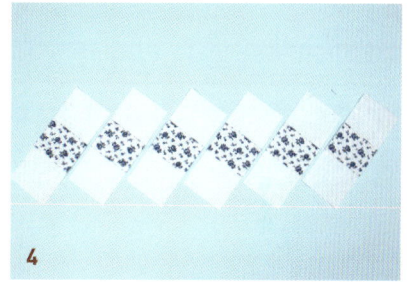

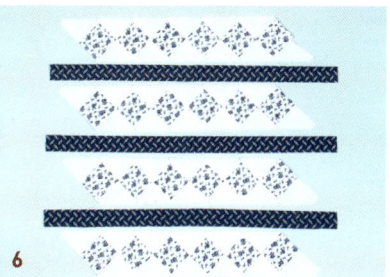

22 쎄미놀 Seminol II 패턴 응용

앞에서 배운 패턴과 같은 쎄미놀 패턴을 응용한 또 다른 쎄미놀 기법입니다. 비슷비슷하지만 쎄미놀 기법을 조금만 응용하면 다양한 형태의 쎄미놀 패턴을 만들어낼 수 있습니다.

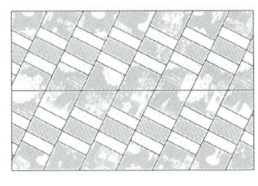

제작 과정

준비물 어울리는 면 원단 3가지(A, B, C)

1 A 원단은 2인치(5cm) 스트립으로 2줄, B 원단은 1인치(2.5cm) 스트립으로 2줄, C 원단은 1½인치(4cm) 스트립으로 1줄 자릅니다.(크기는 원하는 대로 조절 가능합니다.)

2 5줄의 스트립을 A, B, C, B, A 순서로 연결합니다.

3 다림질한 후 2인치(5cm) 폭으로 컷팅합니다.

4 사진과 같은 순서로 배열하여

5 박음질하여 연결합니다. 이때 겹치는 부분에 주의합니다.

6 가로로 연결을 마친 후에는 단끼리 연결하고

7 가장자리를 정리하여 완성합니다.

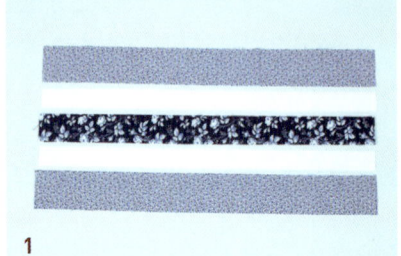

1

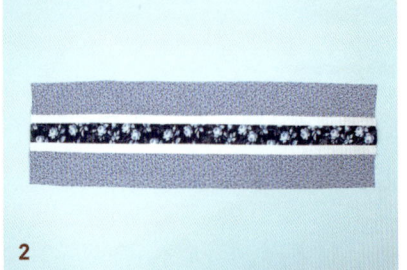

2

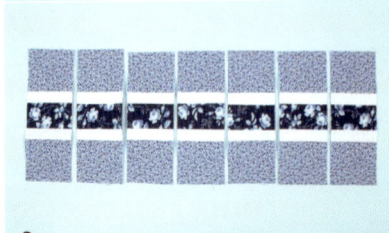

3

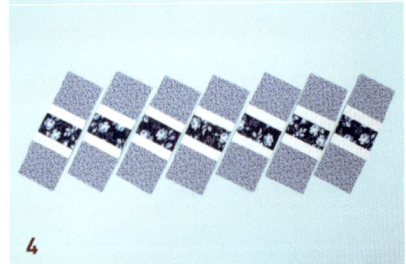

4

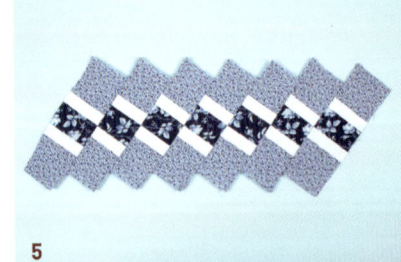

5

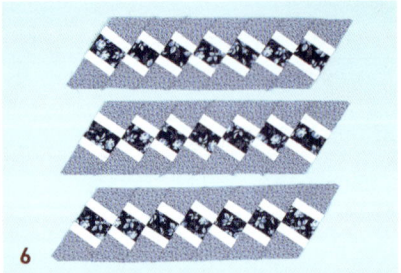

6

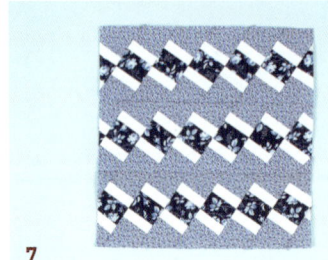

7

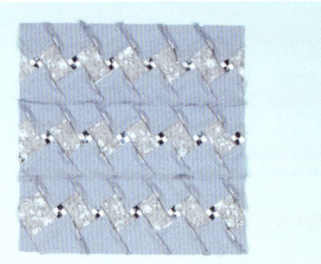

23 베들레헴 스타Bethelehem Star 패턴

동방의 별을 의미하는 베들레헴 스타는 예수의 탄생을 알려주는 종교적인 의미에서 유래했다고 합니다. 또한 전기 없이 생활하며 자연의 빛에 의해 생활리듬이 정해지던 아미쉬인들의 영향을 받은 것이라고도 합니다. 베들레헴 스타를 완성하는 긴 시간 동안 한 가지 소원을 빌면 이루어진다는 전설도 있으니 꼭 한 번 시도해보세요.

제작 과정

준비물 그러데이션 되는 면 원단 8~10종류(식서 방향) 각 ¼마, 바탕천 1마

1 준비한 천을 배열하여 총 13가지의 그러데이션 배색이 나오도록 합니다.(13가지 색상이 모두 달라도 되지만 별의 중심 부분과 가장자리 부분의 색상이 몇 가지 겹쳐지도록 배열하면 통일성이 있어 안정된 느낌을 줍니다.) 배열이 정해지면 A~M까지 천에 일련번호를 매겨둡니다.

TIP 천의 배색 수는 '베들레헴 스타의 한 줄 조각 개수×2−1'로 계산하면 됩니다. 예를 들어 7조각인 경우 7×2−1 =13종류, 5개 별인 경우 5×2−1= 9 종류가 필요합니다.

2 1번의 천을 식서로 폭 1½인치(4cm) 길이 약 23인치(60cm) 스트립으로 자릅니다.

3 아래의 표대로 각 세트별로 천을 배열하여 총 7세트를 완성합니다.

1세트) A B C D E F G
2세트)　B C D E F G H
3세트)　　C D E F G H I
4세트)　　　D E F G H I J
5세트)　　　　E F G H I J K
6세트)　　　　　F G H I J K L
7세트)　　　　　　G H L J K L M

4 박음질을 할 때 아래 그림의 순서대로 박음질하는데 약 3cm 정도 간격을 두고서 박음질합니다. 또한 A와 B천을 연결할 때 → 방향이었다면 B천과 A천을 연결할 때는 ← 방향으로 연결해야 전체적으로 휘지 않습니다.

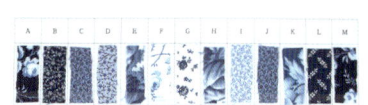
1

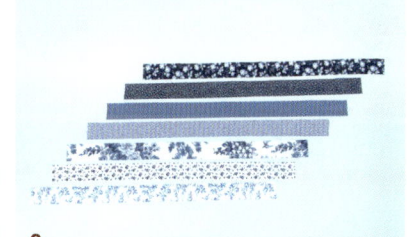
2

3

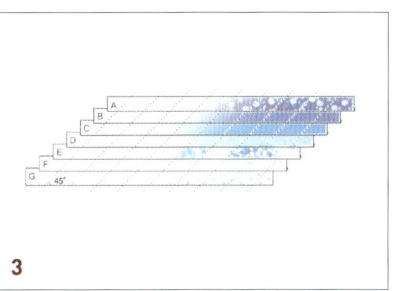
4

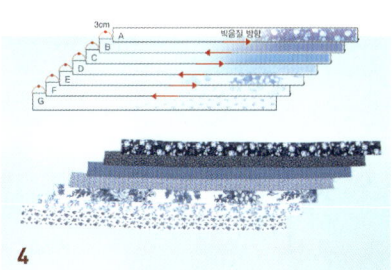
5

6

7

8

5 다림질을 할 때 1, 3, 5, 7세트가 시접 방향을 아래로 했으면 2, 4, 6 세트는 시접 방향을 위로 향하게 합니다.

6 각 세트의 천을 박음질하여 다림질한 후 매트나 자에 표시된 45도 라인을 따라 1½인치(4Cm) 폭으로

7 각 세트당 8장씩 컷팅합니다.

8 7세트 모두 8장씩 천을 잘라 둡니다.

9 아래 사진처럼 각 세트별로 한 장씩 모두 7장의 스트립을 서로 연결하여 팔각별의 마름모 한 장씩을 완성하여

10 연결한 날개 한 장의 뒷면 시접의 모습입니다.

11 모두 8개의 마름모를 완성합니다.

12 8개의 마름모를 연결하여 베들레헴 스타 패턴을 완성합니다.

13 바탕천을 11인치 정사각형 4장과 삼각형 4장을 잘라 준비합니다.

TIP 많은 수의 조각을 연결하는 베들레헴 스타는 개인마다 완성된 크기가 약간씩 차이가 날 수 있으므로 제시된 정사각형과 삼각형의 치수가 맞지 않으면 각자 재조정하여 사용하면 됩니다.

14 베들레헴 스타 패턴과 사각형, 삼각형 패턴을 서로 연결하여 완성합니다.

15 베들레헴 스타 패턴을 완성하였습니다.

9

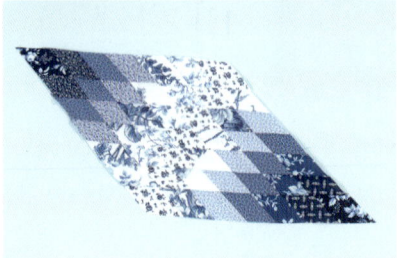

10

11

12

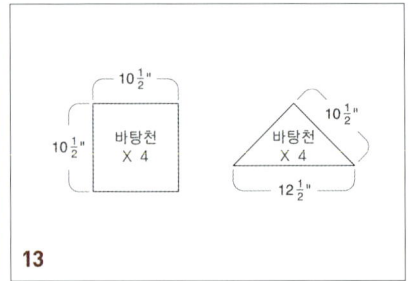

13

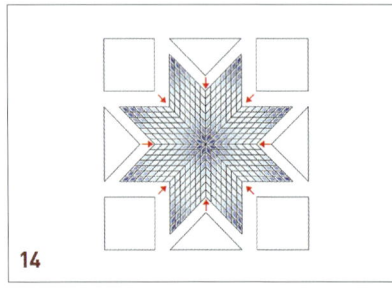

14

15

24 바젤로Bargello 패턴

바젤로란 캔버스에 수를 놓아 불꽃처럼 굽이치는 플로렌스 자수와 관련된 용어입니다. 그러데이션 되는 천들을 리드미컬하게 배열하여 굽이치는 물결 모양의 디자인이 멋스러운 패턴입니다.

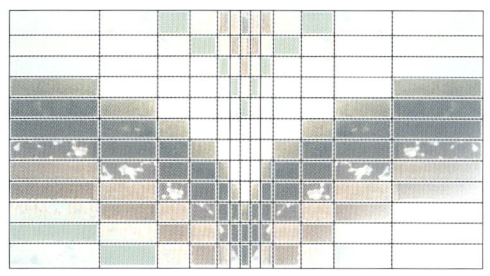

제작 과정

준비물 그러데이션이 되는 천(식서) 10가지

1 천에 일련번호를 매겨 색상표를 준비합니다.

TIP 간단한 작업을 할 때는 색상표가 없어도 되지만 복잡한 형태의 바젤로 작업을 할 때는 반드시 색상표를 만드는 것이 좋습니다.

2 색상표의 배열을 보며 차례로 연결하는데 이때 한번은 → 방향으로 박음질하였으면 그 다음은 ← 방향으로 박음질하여 전체적으로 휘지 않도록 조심합니다.

3 시접을 다림질할 때는 2개의 시접끼리 서로 마주보도록 다림질합니다.

4 다림질이 끝나면 다시 원통형이 되도록 연결합니다.

5 적당한 간격으로 컷팅합니다.

TIP 넓은 폭부터 좁은 폭까지 단계별로 크기를 달리하여 극적인 효과를 줍니다.

6 넓은 폭의 시접부터 가장 작은 폭의 시접까지 한 칸씩 아래로 내려가며 차례대로 시접에 수성펜으로 표시하고 가장 작은 폭에서 가장 넓은 폭으로 다시 위로 올라가며 시접에 표시한 후 시접선을 땁니다.

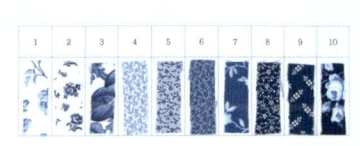

1

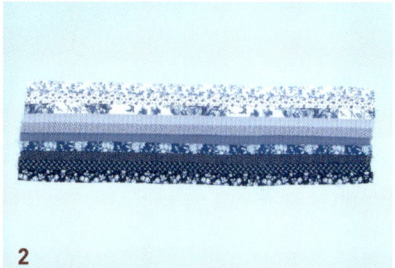

2

3

4

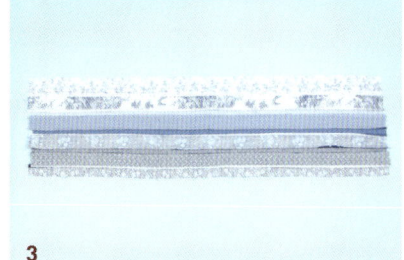

5

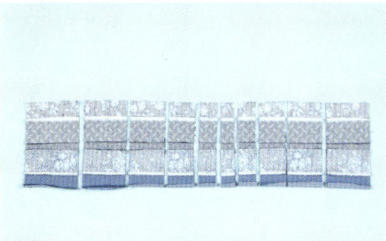

6

7 시접선을 모두 딴 후 배열을 합니다.
8 뒷부분의 시접이 자연스레 교차됩니다.
9 연결하여 박음질하여 완성합니다.
10 완성한 뒷면 시접의 모습입니다.

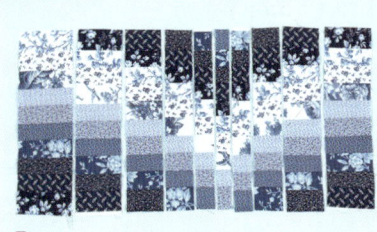

7

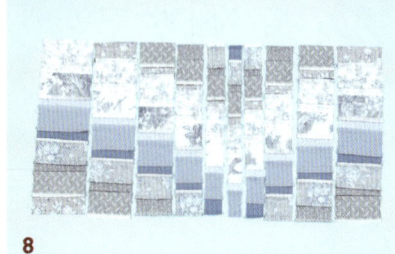

8

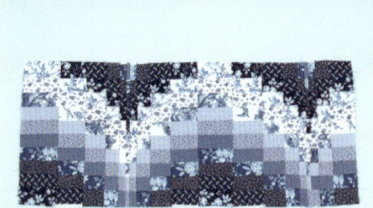

9

10

25 직선 크레이지 퀼트Crazy Quilt 패턴

크레이지 퀼트는 도자기를 구웠을 때 깨진 조각을 보고 힌트를 얻어 만들어졌다고 합니다. 빅토리아 시대(1835~1901년)에 모직과 벨벳, 견등 화려한 천과 색실자수, 오브제를 사용한 디자인으로 크게 유행하였습니다. 늘 규칙적인 형태의 퀼트 패턴만 보아오다 불규칙한 모양을 보고 신선한 충격을 받았다고 합니다. 여기서는 직선 모양의 크레이지 퀼트 제작 방법을 알아보겠습니다.

제작 과정

준비물 6가지 서로 다른 면 원단

TIP 원단의 수량은 자유롭게 하나 크기는 같아야 원단 손실을 줄일 수 있습니다.

1 여섯 가지 면을 잘 간추려 왼쪽 상단부에 1~6번까지 번호가 적힌 작은 종이를 차례로 핀으로 고정합니다.
2 로터리 커터로 첫 번째 커팅을 한 후
3 번호가 적히지 않은 쪽의 천 중 맨 마지막 장을 위로 올린 후
4 좌우측 천을 여섯 장 모두 연결합니다. 박음질이 끝나면 다림질로 시접을 정리하고 다시 번호순으로 천을 정리합니다. 시접의 방향은 어느 쪽으로 하던 상관이 없습니다.

TIP 이때 체인 피싱(Chain Piecing)으로 연결하면 시간이 절약됩니다.

5 로터리 커터로 두 번째 커팅을 한 후
6 번호가 적히지 않은쪽의 천 중 맨 마지막 장을 위로 한 장 올리고, 또다시 한 장을 올린 후 좌우측 천을 서로 연결합니다.

TIP 반드시 천을 한 장씩 올려야 하며, 한꺼번에 두 장을 올리지 않도록 조심합니다.

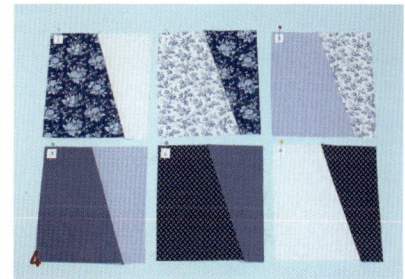

7 박음질이 끝나면 다림질로 시접을 정리하고 다시 번호순으로 천을 정리합니다. 로터리 커터로 세 번째 커팅을 한 후 번호가 적히지 않은 쪽의 천 중 맨 마지막 장을 위로 한 장 올리고, 또다시 한 장을 올리고, 또다시 한 장을 올려 좌우측 천을 서로 연결합니다. 박음질이 끝나면 다림질로 시접을 정리하고 다시 번호순으로 천을 정리합니다. 로터리 커터로 네 번째 혹은 다섯 번째 커팅한 후에는 번호를 무시하고 좌우측 천을 늘어놓고 천이 잘 섞이도록 배치를 하여 박음질합니다.

TIP 1. 여러 번 커팅한 후에는 한 패턴 안에 겹쳐지는 천이 많아지게 되므로 규칙을 무시하고 임의로 서로 어울리는 배색을 하는 것이 좋습니다.

2. 커팅을 할 때는 너무 작은 조각이 생기지 않도록 조심해야 합니다.

8 보기 좋게 다섯 번 혹은 여섯 번 커팅을 한 후 박음질이 모두 끝나면 가장 작은 조각을 기준으로 같은 크기의 여섯 장의 정사각형으로 트리밍합니다.

26 곡선 크레이지 퀼트Crazy Quilt

도자기를 구웠을 때 깨진 조각을 보고 힌트를 얻어 만들어진 크레이지 퀼트 중에서 앞에서 배워본 직선 크레이지 퀼트와 달리 여기서는 곡선 모양의 크레이지 퀼트 제작 방법을 알아 보겠습니다.

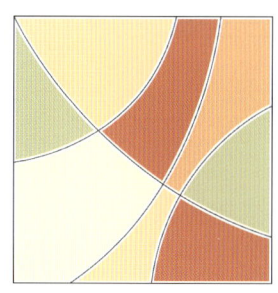

 제작 과정

준비물 6가지 서로 다른 면 원단

TIP 원단 수량은 자유롭게 선택하되 크기 는 같아야 원단 손실을 줄일 수 있어요.

1 여섯 가지 면을 잘 간추려 왼쪽 상단부에 1~6번까지 번호가 적힌 작은 종이를 차 례로 핀으로 고정합니다.
2 로터리 커터로 임의로 곡선으로 첫 번째 커팅한 후 번호가 적히지 않은 쪽의 천 중 맨 마지막 장을 위로 올립니다.
3 서로 다른 방향으로 휘어진 곡선끼리 연 결해야 하므로 핀으로 고정하여 연결합 니다.

TIP 1.이때 체인 피싱(Chain Piecing)으로 연결하면 시간이 절약됩니다.
2. 박음질이 익숙해지면 시침핀으로 고 정하지 않아도 바이어스로 천이 커팅 되어 있으므로 잘 늘어나 쉽게 박음질 됩니다.

4 박음질이 끝나면 다림질로 시접을 정리 하고 다시 번호순으로 천을 정리합니다.
5 로터리 커터로 두 번째 커팅을 한 후 번 호가 적히지 않은 쪽의 천 중 맨 마지막 장을 위로 한 장 올리고, 또다시 한 장을 올린 후 좌우측 천을 서로 연결합니다. 박 음질이 끝나면 다림질로 시접을 정리하 고 다시 번호순으로 천을 정리합니다. 위 와 같은 방법으로 보기 좋게 다섯 번 혹 은 여섯 번 커팅을 한 후 박음질이 모두 끝나면 가장 작은 조각을 기준으로 같은 크기 여섯 장의 정사각형으로 트리밍 하 여 작품에 사용합니다.

1

2

3

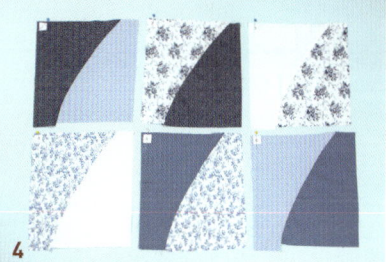
4

5

Hand Quilt
Machine Quilt
Art Quilt
Dyeing Craft

Choi

Quilt
Academy

초이퀼트아카데미

02-536-9445 / 010-6345-9418

서울시 서초구 서초동 1303-16 강남역 I-Park 716호

* 소정의 과정을 이수한 분께는 (사)한국퀼트공예협회에서 발급하는 1, 2급 자격증을 드립니다.

사단법인 한국퀼트공예협회

02-536-9445

서울시 서초구 서초동 1303-16 강남역 I-Park 716호

회원특전

1. 소정의 교육 이수 후 협회가 발급하는 자격증 취득 자격부여
   - 핸드퀼트, 머쉰퀼트, 퀼트인형 1, 2급 자격증 발급
   - (사)한국퀼트공예협회의 자격증은 국책기관에 민간자격증으로 정식 등록되었습니다.

2. 협회 전시회 참여 자격 부여

3. 협회주관행사 할인

(사)한국퀼트공예협회

Korea Quilt Craft Association.inc
www.kqca.kr

(사)한국퀼트공예협회